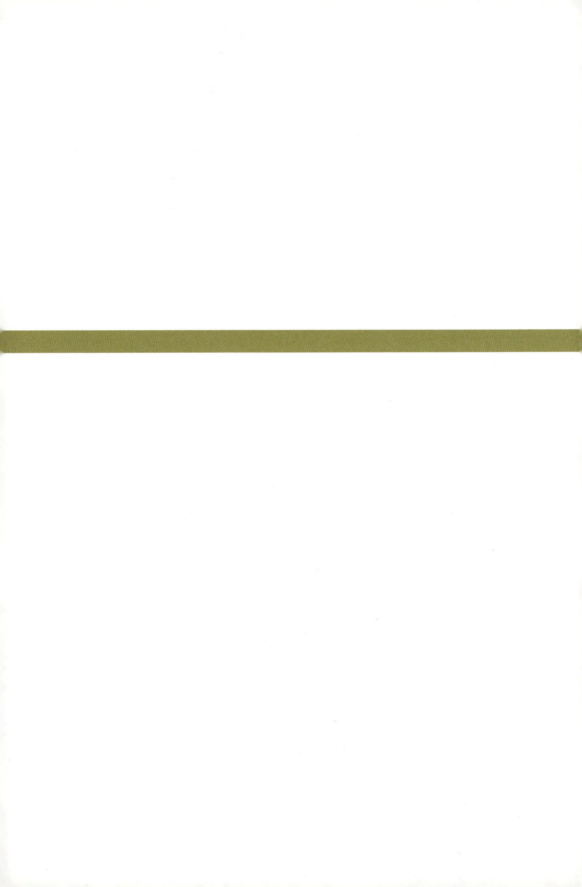

宗教社会学

SOCIOLOGY
OF
RELIGION

第六辑

(VOL.6)

金 泽　李华伟 / 主编

社会科学文献出版社
SOCIAL SCIENCES ACADEMIC PRESS (CHINA)

目　录

中心论题：经典理论及其现代意义

专题：宗教与社会结构

经典钩沉

中国宗教的社会学研究

学科前沿

书评与综述

Contents

Central Topic

Special Topic: Religion and Social Structure

Classic Studies

On The Sociological Studies of Chinese Religions

Academic Frontiers

Book Review and Annual Review

中心论题：经典理论及其现代意义

"神圣"宗教社会学研究刍议

李向平[*]

摘要："神圣"问题是宗教社会学的核心问题，它是人类文明原始结构中的基本要素，同时也是任何一个宗教信仰体系的源头。如何定义神圣、建构神圣关系、形成以神圣信仰为基本内核的宗教信仰特征，就大致构成了中外宗教、宗教学与宗教社会学的普遍性与共同性问题。通过对神圣问题等经典概念的梳理与讨论，我们不难发现，神圣关系、对神圣对象的选择与信仰，它们作为宗教的核心，最初只是人与人关系的一种形式，然后体现为超自然神圣崇拜与超社会神圣崇拜两种类型，以至于人们对神圣关系的信仰或宗教形式的体现，大多离不开这两种神圣关系的建构及其社会关系的表达。人们崇拜的"神祇"与"神圣"对象是一个被建构的不同概念，无论是超自然的神圣，还是超社会的神圣，无不真实、深刻地反映了个体与神灵、社会与个人、个人与国家的关系，由此构成了神圣社会学研究的基本内容与要求。

关键词：神圣问题　神圣社会学　神圣悖论　宗教信仰

社会与个体的关系，始终是任何一个文明体系的原始结构，在此原始结构之中，"神圣"关系是其核心问题。

这一问题的关键是，一个社会中的神圣关系、神圣对象是如何成为国家与个人中介的。至于各个宗教、信仰体系中有关神圣与世俗构成的概念结构，也是理解基督宗教文明、儒教佛教道教文明、阿拉伯伊斯兰教文明

---

* 李向平，华东师范大学社会学系主任、宗教与社会研究中心主任，教授。

等现代性问题的重要线索。通过考察宗教社会学的学术史，尤其是涂尔干有关宗教、神圣问题等经典概念，不难发现，人们崇拜的"神祇"与"神圣"对象是一个被建构的不同概念，深度反映了社会与个人、个人与国家的关系。

因此，可以说，神圣问题是宗教社会学理论的核心问题，同时也是神圣关系与社会秩序的起源、个人与社会问题的基础。

人类的宗教信仰、个体与社会的关系问题始终困扰着社会理论与社会学研究。对这一核心问题的不同回答，不仅形成了古典社会学理论的主要流派，也转变为一系列二元对立，如微观与宏观、行动与结构、主体与客体、社会整合与系统整合等，支配着古典、现代与当代社会理论的发展。法国社会学家涂尔干在经典论著《宗教生活的基本形式》中的表述，奠定了宗教社会学理论理解这一问题的经典形态。

一 宗教社会学对"神圣"问题的论述

在宗教社会学的领域中，最重要的理论首推涂尔干的经典论述。为了解决个体与社会的关系问题，涂尔干最终用社会决定论建构出了一种道德个人主义，实际上是在借助"人性宗教"、"人本宗教"和人格概念，把感觉与理性、欲望与道德、个人意识与集体意识、个体与社会融合到一起，试图为现代社会的团结探讨某种可能性。

涂尔干的《宗教生活的基本形式》告诉我们："宗教是一种与既与众不同、又不可冒犯的神圣事物有关的信仰与仪轨所组成的统一体系，这些信仰与仪轨将所有信奉它们的人结合在一个被称之为'教会'的道德共同体之内"（涂尔干，1999：54）。他强调了信仰与仪式及其构成的神圣与世俗的二元对立，同时也强调了个人与集体在道德共同体之中的相应关系。涂尔干的经典论述，实际上是强调了神圣与世俗的二分结构，它们并非人类人格力量"添加"在事物上的结果，它能够激起各种形式的集体意识，并且内化为个人意识，从而构成人性中的神圣性，构成社会存在。与个人有机体之内的纯粹个人存在相反，涂尔干的宗教社会学论述提出了人类社会中的"神圣"问题。

涂尔干有关宗教、信仰之经典定义，揭示了在不同的宗教、信仰模式之中，神祇、神圣、神圣关系及其资源配置方式是否为普遍性的、先于个别的，始终是公正如一的配置方式。一方面能够体现神祇、神圣、神圣关系的本性，能够体现它们是不是一切善的原因；另一方面也能够呈现为整合或分割的关系，从中能否永远保持神圣的秩序、价值的认同不变。这些宗教与信仰的体验与实践方式，都已经深刻制约并且影响到不同宗教、信仰模式的构成及其变迁，构成了任何一种文明体系中神圣整合或神圣分割的基本特征。

换言之，人类的宗教及其信仰都充满了神圣性的"悖论"关系。伊利亚德把这种关系称为"辩证法"关系，即人类历史上各个不同的"神圣的模态"，"乃由一个事实所证明，亦即一定的神显可以被一个共同体中的宗教精英和其余成员，以极其不同方式所共享和解释"。因此，这就构成人类文明体系中各个不同的"神显的结构"，其所谓"辩证法乃是通过这样一种方式发生作用：神圣通过某种与自身不同的东西来表达自身；它通过某些事物、神话或者象征表现自身，而不是整体地或者直接地表现自身"（伊利亚德，2008：6，22），无法整全地一次性地表达出来。

在西方宗教信仰体系看来，对神圣事物的信仰和崇拜，是所有宗教的基本定义。其所谓宗教，就是把神圣彼岸与世俗此岸之间的关系，建构为一种二元对立的价值体系，其目的在于使人们崇拜这一神圣事物（the sacred），因此有别于一切其他世俗事物（the profane）。

一般而言，所谓神圣化或神圣性的问题，既有作为人们信仰对象的神圣性，也有建构这一神圣对象的制度设置；其神圣主体，可以是超自然的神圣，也可能是超社会的神圣；可以是个人，也可以是社会群体，当然也可以是信奉为神圣的学说或教义体系。与神圣问题紧密相关的，还有终极性与超越性。当一种超自然的力量、一个人、一种学说、一种制度，被认为是具有一定的终极超越力量之际，它就可能会成为神圣的信仰对象，具有神圣性，或直接成为神圣制度设置的主要内容。宗教及其信仰只是这些建构中的一个要素或过程而已。

"这种构成宗教经验的各种自成一类的感觉的绝对而永恒的客观原因，其实就是社会。……这就揭示了膜拜在所有宗教中都占有着最显要地位的原因，而不论它可能是什么宗教。因为社会只有在发挥作用时才能让人们感受到它的影响，但是，构成社会的个体如果没有聚集起来，没有采取共同行动，社会也就无法发挥作用。只有通过共同行动，社会才能意识到自身的存在，赢得自身的地位，因而至关重要的是一种积极的合作。"就其所呈现的社会性神圣关系来说，"宗教反映着社会的所有方面，甚至是最卑鄙无耻、最令人生厌的方面，任何东西都可以从宗教中找到"（涂尔干，1999：551 - 552，555）。

神圣关系的超自然与超社会的双重属性由此表现得格外的强烈，甚至把超自然与超社会的神圣关系混淆为一体了。虽然说，宗教本质上是社会的，但是其中的超自然力量及其构成的神祇崇拜，却是建构任何一个自己信仰结构中神圣关系的基础。由此观之，宗教社会学理论对宗教实质性定义（substantive definitions）与功能性定义（functional definitions）的两大路径，或强调宗教信仰的神圣或超自然等核心的本质要素，或根据宗教在社会中的功能与作用来界定宗教的方法，似乎就不得要领了。

倘若沿循着涂尔干主义的学术思路，认为社会首先区分为神圣领域与凡俗领域，然后再将神圣领域区分为善与恶。以至于后世学者把社会分解为"同质范畴"与"异质范畴"，也大多是从涂尔干那里借取来的。如果要想一个社会保持完好无损，就必须祛除这些异质的成分。涂尔干曾将"神圣"与禁忌紧密地联系在一起，神圣事物被定义为被禁忌隔离的、受到禁忌保护的对象（涂尔干，1999：47）。

当然，涂尔干在其《宗教社会的基本形式》中虽曾专门讨论神圣问题，但其神圣概念却含混不清。如果意识到涂尔干社会理论当中的社会与个人之间的内在紧张，我们甚至可以认为，这种对神圣事物的定义实在是出于无奈之举。因为在很大程度上，神圣事物的作用发挥不得不归结到"集体狂欢"，而这是对社会的一种"断裂"，本身就存在着潜在的危险。莫斯亦重视禁忌，但他并不特别强调禁忌所体现出来的区分和神圣化功效，而是刻意要表明一种"混融状态"，人与物、人与社会、人与人、集体与集体、精神与物质、当下与未来的混融。

二　神圣与世俗的悖论关系

在奥托的论述之中，神圣乃是"作为一种价值范畴的神圣"，"它不会分裂成碎片，也不能随着宗教真理意识向上与向前的发展而被剪切掉，而只会以更大的明确性与确定性被认识到"（奥托，2007：109，119）。在神圣意识之中，宗教意识的理性因素与非理性因素有的互相渗透，就像一件纺织品中相互交织在一起的经线与纬线一样，而"令人畏惧的神秘"以及

"令人着迷",是奥托对宗教经验里神圣元素的描述。此外,还有敬畏因素、不可抗拒性因素、具有动力或催迫因素、完全的他者等等(黎志添,2003:16)。

对奥托来说,其以理性进行的宗教研究,不能揭露宗教信仰者的宗教经验,作为一种信仰的、社会的、权力等范畴的神圣是什么,组成社会性的宗教经验的社会结构是什么,这就不属于奥托的研究领域了。

至于在伊利亚德丰富的宗教研究著作中,他所注视的乃是在人类经验深处所碰到的与"神圣"相遇的宗教性经验及由此而衍生的意义。因此,对他来说,所谓"宗教性"是指向人与神圣相遇的一种经验关系。伊利亚德坚持这种人与神圣相遇的经验及所衍生的意义本身是一种超越历史与时间的经验,有属于其自身的指涉面及特有的存在模态。因此与神圣相遇的经验及所衍生的具有独立、自主和普遍的意义结构(世界),不能完全被规约成为某些历史的事件和成因。反之,伊利亚德所讲的建立在人与神圣相遇的宗教意义,乃是代表一种人类从原始直到现在还生生不息地追寻自身生命更根本的价值意义(黎志添,2003:18)。

伊利亚德在《神圣与凡俗:宗教的性质》(*The Sacred and the Profane*:*The Nature of Religion*)一书中开宗明义地指出,他研究宗教经验的方法和目的跟奥托最大不同之处,就是他不再以"理性"与"无理性"的二元框架去言说宗教经验。对伊利亚德而言,虽然宗教经验属于一种人与神圣相遇的经验,但是他认为这种神圣的体验一方面既不纯属于人类无理性或非理性的经验,另一方面也不应只限于以无理性或非理性的范畴类别来界定宗教经验的性质和内容。伊利亚德研究宗教经验与施莱尔马赫及奥托最大不同之处,是他不懈地探讨神圣自身在人世间及自然界中的"显现",以及研究神圣显现的完整性和复杂性。

为此,伊利亚德进行神圣显现的研究目的,乃是要勾画出神圣的显现(或说与神圣相遇)与人类整体生活经验的紧密关系。对伊利亚德来说,神圣的显现(与神圣相遇)也可以在平凡的生活、物件、事情与工作中出现。它们不是神圣的本身,但是因为通过它们使人与神圣相遇,因此它们就具有神圣性(黎志添,2003:19)。

奥托将神圣经验看成是自我以外的实体的闯入,从研究方法来说,揭示那些现实和平凡相异的经验正是表现神圣经验内容的入口。具体来说，伊利亚德所言的神圣经验是人可以在平凡之外能够与宇宙大地、生命之源重新接通的一种超越性经验。从宗教研究的方法来说，伊利亚德讨论"神圣"与"凡俗"关系的最大贡献，在于没有把宗教中有关神圣经验的研究陷入一种二元对立的描述中。伊利亚德只是依据"神圣"与"凡俗"两个概念，认为宗教经验就好像一个启悟的旅程，宗教人经验到与神圣相遇，以致使他可以从凡俗的存在模态过渡到神圣的存在模态。

从韦伯对宗教的理解来看，虽然韦伯并没有明确地定义宗教，但从他的理解社会学的旨趣中，以及他引导自己进行宗教研究时所遵循的路线中，还是能够比较清楚地了解在韦伯心目中宗教意味着什么。在韦伯看来，宗教就是基于对超自然力量之信仰并产生伦理思考的社会关系模式，并强调宗教给予人生以意义（Kevin J. Christiano，William H. Swatos Jr. and Peter Kivisto，2002：6）。

相反，涂尔干在宗教定义中则淡化了对超自然、神或神灵的强调，着重凸显了宗教与社会整体建构，很显然地弱化了超自然在宗教信仰结构中的重要性，却强调了超社会神圣的重要性。

比较来说，彼得·贝格尔在宗教定义问题上，是一个坚定的实质主义者。他将宗教定义为"人建立神圣宇宙的活动。换一种说法，宗教是用神圣的方式来进行秩序化的"。为此，"神圣"概念及其理解乃是贝格尔理解宗教最为本质的出发点。贝格尔的"神圣"概念来源于奥托和伊利亚德，他将"神圣"置于其对立面"世俗"与"混沌"之中来理解。世俗即是缺乏神圣性，混沌则是与神圣相对立的更深层次，意味着混乱和失序。所以，"神圣意指一种神秘而又令人敬畏的力量之性质，神圣者被认为是从日常生活的规范习惯中'突出来的'，是某种超常的、有潜在危险的东西"（贝格尔，1991：33）。同时，宗教所建构的神圣的宇宙秩序，则为人们提供了抵御极度混乱之恐怖的终极保护物（贝格尔，1991：34）。因此，在贝格尔关于宗教定义中，关于宗教本质的判断，就集中在"神圣"与"超自然"两个核心概念。

贝格尔曾经把"神圣"等同于"超自然"（supernatural）。宗教在其秩序化过程中所使用的神圣方式，实质就是一种超自然的方式。正是"超自然"，表明了宗教的基本范畴，"断言或者相信存在着另外一个实在，一个对人来说具有终极意义的实在，这个实在超越了我们日常体验所揭示的实在"（贝格尔，2003：2）。在超自然与神圣关系的关系层面，贝格尔强调

"神圣"与"超自然"并不是等同的,主张"超自然"对于"神圣"的优先性。在宗教中,"超自然"比"神圣"更为基本。它意味着不可思议、神秘,以及完全不同于所知经验的东西。而"神圣"是在对"超自然"体验的特殊情况内遇到的,但并非所有超自然的实在都具有神圣性。神圣性具有"救赎"维度,从而将自身从"超自然"中分离出来。

这意味着,超自然的体验对宗教而言是必不可少的,神圣是超自然实在中的现象。而在现代社会中,没有"超自然"的"神圣性"领域的扩张,如科学、国家、革命运动等世俗性实体之神圣性的扩张,可说是"世俗化"的特征(Annette J. Ahern,2000:31 - 33)。所以,贝格尔反对涂尔干的功能性定义。他批评说,涂尔干把宗教简化为另一种社会体制,从而在定义中剥去了对"他者"(otherness)的感知。因此,涂尔干的功能主义定义创造了一种网罗太多对象的"定义之网"(definitional net),有可能把诸如民族主义、革命信仰或贵族气质等意义复合体也包含进宗教中;宗教的彼岸神秘性被功能主义严重破坏了(Annette J. Ahern,2000:27)。

尽管如此,所有的宗教信仰实际上都拥有一个共同的基点,这就是神圣、神圣关系及其神圣性的表达机制。无论是超自然的神圣性,还是超社会的神圣性,神和人之间的关系及其建构、神圣性的表达,都是所有宗教信仰的共同特征,其仅只是神人关系的建构过程与建构的神圣机制不一样而已,所以才有亚伯拉罕信仰系统,有多神论信仰系统,有泛神论的信仰,甚至无神论的信仰系统。

由此就不难理解,学术界从十多年前就开始有关"灵性"方面的宗教学研究,提出"灵性社会学"的概念,从基督教、天主教的教会科层制回到灵性层面。灵性是基督宗教的概念,有灵性才有神圣性;中国人认为有圣性,方才有神性,最后才是神圣关系、神人关系及其建构的方法。可见,神圣、神圣关系及其灵性、神圣性的基点相同,只是建构路径、神圣机制不同。由此看来,涂尔干、奥托、伊利亚德、韦伯、西美尔有关宗教社会学、神圣关系、神圣性的观点与中国信仰的经验及其概念彼此具有汇通、互动的普遍性。

三 神圣悖论与宗教信仰关系

人类文明有关各种宗教、信仰以及"各种仪式信念都是基于知识范畴形成结构的，而知识范畴又是以社会性的方式被生产和再生产出来的。这类宗教范畴体系的要害，就是圣与俗、善与恶等概念，既组织这类仪式，同时也被这些仪式生产出来"（甘恩，2011：65）。特别是其中所已经包含的范畴如圣与俗、善与恶，即是神圣悖论的基本构成，并且经由社会性的方式予以生产与再生产出来，成为人们的社会实践方式。所有宗教及其信仰，无不通过神圣与世俗，通过仪式、禁忌而得以最终形成；神圣区隔与现实权力、世俗社会的关系，是通过相关的中介、关系或仪式互动而形成的。

尽管宗教社会学研究的基本逻辑是个体与社会之间的关系，神圣与世俗的关系、神圣关系及其社会构成，但个人信仰与神圣对象、宗教结构之间的关系依旧会成为个人和社会构成的内在逻辑。在这些关系之中，神圣、神圣对象、神人关系及其信仰宗教的建构方式，应当是其基础的基础。涂尔干和韦伯都曾假定宗教信仰能解释社会规范的普遍约束力与其合法性。其中，神圣关系、神人关系及其信仰方式的正式构成或非正式构成，即是这种惯例性权力与扮演式结构的基本构成。

神圣关系、对神圣对象的选择与信仰，它们作为宗教的核心，最初只是人与人关系的一种形式。但对神圣关系的信仰或宗教形式的体现，离不开神人关系的建构与社会关系的表达。一旦正式的神圣关系经由仪式政体建构形成，又会对其赖以形成的仪式政体——惯例性权力形式产生正当性规导作用。如果说，神圣关系及其信仰方式最初作为神人关系、社会关系的一种形式，其后演化为一种纯粹的精神关系、仪式行动，直到形成一种中国式的圣人德性崇拜——超社会，同时也超自然的信仰，那么这种神圣关系，最初的人与人的关系，才最终脱离了日常社会因素的约束。

这就是西美尔所认为的，人与人之间各种各样的关系中都包含有一种宗教因素。信仰最初是作为人与人之间的一种关系而出现的，但最终又成为一种超社会的神圣关系，如同"宗教存在于社会关系形式之中，有了宗教，这些社会关系形式便从其经验内容中摆脱出来而获得独立，并拥有了自己的实质"（西美尔，1997：3，5，10，14）。显然，宗教社会学理论中固有的宗教与社会的二元论区分理论特征，在西美尔那里就已有一定的超越与讨论："力图从人与人的关系去揭示宗教本质的问题"（西美尔，1997：3），以神圣关系、神圣关系的仪式化作为社会关系的一种超越形式。

这种研究方法能够说明，如何构成神圣关系，意味着有关宗教的信仰如何可能、宗教如何可能、社会如何可能。此乃所有信仰、宗教的社会学问题出发点。当个人与家族、社群、团体的关系"具有融升华、献身、神圣、忠诚于一体的特征",就具有一种超社会的神圣关系构成于其中。若能从这种关系发展出一套具体理想内容的神圣观念体系,分化出一个具有特殊身份的阶层,如教士、僧侣、儒生、民间香头等,他们就会成为神圣观念的仪式行动者,专业料理那些被仪式化的神圣关系,此时,"宗教"就会出现,仪式政体及其神异王权也会出现(西美尔,1997:8)。若缺乏这样一个专业料理宗教的身份阶层或职业团体,正式的神圣关系经由仪式政体所把握,那么,那种非宗教、各种不同的非正式的民间信仰方式也就同时出现了。

信仰与宗教关系融化在社会关系之中,个体与上帝的关系同个体与社会共同体依附感很近似。这是西美尔把施莱尔马赫宗教哲学的依附感,转换为"依附感的宗教社会学"的出发点(刘小枫,1997)。而这种依附感,则使信仰者个人与超验者、神圣对象等关系被融入了不同的社会关系之中,并呈现出不同的建构方式与信仰模式。

西方宗教信仰中有关神圣与世俗两元对立的关系,学术界在讨论神圣与世俗之际,特别是讨论中国信仰的时候,不少著名论断大都认为中国信仰传统及其特征中所包含的神圣与世俗之关系,并非两分,更不对立,而是世俗即神圣、神圣即世俗。不像涂尔干讲的那样,宗教信仰系统及其神圣与世俗关系是二元两分的结构。

这就是说,神圣与世俗这种曾被视为世界上存在的两种模式、人类在历史过程中所呈现的两种存在性情境,并不只是关系到各宗教历史或只关系到社会学;它们不只是历史学研究、社会学研究、人种学研究的课题。在上述的分析中,神圣与世俗的两种存在模式,关系到人类在宇宙中所成为的各种不同情境;因此,它们也关系到哲学家,以及所有寻求发现人类存在的各种可能性幅度的人(伊利亚德,2001:67)。在此,它们的信仰核心应当分别源自于超自然神圣与超社会神圣,然后再以神圣关系(信仰者与超验者、神圣对象、终极关怀者等关系)及其神圣性建构作为它们的核心。以此为核心,人类文明呈现出不同模式的神圣关系、神人关系与信仰类型,构成了不同信仰的宗教观及其实践模式,至于在中国民间信仰仪式之中,它们既是民间信仰仪式的专家或承包者的关系,也构成了民间信仰、信仰仪式、民间信仰仪式专家或承包者的基本论题。

基于宗教、信仰社会学的基本理论,神圣、神圣关系、神人关系及其信仰模式的建构，实际上是"人本"与"神本"两大信仰概念及其信仰类型的建构，而人类文明中的神祇关系、神圣关系乃至不同类型的神人关系，乃是这两大信仰类型得以建构的基础，同时把一神信仰归类为神本信仰类型，把无神、非神以及多神的信仰，定义为人本信仰类型，进而讨论两种信仰概念、两大信仰类型及其不同宗教模式的构成（李向平，2013a）。正是这两种信仰类型，分别呈现了人类文明中超自然神圣关系与超社会神圣关系及其神圣悖论，及其在现实社会中相应的实践模式，乃至各种不同的宗教核心与信仰形态（李向平，2013b）。

基于上述各种论述，我们把超自然、超社会神圣、神圣关系转换为中国民间信仰仪式专家研究的关系主义方法，尤其是其中的神圣机制与仪式专家行动逻辑的社会学研究。依据中国人的关系取向，大致分为情感型关系（expressive ties）、工具型关系（instrumental ties）、混合型关系（mixed ties）（黄光国，2006：7 - 8）。它们也是一种结构类型，往往是结构的运作机制。这些关系，正是中国社会两大类神圣关系得以建构的基础，并且成为上述三种关系得以运作、体现的神圣基础。

它们皆以神圣关系为中心，结合了现实社会中的伦理关系、权力关系、人际交往关系，既是现实社会中人们交往交换的神圣机制，同时也是公共权力进行展现的伦理规范。为此，中国宗教社会中的神圣关系，有以宗教建构的结果，如佛教、道教；也有借助于仪式建构的结果，如儒教、民间信仰等。因此，中国信仰模式及其宗教结构之中的神圣关系，不一定独立建构为宗教形态，而是人神交往、人神互惠的关系，嵌入并且渗透在仪式、社会生活、家庭生活、经济交换之中，从而构成了神圣关系中的信仰，信仰中的神圣机制。

神圣关系即是神圣机制的表达形式。故此，"神圣关系"的研究应当成为中国民间信仰领域中非常值得讨论的一种研究方法。因为，在中国人的社会活动及生活中，神圣与非神圣的"关系"具有非常突出的意义（金耀基，1992：143 - 157；黄光国，2006：82 - 108）。而在中国人的信仰取向与宗教结构之中，神圣、神人关系经由权力建构的信仰关系取向也同时渗透于这类"关系"之中（李向平，2012）。为此，中国人的宗教信仰结构亦非实体论，而是关系论；它是出自一种"非神圣目的论的世界观模式"（唐逸，2005：41），其本质是过程的、关系论的。它的真正内涵，制约于各种权力关系、社会伦理关系。这是一种超越了主客二元对立的方式，是中国人用来分析和解释世界的基本方法，最终又深深地渗透在中国人的信仰与信仰实践之中，有一种自我神圣的信仰建构趋向。

在这些关系之中，神圣、神人关系及其信仰建构作为其核心构成，与西方宗教一样，也是其中各种社会信仰、权力关系的基础。关键的问题是，这种神圣关系、神人关系及其信仰方式的建构，更体现了中国民间社会信仰结构的依附性、可替代性、双重性等特征。因为，神人关系作为人与人交往关系的价值基础，它的建构，并没有完全建构为宗教结构，或直接构成宗教体系，而是直接体现为人与人交往的价值规范及为人处世、为官治民、为王治国的价值原则。所以，神圣关系、神人关系作为一种非常重要的价值资源，成为中国宗教社会关系中的核心关系、人伦关系中的基本关系。它使中国宗教及其仪式呈现为一种关系主义神圣结构。它们并非局限于宗教，但是又有宗教的巨大功能。所以，在汉语语境之中，伦理、美育、科学、哲学能够替代宗教。

神圣关系与各种社会关系的整合与隔绝，正如德国社会学家斐迪南·滕尼斯所提出的："关系本身及来自关系的社会结合，或者被认为是现实的有机生活，这是共同体的本质"（Tonnies，2001：17）。而皮埃尔·布迪厄提出的"实践的逻辑"，则表达了他对行动与结构"二元论"的超越以及对方法论关系主义的追求，进而立足于个人主义与社会结构论之间的契合，解决社会理论中关于个人与社会、行动与结构的问题，超越个人与社会的对立关系。至于中国社会中两类神圣关系、各种神圣机制对不同领域中圣人德性的共同体现，既整合亦隔绝，大多也是诸种神圣信仰之"实践的逻辑"而已。

这种"实践的逻辑"，大致奠定了神及其信仰的神圣性并非固定，而是一神崇拜和多神崇拜的区别。这个神圣性的建构及其建构方式，在不同的宗教当中都有，在一神和多神的信仰模式中都是存在的。伊利亚德曾经认为，神圣到处都有，虽然有点泛圣论特点，但是这种神圣无处不在的现象，需要一个强有力的东西如仪式、制度、大人物，甚至公权力，把它固定下来，稳定下来，这就可以作为神圣的符号与神圣的表达，成为神圣关系的担当者。这就形成了神圣对象、神圣关系、神圣问题得以建构的相关特征及其差异，同时也成为神圣社会学研究的主要对象。

参考文献

〔德〕鲁道夫·奥托：《神圣者的观念》，丁建波译，九州出版社，2007。

〔美〕彼得·贝格尔：《神圣的帷幕：宗教社会学理论之要素》，高师宁译，上海人民出版社，1991。

〔美〕彼得·贝格尔：《天使的传言》，高师宁译，中国人民大学出版社，2003。

〔英〕麦克·甘恩：《法国社会理论》，李康译，北京大学出版社，2011。

黄光国：《儒家关系主义》，北京大学出版社，2006。

金耀基：《关系及网络的建构》，《二十一世纪》（香港）1992 年 8 月。

李向平：《信仰是一种权力关系的建构》，《西北民族大学学报》（哲学社会科学版）2012 年第 5 期。

李向平（2013a）：《信仰社会学研究要义》，《江海学刊》2013 年第 5 期。

李向平（2013b）：《两种信仰概念及其权力观》，《华东师范大学学报》（哲学社会科学版）2013 年第 3 期。

黎志添：《宗教研究与诠释学：宗教学建立的思考》，香港中文大学出版社，2003。

刘小枫：《编者导言·西美尔论现代人与宗教》，〔德〕西美尔：《现代人与宗教》，曹卫东译，汉语基督教文化研究所，1997。

唐逸：《理性与信仰》，广西师范大学出版社，2005。

〔法〕爱弥尔·涂尔干：《宗教生活的基本形式》，渠东等译，上海人民出版社，1999。

〔美〕米尔恰·伊利亚德：《神圣的存在》，晏可佳等译，广西师范大学出版社，2008。

〔美〕伊利亚德：《圣与俗——宗教的本质》，杨素娥译，桂冠图书公司，2001。

〔德〕西美尔：《现代人与宗教》，曹卫东译，汉语基督教文化研究所，1997。

Ahern, Annette J.

2000. *Berger's Dual-Citizenship Approach to Religion.* Peter Lang Publishing.

Kevin J. Christiano, William H. Swatos Jr. and Peter Kivisto

2002. *Sociology of Religion：Contemporary Developments.* Rowman and Littlefield Publishers Inc.

Tonnies, Ferdinand

2001. *Community and Civil Society.* Cambridge：Cambridge University Press.

马克斯·韦伯论伊斯兰教

李　芳[*]

摘要： 马克斯·韦伯是古典时代的社会学家中唯一一位对伊斯兰教有过重要论述的学者。他指出了伊斯兰教的教义、教法与神学并不是主智主义的；他还分析了伊斯兰教与哈里发国家的关系，指出了政治对于宗教的控制和约束。然而，韦伯对于伊斯兰教的论说是有问题的。虽然战争在早期伊斯兰教史中扮演了非常重要的角色，但知识在人的生活中处于核心地位，伊斯兰社会拥有不同于西方的理智、理性观。而且，伊斯兰教既重视现世也重视彼世，讲求末日审判与死后复活，具有浓厚的救赎意味。

关键词： 马克斯·韦伯　伊斯兰教　非理智主义　政治性格

马克斯·韦伯是古典时代的社会学家中对于伊斯兰教有过重要论述的一位学者。在《宗教社会学：宗教与世界》一书中，马克斯·韦伯对伊斯兰教、犹太教与基督教进行了比较，并且对伊斯兰教进行了专门论述；《经济与社会》中也有对于伊斯兰教的分析与研究；《法律社会学》中亦有关于伊斯兰教的论述。

韦伯对于伊斯兰教的分析主要建立在德国东方学家海因里希·贝克尔、尤利乌斯·威尔豪森、约瑟夫·科勒以及匈牙利学者依格纳兹·戈德齐赫等对于早期伊斯兰文化和宗教、历史的相关研究基础之上。伊斯兰教对于韦伯来说，是其东西方文化历史比较中的一个类型。

---

* 李芳，云南师范大学哲学与政法学院社会学系讲师，研究方向为社会思想史。

一　非理智主义

韦伯指出，只有犹太教与伊斯兰教才能算是根本的、严格的"一神教"（马克斯·韦伯，2011：26）。伊斯兰教是近东一神教较晚的一个产物，而且深受《旧约》、犹太教与基督教诸因素的影响。按照韦伯的分类，穆罕默德属于伦理型先知（马克斯·韦伯，2005：71）。其权威和声望的建立倚靠奇迹与个人魅力，布道人吸引追随者并在追随者中确证其禀赋；先知成为信徒教团的领袖，卡里斯玛会发生结构性变化或变型。

伊斯兰教共同体的组织化程度不高，教区比较松散，宗教信徒并不会持续地参与共同的宗教活动。此种叙说将伊斯兰教早期的乌玛与逊尼派的信仰共同体视为零散的组织。在韦伯看来，伊朗的什叶派信徒，因其自身拥有权力，与君主之间存在着政治上的力量比对，教团缺乏组织性。而这都不利于伊斯兰教的教义维持与伊斯兰教的判教。

与儒教、道教以及印度教相比，伊斯兰教经典《古兰经》的圣典化是基于宗教威信的考量，在穆罕默德之后的伊斯兰教国家的第一代君主哈里发欧麦尔的命令下编纂起来的，而不是教团间相互竞争导致的。

先知所宣布的是神的意志。但随着伊斯兰教的发展，祭司与宗教教团的导师在解释圣典的意义、内容方面还是逐渐有差异与分歧的。与同时期的基督教相比，伊斯兰教主要的争论集中在有关神意恩宠的教义上，虽然在伦理实践、祭典及法律等问题上仍有争议，但并没有真正的教义纷争（马克斯·韦伯，2011：95）。

一般而言，伊斯兰教坚信其先知所言，"神绝对不会使虔信者的教团陷于谬误"（马克斯·韦伯，2011：96）。伊斯兰教的神学理论认为，神具有超凡的力量以及被造物的正义尺度根本不适用于神的作为，无论是对于神意信仰还是世界、社会秩序与神之间的关系，其神正论都比较强调神至上、超越的面向。宣讲教义并不重要，是因为伊斯兰教先知认为，信徒之间的神秘之爱造就相同的思想。对于教义的理解，并不需要一种明确的理智观。祭司的看法是否具有神学效力，要看具体情况。

伊斯兰教信徒会就生活中的问题请教祭司、"传法者"与苦行长老。

但随着大众日益成为祭司影响力的对象，祭司也就愈来愈关注最为传统形式的宗教的观念与实践——信徒的风俗、习惯及具体之需要（马克斯·韦伯，2005：98）。

韦伯忽视了伊斯兰教与非洲传统的复合性与变动性。他认为，伊斯兰教在非洲的传播，也顺应了当地的传统。伊斯兰教也被迫接受地方神、功能神以及职业神为其圣徒。对这些圣徒的崇拜构成大众在日常生活中的真正宗教（马克斯·韦伯，2011：134），这使得伊斯兰教的一神性减弱了。

韦伯认为，先知的伦理、祭司体系化的工作，在面向俗众与其思维、理性主义时，会发生转变。在此过程中，会产生预言的僵化（马克斯·韦伯，2011：100）。普通的穆斯林，只需遵守基本的戒律，基本上不会对教义进行理性思考与思辨。

伊斯兰教中也存在理智主义或知的探讨，但总体上都很短暂。穆尔太奇赖派强调信条教育维系信仰共同体的重要性。苦行神秘主义强调真主存在的唯一性，对于人与真主的关系进行思考，对于尘世、神与人有总体的认知。伊斯兰教的法律学校与神学院也有过辉煌，但在其高等学府中只出现经院哲学的倾向（马克斯·韦伯，2011：167-168）。

在伊斯兰教中，新知的唯一来源就是公议，不存在永无谬误的教义权威；这给伊斯兰教带来了相当大的灵活性及发展潜力，但同时也极大地阻碍了理性的哲学思想脱离神学而演进的进程（马克斯·韦伯，2010：1353）。

沙斐仪教法学派、罕百里教法学派、马立克教法学派、哈乃斐教法学派彼此间具有固定化的差异。但总体而言，整体民法被认为是《古兰经》经由习惯法所作的推衍（马克斯·韦伯，2005：232）。伊斯兰教教法与裁决并不重视法律程序，强调的是法律定型化下依据既有判断的裁量。不受伊斯兰教教法影响的地区，采用神谕裁判、穆夫提裁决、伊斯兰教教会法庭司法权等形式（马克斯·韦伯，2010：1345）。这些裁决方式强调的是超自然的与个人的卡里斯玛以及随机裁量的结合，不具备形式上的理性。

韦伯强调逊尼派与什叶派的区别，指出什叶派相信永无谬误的权威的存在，信仰隐遁的伊玛目，也不承认公议，在教法方面更显示出非理性（马克斯·韦伯，2005：239）。这忽略了伊斯兰教法立法中独立法学家的推导、分析、判断以及逻辑方法，同时也忽略了"伊玛目隐遁之后与乌勒玛在知识传承方面的关联性"（王宇洁，2002：107）。

总体而言，韦伯认为，伊斯兰教并不要求一种广博的律法知识，也不要求决疑论的思考训练（马克斯·韦伯，2011：317）。哲学性的知识主义也不是伊斯兰教的宗教性格。

伊斯兰教的改革运动也并未推动知识或理智主义的发展，领导改革的均是具有身份与特权的教职人员与官员。他们的行为行动受到家长制官僚制国家的影响和监督，并不具备专门化的生活方式与专门化的祭司教育，更谈不上促进俗众生活的条理化；虽然将思辨性的神秘主义与正统教义结合起来，但并未突破已明晰的人、真主与世界的关系或图景。

教义学家与神秘主义者安萨里曾通过教团将神秘主义与伊斯兰教的正统教会结合起来，使得正统教理发挥了推动神学的积极作用（马克斯·韦伯，2010：1324）。然而，禁欲主义的生活方式与祭司的生活方式以及彼此对于俗众的管理之间存在紧张关系。神学知识分子与虔诚的非知识分子的关系，在任何地方都是对宗教的性质具有决定性影响的因素（马克斯·韦伯，2009：702）。

在伊斯兰教中，这两者对于人类存在状态的思考以及对经验世界意义性的追寻受神圣传统影响。祭司以及祭司的追随者、苦修者个人及群体对于哲学与思辨都有言说，但仍不能使得伊斯兰教更趋向理智主义。就此而言，伊斯兰教的知识是"死的"。伊斯兰教的理想人格类型并非文人。只有在西方，"才发展出一种理性的、有系统的专业知识，以及一群受过训练的专业人才"（马克斯·韦伯，2011：393）。

二　战士宗教

身为商人，穆罕默德最初只是麦加一带虔信市民秘密集会的领导人，直到他愈来愈清楚地体认到，实现他使命的外在理想基础，乃是将军事民族间的利害关系统合组织成掠夺战利品的行动（马克斯·韦伯，2011：66－67），"这种结合之先驱以及（可能的）模范则为以色列神祇与其子民的约定"（马克斯·韦伯，2011：112），就此生出圣战的观念。

伊斯兰教的信徒相信得救预定论，认为"人的尘世生活与来世命运早就确定了"（马克斯·韦伯，2009：657）。一个全能之神的绝对权威将迫使人们抱着一种实用性宗教关切去试探——至少是了解——神在不同情况下的意图（马克斯·韦伯，2009：657）。

　　投身于圣战是确证神的恩宠的方式。伊斯兰教的第一代穆斯林武士对得救预定论的信仰往往会达到完全忘我的程度，一门心思要完成圣战的宗教律令以征服世界（马克斯·韦伯，2009：711）。战争的目的在于从其他的宗教夺取封建地租收入，而使伊斯兰教在现世社会秩序中处于支配地位。"战利品既是使命的手段，也是使命的目的"（马克斯·韦伯，2010：1264）。征服异教徒的骑士团统治者把献身于宗教战争视为信仰的基本前提之一，且不承认被征服者可以得救。圣战是为了确认神的支配与战士对宗教的信仰。

　　韦伯过于强调伊斯兰教的政治性，认为高压统治不会造成问题，因为神乐于看到信徒使用暴力支配异教徒，后者一旦被征服，其存在就会得到容忍（马克斯·韦伯，2009：733）。从穆斯林的角度而言，则为其自身在此世中政治与经济方面的被拯救与身份感（马克斯·韦伯，2009：662），但对彼世漠不关心，谈不上今世与来世层面的救赎，也谈不上与末世论相关的伦理报应，体现出对现世的顺应。

　　伊斯兰教所期盼的理想人格是征服世界的武士。战士的生活，充满各种各样的不确定性和危机，因而他们并不期盼宗教方面的条理性，而是期望通过一些宗教层面的行为减少其面临的风险以维持与其身份相符合的生活方式。这与慈悲的神意之思想，或者是一个超越性的神祇之体系化伦理的要求，是极少有内在亲和性可言的。"原罪"、"救赎"及宗教性之"谦卑"等观念，在所有统治阶层——特别是军事贵族——看来不但过于遥远，而且简直有伤自尊（马克斯·韦伯，2011：110）。

　　对于普通个人而言，只需对神保持忠顺与朴素形态的信赖。超世俗的禁欲主义，特别是隐修生活方式是受到抵制的，但斋戒者、祈祷者与忏悔者还是被尊敬的。武士阶层也具有"简朴"的性质，但是一种军事纪律性质的禁欲，而非修道者的禁欲（马克斯·韦伯，2011：317）。

　　伊斯兰教的城市不同于西方城市，重要的是血缘团体而不是由小市民组成的行会。城市是氏族和贵族的城镇，城市贵族世家用它们的利润分成维持的奴隶军队必定会一再保证这些氏族的支配地位（马克斯·韦伯，2010：1397）。城市里不存在一般的市民法人团体（马克斯·韦伯，2010：1398），更谈不上基督教层面上的禁欲态度。

　　所有伊斯兰教的重要习俗皆带有浓厚的政治性格，伊斯兰教特殊的宗教义务也具有同样浓厚的政治性格，见之于其唯一要求的教条：阿拉为唯一的真神，穆罕默德为其先知（马克斯·韦伯，2011：315）。这些都体现出浓厚的封建性。此种封建性还体现在其宗教要求与伦理要求方面。

礼拜气氛追求的是一种着魔于基本上是转瞬即逝的主观状态，仪式结束之后，这种经验对日常道德生活的影响微不足道。仪式主义追求的心理条件最终会直接偏离理性的能动性。与韦伯的非理性的礼拜仪式的论说相反，礼拜作为伊斯兰教的一种宗教功修，对于穆斯林而言，其所达成的恰是道德领域的内在要求，而不是外在的仪式主义。

关注伊斯兰教的发展，韦伯指出，在宗教的担纲者成为和平的教团，或者成为小市民阶级的成员时，伊斯兰教的得救预定论渐次失去其影响力，因为它无法产生出控制平凡世界的系统秩序。一直要到此时，作为救赎手段的信仰才会带有感情的性格以及对神或救世主的爱（马克斯·韦伯，2011：246－247）。

苏菲从自我神化出发而使自己具有神所要求的品格，把自己从日常生活中排除掉，保持特定的宗教气氛，力图在精神上与神融合为一体，流露出一种狂欢、静默等的性格和泛神论的倾向。这体现了苏菲讲求人主合一的神秘性。

韦伯认为，苏菲的迷醉状态与充满情感性的宗教修炼是受印度教的影响。他们对于尘世是漠不关心的，也无意参与社会变革和社会性事务。他们注重内省、内心体验与感悟、静坐，追求的是内在与内心的修为。

但这种思考并不会导致程式化的生活，也无法形成一种关乎日常生活态度的方法论。作为苦行僧或托钵僧的苏菲，其宗教活动与他们的世俗职业并没有太多关联，在他们的体系中，世俗职业与系统的救赎程序充其量也只有纯粹外在的联系（马克斯·韦伯，2009：692）。

"信"对生活态度会产生一种非理性的影响，即与社会和经济的日常生活的需求之间的关系上不会产生积极影响，也更谈不上救赎。

再者，在伊斯兰教哈里发国家，王权就是通常的超凡魅力战争领导权。依靠军事与战争获取身份的官员与掌握圣职的官员之间存在着关联。一旦政教合一的体制，把教会事务看作政治行政的一个分支，从纯粹技术性的对超自然力量进行仪式主义操纵的方面来看，宗教的本质也就不可避免地被定型了，这样也就阻碍了向救赎宗教的任何发展（马克斯·韦伯，2010：1319－1320）。

伊斯兰教统治时期的东方地区，僧侣政治能够自由积累土地，这种积累往往是为了向私人地产提供神圣保护。许多伊斯兰教的卧格夫制度归根结底也是产生于同样的原因，它们仅仅凭着自身的规模，就在所有东方国家发挥了举足轻重的作用（马克斯·韦伯，2010：1342）。僧侣政治对非传统的资本主义力量很是反感。伊斯兰教的布施充满博爱意味，表现出家长制的特点，缺乏理性。

就此，韦伯得出结论，不管是"世界支配"之特有的理性要素还是个人宗教命运的特殊决定，都缺乏充分的发展（马克斯·韦伯，2011：252）。伊斯兰教从来就不是一个真正的救赎宗教，伦理意义上的"救赎"观念对伊斯兰教而言，实在遥远（马克斯·韦伯，2011：315）。在定型化的宗教性格下，早期伊斯兰教的救赎特征难以发展。

三　后来学者的继承和批评

布赖恩·S. 特纳就韦伯的伊斯兰教研究的主要内容进行了概括，认为韦伯主要关注的是：伊斯兰教与世俗权力的关系；具有超凡魅力的先知作为伦理型预言家、军事领导人以及国家建立者的角色；源自哈底斯与逊奈的伊斯兰教法与现实之间的差异；中东的城市是军事屯堡而不是自治的公民制度的基础。同时，布赖恩·S. 特纳也指出，韦伯的伊斯兰教研究可以被理解为聚焦于个体虔敬的后果。以此，宗教社会学应当聚焦于不同宗教传统中虔敬自我的差异（Turner，2010：162－164）。他强调韦伯伊斯兰教研究的政治性以及宗教与政治的密切关系，也提到了宗教个人主义。对于伊斯兰教的教法，特纳延续了韦伯的观点，认为其具有随意性，并不看重司法程序。

托比·E. 胡佛与帕特里夏·克龙则对韦伯的伊斯兰教研究进行了批评。他们指出由奴隶组成的军队在社会方面的重要性以及吉哈德或圣战形成的过程性。同时，他们也指出，伊斯兰教的发展史不能仅仅通过军事高压政治来解释，伊斯兰教在孟加拉国的发展与个体的超凡魅力有关，而在东南亚的传播与发展则与流动的商人、小贩有关。

欧内斯特·盖尔纳虽然授受韦伯提出的命题，但他认为，伊斯兰文明与资本主义不具有亲和性，主要在于相互嵌套的社会组织、信仰系统与生态的关系，而不仅仅在于宗教意识形态。

盖尔纳认为，伊斯兰教是联结不同文明的社会纽带，是伊斯兰教塑造了自己的帝国与文明。若从普遍主义、经典主义、宗教平等主义、神圣共同体以及社会生活的理性和系统化来看，伊斯兰教是三大一神教中最接近现代化的（Gellner，1981：7）。

盖尔纳强调部落与城市的二分，并认为，部落讲求平等、集体精神与武士精神，而城市既讲求等级制度也讲求个人主义。国家的统治依赖掌握武装力量的部落，部落里的伊斯兰圣徒调停国家与社会的关系。城市里信仰伊斯兰教的，是能够阅读经文且坚持一神论的人。他们与部落里的圣徒还是有关联的。这表现出他们在部落与城市、多神论与一神论之间的两极摇摆。

在现代伊斯兰社会中，部落依然存在，而统治者来自于城市，自由和平等思想来自于市场里的平民，钟摆模式被打乱，促使其摆动的力量来自社会外部力量。

欧内斯特·盖尔纳谈的是伊斯兰社会中生态、社会制度与信仰相互嵌套之文明，早期伊斯兰教政权也并不完全表现为缺乏理性组织与管理，资本主义或现代化也不仅仅表现为理性的进步或发展。

克利福德·格尔茨认为盖尔纳是从社会生活角度来研究伊斯兰教的。伊本·赫勒敦的政治社会学、大卫·休谟的宗教流变理论、埃文思·普里查德的部落社会裂变理论以及罗伯特·蒙塔涅的北非社会研究被结合在一起，由此提供了伊斯兰教世界的一个非常统一的理想模型。格尔茨还认为，盖尔纳对伊斯兰教的界定太机械了，他把宗教看作社会的润滑剂，用神学力学来解释伊斯兰社会（克利福德·格尔茨，2012：185）。

他对印尼和摩洛哥的伊斯兰教进行了研究。格尔茨在经典类型的框架下，并置两种文化、两个国家、两个人物，试图就神秘主义的伊斯兰教进行比较研究。他指出印尼卡里达迦嘎的故事体现了启发主义对印式爪哇三个主流观念——典范中心观、灵性等级观以及剧场国家观——进行分化挑战的进程；摩洛哥的琉斯的传奇经历可以归结为圣人崇拜、苏菲主义与谢里夫原则（sherifian）融合成隐士主义（Geertz，1971：25 – 31）。在格尔茨的研究中，伊斯兰教是一种社会、文化与心理现象，围绕神圣符号、世界观、精神气质、真实性展开分析。

结　论

马克斯·韦伯的伊斯兰教研究被认为是碎片化与不完整的，且集中于早期的与古代的伊斯兰教，对于中古伊斯兰教以及近现代的伊斯兰教并没有过多关注。韦伯对伊斯兰教的分析主要借助于德国东方学家尤利乌斯·威尔豪森以及伊格纳兹·戈尔德齐对《古兰经》、穆罕默德在麦地那的经历、倭马亚王朝兴衰历史的研究等。

这些东方学家注重的是文本的考订和历史事实的考证。而卡尔·海因里希·贝克尔把伊斯兰文化看作一种基本上不同于普遍而言的欧洲文化和特殊来说的德国文化的东西来研究（雅克·瓦登伯格，2016：76）。这些都影响到马克斯·韦伯对伊斯兰教的探究。

韦伯主要关注的是近东地区的伊斯兰教，并未涉及南亚与中国的伊斯兰教。他对伊斯兰教的本质和宗教性格的认识并不全面，伊斯兰教并不是战士宗教，尽管在早期的伊斯兰教史中，战争的确扮演了重要的角色。此外，伊斯兰国家内部的政治组织形式具有多样性，逊尼派与什叶派对于政治与宗教的看法也是有差异的。因而，强调一般性层面上哈里发政权对于伊斯兰教的约束从而不利于理智主义的发展，也是有问题的。这是将伊斯兰教内部的特殊性等同为普遍性。

穆罕默德就曾鼓励穆斯林学习知识，无论是逊尼派还是什叶派，均注重知识的传承。伊斯兰教也注重宗教职业人员的培养，《古兰经》一再谈到理智活动在人的宗教生活中的核心作用。就此而言，伊斯兰教也讲求神学知识的训练。什叶派教义学家与哲学家穆拉·萨德拉就论证知识、灵性知识、启示知识之间的关系进行了学术综合研究。他认为，伊斯兰传统中的理智与理性，既有联系又有区别，理性依赖理智（赛义德·侯赛因·纳斯尔，2008：36）。

在伊斯兰教中，知识与社会的关系是很密切的。伊斯兰社会对理智有自己的看法，并影响到传统学科分类。但韦伯提出的涵括科学—技术的理性主义、形而上—伦理的与实际的理性主义（施路赫特，2004：5）的论说覆盖了伊斯兰社会本土的理性与理智观。从而将以西方为基准的理性化探究扩展为具有普遍性与系统性的研究。

伊斯兰教并不存在从出世观念向现世观念的转变。穆罕默德在宣教的初期，就提到最后审判即将来临以及死者的复活（米尔恰·伊利亚德，2004：999）。伊斯兰教既谈现世，也谈彼世，这是其基本的信念。韦伯将其界定为支配现世而拒绝关注彼世的非救赎宗教是有问题的。

伊斯兰教与基督教、犹太教也是存有联系的。这一方面与文化间比较以及文化内比较有关，另一方面与欧洲中心论有关。对于启发式的欧洲中心论与规范性的欧洲中心论的区分（林端，2014：227 - 228），有助于对伊斯兰教的探索。对此不加区隔，则东方主义的倾向以及文化间的差异性有碍于伊斯兰教的研究。

参考文献

〔美〕克利福德·格尔茨：《以伊斯兰之名》，王立秋译，《伊斯兰评论》2012 年第 1 期。

林端：《韦伯论中国传统法律：韦伯比较社会学的批判》，中国政法大学出版社，2014。

〔美〕赛义德·侯赛因·纳斯尔：《伊斯兰学术观点中理智、理性及直觉之间的关系》，王希译，《伊斯兰文化研究》2008 年第 4 期。

王宇洁：《教法学家的统治：历史渊源及其现实困境》，《世界宗教研究》2002 年第 3 期。

〔荷兰〕雅克·瓦登伯格：《德国学术中的伊斯兰教研究》，王立秋译，《中国穆斯林》2016 年第 2 期。

〔德〕马克斯·韦伯：《宗教社会学》，康乐、简惠美译，广西师范大学出版社，2005。

〔德〕马克斯·韦伯：《经济与社会》第一卷，阎克文译，上海人民出版社，2009。

〔德〕马克斯·韦伯：《经济与社会》第二卷，阎克文译，上海人民出版社，2010。

〔德〕马克斯·韦伯：《法律社会学》，康乐、简惠美译，广西师范大学出版社，2005。

〔德〕马克斯·韦伯：《宗教社会学；宗教与世界》，康乐、简惠美译，广西师范大学出版社，2011。

〔德〕施路赫特：《理性化与官僚化：对韦伯之研究与诠释》，顾忠华译，广西师范大学出版社，2004。

〔美〕米尔恰·伊利亚德:《宗教思想史》，晏可佳等译，上海社会科学院出版社，2004。

Geertz, Clifford

1971. *Islam Observed*: *Religious Development in Morocco and Indonesia*. The University of Chicago Press.

Gellner, Ernest

1981. *Muslim Society*. Cambridge University Press.

Turner, Bryan S.

"Revisting Weber and Islam", *The British Journal of Sociology*, 2010, 61 suppl 1（s1）.

文化权利抑或文化的权利[*]

——对普遍的差异敏感性的寻求

吴 军^{**}

　　摘要：现代主体身份认同与其主要根源之一的传统文化之间的关系问题是哲学层面上反思现代性的主要任务之一。在多元文化背景的政治共同体中，这一问题在政治哲学层面上表现为普遍的公民权利与诸种传统文化存续之间的关系问题，即普遍性与差异性之间的关系问题。哈贝马斯与查尔斯·泰勒就文化权利和文化的权利所展开的争论为我们思考如何寻求一种普遍的差异敏感性提供了不同的视角。

　　关键词：本真性　文化权利　文化的权利　普遍的差异敏感性

　　随着国家以及国际层面上多元文化共存现象逐渐地被问题化，各种少数文化和传统文化群体（少数民族、移民、持孤立主义立场的种族宗教群体、非公民定居者以及种族等群体）自身及其与现代社会之间的关系所引发的问题越发成为反思现代性的中心议题之一（金里卡，2015：441-462）。随着对这个问题讨论的逐渐深入，现代主体性（subjectivity）、本真性（authenticity）与传统文化之间所包含的张力逐渐成为讨论的焦点。对这个问题的探讨不仅局限于哲学的领域，而且关涉社会学与现代政治学等诸多领域。前者注重个人的社会化与社会的个人化、本真性根源的对话性结构诸问题，后者注重多元文化背景下的政治共同体凝聚力的来源以及

---

　　* 本文为广西哲学社会科学规划研究课题"'后世俗社会'背景下合法发挥宗教事务公共影响的有效途径研究"（项目编号：15FZJ001）的阶段性成果。

　　** 吴军，哲学博士，广西梧州学院马克思主义学院讲师，研究方向为西方哲学和宗教社会学。

传统文化的保存、延续与基本公民权利之间的张力问题。鉴于当下种种与宗教有关的政治和社会事件的发生①，就此问题进行进一步深入的探讨就具有更为重要的现实意义和实践价值了。

上述社会学和政治学层面上的问题并非平行关系，相反，它们之间存在着很微妙的关联。正因如此，尽管根本性的分歧依然存在，但学者们在这些问题的讨论中所持的观点并非非此即彼。哈贝马斯与查尔斯·泰勒之间就文化权利（cultural rights）和文化的权利（the right of culture）为主题展开的争论对我们思考少数文化、传统文化与现代性之间的关系问题来说具有一定的参考意义。这种参考意义至少包括两个方面：一方面，从哲学的角度看，这个争论再次提醒我们注意现代主体性和本真性观念的非先验的特征，这将涉及主体性、本真性形成的根源问题以及自我确定自身目的的路径问题（泰勒，2012a，2012b；Sandel，1982：149）；另一方面，从政治学的角度来看，这个争论很好地再次提出了正当与善的关系问题，这主要涉及现代多元文化背景下政治共同体的合法性与凝聚力来源的问题，具体到当下我国的状况，理性地思考上述问题同样有助于我们认识现代化进程与传统文化复兴之间的复杂关系以及其中所包含的种种张力。

本文将对上述的争论展开具体的分析。首先，将分析哈贝马斯的文化权利与查尔斯·泰勒的本真性概念的内涵及其两者之间的相通之处。正是这种相通之处使得两者在社会学与哲学层面上既为现代性的主体身份认同作辩护，同时又努力解释其根源问题。其次，本文的第二部分将分析两者在文化权利与文化的权利之间所存在的差异。这种差异不仅在一定程度上反映了自由主义和社群主义之间就不同的自由主义模式所持的分歧和争论，而且关涉文化的存续与公民权利之间的优先性问题（这也是自由主义和社群主义之间根本性的分歧之一）。最后，通过分析哈贝马斯与查尔斯·泰勒之间存在的共识和分歧，两者之间争论的主旨就变得越发显明了。主旨清楚了，争论所具有的参考意义就容易理解了。

一　文化权利与本真性

关于文化权利，哈贝马斯有着明确的定义，"和宗教实践的自由一样，

①　这些事件通常未必是极端暴力的事件，比如法国公共海滩上发生的"布基尼事件"。

文化权利用来保障所有公民获得平等的机会进入交往方式、传统和某个社会实践。他们认为这些对于发展和维持他们个人身份认同是必要的"（Habermas，2008a：268）。尽管文化权利比宗教信仰自由的权利更为宽泛，但其同样关系到公民的身份认同问题。通过这个定义我们能够看到文化权利实际上是指公民基本权利的一种，即每个公民都有平等的权利承认（或选择）、维系以及践行自身认可的交往方式、传统、语言和生活方式。

文化权利的重要性就在于其形成并维系作为一个独立个体的公民自身的身份认同。就此而言，哈贝马斯吸取了乔治·米德（George Mead）的理论。他认为人的个人化（individualization）和社会化（socialization）过程是一体两面的。个人身份认同离不开主体身处于其中的文化传统、生活方式和社会实践。换言之，主体的身份认同的来源具有主体间性的特征，即社会的特征。"从规范的角度来说，如果主体间共享的经验和生活语境得不到保护，个体的法人的完整性（the integrity of the individual legal person）就不能得到保证"（Habermas，1994：129）。因此，尊重公民的文化权利就是对作为主体的公民的人的尊严和身份认同的尊重，也就是尊重和承认其身份认同的社会来源。

在哈贝马斯看来，这种文化权利应是一种法律意义上的公民权利。这与对文化的价值评估无关。"这些以及相似的义务是来自于法律的要求，而不是来自于对相关的文化价值的评估"（Habermas，1994：129）。公民的文化权利与对文化价值所进行的评估之间是没有关系的。尊重公民文化权利的根据只在于文化传统是个体身份认同形成和维系的来源这一事实中，并且这些文化和生活方式在很大程度上对于个体来说是不可选择的（至少在某个阶段）。此外，哈贝马斯认为对特定文化所进行的价值评估在多元文化的后世俗社会中是很难取得一致的。哈贝马斯的这个观点基本上和自由主义的国家中立的主张是一致的，即国家不应该在种种优良的生活方式之间进行评估与排序（金里卡，2015：277）。

由于文化权利关系到作为主体的公民的身份认同问题，所以，像查尔斯·泰勒这样的社群主义者就更为强调文化传统对于主体身份认同形成和维系的重要性。泰勒认为个体的身份认同本质上是来源于与他者之间的对话式关系。"这种人类生活的重要特征是其根本上的对话的特点"（Taylor，1994：32）。这其实就是在说人是社会性的动物。这是对原子式的个体主义的拒绝。人的社会性并不是指在个体自我发展完善和成熟之后再和其他个体一起组成社会，而是指人的个体身份认同本身就来源于与他人之间的对话。"我自身的身份认同决定性地依赖于我和他者的对话关系"（Taylor，1994：34）。换言之，在个体内在的层面上，个体的身份认同，即本真性（authenticity）的形成本质上都依赖于与他者之间的对话关系。这种关系可能会产生两种结果。一种可能是个体与他者之间能够发生平等有效的对话，进而他们的身份认同就能够顺利的形成；另一种可能是个体与他者之间无法产生平等而有效的对话，进而他们的身份认同就无法顺利的形成。由于个体自我身份认同的来源在于与他者之间的对话关系，故而得到他者的承认与承认他者就成为彼此身份认同形成的根本前提了。相应的，拒绝承认（nonrecognition）和错误的承认（misrecognition）都会给他者带来意想不到的伤害。"拒绝承认和错误的承认能够造成伤害，成为一种压迫，即把某人拘禁在一种错误的、歪曲的和简化的存在模式中"（Taylor，1994：25）。换言之，拒绝承认和错误的承认都会使这些对象生活在一种错误和歪曲的自我形象之中。最为严重的情况是这些对象会把这些错误和歪曲的形象进行内化，进而使这些集体身份认同成为自我憎恨的生活脚本（self-hatred life-scripts）[在这里泰勒借用安东尼·阿皮亚（K. Anthony Appiah）的术语，其把集体身份认同视为一种叙事性的生活脚本]。因此，平等的承认（equal recognition）对于个体的身份认同来说就具有结构性的意义（Sandel，1982：183）。不过，对话对于身份认同所具有的意义不仅局限在其形成上，而且这种身份认同的维系同样离不开与他者的对话（泰勒，2012a）。由于这种对话关系不仅是作为个体的主体与作为个体的他者之间的对话，而且是主体与其生长于其中的传统文化之间的对话，所以对本真性的尊重就同时要求对主体背后的传统文化的承认与尊重。这不仅意味着承认与尊重是一种道德选项，更意味着平等的承认是构造一个正义社会的必要条件和基础。

哈贝马斯的文化权利和泰勒的本真性概念之间的相通之处在于它们都指向现代主体的身份认同的根源。这种认识吸收了现代西方哲学中的语言学转向以及米德关于个人化、社会化理论中的相关思想。通过揭示出主体的身份认同背后的社会化维度和对话结构，两者都旨在维护西方现代性的主要成就之一，即泰勒所说的本真性。这里的本真性是指一个道德理想，即主体自己自负其责地为自己思考（泰勒，2012a：32）。这种思考之所以是一种道德理想，是因为它肯定一种自我实现的伦理。"我指的是一个概念，关于什么是一种较好的或较高的生活模式，在这里，'较好的'或'较高的'不是依照我们之碰巧所遇或所需来定义的，而是提供了一个关于我们应该欲求什么的标准"（泰勒，2012a：20）。如此理解本真性，就意味着其并非是原子式的。相反，就我们应该欲求什么的标准本身而言，一种理性的对话结构和深入的个人社会化过程就显示出了自身构成性的地位。如此，现代性的批判者所批评的狭隘化和平庸化的个人主义倾向并非是现代主体的身份认同和本真性的应有的理想模式。故而，对于现代主体的身份认同和本真性，泰勒的态度实为是理性的。"对于本真性而言，我已经表明，拥护者和反对者的两个简单的和极端的立场，是需要避免的：全盘指责自我实现的伦理，同全盘赞同其当代形式一样，是一个深远的错误。我已经证明，在这个作为基础的伦理理想与这些理想在人们生活中反映出来的形式之间，存在着一种张力，这意味着，一种系统的文化悲观主义者同一种完全的文化乐观主义者一样，是误入歧途的。反过来，我们面临一场绵延不绝的战斗，面对本真性的更平庸和更浅薄的模式的抵抗，我们要去实现本真性的更高和更充分的模式"（泰勒，2012a：112－113）。泰勒对本真性的思考和哈贝马斯一样都是对现代主体的身份认同的来源的审视与强调。

哈贝马斯和泰勒对主体身份认同的来源的强调反映出了社群主义和自由主义对于原子式的个体主义做出的反思。对主体的身份认同来源的强调与考察，使得一个问题凸显出来。这个问题就是由于对主体身份认同的来源所做的社会学和哲学层面上的理解的侧重点不同导致了政治哲学层面上对个体权利与集体权利之间关系的不同理解（金里卡，2015：351）。

二 文化权利和文化的权利之间的争论

文化权利不仅关系到主体身份认同的形成和维系，而且关系到文化、集体或传统本身的存续（survival）和维系问题。由于现代社会打破了传统的社会结构和社会意识。文化、传统或宗教信仰不再能够通过理所当然的确定性来维系自身的存在。特别是随着现代主体意识，即自主性（autonomy）意识的产生，以及现代道德和法律体系的建立，它们不再能够通过强制性的方式甚至借用国家权力来维系自身的存在。

由于上述的原因，尽管哈贝马斯和查尔斯·泰勒都注重文化传统对于个体身份认同形成和维系的重要性，但是由于其视角的不同，他们的侧重点也有所不同。进而，关于文化权利本身就产生了许多的争论。① 对于这些争论的澄清非常有助于我们进一步地认识哈贝马斯所主张的文化权利这个概念的本质，以及他和泰勒就此存在的分歧之所在。不仅如此，这样做还能使我们能够更加认清自由主义和社群主义背后更为根本的分歧之所在。

哈贝马斯认为，对于文化权利（cultural rights）我们不能想当然地把其理解为文化的权利（the right of culture），更不能把其理解为集体权利（collective rights）。这些概念之间有着根本性的区别，尽管表面上它们是如此相像。

现代的权利（right）概念是一个法律的概念。在现代法律体系中只有作为个体的公民才能成为权利的主体，而文化和集体之类的集合是不能成为权利之主体的。因此，按照哈贝马斯的思路，我们可以得出这样的结论：尽管文化、传统是个体身份认同的形成和维系的来源，但是它们本身既不能直接通过法律的形式发挥作用，也不能通过法律的手段维系自身的存在。文化的传承者、宗教的信仰者或者集体的成员在现代社会中首先都必须是拥有自主性的自由的人。"文化遗产和在它们当中得到说明的生活方式一般都是通过说服那些个性由之形成的人们的方式来使自身得到传承，即通过动员他们去富有成果地占有和延续传统"（Habermas，1994：130）。在民主法治国家内，法律所能做的就是通过保护公民的文化权利来使文化遗产的传承成为可能，而不是保证其一定成功（Habermas，1994：130）。换言之，它们发挥作用的领域并非在制度层面上（无论是政府还是法律层面）。一旦它们要通过法律或制度层面来发挥作用或者维系自身，那么就很容易造成消极的后果。如果赋予某些文化群体或传统社群作为权利主体的地位，那么这些群体本身就会拥有一套类似于法律或者就是法律的制度。换言之，一旦某些群体成为权利的主体，那么它们就会在国家的法律体系内实行一套独立的法律系统。这样国中国的现象就会变得不可避免。然而，"根据现代的法律来理解，国中国是不可以存在的"（Haber-

① 哈贝马斯和泰勒之间关于文化权利所做的争论的详情可以参见由埃米·古特曼编辑的论文集《多元文化主义：检验承认政治》（*Multiculturalism*：*Examining the Politics of Recognition*，ed. Amy Gutmann，Princeton：Princeton University Press，1994）。这本论文集收录了哈贝马斯和泰勒各自一篇文章。这两篇文章具体地反映了他们之间的共识和分歧之所在。

mas，2008b：304）。此外，更为重要的是，如果我们承认群体或集体作为法律权利的主体，那么在文化或集体权利与个人权利之间也就不可避免地产生矛盾。"把一个群体本身加强到甚至高于其成员之上的集体权利（collective rights），换言之不是为了保障其个体成员的文化权利，而是直接支持集体文化背景的继续存在，有促使内在压制的潜能：'很简单，文化不是那种可以把权利恰当赋予的实体。由共享某些特征而定义的群体（例如，一种语言）在某些情况下可以做出有效的主张，但是这些主张是出自群体成员的合法的利益'"（Barry，2001；Habermas，2008b：304）。哈贝马斯通过引述巴里（Brian Barry）的话来阐明自身的观点，即群体、文化或集体本身是不能作为权利主体的。一旦赋予它们以权利主体的地位，那么对个体权利的内在压制就有可能发生。这里的文化、群体或集体不仅指宗教的形态，也指各种世俗的形态。这种文化和群体的权利容易演变出"对内限制"（internal restrictions）的特征，即"会以群体社团的名义寻求运用国家权利以限制其成员的权利"（金里卡，2015：431）。

通过上面对哈贝马斯所主张的文化权利概念所做的分析，我们能够看出哈贝马斯与查尔斯·泰勒之间争论的一个关键点就聚焦在文化权利和文化的权利之上。他们之间的争论在一定的层面上也反映了自由主义和社群主义之间的差异。他们之间争论的焦点在于文化权利的载体到底是作为主体的个人还是一个群体。相应的，在政治哲学的层面上，主体和文化、传统以及信仰之间哪个更为根本也成为他们之间争论的焦点。他们关于加拿大魁北克省法语社群问题的争论就反映了这个问题（Taylor，1995：246）。

魁北克省法语社群的问题是泰勒提出的。他对这个问题的态度可以用"文化的权利"来描述。尽管认为泰勒完全支持政府通过制定政策来保护文化、传统有失偏颇，但是泰勒确实认为政府和法律应该给予某些群体诉求和群体身份认同以保护，而不像自由主义所主张的那样政府和法律应对伦理意义层面上的善完全保持中立。泰勒之所以会持此观点，是因为他认为承认政治中的两个含义在程序自由主义的表述中有着内在的矛盾。承认政治，一方面是指承认个体平等的尊严（dignity），另一方面是指承认个体或群体的身份认同上的差异。泰勒认为，自由主义所主张的个体的尊严有着追求同质性的趋势，这将有悖于身份认同中所含的承认差异的要求。换言之，平等尊严中所含的漠视差异（difference-blindness）的可能性将会对身份认同的差异要求进行压制或忽视。"差异政治所要求承认的是这个个体或群体的唯一的身份认同，即他们和其他所有人的不同之处。我的观点是，正是这种不同之处已经被忽视、被掩饰和被同化进一种统治性的或多数的身份认同中"（Taylor，1994：38）。因此，相对于主张国家完全中立的程序自由主义者来说，泰勒更认可另一种自由主义范式。这就是米歇尔·沃尔泽（Michael Walzer）所说的第二种自由主义模式（Liberalism 2）（Walzer，1994：99）。这种自由主义模式与程序自由主义模式最大的不同就在于，它允许国家在满足特定的条件下（保障基本的公民权利不受侵犯）可以通过法律途径直接干预某种或某些特殊的民族、文化或宗教信仰事务。泰勒在文章中确实表达过这一观点（Taylor，1994：61）。这恰恰充分显示了泰勒和哈贝马斯之间的区别。泰勒认为程序自由主义模式所要求的严格中立性在将来的世界中将"变得不实际"（Taylor，1994：61）。因此，泰勒认为对于现代国家来说既要保证公民基本的权利不受侵犯，又要使国家直接参与到上述伦理意义上的良善生活方式的留存和繁荣事务上来。哈贝马斯认为，泰勒的上述观点有其自身的认识基础。"这个论证建立在一个不言而喻的前提下，即文化资源相对于共享它们的个人的其他权利来说有一种优先性或者至少也有一种固有的价值来证明其寻求独立保护的主张是正当的"（Habermas，2008b：301）。所以不同于哈贝马斯把文化权利视为一种"主观"的公民权利，泰勒认为文化传统、群体或集体在某种条件下同样可以成为权利的主体，至少是被保护的权利。

上面谈到过，哈贝马斯同样认为诸如民族、文化或宗教这些伦理意义上的良善生活方式对于主体身份认同和整个社会整合的重要性。但是，哈贝马斯认为，在一个多元文化的后世俗社会中①，为了使公民的基本权利受到平等的保护和公民身份认同受到平等的尊重，世俗国家和法律体系必须对种种良善观念保持中立。这种中立不是无视差异，恰恰相反，这种中立正是为差异提供一个维系自身的可能性。国家和法律体系的中立性的要旨就在于防止多数文化摄取制度上的权力进而对其他少数文化形成压制和

---

① 哈贝马斯并没有系统地阐释过后世俗社会（post-secular society）这个概念。他关于后世俗社会的阐述分散在一些论述宗教问题的文章当中。哈贝马斯在《信仰与知识》（*Faith and Knowledge*）和《民主宪政国家的前政治基础》（*Pre-political Foundations of Democratic Constitutional State*）中比较具体地谈到了他对世俗化的看法并进而提出了"后世俗社会"这个概念。《后世俗社会的注释》（*Notes on Post-secular Society*，2008）一文系统和详细地阐述了哈贝马斯关于后世俗社会的看法。

同化。如果国家和法律可以直接干预文化与宗教的事务，那么文化意义上的多数暴政就很难完全避免。

哈贝马斯认为，程序自由主义被认为是漠视差异的，这是因为这些批判者没有意识到现代民主法治的核心是公民既是法律的受众又是法律的作者。换言之，法律本身对于公民来说不是一个外在强加的体系，即是对自身的一种限制。相反，法律本身就是作为主体的自由公民通过民主商谈、反复论证的结果。参与这个过程的公民本身就是有着身份认同差异的个体。他们本身就是文化差异的载体。通过这个过程形成的公共意志和公共舆论本质上就是一个多元声音碰撞、对话和论证的结果。这个民主商谈的程序本身必须对种种伦理意义上的良善观念保持中立，但是进入这个程序中进行商谈的人们可以并且应当从自身的身份认同（即意味着从自身选择的信仰、伦理、传统或文化）出发提出自己的观点并进行合理的论证。正因如此，这个程序本身的中立性恰恰是差异性得以保护的基础。换言之，正因为程序本身没有以伦理意义上的良善观念作为基础，才使得所有合理的良善观点的载体能够自由、平等地进入这个程序中并体现出良善观点之间的差异。这样形成的公共意志和公共舆论尽管不是传统意义上伦理的良善观点，但是参与到商谈中的良善观点都为其做出了贡献，并在其中得到体现。因此，哈贝马斯认为公民的文化权利就是程序自由主义承认和尊重身份认同差异的表现。

如此一来，关于两种自由主义模式之间的划分在哈贝马斯看来就没有必要了（Habermas，1994：122 – 128）。哈贝马斯认为这个划分没有必要：一方面，他认为这种划分是自由主义的批判者误解自由主义的结果，即他们没有看到私人权利和公民权利在现代法律体系中是统一的。这样，平等的公民身份认同和个人身份认同的差异之间并无矛盾。另一方面，哈贝马斯认为泰勒所提出的第二种自由主义模式不仅不会真正地尊重身份认同上的差异，而且还会给多数统治提供基础。哈贝马斯认为，在多元文化的后世俗社会中，文化、宗教和集体身份认同的传承必须建基在公民自主性的基础上。也就是说，只有自主性的公民才是真正的文化权利的主体。因此，文化权利是一种个体"主观的"（subjective）权利。"这个预期就是它们的成员不只是无意识地适应传统的信仰和实践，而是应该学会以一种反思的方式来占有传统"（Habermas，2008b：303）。换言之，文化权利还指作为个体的公民拥有以一种自由的方式来反思地对待其文化传统的权利。

这种权利既不受国家法律的干扰，也不受集体或群体的压制。因此，世俗国家和法律所应和所能做的就是保护公民的文化权利进而为文化的传承提供可能性。当然，这种严格的限制仅仅限于制度层面。换言之，我们不能无条件地把此项限制扩展到生活世界和公共领域这些非制度的领域之中。

哈贝马斯与泰勒之间的争论以两者之间的共识为基础，即都承认传统文化对于个人身份认同形成和维系的重要性。但是，在关于个体权利与集体权利的优先性问题以及现代国家在传统文化的存续上所扮演的角色这个问题上，他们之间有着根本上的分歧。这种分歧依然指向一个主要问题，即现代自由民主的政治文化如何在对差异性保持敏感和平等的公民权利之普遍性之间维持平衡。借用泰勒的话，寻求这种平衡同样也是一场绵延不绝的战斗。

三　普遍的差异敏感性的寻求

如上所述，哈贝马斯和泰勒就文化权利和文化的权利所产生的争论既有哲学层面上的关涉，又有政治学层面上的旨趣。在哲学的层面上，两者之间更多地体现出了一种共识，即现代主体的身份认同不是一个先验的事实，相反，其形成是一个经验与历史的过程。传统文化和其他因素（民族、宗教信仰、性别等）一起为其形成和维护提供了必不可少的来源。故而，现代主体的自主性并非必然意味着毫无根基的自由。相反，主体的身份认同必然是以泰勒所说的对话性关系或者哈贝马斯所说的个人的社会化为基础的。这就意味着，尊重个人的自由、自主性、尊严，就不仅仅是抽象的事情。相反，这要求对主体背后的文化、宗教信仰、民族感情等因素保持充分的承认和尊重。这种承认和尊重是形成和维护主体的身份认同的必要前提。这种哲学层面上的认识有助于我们看到诸种现代性表现形式的平庸化和狭隘化的弊病，同时又可以防止我们不假思索地把这些表现当成现代性的唯一形式（泰勒，2012a：16－31）。

哈贝马斯和泰勒在哲学层面上的共识并没有带来政治学层面上的共识。相反，两者在对程序自由主义以及对文化的存续与公民权利之间的优先性问题上存在着根本上的分歧。这种分歧促使我们进一步思考作为主体身份认同重要生活背景之一的传统文化与主体性之间的关系问题。

现代社会不同于前现代社会，主体的身份认同和其生活背景之间发生了认识上的区分。这意味着，理性的反思是形成和维护这种身份认同的内在动力。理性的反思既是现代主体性的根本特征，也是连接主体身份认同和其生活背景的纽带。这就是说，现代主体的身份认同是一个持续的过程，在这个过程中形成中的身份认同会不断地做出理性的思考与选择。和主体的身份认同不是先验的一样，作为生活背景的传统文化同样不是先验的。就此而言，"泰勒没有能够证明，我们必须把共同价值当做既定的事实，也没有能够证明这样一种说法是空洞的：这些共同价值不仅应该受到个人的评判，而且个人有可能对它们加以拒斥"（金里卡，2015：287）。主体和传统文化之间同样存在一个持续的对话过程。就此而言，哈贝马斯自身在政治学层面上和哲学层面上的观点相比较泰勒来说显得更为一致，即现代民主国家在制度层面上能够做的只是为不同的主体与自身的传统文化之间的对话提供平等的可能性，而不是一定保证其成功。相反，如果我们采取泰勒在魁北克问题上相同的立场，即保护政策的目的在于积极努力地培养共同体的成员（甚至确信后代将继续把自身认同为以法语为母语的人）（Taylor，1994：58 - 59），那么在貌似解决问题的同时会带来新的更急迫的问题。撇开这样做带来的政治学层面上的难题不论，下面两个问题依然迫切需要得到关注和回答。一方面，以保护主体身份认同的来源为名义，通过政府或者立法的渠道把某种传统文化保护起来是否有悖于泰勒所说的本真性概念；另一方面，这种保护政策是否真的有利于传统文化的存续依然是一个悬而未决的问题。

就泰勒所担忧的另一个问题，即现代政治共同体的整合力问题，哈贝马斯所提出的承认政治的主张是非常富有启发性的。哈贝马斯认为，承认政治涉及公民平等的一个重要的维度。公民平等包括两个方面："一方面是分配正义的问题，另一方面是完整成员身份认同的问题"（Habermas，2008a：267）。承认政治主要是涉及后者（Habermas，2008a：267）。对文化权利的平等承认和尊重涉及民主法治国家中公民平等的一个最为重要的维度。在道德和政治层面上这就是"完全成员身份认同"（full membership）的正义问题。与这个问题相对的则是分配正义（distributive justice）的问题。这两个问题在哈贝马斯看来是两个完全不同层面上的问题。它们的来源、形成的影响和解决的渠道都是完全不同的。尽管对少数群体的歧视常和社会地位低下联系在一起，但是这两个范畴应该被分开来看待。从分配正义的角度来看，平等原则要求所有的公民都应该有平等的机会去运用形式上平等的权利和自由来实现他们个人的生活计划。那些反对根植于阶级结构中的身份认同不平等、寻求重新分配机会的政治斗争和社会运动都是由分配正义层面上的不平等经验所推动的。但是，文化权利的平等问题是无法通过再分配的手段来解决的，因为这已经超越了法律和政府的权能。文化权利平等问题的解决只能通过培养一个相互承认的政治文化来从根本上得到解决。这种政治文化最理想的培育领域就是生活世界和公共领域。一旦其被培养起来，影响会超过上述两个领域进而进入政治的公共领域甚至是影响到法律和政府法规的真正执行。从这个方面来说，文化权利和承认政治为解决法律和制度层面上无法解决的问题，即社会整合的问题，提供了条件。

对于我们来说，文化权利和文化的权利之间的争论的重要参考意义在于其很好地显示出如下这一点，即作为现代性的成就，主体的身份认同和本真性正是我们据以思考传统文化传承方式的出发点。对于每一个具有反思意识的人来说，认识到本真性以及现代性的当代诸种表现形式和它们的理想模式之间的差异将是极为重要的。认识到这一点，既是我们批判地维护和发展现代社会的前提条件，也是其内在动力。这也是自由主义者所主张的个体有理性评估和修正自己现有目的的自由（金里卡，2015：297）。

对于在享受现代社会带来种种益处的同时又想避免其带来的种种问题的我们来说，相对于站在褒扬或贬抑的两端，就上述问题采取一个理性的批判角度则显得合理得多。认识到现代性的理想模式与其诸种当代表现的差异将会促使我们在尊重主体的平等尊严和维护主体身份认同的差异之间不断地寻求平衡。这实际上引发出了普遍的差异敏感性的要求。这个要求包含两个层面。一方面，作为现代主体，每一个人都应该理性的对自身身份认同和他人身份认同的源泉之间的差异保持敏感[①]；另一方面，在保持这种对差异的敏感性的同时，我们也应该积极寻求和构建主体间普遍可理解的话语。

---

① 哈贝马斯提到的世俗社会对宗教话语中的语义学内涵的认识和学习已有此意。

参考文献

〔英〕以赛亚·柏林：《自由四论》，陈晓林译，联经出版事业公司，1986。

〔德〕尤尔根·哈贝马斯：《公共领域的结构转型》，曹卫东等译，学林出版社，1999。

〔德〕尤尔根·哈贝马斯：《在自然主义与宗教之间》，郁喆隽译，上海人民出版社，2013。

〔加〕威尔·金里卡：《当代政治哲学》，刘莘译，上海译文出版社，2015。

〔英〕约翰·穆勒：《论自由》，孟凡礼译，广西师范大学出版社，2011。

〔加〕查尔斯·泰勒：《本真性的伦理》，程炼译，上海三联书店，2012a。

〔加〕查尔斯·泰勒：《自我的根源》，韩震等译，商务印书馆，2012b。

〔加〕查尔斯·泰勒：《世俗时代》，英译：张容南、盛韵、刘擎、张双利、王新生、徐志跃，法译：崇明，上海三联书店，2016。

〔法〕托克维尔：《论美国的民主》，董果良译，商务印书馆，1988。

〔法〕托克维尔：《旧制度与大革命》，冯棠译，商务印书馆，1992。

Barry, Brian

2001. *Culture and Equality*, Cambridge: Polity Press.

Habermas, Jürgen

1994. "Struggles for Recognition in the Democratic Constitutional State", *Multiculturalism: Examining the Politics of Recognition*, ed. Amy Gutmann, Princeton: Princeton University Press.

2008a. "Religious Tolerance as Pacemaker for Cultural Rights", *Between Naturalism and Religion*, tr. by Ciaran Cronin, Cambridge: Polity Press.

2008b. "Equal Treatment of Cultures and the Limits of Postmodern Liberalism", *Between Naturalism and Religion*, tr. Ciaran Cronin, Cambridge: Polity Press.

Kymlicka, Will

2002. *Contemporary Political Philosophy: An Introduction*, New York: Oxford University Press.

Sandel

1982. *Liberalism and the Limits of Justice*, Cambridge: University Press.

Taylor, Charles

1994. "Politics of Recognition", *Multiculturalism: Examining the Politics of Recognition*, ed. Amy Gutmann, Princeton: Princeton University Press.

1995. *Philosophical Arguments*, Cambridge: Harvard University Press.

Walzer, Michael

1994. "Comment", *Multiculturalism: Examining the Politics of Recognition*, ed. Amy Gutmann, Princeton: Princeton University Press.

专题：宗教

与社会结构

作为社会关系投射的宗教信仰方式：
从先入为主到扎根社会[*]

李　峰^{**}

摘要： 中国宗教的社会学研究存在着对信仰方式关注不足和先入为主的结构化取向。本文基于西方宗教研究的理论基石和我国社会关系本位之特征，将关系视为建构中西方宗教研究共同平台的切入点，在国内已有的研究基础上，提出一种新的宗教社会学阐释路径：资源分配方式决定着社会关系的性质，这种社会关系不仅包括纵向的权力关系，还包括横向的人际关系，而宗教信仰表达方式则是这些社会关系的表现形式之一。在中国传统社会、民国时期、新中国成立到"文革"结束以及改革开放以后，资源分配方式的改变带动着中国社会关系的变化，而社会关系的变化又形塑着宗教信仰方式的变迁。

关键词： 结构化分析路径　宗教信仰方式　多重原子化　宗教信仰方式

自 20 世纪 90 年代以来，我国宗教社会学获得了长足的发展，但在研究视角和分析路径两方面仍有深入的可能。首先，从研究视角来看，无论是皈依、改宗等微观议题，还是宗教功能等宏观探讨，其分

---

* 本文系国家社科基金"当代西方宗教社会学理论的范式之争及基于中国经验的对话"（项目编号：13CSH001）的阶段性成果。

** 李峰，华东政法大学社会发展学院教授。

析的核心议题是宗教类型，即选择何种宗教，何种宗教更具什么功能等。但笔者认为，宗教信仰方式才是更深层次的问题，这是因为：其一，不同的宗教的确有着不同的宗教教义，但其宗教教义的内核实质规定着不同的信仰方式，而这在韦伯（2011）依照先知类型和救赎方式进行的宗教类型学划分中展示出了强大的生命力。其二，对宗教信仰方式的探讨更体现了对信仰者的关照，对于绝大部分信众来说，他们的信仰选择在很大程度上取决于该宗教的信仰方式（Demerath，1965；Reimer，2007）。

其次，从分析路径来看，已有研究表现出两种较为清晰的取向：一是大量引进西方的最新理论和方法对中国宗教问题进行分析；二是强调中国社会及宗教信仰的特殊性，对西方理论的拒斥。前者存在着将中国宗教信仰从社会中脱嵌（卡尔·波兰尼，2007）出来的危险，正如金耀基和范丽珠教授（2007：3）所言，"（众多的西方学者或者套用西方理论分析中国宗教问题的社会学者）基本上没有将中国宗教当作一个整体来看待，甚至在研究中国时将社会与宗教截然分开来对待，很显然这是按照西方宗教价值观来看待中国文化的直接反映"。后者虽然看到了前者的不足，但过分强调自我的特殊性，失去了基于中国的经验和理论探讨反哺西方理论，乃至发展出具有普遍性的解释思路之可能。值得庆幸的是，近年来有许多学者试图综合此两种倾向，并先后发展出宗教市场论、宗教生态论和权力场域论等理论范式。本文认为，上述理论范式多以较为宏观的视野关注宗教在中国当下的处境以及不同宗教间的关系，它们虽强调社会的重要性，但其社会仅是一个抽象，而非具象的存在。

基于此，当我们将宗教社会学的研究视线集中于民众的信仰方式时，我们认为，对此的探讨不仅要回到社会（李峰，2013），而且还应回到社会关系层面。因为基于唯实论的立场，社会是各种关系的集合。此外，与西方社会之个体本位不同，中国社会从本质来说是关系本位，关系构成我们理解中国诸多社会现象的关键切入点。同时，考虑到社会关系在很大程度上由特定社会的资源分配方式所决定，故从社会资源分配方式到社会关系，然后从社会关系到宗教信仰方式这种分析路径也许是此类研究可能的前进方向之一，当然，社会关系包括纵向的权力关系和横向的人际关系。

一　回到起点：作为社会关系结构投射的宗教信仰方式

本文认为，不论是关于中国有无"宗教"之争，还是西方理论是否适用于中国现实之辩，其症结在很大程度上都源于我们仅从西方已有的概念和理论出发，忽视了宗教与社会在深层次上的联系，从而形成一种先入为主的结构化的分析路径——以西方理论中的宗教概念和学说为叙事框架，然后去检验其他地区的信仰现象（李向平、李峰，2015）。按照这种思路，在对中国宗教信仰进行分析时，我们通常以西方之瓶来装中国之酒，以事先规定好了的"佛道天基伊"等形式来套装中国信仰内容，然后基于其教义进行宗教社会学研究。近年来，随着调查数据和田野资料的增多，沿此路径研究产生出许多元问题上的困惑，例如何谓佛教徒、民间信仰化的基督教是否还是基督教（李峰，2015a），等等，而这在一定程度上也是前文所述旧有的研究视角和分析思路所致。

出现这种理论与现实间的张力是否意味着理论的失效？我们认为，这不是理论自身的失败，而是我们在理解西方理论时的偏差。西方宗教社会学理论肯定是基于其社会事实，但若我们深入了解它们的理论基石和假设，我们也许能找到一个兼容西方理论和中国宗教信仰事实的共享平台，且形成理论反哺。

Religion 的词源是拉丁文"religare"或"religio"，其内涵就是人与神间的关系，前者是"联结"之意，后者表示人对神的敬重。沿此逻辑，在近代哲学家那里，康德将宗教视为道德责任的神圣化；施莱尔马赫认为宗教是我们对某物的绝对依赖；黑格尔视宗教为完全的自由；到费尔巴哈那里，人不仅成为宗教的主体，而且也是宗教崇拜的对象（缪勒，1989：13）。这些形而上的探讨构成了西方社会学对宗教分析的逻辑起点和基本假设。此后，无论是基于自然主义、心理主义还是基于新康德主义的理论底蕴，几乎所有的古典社会学理论在讨论宗教与现代性的关系时，都将宗教视为社会关系的一种表现形式。

社会学的创始人孔德主张用自然主义的方法洞察社会。他立足于社会关系与宗教信仰形式间的关系，认为，面对法国大革命后的社会动荡，天主教对社会秩序的恢复和维护无能为力，因为天主教是以神学阶段的社会关系为基石，而当前已是实证主义社会，故唯有建立在

实证主义基础上的宗教——人道宗教——才有助于社会的稳定。孔德
的这些思想在涂尔干那里得到更具社会学主义式的表达：宗教是圣化
了的社会；同时，涂尔干还认为，宗教的未来不是消亡，而是信仰形
式的改变，因为人们的宗教性源于社会集体体验，社会在变迁，宗教
的表达形式也得随之改变。马克思、恩格斯也秉承自然主义的观点，
但认为宗教是社会现实在人们头脑里歪曲的反映。弗洛伊德的宗教论
则是心理主义路径的代表之一。他认为，宗教信仰从本质上是社会的
一种投射（弗洛伊德，2010）。此外，基于康德的"先天主观形式"
认识论而提出形式社会学的西美尔，他把施莱尔马赫宗教哲学的依附
感转换为依附感的宗教社会学（刘小枫，1998：22），这种依附感使
信仰者个人与超验者、神圣对象等关系，融入了不同的社会关系之中，
并呈现了不同的建构方式与信仰模式。他认为，应从人与人的关系去
揭示宗教本质的问题，"宗教存在于社会关系形式之中，有了宗教，这
些社会关系形式便从其经验内容中摆脱出来而获得独立，并拥有了自
己的实质"（西美尔，1997：14）。要言之，人与人之间各种各样的关
系就包含有宗教性的因素。

　　由此，我们可以得出这样的结论：在西方的社会和学术语境中，
宗教及其信仰方式实质是由神与人以及人与人构成的三角关系，是社
会关系的反映形式之一。只不过，由于其理论本就源自西方社会，且
一脉相承，故在古典社会学那里就无须对此进行再次强调，宗教及其
信仰方式是社会关系的反映形式这一判断成为所有理论的潜在假设。
但是，若将其移植到非西方社会，那么，我们就得回到理论假设的
起点。

　　由此观之，当我们在处理西方理论与中国宗教现实时，不能仅停留于
结构化的宗教概念，也不能止步于中国特殊的社会，而应进一步深入对关
系特质的分析。如杨庆堃先生对中国宗教的研究就特别强调中国社会结构
的特殊性，据此问题意识而提出的"制度宗教"与"扩散宗教"之分对后
世影响深远。但由于其类型学划分仍是基于西方学者瓦哈的"相同性的自
然团体"与"特殊性的宗教组织"这对概念之模板（杨庆堃，2007），没
能从中国的社会关系与宗教信仰方式间的关系之基点出发，故此划分仍面
临着诸多困境。如中国儒教中，既存在着诸如个体儒教信仰方式的分散
性，也有着与国家权力纠缠在一起的制度性信仰（李向平，2013）；而在

基督宗教中，即便是在西方也有类似的"个人信仰"与"制度宗教"之现象（詹姆斯，2008）。

同时，言之中国社会，关系甚为重要，这种重要性不仅体现为各种伦常关系是中国社会构成的基石（翟学伟，2016），而且与西方二元对立的思维及方法论不同，关系主义也构成了对中国社会现象理解的前提——对中国分析的基本单位不是单个的个体，而是处于关系中的人（Ho and Chiu，1988）。

据此推理，形成并运行于斯的宗教信仰及其方式也是中国社会中关系的反映。因此，中西的宗教信仰并无本质的差异，它们都是其社会关系的投射形式。我们可将其内在的逻辑关系简要论述为：信仰是现实世界人与人关系的体现形式之一，而宗教"在很大程度上就是那构成和已经构成了这些集团的男男女女个人信仰的表达方式"（史密斯，2005：358）。

在国内学界，将宗教信仰方式与社会关系联系起来探讨的领军人物当属李向平教授。其研究有两个侧重点：一是权力关系之于宗教信仰的影响，李教授认为，在中国社会，神人关系经由权力建构，建构起一种"非神圣目的论的世界观模式"信仰观，进而建构起一种反映权力关系的信仰表达形式——宗教（李向平，2012）。二是对神人关系建构的探讨，在其与笔者合作的论文中，我们认为，不同的神人关系（神人互惠抑或规范关系）建构起不同的信仰模式（李向平、李峰，2015）。这些探讨极富创新性，但也存在着以下不足：第一，权力关系并非社会关系的全部，作为社会有机体，我们也可以将权力关系视为存在权力差异者的纵向社会关系形式，而将一般人间的互动视为社会横向社会关系形式，因此，在探讨宗教信仰建构时，我们不能只谈权力关系。第二，上述基于社会关系对宗教信仰的探讨属于即时性的作用机制，社会关系从本质上讲是资源分配方式的一种组织形式，不同的时期有着不同的资源分配方式，由此有着不同的社会关系形式，进而形成不同的宗教信仰方式。

因此，本文不仅回到起点，遵照上文之分析路径，将社会关系的构成分成纵向的权力关系和横向的人际关系，而且，我们还将此置于历时性的社会变迁之中，考察伴随着资源分配方式与纵向和横向的社会关系的变迁，国人的宗教信仰模式的嬗变。

二　层次性与一致性：中国传统社会
关系格局下的信仰结构

中国传统社会以农业经济为基石，且自秦之始就形成了大一统之传统。虽就中国传统社会之特征有着不同的理论概括，但对儒家思想是中国社会乃至个体行动的正当性基石之判断却鲜有争议。儒家思想以家庭伦理为核心，并"推"出社会伦理和国家政治哲学，通过"礼"、三纲五常规定着社会中人与人间的关系，构成一个父子伦理扩大版的社会，因此，中国传统社会表现出家国同构、伦理本位等特征。而在这样一个以儒家思想为纽带的行为规范和权威象征共同体中，其纵向社会关系主要体现的是帝国权力的分配及民众基于儒家道统对此的认同，横向社会关系一方面体现儒家之"大我"思想，另一方面也表现为依照"小我"原则而划定的亲疏远近之别。

具体来看，在纵向的社会关系结构上，多数学者均认可中国传统社会的"国家—宗族"二元模式，一如费孝通（1999）所言的"双轨政治"、黄仁宇（1997：270）所言的"潜水艇夹肉面包型的社会结构"、许慧文（Shue，1988）的"梯形结构"与"蜂窝状结构"、温铁军（2000：411）的"国权不下县"等。在这种结构模式下，中国传统社会形成官制领域与民间社会两大块，官制领域以权力为运作逻辑，学界虽对民间社会的治理存在着"士绅"与"地方精英"两种模式之争（衷海燕，2005），但都认为"社会上层是以王权为中心的大一统官僚机构，中层是士族缙绅对地方和农村事务的管理，下层是宗法家族组织"（金观涛、刘青峰，2011：7），儒家思想在其中起着关键的作用。

在横向的社会关系结构方面，儒家将社会分为己、家和群三个范畴，将个体分为大我和小我两种动态的存在，大我对应的是社会本位，小我则基于个体本位。如从个体本位的角度来看，费孝通先生（1998）的差序格局当是对中国社会横向关系结构的精辟概括，其特点在于：第一，"自我主义"。与强调个体权利意识不同，在中国传统社会的关系格局中，一切判断都是以"己"为中心。第二，公私、群己的相对性。在这种关系格局中，站在任何一个圈里，向内看就是公、群，向外看就是私、己。第三，特殊主义伦理，与人相处的行为标准视对象与自己的关系而定。要言之，这种社会伦理体系表现出三种结构性维度：理性计算、道德义务和情感联系。理性计算反映的是为追求个人利益而仔细计算其每一个社会交换的行为，表现出极端"自我主义"，但在社会中，各种诸如人情、面子等也可能主导着个体的行动（阎云翔，2000：142）。许烺光将这种既体现自我利益，又估计人情关系的行为方式概之为"情景中心"行为模式（Hsu，1970）。黄光国（2006：7－9）则将之类型化为三种关系模式：与家人交往构成的情感性关系、与生活和家庭之外建构起的工具性关系、与熟人互动形成的混合型关系。

基于上述分析，笔者认为，只有在家国同构的权力关系与日常实践的关系主义的社会结构中，我们才能更好地理解中国传统社会的宗教信仰及其方式。按此逻辑，由于儒家社会是一个伦理社会，因此，宗教信仰方式既体现横向的社会关系结构，表现出层次性与多样性；又体现纵向的权力关系结构及其与权力相辅相成的儒家信仰体系，具有公共性与一致性。两者犹如硬币的一体两面。

第一，中国传统宗教信仰方式的层次性表现为因纵向权力关系与横向人际关系之不同而出现的基于阶层、地域和个体间的差异性。

首先，在儒家伦理中，由于不同的社会阶层扮演着不同的社会角色，故信仰方式也表现出一定的阶层分化特征。孔子曾提出社会群体"唯上智与下愚不移"。在信仰方面，由于儒家的伦理观与宇宙观相连，因此，皇族垄断天命信仰，而统治上层关注的是维护权力统治的信仰之教化，士人阶层侧重哲学式的圣人信仰之齐家修身，普通民众信奉的是神人互惠的信仰之灵验。"同一类儒教信仰，被分解为国家信仰、民间信仰、精英文化信仰或乡村民间信仰"（李向平，2010：217）。同时，不同职业也发展出体现本共同体之精神的守护神。

其次，儒教信仰是整个社会的信仰内核，由此构成中国社会文化与信仰的大传统，但基于区域性以及血缘性，民间社会又形成自己的小传统，而社区信仰则是小传统的核心构成，或是一家族之祖先崇拜，或是某一地方神崇拜，它们各自发挥着整合家族、地区关系的功能。

最后，在个体层面，中国民众的信仰方式还表现出高度的私人性。与中国社会的伦理或关系本位一致，中国人的神人关系实质是现实人际关系的神圣化反映。一方面，人们基于与自己关系的亲疏远近，建构起以己为中心的信仰差序格局：小宗、大宗、鬼、神灵和天地，并由此建构起不同的伦常关系。另一方面，由于神人关系是以己为参照系，因此，神人关系就表现为排他性的双向关系。双向关系体现为人与祖先、人与鬼、人与神灵间"报"的关系（李向平，2006），依稀对应着日常实践中的情感性关系、工具性关系、混合性关系。同时，因人之不同，关系网也各不相同，故个人的信仰也就具有高度的私密性，你家的祖先是我家的鬼，即所谓"各烧各香，各许各愿"，"天机不可外露"。

第二，中国人的关系—信仰模式虽因关系不同而表现出层次性，但其背后又具实质的一致性。

首先，从横向关系一致性的角度来看，一方面，各不同层次的信仰均体现了儒家伦理所规定的五伦之社会关系。除了朋友关系外，剩下的四种体现的是亲子以及君臣关系。祖先信仰是亲子关系的体现，对小传统与大传统的信仰则反映出君臣关系。另一方面，即便是差序格局式的私人信仰，也无不体现儒家思想的核心——推己及人。正因为如此，故在儒家和帝制的大传统下，宗教信仰与文化信仰、政治信仰和国族信仰合为一体，而这个有机体依照己、家和群，同构于家国天下。

其次，从纵向的权力一致性的角度来看，当信仰走出"己"，步入"群"之后，在各种社会关系中，支配着中国人信仰秩序的是权力。儒家不仅是政治合法性的基石，而且其信仰是以上乘天命的王者为核心。由此，儒教信仰就与维护王者的权力秩序相辅相成。祖先崇拜体现的是家庭与家族的伦理道德，是儒家及传统社会的根基。神权、政权、族权和夫权高度统一。任何民间宗教的神灵崇拜都需要权力的册封或许可，否则就是淫祀、妖术、异端，必须加以铲除，因为它们是可能冲击现存权力结构的一种"反动"的精神秩序。对此，华琛在弗里德曼对中国宗教整体性强调的基础上，正视文化的异质性与正统性间的关系，提出了神明标准化的命题，国家及其精英基于文化和统治标准来实现对地方差异性的统合，在此过程中，国家强加的是一个象征着大传统的结构，在此宏大结构中，地方性的小传统则通过信仰内容得以展现（沃森，2006）。而桑高仁的"阴阳说"（Sangren，1993）、王斯福（2009）的"帝国的隐喻"也证明了民间信仰中大传统与小传统间的互构关系。

要言之，与中国传统社会的纵向与横向关系结构一致，从形式上看，此时中国人的信仰方式既有整合家族的祖先信仰、整合地区关系的社区神灵信仰、整合社会的儒家伦理体系信仰，也有基于阶层的差异，还有满足个体的具有高度私密性的信仰。从实质来看，围绕着儒家思想和王权构建起传统中国社会的信仰秩序，并维系着传统社会结构的再生产。

三 自我性与混杂性：清末至 1949 年的信仰结构

清末民初，支持着两千多年中华帝国的儒家伦理体系开始崩塌，首先，1905 年科举的废止标志着道统的终结；其次，1911 年清帝退位和民国建制的西化，标志传统帝制的终结以及与儒家的无涉；最后，随着工商业的发展和社会流动的加快，基层的宗法家族制度也日趋松动。时局的变迁极大地冲击着传统社会的纵向权力资源分配与横向的社会资源分配原则，附着其上的社会关系以及作为关系之投射的信仰方式也自然会随之而变。

从纵向社会关系来看，帝国的结束并未迎来稳定的权力秩序，国民党政府开启的国家政权建设虽然试图以新的政治单位——现代国家来整合社会，但在内忧外患的处境下举步维艰，现代国家不仅没能建构起来，而且随着儒家意识形态的终结，中国传统社会的"朝廷—民间精英—民众"的三层结构渐趋解体，基层社会开始瓦解。传统"乡土社会采取了差序格局，利用亲属的伦常去组织社群，经营各种事业"（费孝通，1998：40 - 41）。宗族发挥着极强的政治组织和司法协调功能，这一功能又在家国一体的模式下得以强化。然而，近代"农村的宗族制度在政治变革、经济发展、社会思潮和价值观念的冲击下，呈现出逐渐衰落的趋势"（杨婉蓉，2002），社会陷入一盘散沙之泥潭。国家与社会的双重困境即为近代中国的总体性危机。

在此背景下，由于建立在宗族和自然经济之上的资源分配机制受到了极大的冲击，因此，横向社会关系亦出现了改变。伴随着各种主义和工商业的渗透，在农村，宗族意识日趋淡化，族产的流失和族众凝聚力的减弱使得中国传统乡土社会内的人际关系格局处于失范状态。一方面，失去权力依靠的儒家伦理对个体的影响只能是因人而异，而族权和族长权力的式微也无力施加实质的约束；另一方面，社会流动性加快，族众大批流入劳动力市场，他们与家族的关系逐渐疏远，家族成员之间的联系日渐中断

（刘丽，2007）。在城市社会，面对着来自经济、政治和思想文化等方面的多重冲击，以"伦理本位，职业分立"为核心特征的社会被破坏得更为彻底。

这样，一种新的社会关系开始出现于近代中国：原来明晰可辨的依照情境而建构起的情感性关系、工具性关系和混合性关系虽然形式上仍在，但其基石已不再是传统伦常，而是个体的利益。个体开始从家族、地缘和信仰共同体中出走，经由"五四"时期的发酵，个体的观念得以迅速扩张，假个体主义甚嚣尘上。按照杜威的说法，假的个体主义实质是"自我主义（egosim），他的性质是自私自利，只顾自己的利益"（胡适，1998a：563；许纪霖，2009）。当然，这种极端功利主义倾向一个重要的根源在于中国传统的自我主义和儒家本有的功利主义与"人格主义"。在传统家国天下和社会流动迟缓的社会结构下，这种自我中心主义更多是被限制于小共同体之内，并为"大我"所限制。

随着社会认同体系的崩塌，面对着现代性的冲击，这种取向进一步加剧了中国社会的一盘散沙状况。面对着传统社会关系的渐趋瓦解，如何建构起一种新型的可供救国图存的个人与个人、个人与集体、个人与国家的关系，成为彼时面临的紧迫话题。在对"德先生"与"赛先生"的呼吁过程中，真正的个人主义也在近代中国登场。这种个人主义是"个性主义（individuality），他的特性有两种：一是独立思想……二是个人对自己思想信仰的结果要负完全责任……只认真理，不认得个人的厉害"（胡适，1998a：563）。不过，与西方的个人主义重视权利之定位不同，我们接受的个人主义不仅仅是要解放个人，还要担当起国家政权建设的重任。正如许纪霖教授所言："晚清的个人虽然从各种共同体中解放出来，但目的是为了归属于国家，成为现代民族国家强盛所需要的新国民……'五四'的个人主义固然立足于小我，但这个小我不是物欲的、感官享受的小我……个人的终极意义乃是为了人类、社会和公众的那个大我"（许纪霖，2008）。也就是说，国家主义是体，个人主义仅是用。所不同的是，不同的政治团体对于国家主义之意识形态基石的差异性选择。然而，由于国民党自身的组织和能力缺陷以及时局的复杂性，国民党的国家政权建设无法为全社会提供强大的国家主义认同。

在这种背景下，随着个人意识的强化，在农村，一方面，个体在一定程度上更容易从传统伦理和宗族关系中脱嵌出来，从而成为一个较差序格局下更关注自我的"自我中心主义"者；另一方面，地方也不再是现代国家的隐喻，基层社区仅处于弱传统伦理和弱近现代国家政权控制之下。在城市，近代国家政权建设举起科学主义大旗，宗教，特别是中国传统信仰被建构成"迷信"——"赛先生"的对立面，而科学成为"全国一致的崇信"（胡适，1998b：152）。与这些关系格局变化相一致，此时国人的信仰方式表现出以下时代特征。

第一，统一性信仰的退场。如前所述，中国传统社会一致之信仰实质是宗法性传统宗教信仰，强调"君权天授""家国一体"，故它与帝制君权和宗法族权紧密联系在一起，而这些随着民国的建立或烟消云散，或渐趋势弱；同时，国民政府成立后，推行的是以世俗化为主导方向的各项政策（郭华清，2005）。权力资源分配方式的改变使得传统社会共同信仰的根基荡然无存。其间虽然也有着儒教、佛教等发起的建构全国性宗教，乃至国家宗教之努力，但均未有成功的可能。

第二，地方性和个体性的民间宗教信仰在中下层仍具有较强的生命力。由于传统伦理的渐趋瓦解以及国家政权的难以触及，一方面，个体从群体中的脱嵌使得他们更加专注于自我利益；另一方面，面临着外部和内心世界高度的不确定性，处于脱嵌状态的个体又处于高度的不安全感状态，因此，重"灵验"，侧重于个体的福、禄、寿，强调人神"单通道沟通"的民间信仰正好迎合了此种处境下民众的需求。正如杨庆堃所指出，"在社会灾难和个人危机中，原本具有社会凝聚力的社会因素或被摧毁，或变得脆弱，不能对个体提供帮助。从脆弱的传统群体纽带中脱离出来的个人，更倾向于独立……当人们一时难以找到应付紧急状况的办法时……（源于对超人力量、神异的信仰）极易引起人们的关注和兴趣"（杨庆堃，2007：318）。

第三，随着国家管制的松弛以及个体的需求，民间宗教的兴盛不仅表现为地方性和个体性信仰的延续与发展，而且自清末开始，还出现了"民间教派运动"，出现了诸如"黄天道"、"在理教"、"先天道"、"真空道"和"一贯道"等教派。①

---

① 《民国宗教信仰概貌》，http：//www. pacilution. com/ShowArticle. asp？ ArticleID＝4109
（2017 年 6 月 13 日）。

四 从总体性到正当性与私密性：当代中国社会关系 变迁下的信仰方式

民国时期社会的剧变造成了资源分配机制的紊乱，带来了各种社会关系的严重失范，民众的信仰方式也表现出明显的过渡性，这一过程一直到1949年新中国成立后才结束。在此后，无论是资源分配机制、纵向与横向社会关系，还是信仰方式，都经历了彻底的再造过程。其间又可以20世纪80年代为界，分为前后两个阶段。

（一）20世纪80年代之前的关系格局和总体性信仰

近代以来中国社会的总体性危机集中表现为社会的整合危机。1949年后，共产党人建立起了"一个作为对总体性危机的反应的总体性社会"（孙立平，2004），由此形成了全新的资源分配机制与社会关系结构。

首先，新中国通过国家政权建设，在城市建立起单位制加街居制，实行统购统销的计划经济。同时，在将城市中的民族资产阶级和农村中的乡绅地主力量消灭后，家族力量"成为当时能同国家权力机构争夺在农村影响力的几乎唯一的力量。也正因为如此，历次涉及农村的政治运动几乎总是将'宗族派性'作为打击对象之一"（孙立平，2004）。新政权通过摧毁农村"宗派性"的宗族和家族势力，建立起公社制的管理体制。由此形成了国家对所有社会资源进行直接垄断的分配机制，彻底终结了之前的基于血缘、地缘的分配格局。其次，以此为基础，国家利用这些资源重组社会，实现了意识形态、政治和经济的高度统一，全部社会生活呈政治化、行政化趋向，社会的各子系统缺乏独立运作的条件；传统的国家、民间精英和民众的三层关系结构彻底转变为国家和民众的两层结构（孙立平，1996）。最后，国家用阶级身份为全民提供一套现代公民身份体系，这些政治性的安排进一步瓦解了中国传统社会基于血缘、地缘等的身份区隔。

在这种新的制度安排下，傅高义（Vogel，1965）认为，新生的共产主义政权改变了中国人际关系模式，以普遍主义的同志关系取代特殊主义友谊关系；此外，由于意识形态支配的公共伦理深深地渗透到私人领域，导致中国社会个体的孤立化。傅高义的政治性普遍主义判断受到众多的质疑，越来越多的学者认为，新的社会关系是由纵向的庇护关系和横向的政治性普遍主义与工具性的特殊主义并存的个人关系构成（纪莺莺，2012）。

与传统社会不同，这种新的社会关系是以个体"原子式"的存在为基础的，而这在一定程度也是民国时期"大我"为体、"小我"为用在新体制下延续的必然之物。由于国家控制社会资源，因此，个人只有进入国家控制的社会空间才能获取资源，这就形成了纵向的庇护关系。这种全新的关系结构表现为双重"组织化依附"：一是个体对组织的依附，二是个体对组织中领导者个人的依附。① 同时，由于组织和领导对稀缺资源的分配权源自制度赋予，故这种庇护关系既公亦私。

此外，个人与个人的关系虽然只有通过在场的国家权威才能建立起来，但表面上的政治性同志关系并不能掩盖利益冲突，由于只有争宠式的竞争才能使自己获取更多的利益，而这种竞争缘于制度，因此平行的个体与个体之间更多表现出的是工具性的横向关系，其重要性也远逊于纵向的庇护关系。

要言之，在此阶段，无论是纵向还是横向，无论是政治性的同志关系还是工具性的私人关系，传统社会关系中的儒家伦理、情感因素都被极度地压缩，人们利用和运作各种"关系"为己争取利益，从而构成"工具性的个人纽带"。

同时，在这种总体性社会中，支配不同功能系统的是同一运行原则。由于权力的一元，纵向的社会结构必须由权力来实现整合，而这种整合是通过意识形态及其执行组织来实现的。同时，不同于传统中国建立在儒家体系之上的权力，新的权力以主张无神论的马克思主义为基石，任何其他的意识形态和组织形态都必须服从于这种权力安排。1957年后，伴随着中国共产党思想政治路线"左"的错误逐渐滋长，特别是到20世纪60年代后，在以阶级斗争为纲的指导方针下，宗教被视为是封建迷信，是毒害人民的鸦片，是一种反动的意识形态，是剥削阶级利用的工具。宗教问题被上纲为阶级问题，而促使宗教最终消亡被确定为社会主义时期宗教工作的根本任务（龚学增，2001）。

---

① 魏昂德（1996）在其著作《共产党社会的新传统主义：中国工业中的工作环境和权力结构》中对城市单位中的庇护关系进行了深入的分析；戴慕珍的著作《当代中国的国家与农民》则对农村类似的庇护关系进行了描述（Oi, 1991）。

在这种关系结构和总体性社会背景下，信仰方式表现出总体性的特征：第一，统一性和整体性信仰的再现。不过此时整合的主体不是宗法性的传统宗教信仰，而是政治信仰；同时，这种政治信仰的整体性表现为政治、经济和文化的高度统一，统摄公共与私人之各种信仰形式与内容。第二，宗教信仰被建构成为异质性的存在而饱受政治打击，当私人领域完全被政治伦理占领，无论是跨地域性的，还是地方性的，抑或家庭性与个体性的宗教信仰方式，几乎在所有的阶层中都失去了根基。

（二）20 世纪 80 年代后的关系格局与正当性和私密性的信仰

20 世纪 80 年代后，一方面，意识形态开始从社会的某些领域退潮，面对着社会的日趋分化，在保证国家安全、政治安全和社会安全的前提下，宗教生活开始步入正常化，宗教事务被纳入统战范畴加以管理，国家对待宗教的态度也从消亡论过渡到适应论，这些新的机会结构的出现为各种宗教的快速发展提供了制度保证。另一方面，随着以经济建设为中心取代以阶级斗争为纲，我国的总体性社会格局渐趋松动，整个社会的资源配置分配方式也发生了变化。虽然国家仍控制着重要的资源及分配，但社会也日益成为独立的机会来源，体制改革释放出来的"自由流动资源"和"自由活动空间"也日趋增多（孙立平，2004），尤其是市场领域，而这构成了改革开放后中国社会关系再构的基石。

首先，在纵向关系方面，从物质和权力资源塑造的上下级关系来看，一方面，由于外面自由流动资源的存在，因此体制内上下级之间的庇护关系失去了稳定的根基，干部的权威不再是无限弥散性的，公私之间出现了初步的分化（纪莺莺，2012）。另一方面，正如戴慕珍（Oi，1991）指出，市场经济改革并未从根本上消除庇护主义政治，因为中国仍处于半市场经济体制，政府掌握着大量的资源，这就构成了王达伟（Wank，1999）所言的市场庇护主义。不过，与之前的庇护主义政治中下级对上级的单向依赖不同，在这种新的关系网络中，双方更多表现为共生关系。虽是如此，但从整个社会的非物质资源的配置来看，单轨政治下的权力一元之逻辑仍支配着上级与下级、国家与社会的关系。

其次，在横向关系方面，伴随意识形态的退潮以及国家逐步减少对公民私人领域的干涉，诸如宗族、亲属和社区等各种基于血缘和地缘的传统关系开始复兴。然而，关系的恢复和拓展掺杂了大量的功利性动机，以至于使得原来的关系"变味了"——情感与道德性的因素越来越少。具体来说，"从（20世纪）50至70年代，政府一直鼓励青年向家族势力与父权挑战。年轻人在私人生活中获得了越来越多的独立性，但同时在公众生活中却完全依赖于集体和国家"（阎云翔，2006：20-21），这种原子化更多是作为政治原子而存在，它表现为作为"小我"的个人与作为"大我"的国家间的某种张力与合作。20世纪80年代后，一方面，社会转型的结果是，国家在场式的集体组织的瓦解，国家的部分撤出留下了巨大的伦理真空；另一方面，在国家之外，市场成为人们获取资源的重要领域。这样，"国家作为大我开始解体，小我成为唯一的、最重要的主体崛起"（许纪霖，2009），也就是说，这在80年代之前形成并仍延续的政治原子化基础之上又加配了意义、利益碎片化和原子化，即政治、意义和经济的三重原子化，一种被阎云翔（2011：2）称为"无功德个体"，即失去缰绳之自我主义日盛。正如高棣民（Gold，1985）指出的，虽然宗族关系、互惠原则等传统要素在"文革"后获得了复兴的空间，但人际关系的工具主义和商品化才是"关系"的最重要特征。即便是亲属关系，其情感性关系的范围也日趋缩小，而混合型关系乃至工具性关系日甚。阎云翔在东北下岬村的田野调查显示，"社区关系与亲属关系都有被纳入私人网络之中的趋势，从而变成布迪厄所谓的实践的亲属关系……关系网的多数关系（诸如姻亲、朋友和同事等）是靠村民们自己建立和培养起来的，而非从其父母或先祖继承下来的"（阎云翔，2000：112-113）。

20世纪80年代后，新的纵向的关系结构决定着此时的信仰供给的条件化和信仰方式的多样化，其特征有二。

第一，政治信仰统一性与文化信仰正当性下的诸神之争。面对着社会分化后带来的思想多元以及生存意义的原子化，同时由于权力关系的总体性特征依旧，因此，党与国家维护政治信仰的努力从未间断和放松。与此同时，随着我国国力的日盛，中国人的精神家园这一文化信仰问题也被提上议程。在此问题上，围绕着公共信仰的建构有两条清晰的路径展开：一是公权力介入的对诸如黄帝、炎帝等文化始祖的公共祭祀，二是知识界围绕儒学和儒教而展开的诸如政治儒学、公民宗教等论争。前者涉及公共权力对政治信仰与文化信仰的统一性努力，后者则表现为某些知识精英对儒教正统性以及与公共权力互动的期待。无论何种方式，政治信仰统一性与文化信仰正当性交织在一起共同催生出强烈的文化民族主义思潮，从而对其他宗教信仰构成了强大的挤压。不过与传统中国纵向关系的父子伦理结构和"文革"前形成的完全庇护关系不同，此时的纵向关系特征也使得这种挤压更多不是源自显在的制度，而是潜在的文化和行动。以此为背景，各种不同的制度宗教基于本教的特征走上不同的发展道路。佛教强调自己的传统文化性，道教强调养生，基督宗教则突出其宗教性（李峰，2015b）。

第二，当原来的"人民"变成因利益分化而形成"人们"时，不同个体和群体依照自己的旨趣选择信仰对象和方式，其结果就是信仰的多样化。其中既有传统信仰方式的恢复，如源自家庭或家族的祖先崇拜，也有区域性的地方神信仰的兴起，还有传统制度性的佛道以及外来的基督宗教；其信仰方式既有教会式（church）的信仰，也有教派式（sect）和膜拜式（cult）的信仰。

伴随着纵向社会关系格局的转型，横向社会关系变化也赋予此时的宗教信仰方式以新特征。

第一，"信仰热"是改革开放后国人宗教信仰的最显著特征。首先，"信仰热"表现为信众人数多，学界对其原因有着基本的共识：意识形态开始退潮，公众生活也日趋退化，经济主义逐渐取得主导地位，这给个人当下的生活与未来带来了极大的风险和不确定性；而现实世界中人际关系的功利化为人们提供情感上的支持，因此，许多民众会选择在宗教信仰中寻求精神寄托和归宿。其次，"信仰热"还表现为阶层弥散性。"老三多"（老人多、妇女多、穷人多）曾是学界在20世纪80年代对信众社会地位构成的形象概括，但90年代以后，信仰群体，特别是城市中的信众还表现出"新三多"（年轻人多、男性多、白领多）。诸多的调查表明，不仅在宗教整体分布，而且在任何一种宗教内部，信众群体弥散在上中下各个社会阶层。

第二，作为横向社会关系工具性的投射，此时信仰的功利性特征明显。如前文所述，宗教信仰实质处理的是神人关系。在传统中国，人际互动中的情感性关系、混合关系和工具性关系大致可对应着祖先崇拜、地方神崇拜和普世神崇拜。但随着人际互动工具性动机的日趋突出，"信仰热"的背后则具有强烈的个人需求动机，原来传统文化中含有"一般互惠""对等互惠"等多重意义的"报"为"对等互惠"的市场原则所主导。即便是在最应具备的情感性关系的家族祖先祭祀中也是如此。

第三，与此时的文化、政治与经济原子化以及人际关系工具性一致，当前多数信众的信仰呈现出高度私密性的特征，李向平教授将之称为"信仰私人化"。这种私密性不仅表现为传统的各烧各香、各许各愿的内在信仰诉求表达以及家中过会的民间信仰实践，还表现为不同身份者隐秘于家庭的神龛，甚至在民营企业中开展信仰生活等（李向平，2010：17）。即便是许多基督徒的信仰方式也是如此（李峰，2015a）。

五　结论与讨论

通过上述历时性的分析，我们可以看到，从资源分配机制到关系结构，从关系结构再到宗教信仰方式的分析路径不失为一种推动我国宗教社会学深入发展的可行之路。

首先，这能更好地解释不同社会时期民众信仰方式的变迁。在中国传统社会，经济以农业为基石，宗族和家庭构成了社会的基石，中国社会乃至个体行动的正当性以儒家伦理为基石，在这样的分配格局和意识形态的形塑下，纵向社会关系是帝国权力和权威之分配及民间社会对此的认同，横向社会关系既有体现儒家"大我"之社会本位的要求，也有依照"小我"的差距格局。与此一致，社会中的宗教信仰方式既具因阶层、地域和个体而不同的层次性与多样性，又有文化信仰、政治信仰、国族信仰与宗教信仰合而为一的公共性以及权力规制下信仰秩序的一致性。

民国时期，随着儒家思想的游魂化以及工业商业的发展和社会流动的加快，在纵向社会关系方面，中国陷入国家与社会双重困境的总体性危机。在横向社会关系方面，个体开始从家族、地缘和信仰共同体中出走，"小我"不断无限膨胀，自我中心主义盛行。由此导致了近代社会的文化和利益的原子化。这些关系投射到宗教信仰的表达方式上，就表现为一致性信仰的退场，满足个体需求的宗教信仰盛行以及民间教派的蓬勃发展。

新中国成立后，我们用总体性社会克服了近代以来的社会整合问题，经过对城市与农村的社会主义改造，形成一种全新分配机制。在此基础之上，纵向社会关系的一致性得以建立，在横向社会关系方面，个体处于事实的政治原子化状态。这使得此时的宗教信仰处于被压制状态，政治信仰成为全民共享的，也是唯一的信仰方式。

改革开放之后，市场经济的推行使得社会的资源分配方式出现了新的变化。在纵向社会关系方面，虽有松动，但纵向的权力关系并未发生实质性的改变。在横向社会关系方面，个体面临着政治、文化和经济三重原子化。在此背景下，宗教信仰方式的正当性前提是对政治信仰以及后来的文化信仰的服从和认可。在个体层面，信仰热和信仰方式的多样化齐头并进，同时，信仰的功利性和私密性特征明显。这对于我国当前各种宗教"乱象"具有极高的解释能力。

其次，通过此分析路径，我们将中西宗教现象及宗教社会学理论都视为特殊性的存在，希望借此在两者间建立起共享平台。同时，这并非仅为引进西方理论，更重要的是与之对话，实现理论反哺。当前中国社会信仰的私密性已成多数学者之共识，对此，国内学界迅速引入西方的灵性社会学和信仰私人化等理论予以解释。本文认为，脱离社会关系的解释表面热闹非凡，但实质可能会陷入张冠李戴的误区。

从关系变迁的角度来看，西方从宗教到灵性的实践和理论关照源自社会关系日趋个体化的现实，其背后体现的是社群主义与个体自由主义间的冲突。20 世纪 60 年代后，一方面，步入后工业化国家的西方经历着"后福特主义的经济转型"，社会的经济领域从生产与消费模式向专业化、个性化转变，即在利润的驱使下，企业越来越关注多样化和个体化的满足；另一方面，随着战后新生代的成长，社会出现了反传统性的浪潮，诸如宗教、政治权威等传统的公共生活形式都遇到越来越多的挑战。这些使得当代西方社会步入了以反思为特征的"第二现代性"阶段，在社会关系层面，原来依托于文化民主化、福利国家和古典个人主义之上的制度化个体主义日趋衰落，另一种"没有可供'重新嵌入'的'床位'，有的只是尺寸不同、风格不一的演奏凳"（鲍曼，2011：23）式的自反性个体化开始崛起。

在这种关系变革的背景下，人神之间就不需要统一性的制度载体，其结果就是信仰从制度化向私人化的转变，贝拉（1991）所言的"谢娜教"、戴维提出的"信仰但不归属"（Davie，1990）、"代理的宗教"（Vicarious Religion）（Davie，2015）等即是对此的描述。但在西方社会和传统的脉络中，对个人信仰体验的强调并不意味着意义世界的完全碎片化，从某种意义来看，它是对制度和"旧"传统的一种反动，与传统宗教一样，其实质仍是要解决个体主义时代带来的个人精神上的漂泊感。就此而言，西方对灵性和宗教私人化现象的关注仅是文化上求同存异的表现而已。因为今日之西方社会的整合与共识并未受到信仰个人化崛起的根本影响，其整合与共识是基于不同子系统的公共理性而达成的诸如公正、民主和平等价值体系。

但在我国的当下，与西方的个体化不同，我们的信仰私人化更多表现为私密化，更多是建立在社会关系的多重原子化及功利性之上，而多重原子化与社会整合和共识的缺乏密切相关。此信仰方式对于个体的道德修养来说可能具有积极意义，但对社会的作用则难以一言以蔽之。基于社会关系格局的不同，这种信仰所体现的道德既可能是私德，也可能是公德。当它仅强调自己或内群的利益时，建立在这种分配机制上的社会关系与私德更具亲和性，而根基于此，满足私德之需要的宗教信仰对社会建设来说则无太大作用，也难构成信仰的多元。正如赵文祠（Madsen）所指出的，普特南也担心教会式的社团生活可能产生不良的社会资本，当个体或群体的信仰表现为对自我利益以及群体边界的强调时，信仰越虔诚，它会产生大量的纽带式（bonding）社会资本，难以产生足够的桥接式（bridging）社会资本，从而进一步强化我群与他群的界限，难以有机地融入社会（Weller 等，2011）。

参考文献

〔波〕鲍曼：《序二：个体地结合起来》，载〔德〕乌尔里希·贝克、〔德〕伊丽莎白·贝克—格恩斯海姆：《个体化》，李荣山、范譞、张惠强译，北京大学出版社，2011。

费孝通：《乡土中国　生育制度》，北京大学出版社，1998。

费孝通：《乡土重建》，《费孝通文集》第 4 卷，群言出版社，1999。

龚学增：《中国的宗教问题和中国共产党》，《世界宗教研究》2001 年第 2 期。

郭华清：《国民党政府的宗教管理政策述略》，《世界宗教研究》2005 年第 2 期。

胡适：《胡适文集》第 2 卷，北京大学出版社，1998a。

胡适：《胡适文集》第 3 卷，北京大学出版社，1998b。

黄光国：《儒家关系主义：文化反思与典范重建》，北京大学出版社，2006。

黄仁宇：《万历十五年》，三联书店，1997。

纪莺莺：《文化、制度与结构：中国社会关系研究》，《社会学研究》2012 年第 2 期。

金观涛、刘青峰：《中国现代思想的起源：超稳定结构与中国政治文化的演变》第
1卷，法律出版社，2011。

金耀基、范丽珠：《序言：研究中国宗教的社会学范式——杨庆堃眼中的中国社会
宗教》，载〔美〕杨庆堃《中国社会中的宗教》，范丽珠等译，上海人民出版社，2007。

〔英〕卡尔·波兰尼：《大转型：我们时代的政治与经济起源》，冯钢、刘阳译，浙
江人民出版社，2007。

李峰：《回到社会：对当前宗教社会学研究范式之反思》，《江海学刊》2013年第5
期。

李峰：《多样性与共同性：中国基督教信众宗教认同研究的新视角》，《新疆社会科
学》2015年第4期（2015a）。

李峰：《科学主义、文化民族主义与民众对佛道耶之信任：以长三角数据为例》，
《世界宗教研究》2015年第3期（2015b）。

李向平：《信仰、革命与权力秩序——中国宗教社会学研究》，上海人民出版
社，2006。

李向平：《信仰但不认同——当代中国信仰的社会学诠释》，社会科学文献出版
社，2010。

李向平：《信仰是一种权力关系的建构——中国社会“信仰关系”的人类学分
析》，《西北民族大学学报》（哲学社会科学版）2012年第5期。

李向平：《两种信仰概念及其权力观》，《华东师范大学学报》（哲学社会科学版）
2013年第2期。

李向平、李峰：《“神人关系”及其信仰方式的构成——基于中国“长三角”地区
的数据分析》，《社会学研究》2015年第2期。

刘丽：《式微中的更生：民国时期农村宗族的历史境遇》，《吉首大学学报》（社会
科学版）2007年第1期。

刘小枫：《现代性社会理论绪论》，上海三联书店，1998。

〔美〕罗伯特·N. 贝拉等：《心灵的习性：美国人生活中的个人主义和公共责
任》，翟宏彪等译，三联书店，1991。

〔德〕马克斯·韦伯：《宗教社会学；宗教与世界》，康乐、简惠美译，广西师范大学
出版社，2011。

〔美〕麦克斯·缪勒：《宗教的起源与发展》，金泽译，上海人民出版社，1989。

孙立平：《“关系”、社会关系与社会结构》，《社会学研究》1996年第5期。

孙立平：《转型与断裂——改革以来中国社会结构的变迁》，清华大学出版
社，2004。

〔英〕王斯福：《帝国的隐喻：中国民间宗教》，赵旭东译，江苏人民出版社，2009。

温铁军：《中国农村基本经济制度研究——“三农”问题的世纪反思》，中国经济

出版社，2000。

〔美〕魏昂德：《共产党社会的新传统主义：中国工业中的工作环境和权力结构》，牛津大学出版，1996。

〔加〕威尔弗雷德·坎特韦尔·史密斯：《宗教的意义与终结》，董江阳译，中国人民大学出版社，2005。

〔美〕威廉·詹姆斯：《宗教经验种种》，尚新建译，华夏出版社，2008。

Weller 等：《对话宗教与社会资本》，《世界宗教文化》2011 年第 5 期。

〔奥〕S. 弗洛伊德：《图腾与禁忌》，载车文博主编《弗洛伊德文集》第 8 卷，长春出版社，2010。

〔德〕西美尔：《宗教社会学》，汉语基督教文化研究所，1997。

许纪霖：《个人主义的起源——"五四"时期的自我观研究》，《天津社会科学》2008 年第 6 期。

许纪霖：《大我的消解——现代中国个人主义思潮的变迁》，载邓正来主编《中国社会科学辑刊（春季卷）》，复旦大学出版社，2009。

阎云翔：《礼物的流动：一个中国村庄中的互惠原则与社会网络》，上海人民出版社，2000。

阎云翔：《私人生活的变革：一个中国村庄里的爱情、家庭与亲密关系（1949 – 1999）》，龚小夏译，上海书店出版社，2006。

阎云翔：《导论：自相矛盾的个体形象，纷争不已的个体化进程》，载〔挪〕贺美德、〔挪〕鲁纳编著《"自我"中国：现代中国社会中个体的崛起》，上海译文出版社，2011。

杨庆堃：《中国社会中的宗教》，范丽珠等译，上海人民出版社，2007。

杨婉蓉：《试论民国时期农村宗族的变迁》，《广东社会科学》2002 年第 2 期。

翟学伟：《伦：中国人之思想和社会的共同基础》，《社会》2016 年第 5 期。

〔美〕詹姆斯·沃森：《神的标准化：在中国南方沿海地区对崇拜天后的鼓励（960~1960）》，载〔美〕韦思谛编《中国大众宗教》，陈仲丹译，江苏人民出版社，2006。

衷海燕：《士绅、乡绅与地方精英——关于精英群体研究的回顾》，《华南农业大学学报》（社会科学版）2005 年第 2 期。

Davie, Grace

1990. "Believing without Belonging: Is This the Future of Religion in Britain?", *Social Compass* 37 (4): 455 – 469.

2015. *Religion in Britain: A Persistent Paradox*, Hoboken: John Wiley & Sons Inc.

Demerath, N. J.

1965. *Social Class in American Protestantism*, Chicago: Rand MacNally and Company.

Gold, Thomas

1985. "After Comradeship: Personal Relations in China since the Cultural Revolution",
China Quarterly 104 (104) : 657 – 675.

Ho, D. Y. F. & Chiu, C. Y.

1988. "Collective Representations as A Metaconstruct: An Analysis Based on Methodological Relationalism", *Culture and Psychology* 4 (3) : 349 – 369.

Hsu, Francis L.

1970. *Americans and Chinese: Reflections on Two Cultures and Their People*, NY: Garden City.

Sangren, P. Steven

1993. *History and Magical Power in A Chinese Community*, California, CA: Stanford University Press.

Oi, Jean C.

1991. *State and Peasant in Contemporary China: The Political Economy of Village Government*, Berkeley: University of California Press.

Reimer, Sam

2007. "Class and Congregations: Class and Religious Affiliation at the Congregational Level of Analysis", *Journal for the Scientific Study of Religion* 46 (4): 583 – 594.

Shue, Vivienne

1988. *The Reach of the State: Sketches of the Chinese Body Politic*, California, CA: Stanford University Press.

Vogel, Ezra

1965. "From Friendship to Comradeship: The Change in Personal Relations in Communist China", *China Quarterly* 22 (21) : 46 – 60.

Wank, David

1999. *Commodifying Communism: Business, Trust and Politics in A Chinese City*, NY: Cambridge University Press.

信神促进信人?[*]

——宗教信仰与社会信任的关系研究

郭慧玲[**]

摘要：宗教在某种程度上是社会中负能量的转换器和正能量的输出器。对于宗教群体边界之外的社会信任，不同宗教带来的边界感不同，不同维度宗教性影响也不同。其中带来负面效应的层面与少数弱势群体存在亲和关系，也与某些维度的宗教性受到社会排斥有关。

关键词：社会信任　不确定性　宗教边界　信仰维度

宗教信仰在很大程度上促进对宗教群体的群内信任，而无宗教信仰降低对宗教群体的群际信任。那么，宗教信仰如何作用于信仰者对社会大众的信任度？

一　社会信任与宗教信仰

社会信任指个体对社会大众的信任。社会信任是相信其他人，相信如果能避免的话，他们不会故意或在知晓情况下伤害我们，如果可能的话，他们会照顾我们的利益（Delhey and Newton，2005）。社会大众一般指"社会中的多数人"。但社会信任所包含的"多数人"半径有多大，因国家不同而不同（Bjornskov，2008；Torpe and Lolle，2011）。在受儒家文化影响的国家，"多数

---

* 本文为上海市哲学社科规划课题"社会分层影响健康的性别差异研究"（2016ESH002）的阶段性成果。

* 郭慧玲，华东政法大学社会发展学院讲师。

人"所指的人群比西方富裕国家所指的半径要窄（Delhey et al. , 2011）。

社会信任具有广泛而深刻的社会效应的态度。社会信任是社会资本的关键组成部分（Baron-Epel et al. , 2008；Delhey et al. , 2011），对社会和个体的福祉都有促进作用。信任社会增加个人积极参与社会，令其视自身成为被社区重视的成员（Kelly, 2009；Sonderskov, 2011）。当然，社会信任也存在负面效应，对更广泛社会群体的信任，可能会降低个体对所属小群体的群内信任（Hughes et al. , 2011）。

宗教信仰与社会信任的关系已经得到诸多学者的考察。很多中国学者都从人际关系的差序格局特点来探讨宗教与信任的关系，他们发现宗教对信任有促进作用，而且这种影响随着差序格局半径的增加而增加（李涛等，2008；王佳、司徒剑萍，2010；阮荣平、王兵，2011）。但这些研究对宗教的操作化都非常简略，以至于只得出宗教和信任之间的单向线性关系，且未对宗教边界内外的信任差异进行比较，宗教信仰带来的边界感被忽略。

如果将目光放远一些，就会发现宗教与信任之间的关系并非单向线性，而是二者的关系依情境不同而不同。信仰在社会中占主流的教派，促进社会信任，但这种关系可能与其他嵌入宗教中的因素有关。例如，在天主教主导的拉丁美洲，天主教归属和实践促进社会信任（Branas-Garza et al. , 2009）；在孟加拉国，占主流的伊斯兰教追随者总体上比印度教徒信任其他人多一些（Johansson-Stenman et al. , 2009）；在美国，总体来看，主流新教徒的社会信任比其他教派高，如五旬节派和其他基督宗教教派（Welch et al. , 2007；Welch et al. , 2004）。但这种差异可能是其他嵌入宗教中的因素引起的，如果控制某些变量，多数派宗教信仰对社会信任的作用可能消失或转换方向。韦尔奇等发现，在控制重要变量的情况下，个人宗教性和教派运动对信任无显著影响，在世俗社会网络中的嵌入性对信任有显著影响（Welch et al. , 2007）；如果控制某些变量后，在经常参加教会和宗教在日常生活中有重要引导作用的回答者中，属于社会少数的教派成员的社会信任高于主流教派成员（Welch et al. , 2004）。这种关系的转向可能与信仰的不同取向有关。

宗教主流派和少数派对社会信任的影响，因社会背景和宗教多样性程度而不同。特定宗教群体，尤其是宗教少数派并不一定对社会的信任度低。例如，在德国，除了主流新教信仰增加社会信任外，天主教、其他基督教团体成员和穆斯林比无宗教个体有更高的社会信任度（Traunmueller，2011）。宗教多样性背景影响宗教对社会信任的作用，贝里格伦等对 109 个国家和地区，以及美国 43 个州的考察发现，宗教多样性越增加，宗教越降低社会信任（Berggren and Bjornskov，2011）。

不同教派以及宗教中的不同成分，对社会信任的影响不同。首先，不同取向的教派对个体的社会信任影响不同，保守主义对社会信任有负作用。例如，在新教神学保守主义道德框架下，人们对文本、罪、救赎的坚信和承诺与信任陌生他者呈负相关（Hempel et al.，2012）。其次，宗教重要性和宗教归属对社会信任的影响，在不同研究中有截然不同的结论。例如，在加纳，宗教归属，如天主教、新教、伊斯兰教、五旬节派和福音派归属，促进人际信任，但其宗教重要性与信任无显著关系（Stella，2003）；而在韩国，基督宗教和佛教归属都对个体的人际信任无作用（Jeong，2010）。再次，上帝形象对社会信任也有影响。在具有高宗教性的人群中，上帝的友爱形象促进信任，生气的上帝形象与较低的信任有关（Mencken et al.，2009）。最后，宗教对社会信任既有直接的影响，也通过好政府、财富和收入平等其他因素产生间接影响（Delhey and Newton，2005）。

宗教信仰对于信任的影响，至少通过三种途径实现，即传统观念、神的威慑和社团实践。首先，参与宗教促进个体接触传统价值观（Blume，2009），这有益于增加个体对他人的信任度。传统价值观促进社会持续和稳定的维持，约束个体自由，可提高个体的信任水平（Devos et al.，2002）。其次，在宗教共同体中，道德被赋予神圣性，这有益于促成群体生活维持所必需的信任。在宗教中，"道德领域仿佛围绕着一种神秘的屏障，把违反道德的人拒斥其外，就像人们防止宗教领域受到凡俗的触犯一样"（涂尔干，2001：13）。道德神的存在促进群体维持和个体的社会信任（Norenzayan and Shariff，2008）。最后，社团参与约束个体自由和独立行为（Devos et al.，2002），而社团活动嵌入社会网络中，且由对他人动机的信心所维持（Kwak et al.，2004）。社团参与使个体对他人更有信心，这也使个体将良好的人际关系和相互信任投射于更广泛的社会中，从而增加个体的社会信任。

社会中群体的异质性影响社会信任，族群多样性对社会信任的影响尤其受到讨论。一般认为，社会中族群的异质性与较低的社会信任相关（Tsai et al.，2011），但这也因情况而异。有学者发现，在加拿大，少数族群集中度比族群多样性本身对社会信任的作用更大；在当少数族群更均匀分布的情况下，白人更信任他人；而当少数族群人数比例增加时，白人的社会信任度降低（Hou and Wu，2009）。在此，似乎问题的根本在于其他族群会不会造成对本族群的威胁。族群异质性对社会信任的负影响可能是由其他因素导致，例如语言异质性、收入不平等和政党分裂等（Bjornskov，2008；Franzini，2008）。族群多样性对社会信任是否造成负影响，还与地方政策有关（Zimdars and Tampubolon，2012）。族群多样性还可能促进信任，这与接触效应有关。在丹麦小学生中，民族多样性对总体信任无作用，同时对于当地学生对移民学生的外群信任有正作用（Dinesen，2011）。

不确定性和挫折感与低社会信任度有关。不信任倾向于在资源匮乏和充满威胁的地方产生，且倾向于在资源缺乏和无力应对威胁的个体中出现（Ross，2011）。社会的失范和发展方向不确定也降低人们的社会信任（Torsello，2008）。社会安全、公平和收入平等增加社会信任（Bjornskov，2008；Delhey and Newton，2003；Park and Subramanian，2012；Williams，2006）。

社会信任还受到收入、教育和族群等因素的影响。在经济方面，富人更倾向于信任他人（Sato，2005），生活中，成功者对他人的信任度更高（Delhey and Newton，2003）。这是一种双向的关系，一方面与陌生人建立信任关系，促进经济上成功；另一方面，市场的吸引力和个体的抗风险能力，也使经济能力强者更愿意与他者建立信任关系。在教育方面，教育对社会信任的影响会因国家不同而不同（Borgonovi，2012；Huang et al.，2011）；在国家层次，高效能国家，教育水平会影响信任水平，但低效能国家，教育水平对信任无作用。社会信任也存在族群差异，这种差异主要源于更广泛的社会历史、族群社会化和个人经历（Brandon et al.，2005）。历史上的社会排斥和不融合感影响信任（Ward and Coates，2006）。另外，影响社会信任的因素还包括政府形象（Rothstein and Eek，2009）、政治归属、居住地域、年龄（Stella，2003）和个体基因（Oskarsson et al.，2012）等。

总之，宗教信仰如何影响社会信任，不仅因教派的社会地位和社会政治形势不同而不同，而且宗教内的不同层面也有不同影响。在不同社会中，宗教对社会信任的影响差异可能很大，加之社会背景和个体各方面因素的影响，使宗教和信任的关系更加复杂。以往研究中很少将宗教系统操作化为不同层面来做考察，不同社会中得出的结果不同，使研究结果不够清晰。而我们将在中国语境下，在控制多项社会因素和个体因素的情况下，对不同宗教和宗教的不同层面的影响分别进行考察。由此来考察中国宗教信仰对社会信任的影响状况。

我们要验证的假设是：宗教归属对社会信任有负面作用；宗教的信念、实践和习俗层面与社会信任无关；不同宗教对社会信任的作用有所不同。下面，我们将首先介绍研究所使用的数据和方法，然后阐述由此得出的研究结果，最后做出总结和讨论。

二 数据与方法

（一）数据介绍

本研究使用的经验数据是"中国人精神生活调查（CSLS）"数据。①目前已有的关于中国宗教的全国性调查数据共有三个。除本研究所使用数据外，另两个数据是 2009 年"中国基督教入户问卷调查"和每五年一次的"世界价值观调查（WVS）"数据。"中国基督教入户问卷调查"是在中国社会科学院世界宗教研究所主持下进行的，此数据主要围绕基督教展开，不适于研究中国宗教边界的总体状况，而且此数据尚没有对外开放使用。而"世界价值观调查（WVS）"对于宗教测量的信息比较单一，多针对基督教来进行测量，而且每一次调查的样本量相对较小，仅有约 2000个。因此，我们选用"中国人精神生活调查（CSLS）"数据进行研究。

"中国人精神生活调查（CSLS）"是由美国贝勒大学宗教研究所和普度大学共同主持，并由中国零点研究咨询公司协助在 2007 年完成。该调查按照严格抽样要求，除了新疆和西藏以外，在全国随机抽样选出了 56 个地区，包括 3 个直辖市、6 个省会城市、11 个地级市、16 个小城镇和 20 个行政村。通过这种分级随机抽样方法，在全国范围内抽取 16 岁到 75 岁之间的 7021 个调查样本进行面对面的入户问卷调查，问卷包括 80 多个问题，调查内容包括宗教信仰、宗教实践和价值观念等。

---

① 本研究分析的"中国人精神生活调查（CSLS）"数据，下载于宗教数据档案协会（Association of Religion Data Archives）的网站（www.TheARDA.com）。在此特别感谢宗教数据档案协会和此项调查的设计者、数据搜集者。

（二）变量介绍

我们用宗教归属、宗教信念、宗教实践、习俗习惯行为和其他控制变量来解释宗教群体的社会信任。

我们分析的因变量是宗教群体对社会大众的信任，在这里我们操作化为宗教信仰者对"世上的人"的信任度。因为我们使用的调查数据中没有关于宗教信仰者的群际信任或其他态度的明确测量，而"世上的人"既非本群，又最大限度地包含非宗教群体。我们用此来操作化由非宗教信仰者组成的"他群"。这种操作化方式也有利于将宗教群体和非宗教群体的社会信任进行对比。在调查中，被调查者被要求回答，他们对世上的人是非常信任、相当信任、有一些信任还是完全不信任。在对此题目做出明确选择的 5391 人中，仅有 49 人"非常信任世上的人"。为了避免案例太少导致模型拟合不稳定，我们将选择"非常信任"者归入"相当信任"者。由此，我们得到的因变量为包含三个等级的序次变量。

在控制变量方面，我们控制性别、年龄、民族、个体收入、健康水平、社会不平等感知、所属地域、地区级别、地区经济水平和地区教育水平的影响。我们所考察的社会信任并不完全与他群信任的范畴一致，而是与所属地区社会氛围有关。在调查中，被调查者被问到"（城市居民）把工资、奖金、各种补助、津贴、退休补助、住房补助、赡养费、兼职收入和其他收入都计算在内，您每月总收入是多少？"和"（农村居民）您每年的平均收入是多少？"在此，由于调查中对城市居民个人和家庭收入的提问是以年为单位，而农村居民是以月为单位。我们将农村居民收入做出相应折算后，将个人收入放入同一变量。

个人健康状况和社会不平等感知直接源自调查中关于健康和贫富差距的问题。在调查中，被调查者被问到"您这些天总体健康状况如何？非常好、好、还行、不太好，还是不好？""当今社会有很多社会问题，您认为贫富差距问题在您居住地方严重吗？是非常严重、有些严重、不太严重，还是一点都不严重？""有些人认为自己可以掌握自己的命运，有些人则认为自己不可能逃脱已注定的命运。1 表示自己不可能逃脱已注定的命运，10 表示自己可以掌握自己的命运，请告诉我您的观点是在哪一个点上？"

其他社会背景测量均源于根据被调查者居住地进行的重新编码，所属地域划分为西部、中部和沿海地区。地区级别分为直辖市、省会城市、地级城市、城镇和农村。地区经济水平操作化为所属省的人均GDP。地区教育水平是由被调查者居住地和调查中关于受教育水平的测量转化而来。在被调查者所属地级市所有被调查者中，专科、本科及以上学历者所占的比例，即为此处的地区教育水平。地区无宗教者比例，是指认为宗教一点都不重要者在所属地级市所有被调查者中的比例。

（三）应用方法

我们试图解释的社会信任变量，是取值为三个等级的序次变量，序次逻辑斯蒂回归（ordinal logistic regression）方法较为适合。序次 logistic 回归比二分类因变量 logistic 回归更少损失变量信息，且可以更有效地呈现总体状况。序次 logistic 回归预设，特定自变量对因变量的影响系数在不同等级的断截点是一样的。在此预设下，我们用各自变量和控制变量来解释社会信任度。

在控制变量中，地区经济水平和经济状况的作用可能有地区差异，同时，也因个人经济状况在操作化中损失城乡差别信息，我们也将考察地区经济水平与所属地域的交互效应、个人经济状况与所属地域的交互效应，以及地区教育水平与地区级别的交互效应。

在模型一中，我们将所有考察自变量和控制变量都纳入模型（见表1）。在此模型中，关于宗教对于个人的重要性、宗教性信念层面的变量和多数控制变量都较为显著，而宗教归属方面变量中仅有伊斯兰教归属在 0.1 的显著水平上显著，多数宗教实践和习俗习惯行为变量不显著。

我们在模型二中删除所有归属层面变量、宗教实践和习俗习惯行为中的不显著变量。在模型二中，AIC 降低，解释效率提高。但模型二中依然有相对不显著的变量，而且同一宗教的不同层面的不同影响难以厘清。我们调整整个模型，加入新的交互项，以使模型解释效率增强，且易于理解。根据 AIC，我们选择模型三为最终模型。在三个模型中，各自变量和控制变量的影响方向、系数和显著性都比较一致和稳定。

表 1　解释社会信任的 ordinal logistic 回归模型

类　别	变量名	模型一	模型二	模型三
自变量	宗教重要性	0.183 *** (0.057)	0.190 *** (0.055)	− 0.212 (0.155)
归　属	基督宗教归属	0.225 (0.358)		
	伊斯兰教归属	− 1.386 (0.839)		
	佛教归属	0.103 0.134		
	道教/儒教归属	0.767 (0.452)		
	多元宗教归属	− 0.348 (0.366)		
信　念	基督宗教信念	0.310 * (0.139)	0.312 * (0.136)	0.736 *** (0.209)
	佛教信念	− 0.354 *** (0.093)	− 0.351 *** (0.090)	− 0.270 *** (0.095)
	民间宗教信念	0.124 (0.087)	0.111 (0.085)	0.432 ** (0.158)
实　践	基督宗教实践	− 0.075 (0.056)	− 0.058 (0.041)	− 0.076 (0.041)
	伊斯兰教实践	0.074 (0.057)		
	佛教实践	0.072 0.048	0.070 (0.041)	0.077 (0.041)
	民间宗教实践	− 0.011 (0.040)		
习俗习惯	家中"超自然"物品	0.190 *** (0.041)	0.194 *** (0.040)	− 0.215 (0.207)
	个人"超自然"物品	− 0.046 (0.036)		

类　别	变量名	模型一	模型二	模型三
	算命预测和求吉	- 0.017 (0.038)		
控制变量	性别（女 = 1）	- 0.090 (0.072)		
	年龄	- 0.003 (0.003)	- 0.003 (0.003)	- 0.007 * (0.003)
	民族	0.404 * (0.193)	0.371 * (0.184)	0.811 ** (0.308)
	个人收入	- 0.127 (0.087)	- 0.123 (0.087)	- 0.130 (0.087)
	健康水平	0.073 (0.045)	0.076 (0.044)	0.083 (0.045)
	社会不平等感知	- 0.077 (0.044)	- 0.070 (0.044)	0.096 (0.093)
	命运控制感	0.073 *** (0.017)	0.072 *** (0.017)	0.072 *** (0.017)
	所属地域	- 0.797 *** (0.171)	- 0.795 *** (0.168)	- 0.629 *** (0.176)
	地区级别	- 0.173 *** (0.045)	- 0.173 *** (0.044)	0.045 (0.111)
	地区经济水平	1.870 *** (0.400)	1.867 *** (0.393)	1.787 *** (0.403)
	地区教育水平	- 0.951 (0.735)	- 0.902 (0.729)	- 1.118 (0.738)
	地区无宗教者比例	- 1.677 *** (0.261)	- 1.688 *** (0.259)	- 1.703 *** (0.260)
交互项	所属地域 * 个人收入	0.160 ** (0.055)	0.160 ** (0.055)	0.167 ** (0.055)
	所属地域 * 地区经济水平	- 0.960 *** (0.195)	- 0.958 *** (0.191)	- 0.942 *** (0.196)

续表

类　别	变量名	模型一	模型二	模型三
交互项	地区级别 * 地区教育水平	0.526* (0.212)	0.510* (0.209)	0.567** (0.211)
	地区级别 * 贫富差距感知			−0.065* (0.032)
	所属地域 * 民族			−0.497* (0.248)
	年龄 * 宗教重要性			0.010** (0.004)
	健康水平 * 家有超自然物品			0.118** (0.045)
	民间信念 * 家有超自然物品			−0.196* (0.077)
	佛教信念 * 基督教信念			−0.711** (0.252)
	所属地域 * 民间信念			−0.254* (0.104)
截距一	一点不信任丨不太信任	−3.274*** (0.530)	−3.200*** (0.520)	−2.608*** (0.606)
截距二	不太信任丨信任	0.093 (0.526)	0.158 (0.516)	0.789 (0.604)
	N	3603	3603	3603
	AIC	5820.324	5811.671	5779.682

说明：0 '***' 0.001 '**' 0.01 '*' 0.05

三　研究结果

在我们所考察的各宗教性测量中，不同层面的影响不同，总体上宗教信仰促进社会信任。

（一）宗教对社会信仰有促进作用

我们在两个层面上应用关于宗教是否对于个人重要的测量，即地区层面和个体层面，二者都显示，宗教重要性对社会信任有促进作用。在社会层面，被调查者所居住地区认为宗教一点都不重要者所占比例越高，该地区被调查者的社会信任度越低。特定地区宗教不重要的比例增加1个单位，则该地区被调查者的社会信任发生比是原来的 0.182 倍。

就个体层面而言，总体上，宗教对于个体重要对其社会信任有正影响。这种影响与年龄有交互效应。按照模型三，对于 16 岁到 22 岁的被调查者，宗教越重要，其社会信任的发生比越低；对于 23 岁以上者，年龄越大，其社会信任的发生比越高。例如，在 20 岁的被调查者中，宗教重要性增加 1 个单位，则社会信任的发生比是原来的 0.980 倍；在 30 岁的被调查中，宗教重要性增加 1 个单位，则社会信任的发生比是原来的 1.079 倍；在 40 岁的被调查中，宗教重要性增加 1 个单位，则社会信任的发生比是原来的 1.187 倍。

总之，在特定地区宗教不重要者比例越低，或宗教对于个体越重要，社会信任的发生比越高。

（二）宗教归属对社会信任无显著作用

宗教归属对社会信任的影响不显著。在模型一中，在控制其他变量影响的情况下，相比无宗教归属者，伊斯兰教归属对社会信任有负面影响，但仅在 0.1 的显著水平上显著；相比无宗教归属者，儒教和道教归属对社会信任有正面影响，也仅在 0.1 的显著水平上显著。而基督宗教归属、佛教归属和多元宗教归属者与无宗教归属者的社会信任度无显著差异。

这里的不显著，一方面可能因为与其他宗教相关变量强相关，由此造成自变量冗余；另一方面可能与承认有宗教归属者样本较少有关。虽然我们为了解释效率在最终模型中去除所有归属层面变量，但模型一中伊斯兰归属或有的负效应，儒道归属或有的正效应，仍然值得注意。儒道归属作为民间信仰的一部分，似乎相比属于多数派的佛教归属者更对社会信任有正面影响。

（三）不同宗教中的超自然信念影响不同

宗教观念层次的测量比其他层次对态度的预测更有效，佛教信念与基督教信念和民间宗教信念对社会信任的作用方向不同。

相信与佛教相关的超自然存在对社会信任有反作用。佛教信念与基督教信念有交互效应。在不相信耶稣和上帝存在的被调查者中，相信佛教相关超自然存在者，即相信佛陀和因果轮回存在者，是不相信者的社会信任发生比的 0.763 倍；在相信耶稣和上帝存在的被调查者中，相信佛教相关超自然存在者是不相信者的社会信任发生比的 0.375 倍。

相信与基督宗教相关的超自然事物存在，即相信耶稣或上帝存在，对社会信任有促进作用。在不相信佛陀和因果轮回存在的被调查者中，相信与基督宗教相关的超自然事物存在者，比不相信者的社会信任发生比提高 1.087 倍；在相信佛陀或因果轮回的被调查者中，相信与基督宗教相关的超自然事物存在者，比不相信者的社会信任发生比提高 0.025 倍。

具有与民间宗教相关的超自然信念，对社会信任有促进作用。与民间宗教相关的超自然信念与区域和使用超自然物品有交互作用。总体而言，民间宗教信念对社会信任有正影响，仅在极少数情况下有负影响。在家中使用超自然物品取均值的情况下，在西部和中部地区，民间超自然信念对社会信任有正影响，而在东部地区有负影响。在中国东部地区，在使用较多超自然物品的被调查中，有民间宗教信念者是无民间宗教信念者的社会信任发生比的 0.840 倍；而在东部省份，在使用超自然物品较少者中，有民间宗教信念者是没有者的社会信任发生比的 1.033 倍。相信与民间宗教相关的超自然存在，与家中使用超自然物品，对社会信任有交互的反向关系。可能是因为二者具有相似的影响，存在解释上的替代作用。

总之，在控制其他变量影响的情况下，与基督宗教或民间宗教相关的超自然信念增加社会信任，与佛教相关的超自然信念降低社会信任。

（四）不同宗教实践的影响不同

在宗教实践层面，伊斯兰教实践和民间宗教实践对社会信任的作用不显著，基督宗教实践降低社会信任，佛教实践增加社会信任。伊斯兰教实践的作用不显著可能与案例太少有关，在所有被调查者 7021 人中，具有伊斯兰教实践者仅有 66 位。民间宗教实践无作用，说明具有民间宗教实践者与没有民间宗教实践者的社会信任度无差异。

基督宗教实践和佛教实践仅在 0.1 的显著水平上显著。在此显著水平上，基督宗教实践对社会信任有负作用，而佛教实践对社会信任有促进作用。就基督宗教和佛教而言，实践层面与信念层面对社会信任有反向作用，但此二者的实践层面与信念层面的交互作用并不显著。也就是说，实践层面与信念层面的作用相互独立，是在控制另一层面作用情况下的净作用。

（五）习俗习惯行为因类型不同而影响不同

在我们考察的三种习俗习惯行为中，家有"超自然"物品对社会信任有正作用，个人佩戴"超自然"物品和算命求吉行为对社会信任无显著作用。个人佩戴"超自然"物品和算命求吉行为的不显著，说明有这两种习惯行为者，与无这两种习惯行为者，在社会信任上并没有显著差异。

一般情况下，在家中摆放"超自然"物品，例如各种神像、神力物和避邪物等，增加社会信任。家中使用"超自然"物品与具有民间"超自然"信念和个人健康状况有交互作用。在个体健康状况不好的情况下，在家中使用"超自然"物品对社会信任有反作用；个体健康状况不太好或还行，且有与民间宗教相关的"超自然"信念的情况下，在家中使用"超自然"物品对社会信任也有反作用；其他情况下，在家中使用"超自然"物品对社会信任有正作用。

在家中使用"超自然"物品在健康不好者中降低社会信任，这体现的并非因果关系，而是相关关系。在健康不好者中间，在家使用避邪物等可能是一种应对健康问题的方法之一。而健康越差者，越可能使用更多的"超自然"物品，如此使用"超自然"物品与社会信任的相关性，可能体现的是健康程度与使用"超自然"物品量的相关性。而我们的控制变量仅仅控制不健康的两个等级，如此其他更多等级的效应就体现在"超自然"物品量的负作用之上。另外，使用"超自然"物品对社会信任的正作用，在有与民间宗教相关的"超自然"信念者中影响弱一些，这可能是解释中的相互替代作用导致。

（六）社会语境对信任有显著作用

我们使用的社会层次控制变量对社会信任都有显著作用。

被调查者居住地所属区域与社会信任相关。这种影响因个体所属地经济发展水平、个人收入、个体所属民族和是否有民间宗教信念情况不同而不同。但在一般情况下，即这四项取值为均值或多数值的情况下，属于中部地区的被调查者比属于西部地区者，属于东部地区者比属于中部地区者，社会信任的发生比是原来的 0.538 倍。

居住地所属地区类型也影响当地被调查者的社会信任。居住地所属地区类型包括农村、城镇、地级市、省会城市和直辖市。所属地区级别的影响与贫富差距情况和地区教育水平有交互作用。一般情况下，即在教育水平取均值，贫富差距情况取多数值情况下，地区级别取值增加 1 个单位，则社会信任的发生比是原来的 0.895 - 0.955 倍。

所属地经济水平对社会信任的影响因地区不同而不同。在中西部地区，地区经济水平对社会信任有正作用；而在东部地区，地区经济水平对社会信任有负作用。因为东部地区经济水平远高于中西部地区，可以说，地区经济发展在一定范围内增加社会信任，超过该范围后则降低社会信任。在西部地区，所属省经济水平增加 1 个单位，则社会信任的发生比是原来的 5.968 倍；在中部地区，所属省经济水平，即人均 GDP，增加 1 个单位，则社会信任的发生比是原来的 2.327 倍；在东部地区，所属省经济水平增加 1 个单位，则社会信任的发生比是原来的 0.907 倍。

地区教育水平对社会信任的影响因地区级别不同而不同，在农村和城镇有负影响，在城市有正影响。在控制其他因素影响情况下，在农村和城镇，地区教育水平增加 1 个单位，则社会信任的发生比是原来的 0.326 - 0.576 倍；在地级市、省会城市和直辖市，地区教育水平增加 1 个单位，则社会信任的发生比是原来的 1.015 - 5.55 倍。

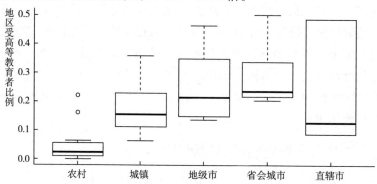

图1 地区等级与宗教教育水平差异

总之，中西部地区的被调查者比东部地区社会信任度高；农村和城镇比城市的社会信任度高；中西部地区经济发达省比不发达省社会信任度高；东部地区发达省比不发达省社会信任度低；在农村和城镇，地区教育水平高与低社会信任度有关；在城市，高地区教育水平与高社会信任度有关。

（七）个体的其他属性和状况影响社会信任

影响社会信任的个体因素包括年龄、民族、健康状况、社会不平等感知、命运观和个人收入。

在个体属性中，年龄对社会信任的影响因宗教对于个体重要性不同而不同。在控制其他变量影响的情况下，在宗教对于个体一点不重要者中，年龄增加1个单位，则社会信任的发生比是原来的0.992倍；在宗教对于个体不太重要及以上者中，年龄增加1个单位，则社会信任的发生比是原来的1.002－1.021倍。总之，宗教性的正影响与年龄俱增，无神论的负影响也与年龄俱增。

民族对社会信任的影响与所属地域存在交互效应。在中西部地区，少数民族比汉族的社会信任的发生比高；在东部地区，少数民族比汉族的社会信任的发生比低。确切地说，在西部地区，少数民族是汉族的社会信任的发生比的2.249倍；在中部地区，少数民族是汉族的社会信任发生比的1.369倍；在东部地区，少数民族是汉族的社会信任的发生比的0.833倍。

一般情况下，个体健康状况好对社会信任有正影响。个体健康状况对社会信任的影响与家中使用"超自然"物品存在交互效应。在家中有任何"超自然"物品上取值最低的341位被调查者中，个体健康状况对社会信任有负影响；在另外的5685位被调查者中，个体健康状况对社会信任有正影响。在家中有任何"超自然"物品上取值最低的341位被调查者中，个体健康状况增加1个单位，例如从不好到不太好，或从还行到好，个体社会信任的发生比是原来的0.857－1个单位；在另外的5685位被调查者中，个体健康状况增加1个单位，个体社会信任的发生比是原来的1－1.152倍；一般情况下，即在取值处中的50%被调查者中，个体健康状况增加1个单位，个体社会信任的发生比是原来的1.017－1.023倍。总之，个体健康状况好对社会信任总体有促进作用，在家中越多"超自然"物品者中影响越高。

贫富差距感知影响社会信任，这种影响与地区级别有交互效应。对贫富差距的感知指个体认为贫富差距问题的严重程度。在农村，对贫富差距问题的感知对社会信任有正影响；在城镇和城市，对贫富差距的感知对社会信任有负影响。在农村，个体对贫富差距的感知增加 1 个单位，即从认为贫富差距的严重性增加 1 个单位，社会信任的发生比是原来的 1.031 倍；在城镇中，个体对贫富差距的感知增加 1 个单位，社会信任的发生比是原来的 0.966 倍；在地级城市，个体对贫富差距的感知增加 1 个单位，社会信任的发生比是原来的 0.905 倍；在省会城市，个体对贫富差距的感知增加 1 个单位，社会信任的发生比是原来的 0.848 倍；在直辖市，个体对贫富差距的感知增加 1 个单位，社会信任的发生比是原来的 0.795 倍。总之，在地区级别越高的地区，贫富差距感知对社会信任的负面影响越严重。

个体的命运观影响社会信任。在认为个人能掌握命运程度的取值上增加 1 个单位，则社会信任的发生比是原来的 1.075 倍。

个人经济状况对社会信任的影响因地域不同而不同，在西部地区有负影响，而在中部和东部地区有正影响。在西部地区，在控制其他变量的影响下，个人经济状况取值增加 1 个单位，则社会信任的发生比是原来的 0.878 倍；在中部地区，个人经济状况取值增加 1 个单位，则社会信任的发生比是原来的 1.037 倍；在东部地区，个人经济状况取值增加 1 个单位，则社会信任的发生比是原来的 1.225 倍。总之，个人收入对社会信任的影响在西部和非西部之间方向不同。

四　结论与讨论

我们从模型拟合中得出一些结果，但为何如此，这又意味着什么？我们将对此做出总结和讨论。

第一，社会不确定性降低社会信任，稳定和相对发达促进社会信任。在我们的研究中，社会信任具有地域差异。东部地区比中西部地区社会信任水平低，城市比城镇和农村社会信任水平低，东部经济发达省份比经济不发达省份社会信任水平低。这意味着并非发达程度在影响人们的社会信任，而是社会的相对确定性和稳定性在起作用；并非人们所获利益在影响社会信任，而是社会转型和社会流动带来的不确定感给社会信任带来负面影响。与此同时，相对发展和发达也促进社会信任，这以发达程度不至于造成社会不确定性为限。我们的研究显示，在中西部地区，经济发达省份的社会信任度要比经济不发达省份高。经济发展所处的位置是保障公民生活和降低生活不确定性，还是带来过多压力和心理不确定性，是其对社会信任发生截然不同作用的关键所在。

第二，归属社会多数派促进社会信任，属于社会边缘降低社会信任。在我们的研究中，中西部地区的少数民族比当地汉族有更高社会信任，而在东部地区的少数民族却比汉族的社会信任水平低；西部地区个体经济状况差者要比个体经济状况好者社会信任水平高，而在中部和东部地区，却是个人经济状况好者比差者有更高社会信任；处于高等教育比例高的地区的城镇和农村居民，比处于高等教育比例低的地区者，社会信任度低，而处于高等教育比例高的地区的城市居民，比处于高等教育比例低地区者社会信任度高。这里，似乎发挥作用的不是"实际"的民族属性、经济收益情况和受教育程度，而是个体属性在所居住地区是否合群，或在所属地区是否属于主流。物以类聚，人以群分。个体的群体归属，或者低于自己的期望从而造成心理落差，或者过于优于自己的状况从而造成相对剥夺感，都会造成心理不确定性。居住于中西部地区的少数民族、居住于东部地区的汉族、居住于经济欠发达地区的个体经济状况差者、居住于经济发达地区的个体经济状况好者、居住于农村和城镇的低教育水平者和居住于城市的高教育水平者，具有更高的社会信任度，这与群体比较和群体归属程度有关。

第三，挫折造成心理不确定性，由此降低社会信任。在我们的研究中，健康状况差比健康状况好者社会信任度低；认为个体难逃命运者比认为个体可以掌握命运者社会信任度低；城镇和城市居民中[①]，认为贫富差距问题严重者，比认为贫富差距问题不严重者，社会信任度低。健康差、命运难控和社会问题困扰，都是个体在生存和发展中的挫折，也正是造成个体心理不确定性的因素。如此，经历挫折状况与低水平社会信任相关便不难理解。

第四，宗教信仰在一定范围内增加个体的社会信任，此范围的界限

---

① 农村居民例外，这与农村贫富差距相比城镇和城市中小有关。

在于进入社会边缘群体。在我们的研究中，在控制其他因素影响的情况下，具有民间宗教信念者比没有者社会信任度高；家中使用"超自然"物品者比不使用"超自然"物品者社会信任度高；有与基督宗教相关的"超自然"信念者比没有者社会信任度高，有基督宗教相关实践者却比没有者社会信任度低；有与佛教相关实践者比没有者社会信任度高，有与佛教相关的超自然信念者却比没有者社会信任度低。这种貌似矛盾的现象却服从同一脉络，即是否属于主流或是否合群。属于主流群体的情况下，宗教信仰促进社会信任，属于边缘群体的情况下，则信仰无益于促进社会信任。

翟杰霞（Zhai, 2010）对此数据的分析中也指出相比其他华人社会和西方社会，中国的宗教归属率处于低水平。但这种有效并不仅在于是否归属，而在于即便归属也不敢声明有宗教归属；在于即便有宗教实践，也不认为那是"宗教"实践；在于人们在各种超自然信念和实践中做出划分，区分出哪些是"可行"和"可信"的，而另一些则进入"愚昧"和"边缘"的界限。

具有民间宗教信念和家中使用"超自然"物就属于"可信"和"可行"的行列；有佛教实践也属于"可行"的类别，而相信与佛教相关的超自然现象"真的存在"，则有点进入"愚昧"的边界；相信与基督宗教相关的超自然信条，尚可以接受，因为仅仅思想层次的相信并不足以带来某种显性的群体标志，而具有基督宗教实践则足以让一个人进入"边缘"的"宗教"群体。

第五，本章的假设得到部分验证和补充。我们假设，宗教归属对社会信任有负面作用，宗教的信念、实践和习俗层面与社会信任无关，各宗教对社会信任的影响有所不同。在中国语境下，宗教归属对社会信任没有显著作用。而在实践和文化观念层面，因宗教管制和社会接受度的影响，不同宗教在不同层面对社会信任的作用不同。在实践层面，佛教和民间宗教对社会信任有促进作用，而基督宗教有负面作用；在信念层面，基督宗教和民间宗教对社会信任有促进作用，而佛教有负面作用。在习俗层面，多数习俗习惯行为对社会信任没有显著作用，仅有与民间信仰关系密切的家中使用超自然物品有正面作用。

最后，我们研究的结果和所得结论是基于研究使用的方法论和具体方法。就方法使用来看，我们预设一种因果关系和关联性存在，而且将这种关系视为一种线性关系，这在某种程度上简化和理想化了社会现实。同时，我们考察从"完全不信任社会大众"到"不太信任"转变，和从"不太信任"到"信任"的转变，我们预设各变量对这两种转变的影响一致，这在某种程度上也将模型而非现实放在中心位置。就变量使用来看，我们将群际信任操作化为社会信任。这里的社会信任，更多指被调查者对所居住地区大众的社会信任，而非整个社会，更非可以启动边界感的他群体。还有些被调查者因为"不认识这样的人"而没作回答，我们的研究没有处理他们的态度。现实的复杂性远远超过调查数据，其他没有测量到的变量可能在潜在地影响群际态度。难以控制的有很多因素，我们仅在此调查数据视野范围内做出考察。就研究结果而言，因为我们在群体中作统计分析，特定因素有作用，不是说这些因素是作用的原因，而更多地反映的是，在具有该特征的群体更倾向于有何种态度。

参考文献

李涛等：《什么影响了居民的社会信任水平？——来自广东省的经验证据》，《经济研究》2008 年第 1 期。

〔法〕埃米尔·涂尔干：《爱》，《道德教育》，陈光金等译，上海人民出版社，2001。

王佳、司徒剑萍：《当代中国社会的宗教信仰和人际信任》，《世界宗教文化》2010 年第 4 期。

阮荣平、王兵：《差序格局下的宗教信仰和信任——基于中国十城市的经验数据》，《社会》2011 年第 4 期。

Baron-Epel, O. , Weinstein, R. , Haviv-Mesika, A. , Garty-Sandalon, N. and Green, M. S.

2008. "Individual-level Analysis of Social Capital and Health: A Comparison of Arab and Jewish Israelis", *Social Science & Medicine*, 66 (4), 900 – 910. doi: 10.1016/j. socscimed. 2007. 10. 025.

Berggren, N. and Bjornskov, C.

2011. "Is the Importance of Religion in Daily Life Related to Social Trust? Cross-Country and Cross-state Comparisons", *Journal of Economic Behavior & Organization*, 80 (3), 459 – 480. doi: 10.1016/j. jebo. 2011. 05. 002.

Bjornskov, C.

2008. "Social Trust and Fractionalization: A Possible Reinterpretation", *European Sociological Review*, 24 (3), 271 – 283. doi: 10. 1093/esr/jcn004.

Blume, M.

2009. " The Reproductive Benefits of Religious Affiliation ", E. Voland and W. Schiefenhovel eds. , *Biological Evolution of Religious Mind and Behavior* Frontiers Couection (pp. 117 – 126).

Borgonovi, F.

2012. "The Relationship between Education and Levels of Trust and Tolerance in Europe", *British Journal of Sociology*, 63 (1), 146 – 167. doi: 10. 1111/j. 1468 – 4446. 2011. 01397. x.

Branas-Garza, P. , Rossi, M. and Zaclicever, D.

2009. "Individual's Religiosity Enhances Trust: Latin American Evidence for the Puzzle", *Journal of Money Credit and Banking*, 41 (2 – 3), 555 – 566. doi: 10. 1111/j. 1538 – 4616. 2009. 00222. x.

Brandon, D. T. , Isaac, L. A. and LaVeist, T. A.

2005. "The Legacy of Tuskegee and Trust in Medical Care: Is Tuskegee Responsible for Race Differences in Mistrust of Medical care?", *Journal of the National Medical Association*, 97 (7), 951 – 956.

Delhey, J. and Newton, K.

2003. "Who Trusts? The Origins of Social Trust in Seven Societies", *European Societies*, 5 (2), 93 – 137. doi: 10. 1080/1461669032000072256.

2005. "Predicting Cross-national Levels of Social Trust: Global Pattern or Nordic Exceptionalism?", *European Sociological Review*, 21 (4), 311 – 327. doi: 10. 1093/esr/jci022.

Delhey, J. , Newton, K. and Welzel, C.

2011. "How General Is Trust in 'Most People'? Solving the Radius of Trust Problem", *American Sociological Review*, 76 (5), 786 – 807. doi: 10. 1177/0003122411420817.

Devos, T. , Spini, D. and Schwartz, S. H.

2002. "Conflicts among Human Values and Trust in Institutions", *British Journal of Social Psychology*, 41, 481 – 494. doi: 10. 1348/014466602321149849.

Dinesen, P. T.

2011. "Me and Jasmina Down by the Schoolyard: An Analysis of the Impact of Ethnic Diversity in School on the Trust of Schoolchildren", *Social Science Research*, 40 (2), 572 – 585. doi: 10. 1016/j. ssresearch. 2010. 12. 002.

Franzini, L.

2008. "Predictors of Trust in Low-income, Minority Neighborhoods in Texas", *Journal of Health Care for the Poor and Underserved*, 19 (4), 1282 – 1302.

Hempel, L. M. , Matthews, T. and Bartkowski, J.

2012. "Trust in A 'Fallen World': The Case of Protestant Theological Conservatism", *Journal for the Scientific Study of Religion*, 51 (3), 522 – 541. doi: 10. 1111/j. 1468 – 5906. 2012. 01662. x.

Hou, F. and Wu, Z.

2009. Racial Diversity, Minority Concentration, and Trust in Canadian Urban Neighborhoods", *Social Science Research*, 38 (3), 693 – 716. doi: 10. 1016/j. ssresearch. 2009. 03. 002.

Huang, J. , van den Brink, H. M. and Groot, W.

2011. "College Education and Social Trust: An Evidence-Based Study on the Causal Mechanisms", *Social Indicators Research*, 104 (2), 287 – 310. doi: 10. 1007/s11205 – 010 – 9744 – y.

Hughes, J. , Campbell, A. and Jenkins, R.

2011. "Contact, Trust and Social Capital in Northern Ireland: A Qualitative Study of Three Mixed Communities", *Ethnic and Racial Studies*, 34 (6), 967 – 985. doi: 10. 1080/01419870. 2010. 526234.

Jeong, H. O.

2010. "How Do Religions Differ in Their Impact on Individuals' Social Capital? The Case of South Korea", *Nonprofit and Voluntary Sector Quarterly*, 39 (1), 142 – 160. doi: 10. 1177/0899764008325248.

Johansson-Stenman, O. , Mahmud, M. and Martinsson, P.

2009. "Trust and Religion: Experimental Evidence from Rural Bangladesh", *Economica*, 76 (303), 462 – 485. doi: 10. 1111/j. 1468 – 0335. 2008. 00689. x.

Kelly, D. C.

2009. "In Preparation for Adulthood Exploring Civic Participation and Social Trust among Young Minorities", *Youth & Society*, 40 (4), 526 – 540. doi: 10. 1177/00 44118x08327584.

Kwak, N. , Shah, D. V. and Holbert, R. L.

2004. "Connecting, Trusting, and Participating: The Direct and Interactive Effects of Social Associations", *Political Research Quarterly*, 57 (4), 643 – 652. doi: 10. 2307/3219825.

Mencken, F. C. , Bader, C. and Embry, E.

2009. "In God We Trust: Images of God and Trust in the United states among the Highly Religious", *Sociological Perspectives*, 52 (1), 23 – 38. doi: 10. 1525/sop. 2009. 52. 1. 23.

Norenzayan, A. and Shariff, A. F.

2008. "The Origin and Evolution of Religious Prosociality", *Science*, 322 (5898), 58 – 62. doi: 10. 1126/science. 1158757.

Oskarsson, S. , Dawes, C. , Johannesson, M. and Magnusson, P. K. E.

2012. "The Genetic Origins of the Relationship between Psychological Traits and Social Trust", *Twin Research and Human Genetics*, 15 (1), 21 – 33. doi: 10. 1375/twin. 15. 1. 21.

Park, Chan – ung and Subramanian, S. V.

2012. "Voluntary Association Membership and Social Cleavages: A Micro-Macro Link in Generalized Trust", *Social Forces*, 90 (4), 1183 – 1205. doi: 10. 1093/sf/sos059.

Ross, C. E.

2011. "Collective Threat, Trust, and the Sense of Personal Control", *Journal of Health and Social Behavior*, 52 (3), 287 – 296. doi: 10. 1177/ 0022146511404558.

Rothstein, B. and Eek, D.

2009. "Political Corruption and Social Trust an Experimental Approach", *Rationality and Society*, 21 (1), 81 – 112. doi: 10. 1177/1043463108099349.

Sato, Y.

2005. "Market, Trust, and Inequality: An Agent-based Model of Effect of Market Attractiveness on Trusting Behavior and Inequality", *Sociological Theory and Methods*, 20 (1), 45 – 57.

Sonderskov, K. M.

2011. "Does Generalized Social Trust Lead to Associational Membership? Unravelling A Bowl of Well-Tossed Spaghetti", *European Sociological Review*, 27 (4), 419 – 434. doi: 10. 1093/esr/jcq017.

Stella, N.

2003. "Credibility and Consistency Earn Users' Trust", *Internet healthcare strategies*, 5 (2), 8 – 9.

Torpe, L. , and Lolle, H.

2011. "Identifying Social Trust in Cross-Country Analysis: Do We Really Measure the Same? ", *Social Indicators Research*, 103 (3), 481 – 500. doi: 10. 1007/s11205 – 010 – 9713 – 5.

Torsello, D.

2008. "Trust, Kinship and Civil Society in A Post-socialist Slovakian Village", *Sociologia*, 40 (6), 514 – 529.

Traunmueller, R.

2011. "Moral Communities? Religion as A Source of Social Trust in A Multilevel Analysis

of 97 German Regions", *European Sociological Review*, 27 (3), 346 – 363. doi: 10. 1093/
esr/jcq011.

Tsai, M. – C. , Laczko, L. and Bjornskov, C.

2011. "Social Diversity, Institutions and Trust: A Cross-National Analysis", *Social In-dicators Research*, 101 (3), 305 – 322. doi: 10. 1007/s11205 – 010 – 9670 – z.

Ward, P. and Coates, A.

2006. " 'We Shed tears, But There Is No One There to Wipe Them up for Us': Narra-tives of (Mis) Trust in A Materially deprived Community", *Health*, 10 (3), 283 – 301. doi: 10. 1177/1363459306064481.

Welch, M. R. , Sikkink, D. and Loveland, M. T.

2007. "The Radius of Trust: Religion, Social Embeddedness and Trust in Strangers", *Social Forces*, 86 (1), 23 – 46. doi: 10. 1353/sof. 2007. 0116.

Welch, M. R. , Sikkink, D. , Sartain, E. and Bond, C.

2004. "Trust in God and Trust in Man: The Ambivalent Role of Religion in Shaping Di-mensions of Social Trust", *Journal for the Scientific Study of Religion*, 43 (3), 317 – 343. doi: 10. 1111/j. 1468 – 5906. 2004. 00238. x.

Williams, L. L.

2006. "The Fair Factor in Matters of Trust", *Nursing Administration Quarterly*, 30 (1), 30 – 37.

Zhai, J. E.

2010. "Contrasting Trends of Religious Markets in Contemporary Mainland China and in Taiwan", *Journal of Church and State*, 52 (1), 94 – 111. doi: 10. 1093/jcs/csq028.

Zimdars, A. and Tampubolon, G.

2012. "Ethnic Diversity and European's Generalised Trust: How Inclusive Immigration Policy Can Aid A Positive Association", *Sociological Research Online*, 17 (3). doi: 10. 5153/sro. 2643.

佛教对中国社会结构的作用力探析

——以河北柏林寺为例

迟 帅*

摘要： 不少学者将新时期佛教复苏视为更具有象征性的意义，也就是对中国社会结构只具有装饰性的作用。本文则认为，佛教的发展本身具有一定的结构性后果，原因在于这一宗教所依据的文化背景和社会力量不容小觑。同时，本文也划出了这一结构性力量的可能性边界，指出佛教对社会结构的形塑也具有有限作用，这种形塑作用前提取决于佛教能在多大程度上证明自身及其所依赖的社会力量的合法性，本文从柏林寺寺院建设和管理角度出发进一步指出，这将很大程度上依赖于佛教界如何处理僧俗关系。

关键词： 佛教 社会结构 僧俗关系 柏林寺

一 只具有微观意义的佛教复兴？

新时期宗教政策恢复以来，各个宗教获得了不同程度的恢复和发展。首先，宗教的恢复不只是本土宗教和民间信仰的发展，还有基督教的迅速增长。改革开放以来，基督教的广泛传播格外引人注目（Aikman，2006）。其次，不只是制度性宗教的增长，还有大量非制度性宗教的展开（Sun，2014）。制度性宗教如基督教和佛教在中国各个地区都有所复兴，而非制度性宗教的发展同样趋于多样化，并挑战着传统的宗教范畴。有学者指出，不只是教会运动、寺院建设如雨后春笋般出现，还有气功、风水、朝

* 迟帅，南开大学周恩来政府管理学院讲师。

圣以及各种迷信也都趋于常见。如 20 世纪 90 年代，大学校园里也出现越来越多的传统迷信和"洋迷信"，诸如星座、看手相之类（Kipnis，2001；Ji，2006；Tarocco，2014），这些其实也在重塑着中国的宗教范畴，无论是在人类学意义上还是在关于宗教的知识和实践层面。杨庆堃将我国宗教分为制度性宗教和弥散性宗教，而所谓制度性宗教在中国基本上是受到国家承认的五大官方宗教，而弥散性宗教包括以上民间信仰以及儒家文化实践等。儒家文化在 20 世纪"文化热"后期开始受到越来越多的重视，回归传统文化的呼声无论在民间还是学院内部都越来越高，政府似乎也乐于看到儒家的复兴，关键在于儒家作为中国文化传统的支柱有助于为中国经济崛起提供价值支撑。再次，宗教发展的程度和层次趋向于多样化和复杂化。以上各种宗教的恢复导致新时期宗教正在重塑中国的宗教市场，并对中国社会发展产生越来越不可忽视的影响。

佛教的发展就是在这种社会背景下出现的，并考验着佛教复兴作为一个命题是否成立。佛教在 20 世纪 90 年代以来逐渐成为中国最大的制度性宗教，而且制度佛教还逐渐得到了知识分子的承认，佛教的寺院建设和佛教文化的传播也越来越在社会上流行开来。尽管如此，汲喆质疑了这一命题的有效性，认为复兴的佛教基本成为中国政治经济发展的副产品（Ji，2011）。这表现在地方政府利用佛教符号发展经济，同时佛教在更高层面的政府部门获得了公共化的可能性，但这加速了佛教的政治化，影响了佛教的自主发展空间。如果追溯改革开放以来佛教的发展轨迹，宗教从被视为"鸦片"到被作为"文化"看待，无疑促进了宗教的恢复和发展，因为这减弱了宗教政治化的色彩，但在汲喆看来，这也多少造成了佛教的世俗化，因为将佛教视为文化，其本身就模糊了世俗和神圣之间的界限，因此他表达了这样的忧虑，即佛教的复兴可能是一种世俗意义上的复兴，难以代表佛教真正的复兴。

不少学者都强调佛教更多作为一种影响个人身份意义建构的宗教，而佛教本身对社会结构的影响力微乎其微。汲喆分析了佛教作为社会力量的宗教动员力，考察佛教在多大程度上重塑宗教、国家和社会的关系，通过三个问题的分析试图回答佛教对中国社会结构的影响力。第一，佛教能否成为社会抗议的精神指导？他认为佛教由于缺乏权威领袖以及受到其他一些限制难以做到这点。第二，佛教能否作为公民宗教的一个来源？他再次强调了政策管理以及佛教的保守性，这会导致佛教只能增加当前社会结构的弹性而无助于改革。第三，佛教能否作为中国软实力的一个元素？汲喆再次强调了政策管理对于佛教神圣性的影响，认为这只能加速佛教的世俗化。因此他认为佛教只能在个体层面给人的生活世界提供价值指导，而无助于社会结构层面的发展变化。此外，佛教还面临来自儒家和基督教的外部竞争，这让佛教的未来前景趋于黯淡（Ji, 2013）。汲喆谈到了佛教的象征性意义，但更多是将其限定在个体层面。以上三个方面的回答否定了佛教的宏观影响力，进而否定了佛教对中国社会结构的变革作用，佛教似乎在同儒家和基督教的竞争当中也会处于不利地位。

这种观点还被其他学者所分享，如有学者将宗教看作一套文化工具包（cultural toolkit），佛教寺院借此给人提供文化符号建构他们的身份认同，因此佛教是作为一种文化资源供人建构自我（Fisher, 2012）。类似的，费乐祖（Fisher）还研究了以善书传播建构的一个"想象的共同体"，以此说明那些拥有佛教身份的居士们的行为意义，即他们更多作为城市生活的边缘群体存在，由于市场化等的刺激而努力维持着某种道德生活的想象（Fisher, 2011：53 – 80）。总的来说，在他看来，佛教的文化资源虽然对个人生活具有一定意义，即使在政治和社会变迁当中并未丧失其价值指导，但他并未指明佛教在更大社会范围内的作用力，尤其是佛教对中国社会结构的重塑能力。同样，安德瑞（Laliberté）考察了所谓国家监管下的佛教复兴。大致而言，他认为佛教可以在三个方面起到作用，即帮助塑造中国和平崛起的形象，促进"和谐社会"建设，以及加强两岸关系。这些作用连同佛教的制度化仍很有限，原因在于佛教对于公民性的考虑只能赋予中国社会结构一定的灵活性，作为润滑剂，佛教的政治化就说明它难以获得真正的自主性和影响力（Laliberté, 2011；2015）。这些观点都强调了佛教本身所谓的保守性，也就是说佛教不具备对社会结构的推动力，其总的解释可以归结为国家对宗教的种种干预限制了宗教发挥主动性和作用力。

二　佛教力量的结构性增长

即便如此，笔者认为佛教在新时期对中国社会并非只起到象征性的影响，相反发展中的佛教对中国社会结构的演化产生了一定的结构性作用，这种作用力是有实质性意义的。佛教对中国社会结构的作用力不能仅仅关注佛教的制度化，而应考察佛教所在的宗教场域及其背后所依托的社会力量。正如不少学者所承认的那样，如果仅仅考虑宗教的制度化，而忽略了宗教本身实践的多样性和弥散性，就难以抓住中国宗教发展的现实特征（Palmer，2009）。宗教实践的多样性已经越出了国家承认的制度性宗教范畴，现实中的宗教其实更多混合了制度性宗教和其他文化要素，宗教的生活样式使得宗教在现实社会无形中发挥了越来越重要的影响力。当然宗教的弥散性本身作为宗教现实实践的突出特点，也是建立在宗教制度化的基础之上。在此框架下，笔者选取河北柏林寺的生活禅实践来说明佛教力量的增长。总的来说，佛教寺院和僧人数量的扩充改变了佛教与社会之间的力量对比，这种增长本身就带来了一系列结构性变化。

改革开放以来，中国佛教力量逐渐复苏，在僧人和寺院数目上有较快的增长。如汲喆统计了改革开放 30 年来佛教力量的增长数据（Ji，2013；汲喆，2016）。其中我们看到佛教力量的增强体现在很多方面，如佛教出版物的多样化，佛教教育机构如佛学院的增长明显，汉传佛教僧人数量也有增长。2014 年，来自国家宗教事务局介绍的"我国宗教的基本状况"，其中提到"目前，全国共有开放的佛教活动场所约 3.3 万处，其中藏传佛教寺院 3600 多所，南传佛教寺院 1700 多所；全国共有佛教教职人员约 22.2 万人，其中藏传佛教约 14.8 万人，汉传佛教约 7.2 万人，南传佛教约 2000 人；全国有佛教类宗教院校 38 所；信仰佛教的人数众多，但难以统计"（戴晨京、卫菲，2013）。由此可见，佛教寺院在新世纪里有了较快的增长。正是由于这些增长，人们才能越来越频繁地在社会公共和私人生活当中看到佛教的符号，乃至利用这些象征符号从事各种宗教和非宗教活动。

在促进佛教寺院重建和僧人培养方面，净慧法师建寺安僧的实践对于理解佛教在新时期的发展具有典型意义。建立寺院主要是为了僧人集体修行做准备，而寺院管理实践也导致了多重的结构性后果。首先，建寺安僧是寺院最主要的功能之一。寺院关键是为了培养人才。改革开放以来，佛教丛林制度开始恢复和完善，一些著名僧人利用各种关系，为恢复寺院丛林奔走，先后恢复了一批寺院内的宗教生活。如净慧法师先后重建了柏林寺、四祖寺和玉泉寺等，在 2013 年圆寂之前，他恢复了十几座禅宗丛林。同时他在僧才培养上也是不遗余力，培养了诸如明海、明影、明勇、明忍等多位僧人。这些僧人多数受过高等教育，追随净慧法师恢复寺院禅林制度。这些寺院连同改革开放以后建立的现代佛学院对培养僧才起到了重要作用。这些重建工作将佛教空间同佛教的人才培养联系了起来，并充分利用世俗教育资源，这也反映出佛教开始在重建自身神圣性空间的过程中借助外界的有利条件来壮大自身。

不仅如此，净慧法师他们还创立了生活禅夏令营，并以这种形式将大学生吸引到禅修生活中来，让青年学生得以了解禅林生活，可见佛教建寺安僧不仅可以用来接纳传统的宗教修行者，还可以改善佛教形象，化被动为主动，进而让更多社会力量以多种方式了解佛教。佛教力量的增强不仅体现在寺院制度的完善上，还体现在佛教传播手段的革新上，这可以让更多的人了解佛教，从而降低了社会对佛教污名化的程度，这样佛教也就为自身在新世纪赢得了合法性。佛教不仅可以保存过去修行实践的很多模式，还能以新的模式引领现代文化潮流。

生活禅夏令营作为佛教的革新形式体现了人间佛教适应现代社会要求的某些尝试，具有一定的首创精神，它冲击了佛教留给世人一向传统守旧的社会形象，而用一种新的模式来宣传自身，这一模式是可复制的和可推广的，也赢得更多知识分子的青睐和社会传播效果，因此生活禅夏令营的创立本身也给佛教对中国社会结构的变化带来了一定的作用。首先，在受到知识分子和中国台湾地区佛教的影响，净慧法师于1993年在河北柏林寺实践了生活禅这一禅宗创新形式，并将其推广到了其他地方。如随后净慧法师在湖北建立四祖寺，并于2003年创建禅文化夏令营，同样每年从全国各地招收数百名学生前来参加，使他们得以近距离体验佛教。寺院生活不仅为他们学习佛教文化提供了方便，还增加了他们的感性认识。其次，不仅是禅宗一家利用这一形式推广佛教，佛教其他宗派也在积极响应。如净土宗祖庭东林寺在2003年举办净土文化夏令营，以后每年夏季举办一次，至今已有十四届，每年招纳学员大约480人，实际报名人数接近1000人（魏德东，2015）。再次，宗教生活夏令营这种形式也被其他宗教借鉴和推广。如全国道文化夏令营也在面向青年知识分子举办所谓"尊道贵德，丰富人生"的中国优秀传统文化体验活动，2014年湖北、山东、陕西五大道教文化宫观举办了公益性的首届全国道文化夏令营，2015年扩展至10个名胜道场，2016年的夏令营更已扩展到全国九个省市的13个道观（何建明，2016）。同样还有曲阜国学院在其2017年夏令营招生简章中提到他们已经举办了三十届类似的活动，希望能够借此推广传统文化。柏林寺的模式其实也被天主教会学习和推广。河北天主教教职人员曾经拜访柏林寺，学习柏林寺生活禅夏令营，也举办了针对青少年的宗教文化活动。如河北省天主教举办的暑假儿童教理夏令营等。这些活动其实都可以追溯到净慧法师的生活禅理念当中，生活禅理念其实部分也是受基督教等外来宗教的启发产生的。在《入禅之门》里，净慧法师提到以下这些内容：

> 如果不能把佛法融化于世间，以为佛法就在山门里，或者我们有意识地把佛法关在山门里，那样佛法永远不能发扬光大。在传播佛法、使佛法融化于世间这样一个大问题上，我们做得不够，非常不够！在这一点上，我们要向基督教、天主教学习，他们巴不得大家都能够懂得上帝造人的道理。于是他们就抓住一切机会来传播他们的教义，这种精神实在是可嘉。我们和尚或者居士，有三个人来问就不耐烦，只是说你好好来念阿弥陀佛就行了，不给他讲道理。特别是我们年轻的法师们，人家一问多了脸就红了，或者回答不出来，或者不想回答。我们要改变这种态度、这种做法，否则我们佛教的空间会越来越小。（净慧，2006a：104－105）

这反映了净慧法师创立生活禅夏令营的思路。他希望能够学习基督教的入世精神，以此丰富和完善大乘佛教精神，并就此能够引导人间佛教在新世纪的发展。具体而言，这些新的思路并不仅仅针对佛教的社会福利和慈善工作，而是考虑如何能够将佛教融化于人群当中，这体现了他实践佛教的一些结构性想法，既能够符合宗教活动管理政策要求，又能够吸引更多人实践佛教，从而将佛教的精神价值融入当代社会。这些思路无疑起到了很好的作用，因为他的确吸引了众多知识青年加入生活禅实践，这些佛教青年不仅帮助建寺安僧，还引导更多年轻人参与佛教支持的当代社会建设，其良好的效果自然会引起其他宗教群体的模仿，这说明佛教在当代社会的革新精神，生活禅作为佛教实践的新形式促进了柏林寺成为当今佛教丛林的一个样板，柏林寺的成功建立在复杂的系统性和结构性关系当中，其中当然少不了政府的支持和民间资本的投资，佛教也发挥了调节当地文化生态的作用，以下对此进行简要说明，并尝试厘清佛教发展的界限。

三　佛教发展的结构性边界

柏林寺的发展历程中似乎也存在着宗教之间的竞争和政治的作用。所谓佛教发展的结构性边界，也就是佛教在复苏过程中由于其他宗教竞争和政治条件限制而带来的发展边界。宗教竞争在中国似乎不算是主流现象，但在当今宗教实践里似乎也潜藏着一些这方面不可忽视的因素，当然这些宗教之间关系的调节除了宗教自身的运作以外，很大程度上也要考虑政府在其中发挥的作用。有学者曾提到，河北地区天主教发展迅猛，这在一定程度上被认为改变了当地的宗教生态。在此情况下，净慧法师得以出任河北省佛教协会会长，并在当地政府的支持下主持河北省不少寺院的重建工作。当然这些建设所需人力财力成本不小，比如寺内万佛殿的建设投入巨大，净慧法师多方化缘，还得到了日本佛教力量的支持，积累了不少人脉关系和建设经验。这样在以后的寺院建设当中，如遇各种困难，净慧法师都能从中积极斡旋化解，因此他也被称为"具有企业家精神的佛教管理者"（Fisher, 2008）。

以上提到的不少学者比较认可佛教的保守性，也就是说佛教本身缺乏革新意识，这导致了佛教的政治化，并会使佛教丧失神圣性，使得佛教非但不能在宗教领域有所伸张，也难以在当今世俗社会当中起到更大的作用。这些观点似乎忽略了佛教作为传统文化的一部分所具有的合法性潜力。佛教作为传统文化的一部分自然也会强调自身的历史渊源。例如净慧法师多年担任《法音》主编，多次强调佛教是传统文化，担负着弘扬传统文化的使命。由于学者的努力，在强调宗教是文化而非鸦片的关口，净慧法师提出佛教是传统文化，强调佛教的传统合法性，并与现代文化的所谓国际性和时代性相结合，从而最大限度地发挥佛教的优势，以此弘扬佛法，吸引更多人参与佛教。在这一点上，净慧法师在文化建设上也化被动为主动，赢得了不少佛教学者和政府官员的支持，最大限度的化解了佛教的保守性。正因为在佛教发展和政府需求之间存在某种共同点，而以净慧法师为代表的佛教人士能够较早地抓住这些共通之处，为佛教和政府的合作提供理论指导。这样的理论指导反过来为佛教文化的传播奠定了基础，也可以促进中国当代文化建设，从而引导中国当代社会建设。从人间佛教的角度入手，净慧法师力求证明佛教在当代中国的合法性，说明佛教无论是对政治稳定、人心安稳，还是经济发展、社会进步等均起到了一定作用。

虽然不少人认为"宗教搭台，经济唱戏"败坏了佛教权威（Tarocco，2014），但佛教在复苏过程中毕竟也借着这些口号获得了寺院重建，佛教的神圣性并不必然因为地方政府借此发展旅游经济遭到破坏。原因在于佛教本身由于长期的世俗化，已经逐渐失去了民间供养的支持，同时地方上尚且缺乏宗教活动空间，佛教发挥自身优势，利用著名佛寺大多作为历史文化遗迹的合法性，能够推动人们重回寺庙，支持寺院建设。在缺乏政府经济支持的情况下，佛寺以前基本上靠经忏佛事维持生计，这也导致了佛教自身的边缘化，旅游业和相关服务业的发展无疑为佛教的生存提供了不少经济支持。当然在这个问题上佛教面临着商业化的趋势，而佛教的商业化其实也蕴含着一定的双重性，即如何在支持寺院生存的前提下避免佛教的世俗化，这也需要比较高明的佛教领袖进行寺院管理，以此避免佛教的过度商业化，而能维持佛教正常的宗教生活和修行要求。

柏林寺的寺院管理可以说对此问题给予了系统性的回应。在寺院建立以后，寺院管理成为新任方丈的重要任务，新任方丈明海法师是净慧法师重点培养的新一代佛教僧才，如何管理寺院也成为他思考的重点。在笔者于2014年对明海的访谈中，他将寺院管理视为修行的重要部分，认为它和闭关自修并行不悖。有学者在介绍汉传佛教时，突出了佛教闭关对于求道的重要性，而不认为寺院管理本身具有多大意义（Birnbaum，2003）。这里就凸显了僧人和学者在此问题上看法的差异，这种差异是由学术研究的外部视角和宗教实践者的内在视角差异造成的。如果我们单纯从外部强调佛教特定的修学实践，而忽略了佛教的社会性及其与佛法的关系，也许难以体会为何明海法师会将二者等同看待。理解了这一点，也就相对明白为何寺院管理生活可以不被看作佛教世俗化的标志。借此我们可以理解，寺院建设和寺院管理同时都具有世俗的一面，但也都蕴含着保留佛教神圣性的可能性。同时，寺院建设和管理过程也都牵涉佛教和外部环境以及供养者的关系。

这意味着寺院生活及其管理很大程度上依赖于佛教界如何处理僧俗关系。多大程度上协调好僧俗关系，并不仅仅取决于寺院内佛教领导和其他僧人之间的关系，还取决于僧团和公众之间的关系，这在很大程度上决定着佛教将如何生存以及回报公众，同时还取决于人间佛教能否改善这种僧俗关系，让大多人能够理解其目的性，发展出被当代政治实践和社会大众所接纳的人文宗教形式。而柏林寺的生活禅实践说明佛教能调动起不同的结构性力量，将其投入符合佛教价值的社会发展和社会运动当中。例如明海法师常常组织有企业家、文化人士、政府机构相关管理者参与的文化宣讲会和禅修夏令营，活动结束后再听取他们的反馈意见（明海，2010）。明海法师的这些管理经验正如他自己所说，更多是来自于管人管事的修行体验。而向企业家宣说这些体验说明，也使明海法师在修行层面更进一步，使佛教实践超越了单纯闭关的个人层面，在社会层面上拓展了佛教生存能力和宗教资本，佛教的这些社会性投入反过来会促进更多企业家投入佛教修行和供养佛教当中。如柏林寺每次生活禅夏令营活动都得到了企业家的商业赞助，这些赞助足以让更多学生能够在寺院里免费吃住。

由此可见，佛教发展所依据的文化背景和社会力量不容小觑。原因在于它支持了佛教快速的寺院重建工作，并得到了政府的相关支持，佛教借助与传统文化之间的亲和力和张力，甚至包括国际力量，来推动自身的恢复和发展。同时，本文也划出了这一结构性力量的可能性边界，佛教能在多大程度上证明自身价值，依赖更多社会力量推动中国社会变革。这其中蕴含着佛教复兴和世俗化的双重性，因为佛教在借助政治经济力量发展自身的同时，必须向中国社会证明自己的价值合法性，由此获得更多所谓俗众的理解和支持，这种支持不仅包括经济层面给予供养，例如捐赠等，还包括文化层面的理解。佛教也因作为活着的传统在中国整体宗教市场中成为最大的制度性宗教。当然，如果考虑到中国宗教性的整体现实，就更会意识到制度性宗教对于理解中国宗教实践及其范畴的有限性。

四　佛教所处的宗教场域

中国宗教市场的复杂性表现在以无神论为主导的社会现实中，宗教的社会实践缺乏认定标准。总的来说，每种宗教本身的影响力也很有限，原因在于中国社会被认定为一个世俗社会。根据各种调查数据统计显示，宗教的发展似乎并未在整体上重塑中国社会结构，至少大多数人对于宗教持有明确的怀疑态度。

一项从 1992 年到 2008 年针对无神论者的宗教性调查发现，假如将制度性宗教性从弥散性宗教性当中抛开，其实这些被认为是无神论者的非制度性的宗教性比例并不算低，并且在 2000 年前后获得了广泛的增长（Tang，2014）。此项统计展示的宗教实践的复杂性不光反映在民间信仰的增长上，还反映在制度性宗教如佛教和基督教的发展上。根据"中国家庭追踪调查"（CFPS）的一项调查发现，"佛教仍然是我国最有影响力的宗教，6.75% 的被访者自认为信仰佛教，几乎是其他所有宗教信徒总和的两倍"（卢云峰，2014：24）。一份来自北京的统计调查显示，北京地区的佛教徒将佛教视为宗教而去信仰，而实际上这些信仰掺杂了大量其他要素（Badham，2007），因此不少所谓佛教徒其实很难严格被作为特定宗教的信仰者看待，具有明确皈依身份的佛教徒数量并没有基督徒多，这增加了认定佛教徒的难度。同样在宗教领域内，不同宗教群体的发展速度并不均衡，因此每种宗教对中国社会结构的影响并不清晰。如基督教未登记教会的发展速度似乎远远快于政府承认的登记教会（Aikman，2006），这增加了统计基督徒人数的难度，因为不少基督徒似乎处于未登记状态。

基督教人数难以确定的情况和佛教类似，列举的这些数据也说明佛教面临着基督教的竞争，但也正是由于未登记教会的存在，很难判断基督教在整体上会构成对中国社会主流的冲击，即使在政治因素以外，基督教也要考虑如何实现自身的本地化（Wielander，2016；Stark and Wang，2015）。而事实上考虑到佛教的历史性地位，基督教如何能够成功经受本地文化和政府双重考验，似乎需要不少时间。这样基督教的竞争性能否在更大程度上冲击中国社会结构构成了一个问题，这让人难以看出它相比于佛教的优势，原因在于佛教也在进行革新和调整，并以人间佛教的多种形式出现，力图在中国社会更大范围内发挥作用。净慧法师的生活禅就是一个代表。同样儒家的发展似乎也在很大程度上与佛教构成竞争，佛教从另外一个角度对此进行了回应。我们看到净慧法师多次强调了佛教与中国传统文化的亲和性，其他僧人和寺院里也常常提到这种亲密关系，佛教和儒教在历史上似乎积下不少恩怨，但总的来说，在中国政主教从的模式下，儒释道在唐代时期正式合流，或者说融合大于分歧，这点可以从禅宗的中国化看出，作为禅宗领袖的净慧法师也多次表达禅宗与中国文化紧密相连的观点，可见他十分注意避免将佛教自外于中国文化。在当今中国社会，由于基督教的快速发展，儒家和佛教虽然看似构成一些竞争，相比与基督教的

竞争，这种力度不算太大，相反二者似乎在政治经济方面存在不少合作
（Ashiwa，2000；Bruntz，2014）。明海法师也曾多次就禅宗和中国文化之间
的关系表达积极意见（明海，2016）。很多寺院也都不遗余力地宣传这种
意见，如此可见佛教尽力吸收儒家文化内容以求获得更多力量支持。

　　总的来说，由于在宗教的认定上存在不同的标准，包括每个宗教徒对
于宗教的认知存在差异，宗教徒在中国的具体数目难以统计清楚，宗教实
践在中国的复杂性势必影响我们准确判断每种宗教对中国社会结构的具体
作用力。从基督教和儒家与佛教构成的竞争关系来看，前两者对中国社会
结构的变革作用不见得会比佛教更大，原因在于佛教作为进入中国的外来
宗教，和中国文化的张力并不比基督教大，佛教已经经历了很大的文化融
合，有其生存的历史土壤，并在当今社会变革时期更多学习了基督教的传
播方式。佛教力求获得不同社会力量支持的努力达到了一定的结构性后
果。人间佛教的革新性使得佛教进一步走出寺院，发挥佛教在完善社会福
利等方面的实践意义。

参考文献

　　曹南来：《中国宗教实践中的主体性与地方性》，《北京大学学报》（哲学社会科学
版）2010 年第 6 期。

　　戴晨京、卫菲：《我国宗教的基本情况》，载国家宗教事务局党组理论学习中心组
编《中国特色社会主义宗教理论学习读本》，宗教文化出版社，2013。

　　何建明：《2016 全国道文化夏令营公益活动招生通告》，道学新闻，腾讯道学，2016 -
05 - 22，http：//dao. qq. com/a/20160522/020487. htm。

　　汲喆：《作为"社会力量"的中国佛教：三十年复兴的现实与潜力》，载汲喆、田
水晶、王启元编《二十世纪中国佛教的两次复兴》，复旦大学出版社，2016。

　　净慧：《入禅之门》，上海辞书出版社，2006（2006a）。

　　净慧：《从佛法的角度看和谐社会的创建》，《禅》2006 年第 2 期（2016b）。

　　卢云峰：《当代中国宗教状况报告——基于 CFPS（2012）调查数据》，《世界宗教
文化》2014 年第 1 期。

　　卢云峰、张春泥：《当代中国基督教现状管窥：基于 CGSS 和 CFPS 调查数据》，
《世界宗教文化》2016 年第 1 期。

　　明海：《禅心三无》，三联书店，2010。

明海：《禅宗与中国文化》，国家图书馆编《部级领导干部历史文化讲座（2015）》，国家图书馆出版社，2016。

魏德东：《夏令营：从东林寺到柏林禅寺》，《宗教文化的自觉——魏德东的宗教评论Ⅲ》，民族出版社，2015。

Aikman, David

2006. *Jesus in Beijing：How Christianity is Transforming China and Changing the Global Balance of Power*, Washington, DC：Regnery Publishing.

Ashiwa, Yoshiko

2000. "Dynamics of the Buddhist Revival Movement in South China：State, Society, and Transnationalism", *Hitotsubashi Journal of Social Studies*, 32（1）：15 – 31.

Badham, Paul

2007. "Reflections on Religion and Religious Experience", *Religious Experience and Contemporary China*, （eds.）Yao, Xinzhong and Paul Badbam, Cardiff：university of wales press, 178 – 193.

Birnbaum, Raoul

2003. "Buddhist China at the Century's Turn", *The China Quarterly*, *Religion in China Today*（Jun.）, No. 174：428 – 450.

Bruntz, C.

2014. *Commodifying Mount Putuo：State Nationalism, Religious Tourism, and Buddhist Revival*, Dissertations & Theses-Gradworks.

Fisher, Gareth

2008. "The Spiritual Land Rush：Merit and Morality in New Chinese Buddhist Temple Construction", *The Journal of Asian Studies*, 67：1：143 – 170.

2011. "Morality Books and the Re-Growth of Lay Buddhism in China", *Religion in Contemporary China：Tradition and Innovation*, （ed.）Adam Y. Chau. New York：Routledge, 53 – 80.

2012. "Religion as Repertoire：Resourcing the Past in A Beijing Buddhist Temple", *Modern China*, 38：346 – 376.

Ji, Zhe

2006. "Non-institutional Religious Re-composition among the Chinese Youth", *Social Compass*, SAGE Publications, 53（4）：535 – 549.

2011. "Buddhism in the Reform Era：A Secularized Revival?", *Religion in Contemporary China：Revitalization and Innovation*, （ed.）Adam Yuet Chau, London and New York：Routledge, 32 – 52.

2013. "Chinese Buddhism as A Social Force Reality and Potential of Thirty Years of Revival", *Chinese Sociological Review*, Vol. 45, No. 2, Winter 2012 – 13: 8 – 26.

Kipnis, A. B.

2001. "The Flourishing of Religion in Post-Mao China and the Anthropological Category of Religion", *Australian Journal of Anthropology*, 12 (1): 32 – 46.

Laliberté, André

2011. "Buddhist Revival under State Watch", *Journal of Current Chinese Affairs*, 2: 107 – 134.

2015. "The Politicization of Religion by the CCP: A Selective Retrieval", *Asia*, 69 (1): 185 – 211.

Palmer, David

2009. "China's Religious Danwei: Institutionalizing Religion in the Peoples' Republic", *China Perspective*, 4: 17 – 30.

Stark, Rodney and Wang, Xiuhua

2015. *A Star in the East: The Rise of Christianity in China*, Templeton Press.

Sun, Yanfei

2014. "Regime, Ecology, and Religion: Differential Growth of Protestant Groups in Southeast China", paper presented at the annual meeting of the American Sociological Association Annual Meeting, Hilton Atlanta and Atlanta Marriott Marquis, Atlanta, GA, Aug 13, 2010 < Not Available >. 11 – 27 < http: //citation. allacademic. com/meta/p411729_ index. html >.

2017. "The Rise of Protestantism in Post-Mao China: State and Religion in Historical Perspective", *American Journal of Sociology*, 122 (6): 1664 – 1725.

Tang, Wenfang

2014. "The Worshipping Atheist: Institutional and Diffused Religiosities in China", *China: An International Journal*, Volume 12, Number 3, December, 1 – 26.

Tarocco, F.

2014. "Pluralism and Its Discontents: Buddhism and Proselytizing in Modern China", *Springer Singapore*, 4: 237 – 254.

Wielander, Gerda

2016. "Translating Protestant Christianity into China—Questions of Indigenization and Sinification in A Globalised World", *Translating Values: Evaluative Concepts in Translation*, (eds) Piotr Blumczynski and John Gillespie, Palgrave Macmillan, 213 – 235.

在组织里修行[*]

——佛教徒"共修"话语与居士组织的现代性变迁

张蕾蕾^{**}

摘要：佛教居士组织在现代社会日益呈现出多元化的发展趋势，"共修"作为一种话语对佛教居士组织的发展影响甚深。本文以某佛学研讨班为个案，描述了佛教徒日常"共修"的自我实践，与佛教居士组织变迁相互关联的过程，此种"共修"话语经由研讨班内的各种仪式内化为佛教徒的日常修行实践，并最终影响到整个佛教居士组织在现代社会的呈现。

关键词：共修　佛学研讨班　居士组织

在物质与科技日新月异的现代社会学佛成为非常困难的事情，因此必须要依靠团体共修的力量，才能保证道业不失。居士们的修行与自我实践不再局限于个体"自学"，其在各种组织里的"共修"占据着越来越大的比重。与之相伴而生的，是各种组织化程度较高的佛教居士团体的大量涌现。他们在大众传媒、流行文化、现代传播技术影响下，呈现出多样化存在形态：围绕上师或法师供奉而形成的修学中心，以重要寺院山头为依皈的各种读书小组、学佛小组，在都市居民区涌现的大量"都市佛堂"，以"内观"体验活动为中心的禅修指导中心，定期组织的放生活动小组，以

* 本文为国家社会基金项目"当代中国都市佛教信众自组织行为研究"（项目编号：15CZJ024）的阶段性成果。

** 张蕾蕾，深圳市委党校哲学与文史教研部副教授。

气功、瑜伽、灵修、养生乃至国学等面目出现的各种有组织活动等。而这些相比以寺院为中心学佛的传统状况有了很大改变，形成了更为多元的佛教居士组织新景观。

本文以某研讨班为个案，聚焦当代佛教徒在组织里修行的现象，探讨在现代化、城市化和全球化视野下，佛教徒日常"共修"的自我实践与佛教居士组织变迁的相互关联。

一 关于某研讨班的田野考察之介绍

作为本文个案的某研讨班，以学习研讨《菩提道次第广论》（以下简称广论）为主，起源于中国台湾地区，20世纪80年代由台湾日常法师发起并倡议，涉足教育、护生、有机农业等多项公益领域，现已成为影响力遍及全球的佛教团体。90年代传入大陆地区后，他们与多家寺院合作，逐渐在各地建立起为数众多而归属各异的研讨班。我于2005～2008年间，在B市以佛教徒的身份，参与了该团体近三年的密集学修；2015年至今，因为课题的缘故，我又在B市、S市等地持续关注并参与他们的各种学修活动，还于2016年10月造访其在中国台湾的若干基地。

2005年我在B市参与的研讨班，依托当地一家寺院而发展，该寺院的僧团是广论研讨班从台湾进入大陆时的主要倡导者。寺院的居士团体乃至法师都基本以研讨班的形式进行组织，按照地域和学习程度分成不同的班级，每班的核心成员一般有2～10位，每周研讨一般都会有20～50人参加。当一个班级人数过多时，就会再分出一个新班，从头开始学习广论。这些研讨班每周皆有一次学习活动，在周末、节假日和佛教庆典时，都会组织学员赴寺院做义工，践行其每周所学佛法。依托该寺的广论研讨班发展到今天，有数百乃至上千个之巨（除B市外，在许多大中城市皆有归属该寺院的研讨班），且仍在不断增加。

出于多样性、调研便利性和城市比较的考虑，我重新选择了S市的广论研讨班作为田野。经由多方介绍，我接触到本地很多归属不同的广论团体，有依止某位藏传活佛的，有依止B市寺院的，有依止台湾团体的，有依止本土寺院与法师的，等等，不一而足。其班级数量据粗略估算，大概也有数百个，在每周共学之外，根据各自归属的不同，会在寺院、佛堂、聚会点等处利用节假日、佛教重要节庆组织法会。

依照田野调查学术伦理规范，所有相关人名、地名已经做了更改，职业也用相似的职业替代。

二 作为组织学习核心的《菩提道次第广论》

作为研讨班学习核心的《菩提道次第广论》，是藏传格鲁派宗喀巴大师于 14～15 世纪所造的一部藏文论著，民国时期由法尊法师翻译成汉文。这部汉译经论，文字十分晦涩，充满了各种藏传佛教色彩的直译与术语，专业学者阅读都颇有难度，更遑论普通佛教信众。然而，正是这样一本晦涩的经典，在广论研讨班中被赋予了超越于其他佛教经典的重要地位，因为它"有修行完整未曾中断的传承，更应当下众生的机缘"，成为这个团体维续的文本依据。

凡是在班级学修过一段时间的人都会对广论生出无比景仰的情感，有的学员认为自己精力有限，一生能读通一本广论就已足够，不需要再研习其他经典，因为广论的道次第几乎涵括了佛法的全部；有的学员则认为广论是整个佛法的纲要，就像台阶一样，一步一步指引人们走向最终成佛的道路，通过广论能够树立起一整套关于修行实践的"正见"，读通它是读其余佛教经典乃至世间传统经典的基础。每位学员日常研学的广论一般都包有精美书皮，放入明黄色的专用经袋里。有一次，我在中途离开时将广论放在席地而坐的蒲团上，遭到旁边师姐的严肃批评，告诫我广论不能放在地上，一定要恭敬地放在桌上。

研讨班之所以"独尊广论"，在最初的时候是因为提倡广论的台湾日常法师。由于自身的际遇，法师发愿一生弘扬广论，从 20 世纪 80 年代开始，到 2004 年圆寂，在 20 多年的时间里，他通过讲法、组建僧团、开展有机农业、兴办教育园区等方式，从无到有，组建起具有全球影响的福智团体。这一庞大的事业以广论研讨班的开办为基础，围绕广论的学修展开。研习晦涩的经典，在学佛者中一向是少数人的选择，而研讨班的创办，则解决了非专业佛教徒研读专业佛典的问题。日常法师曾指出研讨班举办的其中两个意义：

　　之所以设立研讨班有其深远的意义，各位是否有这个经验？如果独自研读书籍，虽然书的内容很动人，但总觉得印象模糊不够深入，如果与人切磋研讨，甚至各抒己见愈辩愈明，最后通晓文义刻入心板！这是第一个意义。各位是否有过这个感觉？虽然想学佛，但总被俗务缠身或为世间朋友牵扯，而力不从心甚至退怯不前！如果加入研讨班，看到圈子里同行善友对佛法的好乐心、精进心，自己怎敢放逸懈怠呢？无形中团体就对我们起了保护作用，这是第二个意义。

广论班的设立，是修学广论的制度保障。即便如此，普通佛教徒遽然去学，依旧无从下手，因此对广论进行现代、通俗化阐释，是广论能被普通佛教徒接纳学习的关键。为此日常法师呕心沥血、筚路蓝缕地各地弘法，在僧俗二众弟子的护持下，留下了一批深入浅出、通俗易懂的讲解录音，尤其是关于广论的几百盘录音磁带（20世纪八九十年代时录音主要依靠录音机和磁带进行）。能够被保存并反复听学的声音，对大众学佛而言显然比文本更具优势。法师的讲解录音深入浅出，通俗易懂，娓娓道来的声音让听者身临其境，可以直观体察到他殷切的悲心。日常法师去世后，他的录音并未没落，反而更加被弟子珍视，奉若法宝。90年代讲法录音传入内地，学法者很少能亲见法师真人，却都在相同的声音下共同学修。随着电子科学技术的发展，讲法录音被制作成MP3，在百度、腾讯、网易、新浪、喜马拉雅电台、荔枝电台等网络云盘与电台上可以非常方便地聆听、下载。学员们还将录音转换成文字，并收录法师讲解的其他经典，制作了专门研学广论的手机APP，台湾本部甚至研发出专业学修广论的平板电脑。

将晦涩的经典转换为深入浅出的讲解录音（后续还有录像）而非单纯文本，是佛教现代弘传的一大特色，深刻影响着当代佛教徒的修学方式。事实上，研讨班对广论的学习，与其说是对文本的学习，不如说是对日常法师讲解录音的学习。更加直观的录音形式，消融了广论文本因晦涩而带来的理解困难；对一般学习者而言，不需要穷根究底地直接理解文本，只需要理解法师的讲解录音就足够了。而文本的晦涩，致使内含藏传色彩的一整套话语概念依然保留下来，完全不同于汉地世俗语言，自然而然就让研讨班成员在研学中习得一套概念术语，与日常语言形成鲜明对比，为学者建构了新的话语体系。广论班对广论的学修，无疑是被现代化和汉文化改造过的广论学习，与传统藏地的广论学修有很大差异。

三　被建构的"共修"话语

日常用语里的"修行"，一般是指个体的修行活动，学佛不是为了学知识，而是为了成佛，成佛就要"修行"。研讨班的形式却形成了不同于日常用语的"修行话语"，进入广论研讨班学修的最大感受，就是他们对团队重要性的强调，被建构的"共修"作为一种权力话语被广泛接受。修行不仅是指个体的修行，也涵括了团体的"共修"。这套共修话语的建构，一方面源于对研讨班本身作用重要性的渲染；另一方面，则在于共修时的一整套仪式形塑了修行的场域。

研讨班每周的学习，乃至所有集体活动，都要遵循广论要求的仪轨，先做"前行"，所谓"前行"即是正式学习或活动前的准备工作。一般而言，有观想、三称"南无本师释迦牟尼佛"，汉传"开经偈""心经"念诵、藏语宗大师祈请文、观音菩萨心咒、皈敬颂念诵等步骤，是汉传和藏传念诵的融合。然后就进入对广论的正式学习，包括听日常法师的讲解录音、找出对应的经文安排参与的学员进行"消文"、对这段文字不明之处提出疑问并研讨解答，再结合自身言行谈论对这段经文和法师讲解的认知和实践。最后，要做"结行"，先念汉传的忏悔偈、回向偈，再念藏文的祈愿、发愿、祈请和求加持，将今日听法或法会获得的法益回向给一切有情和现实诸希愿处。

此项"仪轨"，是日常法师根据对广论教义解读、汉传藏传法会仪轨而发展出的一整套现代仪式。在所有学习、法会活动中都要按照上述程序严格进行。持续几天的大型法会，全体成员每天在法会开始前后都做前行、结行，分成的各小组在各自活动前后也要做前行、结行。一天当中，一般会有数次前行、结行要做。从前行、正行直至结行的完整过程，就潜移默化地被认定成修行行为，聚众的学习与法会遂成为一种团体承认的"共修"。

在快节奏的都市社会中，需要处理各项繁杂日常生活的佛教徒们，能每周抽出时间参加班级学习都是相当不容易的事，再加上几乎所有的法定假日都会举办各种共修法会，在"共修"外个体修行时间相对较少，只能是碎片化的。这种碎片化的修行因人而异，但修行的内容也多由团体规定，例如念诵、持咒、预习复习广论文本等，个人修行一般也都会有自己规定的简单前行、结行仪式。依附广论而来的仪轨，成为日常被无数次重复的仪式，严格地遵照仪式，让团体里的人有了极鲜明的"区隔"意识，在"佛法修行"与"世俗生活"之间，划下泾渭分明的界限。

在广论团体的学修，不但有一套日常被无数次重复的仪式，还有围绕广论建立的一整套融合各种术语概念的话语，从如何听闻佛法，如何依止善知识修学，到下士道、中士道、上士道之次第修行规理，它们重塑了团体里的佛教徒对于生活和信仰的共同认知。共修具有强大的"同化"能力，学员所建立的"广论知见"具有极高的同一性，较少个体差异。个体差异只表现在个人领悟能力与勤奋程度上，不表现在根本认知方面，这让每一个浸润其中的人产生一种相近的"广论气质"。

四 "共修"与宗教组织变迁

共修话语的确立，满足了现代普通佛教徒对"高深"佛教教理的学习渴望，建构了他们对佛法修学体系的认知理解，同时也形塑了他们的宗教修行与日常生活。与此同时，共修话语对广论团体本身影响亦十分深远，深刻改变了佛教组织的现代性形态与行动力。

广论团体在平时是相对松散的三五十人不等的研讨班，然而大型法会的时候，由于其修学模式、内容与行为的高度同一，小规模研讨班可以迅速重组为庞大的"广论团体"，其规模小到一种事业、一个地市，大则能涵括全国乃至全球。

日常法师在带领广论团体修学弘传广论之外，还办有慈心有机农场，成立了直营的"里仁"系列有机食品物品生产线；同时在台湾设立教育园区，涵括了从幼稚园到大学的完整教育体系。这些事业的主要承担人都是各个广论研讨小组的成员，他们经常会组织研讨班学员去公司、园区做义工"共修"。继任的真如上师则侧重全球性弘传，将教育园区和有机农业的形式传播至北美、澳洲；而随着广论学员的全球流动与移民，世界各地建有越来越多的广论据点，人数虽然不多，但影响却是持续性的。作为本部的台湾，每年都会组织"忆师恩"的大型法会和各种各样的广论共修活动，全球范围内的广论团体都会组织当地学员参加；真如上师常驻的北美教育园区，每年也有常规培训活动，也是全球范围内召集义工和学员。

我所在S市广论研讨班，就有师兄在广论感召下辞掉工作，在S市周边地区开垦了上百亩的有机农田，践行师父倡导的慈心农场，各研讨班都会定期组织学员去农场"出坡"做义工，帮助农场销售有机蔬菜。在中国境内也建有几处道场，定期在全国范围内的广论研讨班中组织人员去参访、学习、做义工。每每台湾、北美道场有活动时，每个广论班都会组织相关人员参加，无形中锻造了佛教徒的全球视野。

随着现代科技与通信技术的发展，广论团体的共修活动也越来越灵活。不能随班共修者，可以通过语音聊天室、手机 APP 软件参与实时研讨；所办大型法会全球联动直播。微信出现以来，广论团体充分依托这一新形式开办了若干微信公众号，每个班级都筹建了微信群，还有相关的专门微信群，比如 S 市的广论班建有"欢喜培福、日行一善"的微信共修群，每天按个人意愿以红包形式捐献到群中，用于供养道场建设。各种法会共修活动信息的传播几乎是全球实时的，且都可在微信中线上报名。举凡所有这些活动，都被视作"共修"，各项世间事业的开办，全球范围内据点的同气连枝，使得广论团体成为影响力超越国界的庞大组织。它自产生至今，在短短不到 40 年的时间里发展成如此规模，可以说，与广论共修话语的建构有密切的关联。正是共同的话语，让其成为一个极具行动力的整体。

在 B 市、S 市的调研中，我发现有许多法师和寺院也采用了研讨班的形式研读广论，且也用日常法师的讲解录音作为学习对象。他们在学修过程中，利用广论依师规理，替换了神圣核心，将对台湾团体的尊崇引到自身僧团寺院中来，也有很好的效果。研讨班的形式正成为越来越多寺院用来组织信徒修学、义工培训的常规方式。

常态化研讨班模式的出现，是现代性的产物，通过研讨班的学习，繁杂的佛教义理不再是僧团和少数专业人士的特权，而成为可以向普通信众普及、能够被他们掌握的大众信仰产品。但这并不意味着知识权力的平等，因为在研讨班中有一套被建构的话语，其主导权仍在僧团少数领袖手中。研讨班的形式，被建构的"共修"话语，在全球化、城市化、现代性的时代背景下，必将对修行者个人和宗教组织的未来发展产生重要影响，他们之间的相互作用，值得持续关注。

佛教寺院住持与信徒互动模式及其对佛教团体规模的影响

——以北京东部 YS 寺为例

冯　波　张　彧　孙鲁航*

摘要：本文选取北京东部某寺院作为调查地点，对该寺院的住持和部分信徒进行了深度访谈，在此基础上就寺院住持与信徒之间的互动模式及其对佛教团体规模的影响进行了探讨。

关键词：住持　佛教团体　住持与信徒互动模式

在当代中国社会，佛教在其信众中有相当的社会影响力，这是不争的事实。与此相伴随的是，佛教在其发展过程中也面临着诸多问题，例如某些佛教寺院追名逐利、管理不善致使佛教发展偏离其核心精神而呈现出商业化、庸俗化的势头，不仅严重损害了佛教的社会形象与声誉，阻碍了佛教事业的健康、有序发展，也使佛教难以充分、有效地发挥其积极的社会作用。在这种背景下，对当代中国佛教现象做深入、细致的研究势在必行。这种研究一方面有利于全面、客观地了解和评价佛教的实际状况，另一方面也可以为引导佛教的和谐、发展从而更好地与社会主义社会相适应提供依据。基于此种研究的必要性，本研究以北京东部某寺院——YS寺为例，立足于佛教寺院住持与信徒之间存在的互动模式，深入探究这种互动模式的具体内容及其对佛教团体规模变化的作用机制，揭示佛教寺院住持的作用，解释佛教团体规模变化的影响因素。

＊ 冯波，中国传媒大学教授，滇西应用技术大学银龄计划特聘教授；张彧，中山大学社会学专业硕士研究生；孙鲁航，北京大学新闻传播专业硕士研究生。

　　本研究的理论意义在于：第一，对目前国内宗教研究领域和研究视角的补充与拓展。通过对既有相关文献和研究成果的梳理，我们发现：国内学者很少关注佛教寺院住持与信徒的互动模式这一研究领域，同时更缺乏以此视角为切入点深入探析佛教团体规模变化的研究。通过实地调研，收集经验材料，探究住持和信徒的互动模式及其对佛教团体规模的影响，可以弥补此缺憾。第二，对组织社会学相关理论的丰富和完善。对于佛教寺院住持和信徒互动模式的探讨需要深入剖析住持和信徒交往的过程，涉及住持的角色认知和行为方式等，同时也需要分析信徒群体的变化趋势、影响群体规模变化的个人和环境因素等内容。这无疑对组织社会学中群体、组织结构、组织沟通和组织领导等理论具有一定的验证和补充作用。第三，对宗教社会学相关理论的发展。本研究从住持与信徒两个行动主体的关系入手，是对宗教所具有的社会性和集体性的分析与探索；佛教寺院住持与信徒之间的交往方式和行为模式等因素都涉及佛教领袖在信徒中地位和权威的获取与维持，以及如何与信徒形成情感和精神上的联结；同时借助佛教团体规模的变化也可以认识到宗教的社会整合功能。因此，本研究也是对宗教社会学之宗教群体与组织、宗教与社会秩序等内容的充实和拓展。

　　本研究的现实意义体现在以下两方面：第一，有助于深入解读佛教寺院住持的形象及其在团体规模变化中的作用。随着近年来宗教商业化和庸俗化现象受到越来越广泛的关注和热议，身为寺院领导者的住持也遭受池鱼之殃，关于其负面性质的新闻报道屡见不鲜。因此，本研究对佛教寺院住持这一角色的挖掘和侧重有利于还原佛教寺院住持的真实形象和作风，认识其在佛教组织和团体中所担当的角色以及承担的职能，并澄清社会舆论中一些似是而非、先入为主的说法和观念。第二，理性、客观地看待佛教寺院住持与信徒之间的互动方式和特征，积极促进佛教的现代化转型，引导佛教与社会主义社会相适应。本研究不仅可以为增强佛教团体凝聚力和归属感、促进佛教团体的健康良性发展以及现代化建设提供借鉴和启示，同时也会为佛教精神在现代社会中的传播和继承、有效发挥佛教积极的社会作用带来新思路和新视角。

　　梳理文献发现，现有对佛教团体的研究一般集中在三个方面：其一，研究主要关注佛教寺院或僧团的组织管理体制，例如周双进从公共管理和公共服务的相关理论出发，对甘肃藏传佛教及其寺院在制度管理上的制度化、规范化和经常化进行了分析探究（周双进，2010）；王永会从历史的轨迹中探索了中国佛教僧团及组织管理体制与制度的演变与特征（王永会，2001）。其二，研究主要着眼于佛教团体组织的社会慈善事业与活动，例如李荣峰基于社会服务视角，以佛教慈善的历史发展为主线，认为佛教慈善的发展也是汉传佛教慈善服务专业化的过程（李荣峰，2015）；仲鑫通过对慈济基金会南京会所的个案研究，揭示了佛教背景下的慈善公益组织的运行特点（仲鑫，2011）。其三，研究主要是以佛教团体或组织在新社会环境下的适应与发展为切入点，例如薛一飞、邢海晶以网络时代的到来为背景，总结分析了网络弘法给佛教组织带来的影响和变革（薛一飞、邢海晶，2016）；严小刚基于对甘肃兰州浚源寺信众的观察和访谈，讨论了当代都市背景下佛教信仰群体的日常信仰活动、方式和具体参与的宗教实践活动（严小刚，2013）。上述研究成果较少涉及对佛教团体规模变化的探讨，更没有将其同佛教寺院住持与信徒的互动模式存在的相关性做研究。虽然有的学者从住持的角度研究了宋元禅寺中住持的象征意义与其地位、权力之间的关系（王大伟，2013），有的学者从僧俗关系的角度探析印度佛教中僧俗关系基本模式的变化（圣凯，2011），但是都没有聚焦于佛教寺院住持与信徒两个行动主体之间的互动。总之，国内学术界缺乏对佛教寺院住持与信徒互动模式的研究，更没有关注这种互动模式对佛教团体规模的影响。本研究的创新之处在于：第一，以佛教寺院住持与信徒之间的互动模式为研究重点，深入探究互动模式的具体表现；第二，从佛教团体规模变化的视角，探究住持与信徒的互动模式对佛教团体规模产生的影响；第三，以北京东部某寺院为例进行经验研究，在研究方法与研究目的的对接方面有其创新点。

为明晰本文的研究内容，需要对研究中所涉及的一些重要概念和理论进行必要的阐释。本文研究范围涉及的是中国佛教，具体而言是指中国的汉传佛教。住持，指掌管一个寺院的主僧，即佛教寺院的领导者。互动模式，是具有一定社会关系的行动双方在交往过程中所表现出的互动特征和行为特点，包括双方在互动中所具有的角色、地位、情感和作用等，以及彼此互动的方式、内容、时间、频率等要素。团体规模即团体成员的数量。鉴于佛教信徒具有较强的流动性，本研究将佛教团体规模界定为一个寺院从事义工活动的人数和在此寺院正式皈依佛教的人数。由于佛教寺院中僧人的数量通常较少且具有相对固定的特点，因此本研究所指的佛教团体规模不包含寺院的僧人数量（实际指佛教信众团体规模）。韦伯根据三种合法性的基础建构了合法统治的三种纯粹类型（理想型），即传统型统治、法理型统治和克里斯玛型（个人魅力型）统治。传统型统治是指统治的维持是靠从古至今沿袭下来的风俗习惯和伦理道德，法理型统治是指统治建立在以目的合理性或价值合理性为目标制定出的法律之上，克里斯玛型（个人魅力型）统治是指统治建立在对具有出色感召力的领袖人物的拥戴和信仰的基础上（杨善华、谢立中，2005：194-197）。领导学研究关注领导的个人素质、个人行为以及环境因素，认为这三点是决定领导工作成效的关键因素。豪斯提出四种领导行为方式——指令性行为、支持性行为、参与性行为与成就定向性行为。组织社会学研究方面，组织结构的要素主要包括地位、角色、规范和权威四个方面，组织结构通过水平分化和垂直分化使得组织逐渐走向规模化和复杂化（于显洋，2009）。

本研究选取北京东部某佛教寺院（YS寺）为调查地点，该寺院为汉传佛教寺院。2010年底，寺院的住持被调任至此。2012年11月该寺院正式恢复为宗教活动场所，成为其所在地区第一个恢复为宗教活动场所的佛寺。目前，寺院有僧人共计约15人，寺院各类寺务活动由住持统筹管理，其下设有维那（禅堂负责人）、监院（库房负责人）、僧值（又叫纠察）和知客（客堂负责人）等职位负责具体事务和工作，同时有100余名义工按部就班地参与到寺院维护和管理之中。每年到该寺院皈依的佛教信徒有数百人。因此，该寺院对于本研究具有重要的价值和意义。在本次研究的资料收集过程中，秉承典型性、代表性和可行性的原则，我们选取了寺院的住持（男性，38岁）以及8名义工（皆为女性，年龄30-60岁不等，退休人员居多）作为主要的访谈对象，并于2016年3-6月多次前往该寺院参与观察和进行访谈调查。

根据研究目的和要求，本研究的资料收集方法主要采用文献研究法、访谈法和参与观察法，在此基础上采用定性分析方法对信息和数据进行整理与分析。首先通过阅读文献，了解国内已有的研究成果和研究领域，在明确研究背景和研究意义的基础上确定访谈提纲、相关概念和研究思路。随后，前往寺院进行个案研究，主要采取半结构式的访谈形式，并结合亲身参与和实地观察的方法，获得丰富的第一手经验材料。最后，对观察和访谈资料进行定性分析，得出最终结论。

一 佛教团体规模

根据对皈依登记原始资料的统计，2012 年度在该寺院皈依的人数为 328 人，2013 年度为 372 人，2014 年度为 367 人，2015 年度为 457 人，总体上佛教团体规模在不断扩大，2016 年度前 5 个月已有 189 人皈依，按照月平均皈依人数计算，2016 年度皈依人数也能超过 450 人。总的来说该寺院的佛教团体规模正在加速增长（见图 1）。

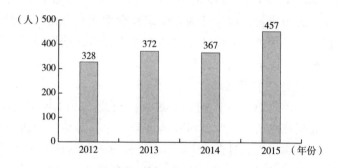

图 1 皈依信徒人数

在性别分布上，女性信徒人数大大超过男性，在有性别统计资料的年份，女性人数约为男性的 2 倍，2013 年女性皈依 258 人，占比 69.4%，男性 114 人，占比 30.6%；2014 年女性皈依 227 人，占比 61.9%，男性皈依 140 人，占比 38.1%；2015 年女性皈依 289 人，占比 63.2%，男性皈依 168 人，占比 36.8%；2016 年前 5 个月中女性皈依 133 人，占比 70.4%，男性皈依 56 人，占比 29.6%。总体看来，皈依信徒人数男性占三成，女性占七成（见图 2）。

在年龄分布上，皈依信徒以 21 - 50 岁的中青年人为主，超过总皈依人数的六成。21 - 50 岁的中青年皈依信徒在 2013 年为 254 人，占总人数的 68.3%；在 2014 年为 246 人，占总人数的 67.0%；在 2015 年为 306 人，占总人数为 67.0%；在 2016 年前 5 个月为 115 人，占总人数的 60.8%。总的来说，中年、女性是该寺院皈依信徒的主要人口。在义工人数方面，由于义工流动性大、持续时间不定，因此无法做趋势统计，本研究的义工人数统计资料为截至 2016 年 5 月的义工资料。根据统计，该寺院义工共

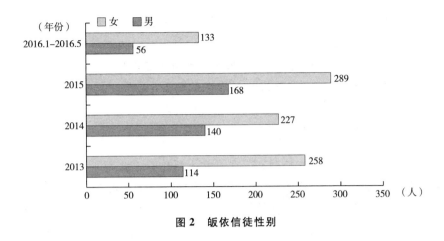

图 2　皈依信徒性别

101 人，其中男性 23 人，女性 78 人。在义工年龄分布方面，31 - 60 岁的义工占总人数的 64.4%，是义工团体的主力。相比于皈依信徒的年龄分布，义工平均年龄更高，为 47.8 岁，接近退休年龄。由于退休的原因，信徒有更充裕和灵活的时间安排，可以从事更多义工活动。

二　佛教团体规模影响因素

从皈依信徒和义工的人数统计结果，可以看出该寺院的佛教团体规模呈现出明显的增长态势，这种团体规模变化的背后包含了多重影响因素。在对寺院住持和义工深入访谈的基础上，我们对寺院团体规模不断扩大的原因进行了归纳。

（一）地缘因素

居住在寺院周边地区的佛教信徒更倾向于去该寺院皈依、从事义工服务或参与法事活动。佛教信徒以佛、法、僧三宝为皈信或皈敬的对象，任何寺院都能成为信徒从事信仰活动的场所。佛教信徒往往选择离家较近的佛教寺院进行皈依、修行等宗教活动，因为地理上的便利保证了信仰行为的易发生性和可持续性。与此同时，随着该寺院逐步对外开放和不断改造修缮，寺院的设施、设备和功能、结构日益健全或完善，这也在一定程度上吸引了居住在寺院附近的佛教信徒。

案例 3：离这儿比较近，不用花费太多时间。

案例 5：因为我刚好搬这儿附近住。

案例 6：YS 寺，我就在这里住，我知道它这儿。

案例 8：我家就在这里。别的地方我也不认路，我也没去过。

（二）信徒之间的人际传播

经常来寺院的信徒或长期义工在日常生活中有意无意地向亲朋好友谈及或推荐该寺院及其中的僧人，会对后者产生一定的心理和行为上的引导。尤其是当传播的对象是佛教信徒或对佛教有好感的人士时，这种人际传播的影响力会更加显著。此外，寺院每年定期开展各类宗教活动，资历深的信徒借此契机向身边的同伴传播寺院动态和活动信息，一些较为隆重的法事活动所具有的感召力和吸引力也在无形中推动了参与活动的人员规模的扩展。

案例 4：有一个偶然的机会，就是有一个师兄，在这边做义工的，我就说了我自己的事情，他就说那你就到寺院里来做个超度吧，我说那好吧，我就来了。来了以后不知不觉地就成了义工。

案例 7：我是一个朋友介绍过来的。

案例 8：我就在街上跟别人聊天，就是我们课堂一个窦师兄，他家开了一个店。我去买东西，看到他家摆着一个佛像，我就感兴趣。他就说你来我们寺院做义工吧，我就过来了。

（三）佛教组织借助现代网络技术进行传播

当今信息技术和网络的迅猛发展与日益普及为佛教文化的传播提供了灵活、开放和自由的平台，赋予了其前所未有的超越时空的传播张力。寺院的微信公众号，住持的微信朋友圈、新浪微博以及寺院的官方网站都是传播佛教文化、发布寺院相关信息、僧人与信徒交流的重要途径，这些途径增强了佛教信徒对该寺院及其住持、僧人的了解程度，强化了信息传播过程中的即时性和互动性，极大地扩展了信息的传播范围。因此，在网络环境中，该寺院的知名度得以增强，住持在网络平台发布的各种对佛教教义、精神的解读和开示文章等也吸引了大量的佛教信徒，对佛教团体规模的扩展发挥了正向作用。

> 案例 2：偶然上网一搜，这师父这么有才啊，所以我们就过来了。
>
> 案例 5：网上地图一看就知道这个寺院了。
>
> 案例 7：我先看了住持的微博文章，因为我那时候对佛法没有什么正信，先看 R 法师的一些微博文章，然后知道了佛应该是这样学的。然后就到寺院里来了，然后皈依、做义工，就这样。

（四）寺院住持的个人因素

YS 寺住持具有较高的学识涵养和道德品行，注重自身道风修养，为人谦和友善、平易近人，对待信徒既能耐心、从容地答疑解惑，也会严肃、认真地教导指正，与信徒发展出良好、积极的关系；采取参与式的领导方式，在寺务管理上亲力亲为，在自身修为方面以身作则，秉持成为佛教团体中的"领头羊"而非"牧羊人"的行为原则，获得了信徒的尊重和信任，其权威性和影响力也得以维持和强化，进而推动了佛教团体规模的扩展。

> 案例 1：他是一个非常有影响力的法师，非常有才华，非常有德行。这次我们是这样子，R 法师发心行脚五台山嘛，我们几个居士呢，就是想发心护持师父，所以一起去五台山。
>
> 案例 2：就是这个住持他自己的德行，用我们世俗的话来讲，就是做人嘛，我觉得他挺好，我愿意护持他，从一点一滴的接触当中我觉得师父这个人，他真的是严格地按照佛经中佛陀的教导去做的。
>
> 案例 6：师父每天给我们开示，你要按照他的开示去走……你在这个过程中一个是修炼自己提高自己学佛的精神……他给你讲，把这些东西给你讲透彻了，你自己从思想里再悟，能够一点点地进步。

总体而言，地缘优势、人际传播、网络平台和住持个人因素共同构成影响佛教团体规模变化的关键要素。

三　住持的角色认知与实践

住持作为一个寺院的领袖和负责人，代表了佛教和佛法的形象，其个人素养、角色认知和实践不仅影响着寺院其他僧人的修行和生活，更会对佛教团体规模的变化、社会舆论等产生重要影响。因此，进一步深入了解寺院住持的角色认知和实践及其对佛教团体规模变化的影响很有必要。YS寺住持认为，寺院僧人与信徒的交往和互动模式对信徒去寺院从事法事活动的意愿有很大影响。信徒和僧人是否有缘分即是否能够相处融洽且学习到佛法知识，会决定信徒是否愿意长期护法、护僧。作为寺院众僧的领导者，住持不仅需要担负更大的责任和义务，且其个人素养、学识能力和管理理念更会深深影响信徒的护持意愿和护持力度。

　　住持：那么多寺院他就选择了几个寺院去，他就是跟这个寺院的人有缘分，这个人很关键，我们说这个佛都是一样的，房子无非也是大点儿小点儿，又不是给你买房子你挑一挑什么的，所以说他之所以愿意来这寺院，那就叫跟这个寺院的师父有缘分，这是很关键的一点，起码这个师父的修为、品行、才华啊，或者说为人处世啊，总之让他感觉到他愿意来护持这个师父所住持的寺院。

（一）自我认知与个人素养

佛教寺院住持最大的三个职责是弘法、安僧和修造。首先，YS寺每周会定期讲经说法，并开办佛法培训班，为信众提供免费学习、解惑的场所。其次，对住持来说，把僧团队伍建设好，每个僧人才能各司其职、安心办道。再次，在修造方面，住持也得把握大局，对寺院硬件设施的改善一一把关。领导者的个人素质是决定领导工作成就的关键因素（于显洋，2009：304－305）。住持作为统领一方的寺院领导者，其个人素质会对弘法、安僧、修造等住持工作产生重要影响。YS寺住持将寺院领导者必备的素质总结为"学识上有造诣，品德上能服众，政治上靠得住"，并身体力行实践着僧伽之道。

　　案例2：师父不只是为人特别好，他可是按照圣贤的要求，言谈举止，他全都是按照那方面去做的。好的寮房全都让给他的徒弟、别的师父，然后大家看一眼他现在住的寮房，这是简易房，冬天冷得要命，夏天热得要命。为什么师父招待大家坐在屋外？是因为屋里条件很差。

案例2：有的时候师父都是亲力亲为的，你们没观察到吗？师父其实年龄不大，头发都白了很多，累的啊！

案例6：寺院他们都分工嘛，而且开法会什么的，师父一直站在那儿弄啊、看啊，告诉你说怎么弄怎么，你看他现在又去忙了。

住持：我认为我相对来说比较随和，然后不会在性格上显得过于的孤傲，可能有些喜欢这种性格的人愿意和我来接触一下。

住持的寮房是简易房、面积狭小且距离洗手间很近，天热时气味难闻，其他僧人则住在宽敞明亮的殿堂。不难看出住持并不恃其地位占有优质资源，反而在物质生活上更加谦让其他僧人、弟子。加上住持个人性格比较随和，且寺院活动亲力亲为、事必躬亲，令信徒信服，也更愿意来寺院护持师父。在一定意义上，住持成为信徒的个人魅力型领袖，其高尚的品德修养具有较高的感召力和影响力。总之，若住持个人素养较高、品德高尚、为人友善，就更易吸引信徒在寺院护法、加强人际传播，以使更多准信徒前来皈依或参加法事活动，佛教团体规模因此得以扩大。

（二）学识水平和学习意愿

僧人尤其是住持的学识水平对于佛教团体规模同样有着重要的作用。除了从事义工服务，信徒前往寺院最重要的目的就是学习佛法知识，以求对佛法有更深的认识和理解。僧人作为弘法者，与信徒的关系就像老师与学生：一个装修再奢华、地理位置再好的学校，没有教学水平很高的老师，学生也无法在学业上取得好成绩。同样地，寺院的外观、地理环境等虽说很重要，但一个寺院的灵魂还是在于僧人，僧人真正能够在佛法学识上有造诣、能够为信徒传道授业解惑，才会有信徒络绎不绝地前往护持。住持作为众僧之首，对僧人的学识水平不仅有管理监督之责，其个人的佛法悟性和学识能力更应是僧人们的榜样。所以，住持个人的学识水平和持续学习的意愿会影响一个佛教团体规模的变化：住持学识水平越高，佛教团体规模也越容易扩展。

> 案例1：师父这一路呢，都是随缘开示，他并不是准备好了稿子再来讲，他是路上碰到什么样的情况，随机给我们做开示。
>
> 案例7：他的每一篇开示我都会看。你比如说什么叫放下，怎么去贪嗔痴，怎么发菩提心，他会告诉你作为一个佛教的信众来说，你怎么来做一个合格的佛教的弟子。
>
> 案例8：住持第一次开示的时候，我觉得讲得太好了！我觉得那一堂课没白上，让我明白很多东西。

> 住持：因为佛法太深奥了，不是说你读了几本书就可以吃一辈子了。你要不断地去看，不断地去学习，不断地去参悟……你要在学修并进之后，才会有心得体会。当信众有问题来问你的时候，你才能解答、解惑……你要是自己参悟得不行，你自己的修行不到，你就不能够统领大众。所以说作为一个住持来说，他自己的学识方面、品德方面，按现在的话来说，就要有紧迫感、危机感、危机意识。所以我们要逼着自己、提高自己。目的就是为了让佛法弘扬得更广泛一些。

对于信徒来说，僧人佛法修得如何、学识水平如何，是能够通过日常交往的小事体现出来的。不论是面对面的随缘开示、网络传播的开示文章，还是佛学研修班上传授的佛法，一个僧人的学识、修养很容易被评价和与他人比较。学识水平高的僧人更会受到信徒的护持、青睐、敬重、信服。对于住持来说，学习佛法是一生的事——只要信仰佛教就要不断学习、参悟佛法，这样才能在信徒有疑惑时答疑解惑。因此不仅是当下的佛法学识水平，更重要的是是否有持续学习佛法的意愿，这会成为评价一个住持学识能力的重要指标，也会对佛教团体规模的变化产生重大影响。

（三）对与信徒互动模式的认知

对于佛教的僧人而言，信徒是必不可少的存在。首先，信徒是僧人弘扬佛法、传播佛教文化的对象；其次，作为非营利团体，寺院得以正常运作，离不开信众在物质层面的支持和行动上的帮助。YS寺住持说，僧人和信徒的关系是水乳交融的——僧人弘法解惑，信徒护法布施。如果没有信徒的支持，弘法开展不了；信徒也需要僧人的弘法才能参悟更多佛法。因此，佛教团体规模的扩大对寺院的建设和僧人的弘法具有积极作用，住持也十分重视佛教团体规模的进一步扩展。

案例2：我们接触师父这几年，师父从来没有说过让居士给寺院布施。师父也从来没有向居士们要过一分钱，这个是很难得的。

案例6：他能够真正跟你说你哪儿不对，他能真正地给你说出来。而且按他的话来说，他越说你是对你越好，越不管你，就说好比跟咱们家管孩子一样，你们孩子多好啊这的那的，其实更不好，他就没有管你，他要说经常批评你，那是教育你往上走，反正我有什么问题我就直接问他，反正我觉得他挺正直的。

住持：僧人是弘法，信徒是护法，对一个弘扬佛法的人来说，离不开护法、护持的人，如果离开护持人的话，他就没法开展下去……广大的信徒首先是你弘法的对象，没有听众你怎么弘法啊？再一个，你弘法的时候需要方方面面的外在支持，那都需要信徒护法来帮助提供，你比如说寺院当中，水啊、电啊，然后这什么的，寺院它又不是个营利单位，所以说你很需要外护来捐助、来帮助协调啊……我们说法轮常转嘛，就是僧俗共同来开展工作，没有信徒可以说弘法根本开展不了。

住持：这个社会贤达、名人、社会名流、商业精英，甚至说各界精英对于佛教的护持和信仰，对于这个道场来讲是一件非常重要的事情……但是佛教讲随缘，不讲攀缘，因为攀来的缘分不是缘分，有的时候佛教这种传播方式更像姜太公钓鱼，他不会说主动地去攀谁的缘分，但是缘分来了之后他也不会拒绝，你如果主动地去攀什么缘分的话，只会让别人轻视，所以说与其让别人轻视，不如在家里做好自己，不是有句话嘛，与其到处去抓蝴蝶，不如去种花嘛。你抓蝴蝶的工夫种点花，那蝴蝶都来了。

信徒对寺院和僧人物质上的布施和义工行动上的帮助，是一个寺院得以正常运行的基础。一方面，僧伽离不开信徒的供养和护持，另一方面，佛教讲随缘，住持不会与社会贤达攀缘或主动要求信徒给予钱财。同时，住持为了弘法对信徒产生教化效果，在弘法过程中对信徒也是严格要求的，这样信徒才能够在参悟佛法上进步。总之，住持对其与信徒的互动模式有深刻认识，意识到信徒对佛教的重要意义，有利于更好地弘扬佛法、推动佛教团体规模的扩大。同时，僧人应该恪守佛教的"道风""家风"，这样才能真正有效地扩大佛教团体的规模。

（四）管理理念和实践

随着社会环境的变化和互联网时代的到来，佛教寺院住持的开示、弘法方式也愈发多元化和现代化。YS 寺不仅延续了举办法会和定期诵经的传统，寺院的网站、微信公众号和微博也会定期发布寺院活动预告与住持亲自撰写的佛法开示文章。同时，慈善活动、行脚五台山、住持接待日、佛学研修班等活动也会定期举办，且活动效果较好，前来参与活动的信众人数越来越多。寺院丰富的法事活动和良好的团体规模发展态势离不开住持的管理、指导和对管理理念的踏实践行。

案例 2：2012 年我皈依以后，来寺院里做义工。偶然间发现师父指挥别的师父在做事。我就觉得这个师父做事很有章法，他说话不紧不慢的，但是他做事特有条理性。

案例 7：我觉得 R 法师在我心目中就是一个有大格局、大抱负的一个人。应该说是佛教有他，就是佛教之幸吧。因为他就是心心念念想怎么来住持这个正法，怎么来摄受信众。

住持：信仰这个东西吧，需要踏实……只要一个人默默地去做，就跟百年老店似的，坚持、坚守、不忘初心，那么慢慢地随着时间的推移，你自己的道风家风就培养起来了。

住持：一定要做一个群体当中的领头羊，不能做牧羊人，你一个机关单位的领导可以是牧羊人，你口号一出去下面一层一层有组织纪律性，你这个企业的领导一拍板，下面各中层领导或下边的员工就办去，但是作为一个寺院来讲，你这个住持不带头去做……没有这个硬性要求说人家必须得听你的，所以说寺院的住持一定是个领头羊，这样的话别人才信服你，你说了之后别人才听你的。

住持：通过我们的微信公众号、网站、微博来宣传弘法的事情，还有个佛博会（佛教用品博览会），我们还做了弘法方面的活动的宣传……我也经常写一写文章，写微博，然后他们很多人转发……我们经常去开展一些佛教祈福、超度的这种法会，这种法会呢有很多人也能够一传十、十传百地，佛教的圈子氛围嘛……我们寺院积极地开展一些慈善活动，我们每年都要做慈善，虽然我们寺院起步比较晚，底子也比较薄一些，但是我们慈善事业做得还是得到认可的。

在管理理念方面，寺院的住持与企业领导者类似，不仅需要制定合理的组织目标、营造良好的组织文化，更需要善于表达、具有团队整合和管理的能力，有条理地将一个僧团组织并整合好，让每一个僧人在做好修道工作外，能够各司其职为寺院的发展贡献力量。

住持作为寺院的领导，对弘扬佛法肩负着更大的责任和使命，不仅其个人道德品行会对佛教团体规模产生影响，其学识修养也要保持较高的水平，才能在为信徒解惑时令人信服。不同于普通企业或机关单位靠利益导向、权力来管理员工，佛教僧团的管理靠的是住持在佛法上的修行和品德上的修为。也正是因为没有利益和权力方面的约束，住持的学识水平、个人修养和实践才是令其被信服和维持权威地位的关键所在。

随着国家宗教政策的落实和完善，以及其他社会条件的影响，全国各地寺院和佛教组织逐渐增多，佛教现已成为当代中国社会有广泛社会影响的宗教之一。对于寺院和僧人来说，如果不能树立起良好的"道风"、正信，势必对佛教团体发展以及社会对佛教的认识产生负面影响。佛教团体规模作为佛教僧团建设成果的重要指标，能衡量一个寺院僧团是否履行其弘法的职责、佛法水平的高低及其在信徒群体中的影响力。

本研究发现：佛教寺院住持和信徒之间的互动特征总体上呈现为依赖性、稳定性、多重性和规范性四个特点。第一，住持和信徒依赖性水平较高。住持在信徒间弘法、为信徒答疑解惑，信徒作为护法者也能为寺院提供经济上和劳力上的支持，两者密不可分。第二，住持与信徒的互动具有稳定性。由于信仰本身具有相对稳定性，同时信徒在前期选择皈依寺院时已综合考量过地缘、住持学识修养等影响因素，因此一般来说在某寺院皈依和做义工的信徒更倾向于稳定、长期地在该寺院参加法事活动或研修课程。第三，住持和信徒互动方式的多样性使二者所扮演的角色具有多重性。他们不仅是弘法和护法的僧人与信徒，在研修课上也是教课与受教的老师与学生，在平时交往中又是平等、亲近的朋友。第四，虽说住持和信徒关系具有多重性，但在寺院中有约定俗成、共同遵循的礼仪，因此两者关系又具有规范性。在任一场合的交往中，住持往往表现出庄重、严肃的状态。即使是在住持与信徒私下的互动中，信徒也会保持态度上的敬重。

在上述互动模式背后起作用的是寺院住持的个人魅力。因为佛教团体中没有世俗中利益、权力方面的制约，信徒和僧人、寺院的关系纽带主要依靠信仰，所以住持的个人魅力在互动过程中显得格外重要。住持个人的品德修养、佛法学识能力、管理理念和实践等领导力要素会对信徒的护持意愿和护持力度产生影响，信徒和僧人是否能够相处融洽并学习到佛法知识，会决定信徒是否愿意长期护法并通过人际传播的方式传播佛教。在住持的领导下，僧人的学识修养即是该僧团在佛教团体间的口碑，口碑越好，佛教团体规模就越易扩大。

关于影响佛教组织规模扩大的要素，本文强调了佛教寺院住持的作用。总体而言，社会环境、佛、法、僧、信徒的信仰程度和宗教行为等，都是推动佛教组织规模扩大的要素。至于哪种要素对于推动佛教组织规模扩大的作用更大，本文没有涉及，留待以后继续探索。

参考文献

李荣峰：《基于社会服务视角的佛教慈善发展研究》，吉林大学博士学位论文，2015。

圣凯：《印度佛教僧俗关系的基本模式》，《世界宗教研究》2011 年第 3 期。

王大伟：《宋元禅寺中住持的象征与权力》，《陕西师范大学学报》（哲学社会科学版）2013 年第 5 期。

王永会：《中国佛教僧团发展及其管理研究》，四川大学博士学位论文，2001。

薛一飞、邢海晶：《掣肘与开放：网络弘法视域下的佛教组织变迁》，《四川大学学报》（哲学社会科学版）2016 年第 1 期。

严小刚：《都市佛教信众的宗教实践研究——基于兰州市浚源寺的信众调查》，西北民族大学硕士学位论文，2013。

杨善华、谢立中主编《西方社会学理论》上卷，北京大学出版社，2005。

于显洋：《组织社会学》，中国人民大学出版社，2009。

仲鑫：《当代佛教慈善公益组织及其活动的研究》，南京大学博士学位论文，2011。

周双进：《公共管理视角下甘肃藏传佛教寺院管理制度研究》，兰州大学硕士学位论文，2010。

附录 1 信徒访谈提纲

基本信息

1. 请问您的年龄？

2. 您目前的职业是？

3. 您的教育程度是？

4. 您信仰佛教多久了？

5. 您目前是否已经皈依？

6. 您皈依的地点为？

主要信息

1. 您是如何知道该寺院的？来寺院多长时间了？每周来这里的频率？

2. 您最初为何想要到该寺院来做义工？

3. 作为义工，您在寺院的工作时间是？主要负责什么工作？

4. 您从事义工活动的动力因素有哪些？有无变化？

5. 您经常参加这里举办的法会和活动吗？您的感受如何？

6. 您关注了寺院住持的微信、微博和寺院官网吗？关注的频率如何？

7. 您是否认识寺院住持？如何认识他的？认识时间多久了？

8. 您与寺院住持接触的时间多吗？会私下交流吗？

9. 您如何描述您与寺院住持之间的互动特征？

10. 您与寺院住持的互动方式有哪些？互动内容是怎样的？

11. 从管理、学识、修为等方面您如何评价住持？

12. 寺院住持对您的信仰、态度和行为有怎样的作用？

13. 您在和寺院住持的交往过程中有没有对您影响深刻的事情？

14. 您的宗教信仰是否会影响到身边的亲人朋友？您周围的朋友会因为您的介绍来该寺院吗？

附录 2 住持访谈提纲

基本信息

1. 请问您现在的年龄？

2. 您的教育程度是？

3. 您是什么时候皈依佛门的？

4. 您是什么时候来到寺院的？

5. 从事佛教事业有多久了？

6. 您每天的生活模式和工作模式具体是怎样的？

7. 在来到该寺院之前还有其他的工作经历吗？

主要信息

1. 请问现在寺院共有多少僧人？多少义工？或其他人员？

2. 佛教寺院的管理制度是怎样的？可以具体谈一下寺院组织结构、各类职位角色和职责分工吗？

3. 作为寺院的住持，您的具体职责是怎样的？有成文的规章制度规范您的职责吗？

4. 作为寺院的住持，您的管理理念是怎样的？这些年寺院有什么明显的改变吗？

5. 您认为目前佛教团体管理最大的困难是什么？有什么希望？

6. 寺院维持运行的资金来自于？其中主要的来源是？

7. 寺院每年大概会举办多少法会和活动？来参与的人数多吗？从每年参与的总人数来看有明显的增长吗？活动中与信徒接触的机会多吗？

8. 寺院的宣传平台（公众号、微博和官网等）有固定的人员进行运行维护吗？

9. 您与僧人、义工和信众最主要的网络交流平台是？

10. 您认为您和信徒之间具有怎样的互动特征？在互动中你们双方的角色、地位和作用有何不同？您认为这种互动怎样维持和扩展？

11. 您与信徒之间的互动方式有哪些？互动内容是怎样的？平时交往的时间、频率、强度如何？有没有私下交流？

12. 关于和信徒互动的话题，您能举几个您印象深刻或有趣的例子吗？

13. 寺院有多少经常到访的信徒？信徒的规模可以统计吗？

14. 您觉得近些年来寺院信徒的规模有何变化？（包括寺院僧人人数、义工人数和皈依人数）

15. 您认为有哪些主要的因素影响着信徒规模的变化？个人的因素？环境的因素？

16. 对于寺院的僧人、义工和信徒，您认为他们的认同感和归属感强吗？

17. 寺院经常与其他佛教团体进行合作和交流吗？

附录 3 访谈对象基本信息

案例序号	年龄	职业	教育程度	信仰时间	是否皈依	皈依地点
案例 1	55 岁	退休	高中学历	5 年	是	YS 寺
案例 2	54 岁	退休	大专学历	5 年	是	YS 寺
案例 3	30 岁	待业	本科学历	2 年	否	无
案例 4	42 岁	家庭主妇	初中学历	4 年	是	YS 寺
案例 5	35 岁	新闻工作者	本科学历	3 年	是	YS 寺
案例 6	66 岁	退休	初中学历	10 年	是	GH 寺
案例 7	53 岁	退休	本科学历	4 年	是	YS 寺
案例 8	51 岁	退休	初中学历	7 个月	是	YS 寺

传统社庙文化遗产与当代村庙道教[*]

甘满堂[**]

摘要： 在当代福建地区，有超过千座村庙被登记为道教活动场所，这是对传统中国社庙文化遗产的正确处理方式。村庙是当代中国民间信仰场所最主要的组成部分，它是传统城乡社区中古老的社庙文化的遗存，是古代国家祭祀制度的重要组成部分。在传统社会中，村庙承载着"神道设教"的重任，既具有教化功能，也具有社区整合等多种功能；在当代社会中，这一功能仍然具备，这也是中华优秀传统文化的有机组成部分。但在中国现代化进程中，我们没有处理好这一文化遗产，笼统称呼其为"民间信仰"或"民间信仰场所"，造成诸多的问题。从当前宗教社会学理论角度与宗教管理实践来看，将村庙登记为道教场所，可以解决诸多历史遗留问题与现实管理问题。

关键词： 民间信仰　社庙文化　村庙道教

一　村庙为何能登记为道教活动场所

据福建省民族与宗教事务厅网站报道：截至 2015 年 1 月，全省已换发宗教活动场所登记证的场所共有 6763 处，其中道教 1046 处；全省已认定备案的宗教教职人员数量为 9203 人，其中道教 1924 人。笔者对这则新闻

---

* 本文为国家社科基金重大项目"乡村振兴背景下我国农村文化资源传承创新方略研究"（项目编号：18ZDA117）的阶段性成果。

** 甘满堂，福州大学社会学系教授，主要从事宗教社会学与劳工社会学研究。

感兴趣的是，福建省道教活动场所竟然有 1046 处，道士有 1924 人。据笔者调查，福建省登记为道教活动场所的，98% 以上都是笔者所定义的村庙，也有人称其为民间信仰活动场所。福建乡村几乎村村皆有庙，如果每个村平均有一座庙，福建省有 14000 多个行政村，那么就应当有 14000 多座村庙。因此，随着登记工作的展开，福建省道教活动场所的数字还可能不断增长。福建省将"民间信仰活动场所"登记为道教活动场所属于全国首创。浙江省也有上万座民间信仰活动场所，但登记为道教活动场所的较少。过去笔者对于村庙登记为道教活动场所，认为是"依附"，村庙信仰共同体成员寻求政府认可其为合法信仰活动场所的一种策略性选择（甘满堂，2007：259 - 266）。但通过对于日本神道教的实地考察与研究后，笔者认为村庙本身就是道教的一种形态，现在被登记道教活动场所本质是一种回归，而不是"依附"，因为村庙就是道教在民间社会的表现形态。

日本的神道教包括的皇室神道、教派神道、神社神道与民间神道四个部分也是差异较大的，神社神道在日本占主导地位。日本近代化以来，对于社区崇拜团体的神社非常看重，将之纳于国家神道体系中。日本神道教在近代过程中，经历弥散型—制度型—弥散型的发展过程，但中国传统村庙道教，则没有这样的"好运"，始终被人们所忽视并贬低，一个民间信仰活动场所怎么能说明所有的问题？（甘满堂，2016；2017）现在的村庙登记为道教活动场所，有种"收留"的感觉，村庙在登记为道教活动场所过程中也会遇到问题，即没有神职人员的问题，很多村庙管委会不得不去参加道教协会主办的道士培训。其实根本不用培训，村庙就是另一种形态的道教。

道教存在的社会基础就是村庙或村社，如村庙所供奉的神明体系与道教神仙体系重合；村庙祭祀仪式活动，如祈祷法会、游神巡境等都请道士来主持。这些道士为正一派，他们住家修行，服务于村庙与居民家庭，可以结婚生子。2006 年，福建省民族与宗教事务厅将民间村庙试点登记为"民间信仰活动场所"，并推动成立民间信仰协会时，就受到一些道教协会负责人的反对，他们认为此举将断绝道教的"根基"，使民间信仰与道教之间有鸿沟，导致泾渭分明，不利于道教的发展。但福建道教界人士的反应很多是基于利益基础之上，而不是出于学理的考虑。

当下讨论中国民间信仰问题时，对于什么是民间信仰，很多论文指向就是民间信仰活动场所，以民间信仰活动场所来代指民间信仰。张志刚教授在《"中国民间信仰研究"反思——从田野调查、学术症结到理论重建》

中梳理了有关民间信仰的研究成果，认为中国民间信仰处于复兴阶段，其标志就是各地自古以来诸多的民间信仰活动场所。在此，张志刚教授将民间信仰等同于民间信仰活动场所。在中国近现代思想史上对民间信仰有着强烈排斥倾向，这是深受"西方宗教概念暨宗教观"的影响。立足中国文化与宗教背景，张志刚教授认为要把扎根于中国乡土的民间信仰视为"最普遍、最真实、最基本的宗教文化传统"（张志刚，2016）。杨庆堃教授的中国传统信仰是一种泛化宗教，从理论上解决了中国民间信仰的宗教属性问题（Yang，1961）。西方汉学家欧大年等将中国民间信仰视为民间宗教，本意是承认中国民间信仰为宗教，但中国民间宗教又与民间教派相联系，如白莲教、三一教、义和团等，容易引起误解（欧大年，1993：1-2）。在中国北方，相关研究只重视"社火"①，而不重视"社火"背后的村社信仰，显然是有问题的。

在民间社会，村庙管理者与信仰参与者，他们对于自己的信仰也说不出头绪来。少数登记为道教活动场所的村庙管理者与信仰参与者，则理直气壮地说他们信仰的是道教；在闽南地区，人们会说"信佛"，而不是"信教"（陈婉婷、甘满堂，2015）；信基督教的村民则说村庙信仰参与者是在"搞迷信"，这种话语往往也被村庙信众所接受：我们在"搞迷信"。

在政府管理层面，针对民间信仰活动场所出台相关管理规定的，目前主要有福建、湖南与浙江等省，大有将民间信仰搞成中国第六大宗教，或"教外教"的可能。如何看待社庙文化遗产问题？在当前五大宗教体制下，将民间信仰活动场所作为一种区别制度化佛教与道教场所，显然不是尊重中国"最普遍、最真实、最基本的宗教文化传统"的办法。笔者认为，这都不是真正解决问题的办法。借鉴日本将民间神社认定为神社神道，我们也可以将民间村庙认定为村庙道教。

二　当代民间信仰活动场所是古代村社制度的遗存

当前中国城乡地区有很多非佛非道的庙宇，学术界与政府管理部门通常将其称为"民间信仰活动场所"。民间信仰活动场所在南方非常普遍，特别是福建地区为多，且都具有社区性公共信仰活动场所的特征，笔者称

---

① 在福建，"社火"就是福建地区村庙一年一度的游神巡境（游神赛会）活动。

其为村庙。民间信仰活动场所在北方地区分布相对较少，且与村庙所在社区结合不是很密切。当代中国民间信仰的核心就是一种以村庙为空间载体的社区群体性的民间信仰，是中国古老社庙文化的遗存，它是一种准制度化的宗教信仰，是传统社区居民认同的纽带。

福建村落社区中民间信仰活动场所有多处，庙宇也不止一座，因此有必要对村庙予以界定。作为村庙（社区庙宇）必须具备：（1）有一定的建筑面积的公共场所；（2）崇拜对象为社区神；（3）有相对固定的信仰人群；（4）每年都有定期的集体性信仰活动，如聚餐（福餐）、做戏、道场（法会）、割火、游神等；（5）活动场所内有当地居民自发成立的管理组织。上述五要素中，强调村庙必须是社区居民所共同祭拜神明的活动场所，其信仰活动具有社区影响力，这就排除宗祠中的祖宗崇拜活动，以及其他不具备社区意义的民间信仰活动场所。在长期的信仰活动中，村庙信仰逐渐模式化、制度化，有一定的规律可循（甘满堂，2007：77－85）。

当代民间信仰活动场所——村庙是古代村社制度的遗产，最迟在西周时期就已存在这种社区性的崇拜神明的活动场所。《礼记·祭法》云："王为群姓立社，曰大社。王自为立社，曰王社。诸侯为百姓立社，曰国社。诸侯自为立社，曰侯社。大夫以下，成群立社，曰置社。""天子大社方五丈，诸侯半之。"这里"大社"、"国社"与"置社"具有"公社"性质，但有等级之分。《周礼·考工记》载："匠人营国，方九里，旁三门。国中九经九纬，经涂九轨，左祖右社，面朝后市，市朝一夫。"文中的"左祖右社"，意为左为祖庙，右为社庙（或社稷坛），这说明祖庙与村庙已是城市的标准配置。《说文》："社，地主也。"《礼记·郊特牲》云："社所以神地之道也。地载万物，天垂象。取财于地，取法于天，是以尊天而亲地也。"社祭之产生，是由于土神作为培植五谷养育人民的衣食之本而受到崇拜的。社祭是我国上古时期神明崇拜与宗教信仰的重要内容，它缘起于原始时代的土地崇拜，发展于商周时期，秦汉及以后成为皇权国家推行社会教化的一项制度性安排。

社庙制度来自远古时代的原始宗教信仰，国家产生后，就有"神道设教"的思想，社庙制度是政府在民间推行教化的重要载体。《左传·成公十三年》："国之大事，在祀与戎。"祭祀的目的在于"报本返始"。所谓本者，无外乎三："天地者，生之本也；先祖者，类之本也；君师者，治之本也。"古代皇权国家对于祭祀非常重视，有专门的祭祀制度，主要包括祭天制度、宗庙制度、封神制度等，另外对于僧道也有专门的管理规章。官方祭祀有两个层次，民间也有两个层次（见表1）。如果与西周时期确立的社祭制度相比较，官方祭祀的两个层次分别是"大社"与"国社"；民间则是"置社"，即里社与宗祠。家族祭祀的宗祠制度是从南宋朱熹倡导后才在民间普及，在此之前，只有皇家与达官贵人家族才可建宗祠祭祖。

表 1　中国古代祭祀的层次表

	祭祀层次	主持者	场地	信仰与三教关系	当代称谓
官方	国家祭祀	天子	天坛	儒家为主	君权神授论
	地方政府祭祀	地方官员	城隍庙	儒道结合	城隍信仰
民间	村社祭祀	村社里长	村庙	糅合儒道释三家	民间信仰
	家族祭祀	族长	宗祠	儒主道辅	祭祖（祖先崇拜）

汉代各级行政机构都立有社，分别称为帝社、郡社、国社、县社、乡社、里社。里社作为最小的基层行政管理单元，具有里、社合一的特点，即一定地域范围内的土地神崇拜与该地区的行政管理体制互为表里、联合为治（杨华，2006）。

两宋是重要的造神时期，其神多是社庙系统的神明。皮庆生在《宋代民众祠神信仰研究》中认为祠神信仰指以祠神为中心，有相对固定的活动场所、信众，介于官民之间，是全民共享的信仰活动，具有非制度化、民众性或开放性、神异性等特征（皮庆生，2008）。作者并没有采用民间信仰的概念，这种概念界定类于笔者对于村庙的界定（甘满堂，2007）。明初，朱元璋亲定《洪武礼制》，诏令天下立社，定期举行社祭仪式："凡各处乡村人民，每里一百户内，立坛一所，祀五土五谷之神，专为祈祷雨旸。"又规定"凡各处乡村，每里一百户内，立坛一所，祭无祀鬼神"。根据这些规定，里社应该是一个以社坛和乡厉坛为中心的祭祀场所，村也是一个祭祀单位（朱光文，2016）。

福建很多村庙常以"某某境"命名，这实际上是明清境社制度的遗存，境是最基层的行政单位，境社也是境庙或村庙的意思。境庙是以境为地域单位的民众的信仰活动中心。境庙祀神具有明显的地域性、实用性与宗族性等特征。境主神是一境之主，主管境内的日常生活与生产事宜。作为地方保护神，境主神得到居民的频繁祭祀。境庙祭祀活动为民众提供精神支柱，并在维系基层社会的正常秩序、传承文化传统、丰富民众生活等方面起着重要作用。"境"作为地方行政单位划分，至迟可追溯到元朝，明清以来分布更为广泛。民国后期以来，其作为地方区划的职能逐渐丧失，作为一种祭祀活动单位却被保留下来。

社神一开始是土地，后来演变为守土大王、境主公，以及其他社区神与社区名神。专门祭祀土地的土地庙在社区的重要性则开始下降。在福建莆田农村地区，每家每户都建有土地庙，但作为村落社区共祭的村庙通常只有一座。郑振满基于莆田三江口平原的调查认为，村庙由里社制度发展演变而来，或村社是由里社发展而来的（郑振满，2003）。郑振满还认为，村作为比里大的地方行政单位，村庙也相应供奉各里所祭祀的社神，而各个里社则是从村社分香建立（郑振满，1995）。这里涉及联庄庙与村庙信仰共同体跨越村庄问题，联庄庙信众来自多个村庄，各个村庄也有自己的村庙（单庄庙），在这种体制下，单庄庙所供奉的社区神的神格要比联庄庙社区神的神格低，因为单庄庙社区神是联庄庙社区神的部下（甘满堂，2007：91）。有学者认为村庙神格高低决定了村庙祭祀圈大小（黄忠怀，2006；周大鸣，2014），笔者认为这种观点不准确。

中国古代对于民间神社制度有一套管理制度，但区别于佛道等出世性宗教组织。政府对于村社的制度管理，主要是封神制度，同时将祭祀区分为"正祀"与"淫祀"，对于后者要采取纠正改造，甚至取缔等措施。封赐诸神爵秩封号，不仅体现王权大于神权，而且还可通过神明榜样的力量教化民众。被封赐的神明一般都列入官方祀典，不符合礼制的民间祭祀被列为"淫祀"给予打击。《礼记·曲礼下》说："非其所祭而祭之，名曰淫祀。淫祀无福。"淫祀是指对不在国家规定祀典中且不在国家权力控制范围内的神灵之祭祀。如对假鬼神以乱政惑众、杀人祭鬼、假祭祀狂敛财、信巫不信医等加以禁止和打击（冯大北，2011）。地方志有关官员禁淫祀的记载史不绝书，目的是让"神道设教"能贯彻落实儒家思想，从而有利于皇权国家统治稳定。

三 村庙是中国民间信仰的主体

民间信仰是指普通民众的信仰，那么普通民众到底信什么？信仰需要仪式实践来强化，而仪式实践通常在一定的空间内进行，信仰空间具有将对象与人群聚合的功能，空间本身也是一种仪式符号系统。村庙作为民间信仰活动开展的空间场所，就是民间信仰的主体，或民间信仰活动场所主体就是村庙。

1. 村庙与村庙信仰

在福建村落社区中，民间信仰活动场所有多处，庙宇也不止一座，因此有必要对村庙予以界定。前述五要素中，强调村庙必须是社区居民所共同祭拜神明的活动场所，其信仰活动具有社区影响力，这就排除宗祠以及其他不具备社区意义的宫庙堂殿与私人神堂（神坛）。林耀华在其《义序的宗族研究》中介绍了 20 世纪 30 年代福州义序黄村的宗教信仰，指出义序黄村有大大小小的 20 多所庙宇，但只有大王宫与将军庙是全体黄村居民所共奉，由祠堂会负责组织公共祭祀活动，因此，具有社区意义的村庙只有 2 座，其他庙宇则不具备此意义（林耀华，2000：32－33）。作者在此基础上详细介绍了大王宫与将军庙的迎神赛会组织情况，对其他庙宇则忽而不计。

在长期的信仰活动中，群体性民间信仰逐渐模式化、制度化，有一定的规律可循。因此，本文将围绕村庙诸神所开展的民间信仰活动称为村庙信仰。村庙信仰的定义是：社区群体性的民间信仰，以本社区居民为主要参加者，以村庙为主要信仰活动场所，以村庙诸神为主要崇拜对象的信仰活动，是民间信仰的核心。

社会学意义上，"宗教可以定义为一种信仰和实践的体系，一个群体的人们将依据这个体系来解释他们认为是神圣的东西和习惯上认为是超自然的东西，并对之做出反应"（约翰斯通，1991：23）。因此，通过社会学研究的视角，自然更多关注作为宗教信仰群体的特征，以及他们信仰活动的社会意义。村庙信仰是一种社区群体性民间信仰，更多地表明村庙信仰群体在时空分布上具有相对的固定性与稳定性。福建村庙信仰的社区群体性具体表现是：村庙信仰在社区中具有悠久的历史传统，多在数百年。在村庙信仰过程中，村庙是社区的公共建筑，也是村民们的公共财产，村神主管全社区居民的福祉，村民有义务也有责任向村神祭拜。人与神之间通过神职人员、祭祀组织所开展的各种仪式进行沟通，信众（香客）的信仰方式是农历每月初一和十五上庙烧香拜神，另外参加集体性的游神、神诞会餐、看戏等活动。社区居民组建的村庙管委会（或祭祀组织）负责管理庙务、庙产以及集体性的仪式性活动等。有不成文的信仰习俗在支配着村庙信徒的各种信仰活动；有信条（教义），如信仰神灵就能保佑人们的平安、富贵与吉祥，相信因果报应、积德行善等；有相对固定的神职人员，他们主要是活跃在民间的正一派道士，有的并不是村庙所属社区的居民，他们与村庙之间的关系大都是一种雇用与被雇用的关系。

村庙信仰是一种以群体性信仰为主的民间信仰，不包括一些不在村庙中开展的个体性的民间信仰。林美容在研究台湾民间信仰时指出，台湾民间信仰的核心是群体性信仰（public and communal worship），而个体性信仰（private worship）只是民间信仰的边缘部分，所谓群体性信仰主要是指散布于台湾各地的公庙的信仰形态，也包括没有庙宇但仍有共同祭祀组织与活动的社区的信仰形态，所谓个体性信仰则包括一些巫术信仰，如找乩童、法师问事作法、求签、算命、改运等，以及一些私庙私坛中的信仰行为（林美容，1993：211）。林美容所说的民间信仰集体性信仰形态中的"公庙的信仰形态"等同于福建村庙信仰，其所定义的个体性信仰形态则不完全包括在福建村庙信仰中，主要是指在一些私庙私坛中的信仰行为。

村庙是其所在社区的共同财产，也是社区居民进行宗教活动的公共场所。围绕着对村庙神明的崇拜，社区居民经常性地聚集在一起参加村庙信仰活动。因此，村庙所在的社区也可以称为"村庙信仰共同体"。当然这个共同体形成的前提条件是血缘、地缘纽带，村庙信仰的神缘纽带不过是加强了人们之间已有的血缘与地缘联系，或者说，先有村落社区，后有村庙信仰共同体。村庄信仰共同体的构成有三个要素：（1）村庙共同体是由村庙所在的社区居民组成；（2）经常性地参加村庙个体或集体性的信仰活动；（3）为村庙的修建、集体性信仰活动经常性地捐资。构成村庙信仰共同体必须具备这三个要素，缺一不可。

前人在研究台湾民间信仰时，曾提出祭祀圈概念。所谓祭祀圈"是指一个以主祭神为中心，共同举行祭祀的信徒所属的地域单位。其成员则以主祭神名义之财产所属的地域范围内之住民为限"。判定祭祀圈的范围有五项标准：（1）出钱有份，建庙或修庙时信徒须负担经费，平时祭祀或备办牲礼或演戏亦须平均负担费用；（2）头家炉主，通常出钱有份的人都有当头家炉主的资格；（3）巡境，主祭神有时或循例每年在信徒居住范围内巡境，以保境平安；（4）有演公戏；（5）有其他的共同的祭祀活动。不过，构成一个祭祀圈并非这五项标准都齐备，而是符合一项指标以上就可以判断为一个祭祀圈。祭祀圈的地理范围随着主祭神的影响力的大小而有所不同，它可小至某一个村座的"角头"，大可包括整个村落，甚至包括无数个村落，形成一个超村际的祭祀圈；祭祀圈的范围也可以是互相交错重叠的，某一"角头"的信仰范围也可以包括在村落的祭祀圈内，甚至成为某一超村际的祭祀圈（庄英章，2000：177）。

祭祀圈是一个人类学的概念，主要强调的是社区神崇拜与其崇拜圈的地理范围，村庙信仰共同体主要强调的是村庙与社区居民，具有较强的社会学的意义。因此，本文在多数情况下以村庙信仰共同体来代称祭祀圈。村庙信仰共同体的人数随祭祀圈的变化而可多可少，有时只包括一个自然村，有时要跨多个自然村或行政村，因此就有单庄庙与联庄庙之分。村庙信仰人口，可以从数百人至千人甚至于数万人不等。如果涉及社区神信仰圈，则范围更大。如妈祖与保重大帝信仰圈就覆盖闽台地区（甘满堂，2007：87–93）。

2. 融合多种民间信仰的村庙

中国汉民族的民间信仰是一个比较宽泛的概念，其内容与形式很多，如果从信仰仪式上分类，主要有祖先崇拜、神明崇拜、岁时祭仪、农业仪式、占卜风水、符咒法术等六大类（李亦园，1996）；如果从信仰对象来分类，则有祖先崇拜、人鬼信仰、神明信仰、自然信仰与巫术信仰等五大类（林美容，1991）；如果以信徒来源地进行分类，又可以分为个人信仰、家庭信仰、家族（宗族）信仰、行业信仰（行业神崇拜）与社区信仰（社区神崇拜）等五个层次（Yang，1961）。民间信仰内容与形式虽多，但也有相互融合之时，村庙信仰就融合了多种类型的民间信仰。

从仪式上来看，村庙信仰包括神明崇拜、岁时礼仪、占卜、符咒法术等。村庙的社区神崇拜是神明崇拜的一大类，社区神在传统社区最具有影响力。村庙内的村神的诞辰祭典是传统社区重要的祭典之一，农历传统节日中，村民在为自己过节之时，也要为神过节。村庙信仰经常用卜杯、抽签的方式确定神旨，二者是村民们与神沟通的重要形式，如果舍去这二者，则是不可想象的事。村庙信仰也相信符咒法术，在民间会符咒法术的多是散居的民间正一派道士，他们在为村神举行道场法会时，会用符咒法术，让村民们相信他具有与神沟通的特殊本领，村庙祭典还会请法师、乩童协助表演符咒和法术，它们都是村庙信仰中的重要的神职人员。

从信仰对象上看，村庙信仰不仅包括神明信仰，也包括一些自然信仰与巫术信仰，如村庙中有的神明就是"成精"（成神）的老树、石头，以及日月水火等自然类神明。村庙信仰也包括村庙中所开展的巫术信仰，如村民在庙内抽神签，请求神示；游神巡境中的乩童表演"神明附身"的舞蹈；法师在村庙中用符咒法术为村民赶鬼治病等。这些巫术信仰大都是个体性民间信仰，如果在村庙中开展，或在村庙公共祭祀中举行，都可列为村庙信仰。

从信仰主体来看，村庙信仰包括个人信仰、家庭信仰、家族（宗族）信仰与社区信仰（社区神崇拜）四大部分，即全体社区居民基本上都是村庙信仰者。因此，村庙信仰在社区各种民间信仰中拥有的信众最多。

3. 具有多种功能的村庙信仰

从信仰的功利主义角度来看，村庙信仰比祖宗崇拜更能满足居民多种功利性需求。在长期村庙信仰过程中，村庙诸神被村民赋予多种功能，常常以"有求必应"赞誉其村内神明。村庙在传统社区中的地位，人类学家将其比作封建时代的"衙门"，村民有事总是向其诉求，村神就是主管一村事务的"村官"，它通常来自本社区之外，是"上天"委派下来的（Wolf，1974：182）。与祖宗崇拜相比，村民在遇到难以解决的问题时，更愿意求助于村庙神明，而不是其已死去的祖先。在村民眼中，在超自然的世界中，神明的威力要比祖先的威力更大。祖先在阴间地府仍然是一个普通小百姓，有时连自身都难保，难以顾及世上的子孙。因而，在以功利主义为核心的民间信仰中，普通村民对于神明的崇拜往往要比祖宗崇拜更为虔诚（陈支平，1991：201）。正因为如此，在明清福建家族社会中，村落中除建有祠堂，还要建立一个村庙，这种宗祠与村庙皆有的情况即使在独姓村落中也是如此，在村民眼里，宗祠与村庙具有不同的功能。

从社会功能主义角度来看，村庙信仰有比其他民间信仰更广泛的社会功能。（1）宗教的心理慰藉功能，这种慰藉功能并没有导致迷信心理的增长，在有些方面，有助于开拓进取精神；（2）道德教化功能，社区神崇拜对于居民有心理威慑作用，村庙信仰伦理有助于传统道德建设；（3）娱乐功能，这主要体现在村庙神诞庆典所举办的各种仪式，其中酬神演戏、游神巡境最具有娱乐功能；（4）经济功能，村庙信仰活动需要经济基础支持，从而造就庞大的消费市场，对生产具有促进作用；（5）具有民间文化的传承功能，村庙信仰需要艺术支持，村庙信仰的存在使传统民间艺术有了存在的基础；（6）对社会公益事业的支持功能，村庙组织是社区公益事业的重要推动者与资助者；（7）社会整合功能，村庙信仰是传统社区居民联系的精神纽带，起着文化整合的作用。综合来看，村庙文化属于中华优秀传统文化的重要组成部分。

四　村庙道教的准制度化信仰体系

长期以来，人们认为民间信仰散漫无章，与制度化宗教没有可比性，但福建村庙信仰在长期的发展过程中，已形成了一些不成文的规章制度或信仰习俗，具有准制度化的色彩。所谓准制度化是指村庙信仰具备作为一种宗教的基本要素。按吕大吉给宗教下定义所说的四大要素，村庙信仰大体皆备。所谓构成宗教的四大要素是指宗教观念或思想（主要是指神道观念）、宗教的情感或体验、宗教的行为或活动、宗教的组织和制度，凡是具备这四要素的信仰都可以称为宗教（吕大吉，1997：76－79）。

村庙信仰有其相对固定的信仰群体。家庭是社区村庙信仰的基本单位。在传统社区中，村庙通常以它境内所有的居民为其信众，村民有义务也有责任祭拜村庙神明，村庙神明则为其信众祈福禳灾，村民与村庙神明之间建立一种"求祈与护佑"式的响应模式。村庙依托村民的信仰和捐献而存在与发展。个体村庙信仰行动是一种传统行动与理性行动的结合。村庙信仰中的神职人员多是道士，以及不期而遇的乩童。道士不一定是村庙信仰共同体的成员，他们与村庙之间是雇佣与被雇佣关系（甘满堂，2007：123－142）。

村庙信仰的宗教意识主要表现在村民们相信有超自然的神明的存在，能左右人的祸福。村庙信仰有明确稳定的主神崇拜，而民间信仰其他形式则没有明确的主神崇拜。人们常批评民间信仰的多神崇拜性，认为村民在崇拜神明时经常是多多益善，不分主次，且经常变化。但村庙信仰并不如此。村庙信仰是一种多神崇拜，但有相对固定的主神崇拜。许多村庙中的主神都是"大王"，"大王"多是人格神，其生前多是地方乡贤，死后受人祭拜而变为守护一方安宁的地方神。很多村庙"大王"之类的主神除了本村村民对其历史和"灵验"的传奇故事有所了解，外地村民对其并不了解。每座村庙主神并不相同，其信仰活动具有相对的独立性。村民们对其名不见经传的主神并没有怠慢情绪，信仰非常虔诚，按时上香、献祭品、唱戏娱神、迎神巡境。因此，村庙中的主神在传统社区信仰中享有较高的地位，俗语"用菩萨时求菩萨，不用时卷菩萨"，但这种情况在村庙信仰中并不存在。村庙中的主神具有严格的确定性，但陪祭神是可以增加的。如果说改变，只是增加庙宇内的陪神，这种陪神一般在地方上具有广泛的知名度。在福州地区，女神陈靖姑经常是村庙内的陪祭神之一，此外还有观音；在莆田地区，妈祖常是陪祭神之一；在闽南地区，陪祭神经常是保生大帝、三平祖师等在当地非常知名的社区名神。

宗教情感体验主要是指对神圣物的依赖感，在神圣物面前的敬畏感，对神圣力量之神奇和无限的惊异感，对违反神意而生的罪恶感和羞耻感，相信神的仁慈和宽恕而产生的安宁感，自觉与神际遇或与神合一的神秘感等。在村庙信仰中以上诸多宗教情感体验都有，如村民将村庙视为本社区的神圣之地，敬畏村庙神明偶像，在村庙中慎言慎行；社区中有种种关于村庙神明的"灵验的"传说，证实村庙神明能左右人的祸福；村民经常性地向神明祈福消灾，请其庇护，如果不举行这类仪式会觉得心里不安；如果所求之事成功，村民们会觉得神明时时在保佑自己，如果不成功，则是心不诚与自己现实中不够努力。

宗教行为主要是指巫术、禁忌、献祭与祈祷。在村庙信仰中，个体性的信仰行为主要表现为：烧放香烛纸炮、敬献荤素食品、默祷、占卜抽签等；集体性信仰行为主要表现：敬献"三牲"或"五牲"食品、演戏酬神、斋醮（法会）、迎神巡境等（甘满堂，2007：168－192）。村庙通常是以村落社区的全体居民为其信众，全体村民构成一个社区性村庙信仰群体，即村庙信仰共同体。村庙信仰是一个开放式的多神论的信仰，本村居民也到其他村庙中烧香拜神，别的村庄居民也可以到本村庙宇中烧香拜神。

宗教的组织与制度在村庙信仰中更多地表现为村庙管理组织，以及一些不成文的信仰制度或习俗。村庙管理组织的群众基础是本社区的村民，管理组织成员是由热心于社区公共事务并在当地有声望的人，通常是德高望重的老人。村庙信仰中的教义是不成文的，人们相信善恶因果报应等。传统社会中，支持村庙信仰活动存在与发展一个重要因素是地方公地的存在。新中国成立后，随着土地改革，村庙的公地不复存在。复兴后的村庙信仰的经济基础不再依赖公地，主要依靠村民们的捐助。在一定程度上，村庙信仰经济基础的雄厚与否取决于村庙所在社区的经济基础。

与制度化宗教佛道寺观相比较（见表2），村庙信仰不存在庞大的科层化组织，也不会出现大量不直接从事生产的宗教人员，它是与世俗生活密切联系的。同时，由于没有庞大的科层制组织，所以其影响力只是地方性的，不会构成对社会的威胁，也不会发展成为"秘密社会"，它是一个阳光组织。它的加入没有明确的仪式，通常它以村庙境内所有居民为其信徒。它的信仰将儒、佛、道三家教义结合在一起，没有文本式的经典，只有口头的传说。它的仪式随时随地可举行，但不乏庄严神圣意味以满足个体、家庭以及社区的一些要求，比如乞求长命富贵、生儿育女、趋福避祸、消去病灾、升官发财、风调雨顺等，有时达到这些目的也会使用一些巫术手段。

表 2 佛道寺院信仰生活与村庙道教信仰生活比较

佛道寺院信仰生活	村庙道教信仰生活
1. 僧道来自五湖四海	1. 信众就是本村村民
2. 有入教仪式，信徒"出世"在寺观内过集体宗教生活，有科层制的领导机构	2. 没有入教仪式，信徒仍过原来生活，没有科层制的领导机构，但有管理组织
3. 佛、道二教体现为两种性质彼此不同的文化传统	3. 将儒佛教三教糅合在一起，具有三教合一的特征
4. 佛、道二教均有自己的权威性经典	4. 非书面的、口头的传说和半权威的经典占主导
5. 在经典的基础上形成一个相对稳定的思想和实践系统，正统观念的范围通过这一系统清楚地表现出来	5. 参照儒释道，也有一套相对稳定的理论和实践系统，但正统观念的范围模糊不清
6. 根本目的——超脱、长生不死、觉悟——在于超越世俗生活	6. 根本目的——康、福、寿、禄、爵——与世俗生活紧密相连
7. 精心地阐述以达到这些目的的手段，使之正式化，并对之加以控制	7. 达到这些目的的手段是不确定的，非正式化的，有时是失控的（迷狂的）

说明：本表在制作过程中参考《士林文化（大传统）—民间文化（小传统）连续体》（克里斯蒂安·乔基姆，1991：25）。

场所在中国民间信仰中具有规制作用。宗教包括信仰与仪式两部分，场所则是将信仰与仪式聚合为一体的空间。场所为信仰提供仪式可以开展的空间。围绕信仰空间的建设与维护，就要有经常性的管理组织，这个管理组织就是由场所所在社区的居民，通常是社区中比较有威望的居民组成。

参考文献

皮庆生：《宋代民众祠神信仰研究》，上海古籍出版社，2008。

陈支平：《近 500 年以来的福建家族社会与文化》，上海三联书店，1991。

陈婉婷、甘满堂：《信佛而非信教——福建民营企业家的传统宗教信仰及其特点研究》，《宗教学研究》2015 年第 4 期。

冯大北：《宋代封神制度考述》，《世界宗教研究》2011 年第 5 期。

甘满堂：《村庙与社区公共生活》，社会科学文献出版社，2007。

甘满堂：《有一种道教叫村庙道教》，《中国民族报》2016 年 1 月 26 日。

甘满堂：《公共精神：从"亲爱"到"博爱"——对中西"神—人"关系的思考》，《探索与争鸣》2017 年第 6 期。

黄忠怀：《庙宇与华北村落社区的发展》，《历史地理》第 21 辑，上海人民出版社，2006。

〔美〕克里斯蒂安·乔基姆：《中国的宗教精神》，王平等译，中国华侨出版公司，1991。

李亦园：《人类的视野》，上海文艺出版社，1996。

林耀华：《义序的宗族研究》，三联书店，2000。

林美容：《台湾民间信仰研究书目》，中研院民族学研究所，1991。

林美容：《台湾人的社会与信仰》，台北自立晚报文化出版部，1993。

吕大吉：《宗教学通论新编》，中国社会科学出版社，1997。

张志刚：《"中国民间信仰研究"反思——从田野调查、学术症结到理论重建》，《学术月刊》2016 年第 11 期。

〔美〕欧大年：《中国民间宗教教派研究》，刘心勇等译，上海古籍出版社，1993。

杨华：《战国秦汉时期的里社与私社》，《天津师范大学学报》（社会科学版）2006 年第 1 期。

〔美〕约翰斯通：《社会中的宗教》，尹今黎、张蕾译，四川人民出版社，1991。

庄英章：《林圯埔——一个台湾市镇的社会经济发展史》，上海人民出版社，2000。

朱光文：《社庙演变、村际联盟与迎神赛会——以清以来广州府番禺县茭塘司东山社为例》，《文化遗产》2016 年第 3 期。

郑振满：《神庙祭典与社区发展模式——莆田江口平原的例证》，《史林》1995 年第 1 期。

郑振满：《明清福建里社组织的演变》，载郑振满、陈春声主编《民间信仰与社会空间》，福建人民出版社，2003。

周大鸣：《庙、社结合与中国乡村社会整合》，《贵州民族大学学报》（哲学社会科学版）2014 年第 6 期。

Wolf，Arthur

1974. "God, Ghost, and Ancestors", A. Wolf ed. , *Religion and Ritual in Chinese Society* , Stanford University Press.

Yang，C. K.

1961. *Religion in Chinese Society：A Study of Contemporary Social Functions of Religion and Some of Their Historical Factors*, The Regents of the University of California.

性别视野下小岞"惠安女"妈祖信仰研究[*]

范正义[**]

摘要： 当前，小岞民俗活动组织者（男性）为了利用国家级非物质文化遗产"惠安女服饰"这一品牌来提升村落的声望，组织大批惠安女参与游神绕境。可见，惠安女参与游神绕境，是出于服务于男权社会的目的。但是，惠安女大量出现在游神绕境中后，她们在当地信仰活动中的地位，就从传统的为个人、家庭祈福的"私"的角色，转换到了为整个村落祈福、争光的"公"的位置。特别是一些虔诚的惠安女创建妈祖庙的举动，更进一步将她们推向了村落公共领域的前台。惠安女的信仰领域由"私"向"公"的演变，不是村落社会内在发展理路的结果，而是与外在社会的快速变迁密切相关。正是由于非物质文化遗产已经演变为一种重要的文化资本，惠安女作为这一文化资本的承载者，才能够挤占和侵蚀男性的仪式空间，改善自身在当地性别结构中的地位。

关键词： 妈祖信仰　惠安女　女性信徒

在有关女性与宗教信仰的研究中，国内外学界的关注点聚焦于两方面：第一，作为信徒的女性，考察女性的信仰历史、信仰经验等；第二，女神本身，考察女神生前的人生经历，以及女性特征对其成神后的影响等。本文关注的是第一方面，即作为信徒的女性的研究。

---

* 本文为福建省社科研究基地重大项目"生活世界变迁中宗教问题研究"（2016JDZ052）的阶段性成果。

** 范正义，华侨大学哲学与社会发展学院教授，海外华人宗教与闽台宗教研究中心研究员，主要从事民间信仰研究。

在作为信徒的女性的相关研究中，中国传统父权社会中的性别与伦理关系一直是学者关注的中心。芮马丁（Emily M. Ahern）认为女性在宗教活动中的地位大大低于男性，原因在于女性的经血和产后排泄物被认为是不洁的。芮马丁指出，经血和产后排泄物是不洁的，"它会妨碍人与神明之间的沟通……若神明被不洁的经血污染了，将会震怒并降祸于人"（Ahern，1978：278 - 280）。因此，高级神明的奉祀，以及公共性的仪式活动，均由男性负责，女性只能祭拜低级别的神。

桑高仁（P. Steven Sangren）也认为女性因为不洁而在信仰仪式上遭到歧视，但他不同意芮马丁"男性崇拜更高的神，女性只能祭拜低级别的神"的观点。桑高仁指出，"男性和女性在神明崇拜中的区别，更多的是在于男性承担那些有尊严的公共仪式中的领导角色，而将家庭的和个人的崇拜留给女性"（Sangren，1983：21）。

在关注传统信仰活动中女性地位较男性低下的同时，许多学者也反过来指出女性如何在宗教信仰的掩饰下，在不触动传统性别与伦理关系的前提下拓展自身的利益。赵世瑜认为，传统社会"女主内""严闺阁"，但妇女们可以"借口参加具有宗教色彩的种种活动，以满足她们出外参加娱乐性活动的愿望"（赵世瑜，2002：259）。

李玉珍《寺院厨房里的姊妹情》一文以"二战"后台湾妇女在佛教寺院中的煮食活动为例，探讨了台湾女性如何在严守传统性别分工的情况下为自己争取更多的权利："传统上，性别分工的机制是性别压迫的重要来源，透过性别分工，合理化了社会中的性别支配。虽然女性煮食在父系社会中代表女性步入家庭的宿命，但是转换场域之后，这项女性化的技艺反而成为女性在寺院厨房中寻求自立、追求认同的基础。而台湾佛教特殊的空间结构，更制度化女性煮食这项性别角色，为尼众建立一个广阔的经济空间。在这样的意识形态和寺院组织之下，台湾尼众进一步扩展她们的宗教实践和诠释，以和一般文化、宗教的性别期待不冲突的方式，获得相当大幅度的优势地位"（李玉珍，2003：319 - 320）。台湾佛教寺院中，妇女们并未触动传统性别分工，但她们通过传统煮食活动，展现出女性的新风貌，从而改变了佛教教团中的权利关系。

魏婷婷《闽南"菜姑"身份认同及其信仰生活》一文指出闽南的"菜姑"（不落发的尼姑）"多数是由于在传统的家庭结构中无法容身才投身寺院，但对于一个完整的'家'的追求和渴望无疑涌动在每个老'菜姑'心中。这样,即使已投身寺中,'菜姑'也压抑不住对'家'的憧憬,于是用一种宗教方式,重建一个家庭,以将家庭生活方式延续下去……这种方式正是在寺中对传统家庭模式进行的移植与复制。"(魏婷婷,2014:40 - 41)"菜姑"本身是世俗社会中"破家"了的人,但她们出家不是为了反抗传统父权家庭结构的压迫,而是利用宗教在世俗世界之外重建家庭。因此,宗教提供了她们以神圣方式延续家庭生活的可能性。

郑泽颖认为潮汕地区的妇女通过家祠祭祖活动来谋取自身在家庭中的地位:"大部分没有职业的家庭主妇认为,家祠祭祀活动不仅仅能让她们有机会在亲戚间展示自己'贤惠'的一面,同时也让她们成为家庭主要的经济支出者,这让没有经济来源的她们可以顺理成章地从丈夫那里拿到家庭财政的支配权。即使是对于那些有工作的家庭妇女来说,她们也会以准备祭祀用品的理由从丈夫那里获得一部分资金……事实上,日常中的家祠祭祖活动无形中可以提高出嫁妇女在家庭中的话语权和财产支配权。"(郑泽颖,2017:322)妇女家祠祭祖做得好,有利于她在传统的家庭结构与性别分工中占据一个好位置。

当然,女性利用宗教信仰来改善自身地位的活动,是建立在不触动传统性别与伦理关系的基础上。一旦女性的活动突破了这一限制,就会招致整个社会的反对与批判。彭慕兰(Kenneth Pomeranz)指出,"产婆、媒婆等女性在碧霞元君信仰中的领导地位,女性进香现象,以及碧霞元君自身的性特征,和她对年轻媳妇的那种有明显需要但又有着危险性的亲情,使得一些人难以接受这一信仰为正统"(Pomeranz,1997:204)。

以上这些研究,从传统父权社会中的性别与伦理关系入手,很好地诠释了中国宗教研究中的性别主题。但无一例外,这些研究都在日常生活的视角下,从地方社会内部的发展理路来考察女性与宗教的关系,忽视了女性的宗教信仰所处身的时代背景的影响。当前,全球化带来的货物、资本、信息的跨国流动,使得人们已经无法再像过去那样生活在一个小社区中。交通运输的完善,旅游业的兴起,市场经济的迅猛发展,文化产业的日新月异,网络媒体的空前渗透,跨地区之间的密切互动,将人们从小社区联系到一个更大的世界中。女性与宗教的关系就处身于这样的时代背景下,必然受到这一背景的影响。

本文要探讨的是福建省泉州市惠安县小岞镇"惠安女"(以下简称

"惠女"）的妈祖信仰。历史上，惠安女与其他地方的女性一样，担负着日常祭拜、为家庭祈福的责任。今天，惠安女的妈祖信仰方式，在新的时代背景的影响下出现了新的变化。众所周知，游神绕境等仪式活动，属于村落的公共性事务，在传统时代都是由男性把持的。由于惠安女服饰已经被列为国家级非物质文化遗产，为了提升民俗活动的影响，树立村落的声望，游神绕境活动的组织者（男性），发动本村落的惠女们以最盛大的阵容、最美的装饰，参与到游神绕境中去。因此，惠女们参加游神绕境，是因应组织者（男性）的要求，服务于提升村落声望的目的的。也就是说，惠女出现在游神绕境的队列中，原本是为了满足传统父系社会结构的需要。但是，惠女出现在游神绕境的队伍中后，又打破了传统信仰活动中的男女分工，挤占了男性的仪式空间。这在事实上又形成了对传统父权的挑战。特别是一些惠女轿班创建妈祖庙的活动，更进一步削弱了男性的权威，提升了女性在村落公共性事务中的影响。而这一切的出现，与外在社会的快速变迁之间有着密切关系。当前，非物质文化遗产已经演变为一种重要的文化资本，惠女作为这一文化资本的承载者，当她们频频出现在迎神绕境的队列中时，吸引了大批摄影爱好者、民俗爱好者、新闻记者和游客等外来者前来采访拍摄。这些外来者的镜头"凝视"和采访播报，又进一步巩固了惠安女在村落公共性事务中的位置，提升了惠安女的声望与地位。而信仰仪式中地位的提升，反过来又对惠安女在经济生活中的依附地位起到补偿作用。总之，通过参加游神绕境、建庙等活动，惠安女们从私人领域走进村落的公共空间，从而改变了现实生活中的边缘地位，一定程度上实现了与男性之间的对等。

一　小岞惠安女简介

小岞镇位于泉州市惠安县东部沿海的凸出部，东、南、北三面临海。西与净峰镇七里湖狭长地带接壤，成半岛地形。南部与崇武半岛呈犄角之势，形成大港湾。东望台湾海峡。1949 年后，小岞一直隶属于净峰镇，1974 年从净峰析分出来，成立小岞公社。1984 年改设小岞乡。2000 年 5 月升格为小岞镇，辖东山、南赛东、南赛西、新桥、前群、前海、前峰、后内、螺山 9 个村委会。小岞现有陆地面积 7.4 平方公里，3.1 万人口，有耕地 3033 亩，林地 1450 亩，16.5 公里的海岸线蜿蜒曲折，形成多个优良港口。① 小岞经济以渔业为主，是全省鱿鱼的重要生产基地。改革开放后，随着经济的多元化，一部分小岞人从渔业中分流到建筑业、运输业、小商贩等新兴产业中。例如，前群村"村民从事捕鱼、鱿鱼、海水养殖业、建筑业、小商贩、劳务、运输、个体户、第三产业服务等行业。"② 南赛西村"村民主要从事海洋渔业生产，海洋养殖、建筑业、小商贩、劳务等行业。"③

小岞最负盛名的是当地的惠安女与惠女服饰。惠安女虽以惠安县冠名，但其实该名称特指居住于惠安县东部沿海地区崇武、山霞、净峰、小岞四个乡镇的妇女。这四个乡镇的妇女穿着独特的惠女服饰，有着"不落夫家"（长住娘家）的独特风俗。今天，"不落夫家"的习俗已经基本消失，但惠女服饰却得到了坚持。惠女服饰的"主要特点有尖尖的黄斗笠，色彩艳丽的头巾，露出肚皮的斜襟窄袖短衫，宽大的黑裤子和腰间彩色或银色的宽腰链"。该服饰"是汉民族服饰中最独特和最具有视觉冲击力的服饰。被誉为'现代服饰中的一朵奇葩'、'中国服饰精华的一部分'"（黄灿艺，2010：36）。

新中国成立后，惠女服饰被视为封建落后的等同物而成为新政权力图消灭的对象。改革开放之初，现代服装样式的侵入又使得惠女服饰成为"老土"的等同物而遭到惠女自身的嫌弃。这样一来，惠女服饰就遭遇了前所未有的传承危机。不过，进入新世纪以后，情况又有了很大变化，随着党和政府对中华优秀传统文化的重视，2006年惠女服饰被列入第一批国家级非物质文化遗产名录。国家与社会对非物质文化遗产的重视，与新世纪后涌现出来的旅游浪潮相结合，惠女服饰成为地方政府与企业家兜售地方特色文化的一个重要卖点。惠女服饰也成为能够带来旅游人潮，实现旅游创收的一个重要的文化资本。惠女则成为这一文化资本的承载者。

二 小岞惠安女的妈祖信仰

小岞滨海，当地民众以渔为业，妈祖信仰在村民中有着很重要的影

---

① 参见 https：//baike. baidu. com/item/% E5% B0% 8F% E5% B2% 9E/272476？fr = aladdin。

② 参见 http：//www. baike. com/wiki/% E5% 89% 8D% E7% BE% A4% E6% 9D% 91。

③ 参见 http：//www. renwen. com/wiki/% E5% 8D% 97% E8% B5% 9B% E8% A5% BF% E6% 9D% 91。

响。惠女的妈祖信仰，既有传统的那种日常烧香祭拜，为家庭祈福，也有当前出现的以轿班、阵头的形式参与游神绕境，以及创建妈祖庙等新形式。传统的烧香祭拜，是一种私人性的行为，为的是给家庭祈福。而游神绕境和创建妈祖庙，则是村落的公共性事务。

（一）日常烧香祭拜，为家庭祈福

在闽台民间，日常的烧香祭拜，为家庭祈福之事，一般被认为是妇女专属之事。桑高仁以台湾宗教经验为例，指出："农历每月初一和十五（或者在任何其他必要性的时节），女性最多和最常来到庙里，并带着供品来拜拜。许多是以'家庭代表者'的身份而来的。就如同家里面对神坛上的祖先与神明的点香工作，也都是留给女人来做，每月两次到地方庙宇里去拜拜，其情况也是相同。只有在重要节日或公众仪式的场合，男人比较有可能去承担这个'家庭代表者'的职能"（桑高仁，2012：301）。

桑高仁介绍的台湾的情况，也适用于小岞。小岞的成年男子多出海捕鱼，或是从事建筑业、运输业与小商贸等，这些职业使得他们不可能长时间待在家里料理这些"规律性的祭拜"。这样，留守家里的妇女，就成为每个家庭"规律性的祭拜"的主要人选。小岞妇女每月初一、十五都要代表家庭到妈祖庙里烧香膜拜，祈求妈祖庇佑阖家平安顺利。当家人遇到生病、求学、婚姻、生意、职业、出海等难题时，也是由妇女到妈祖庙中卜问妈祖，请妈祖指点迷津。例如，笔者在小岞最大的妈祖庙霞霖宫，曾遇到前来寻求妈祖指点的一个妇女。该妇女为前峰村人，约七十岁，因近年来家庭不顺利，向巫婆请教。巫婆指点说是当年她新房子落成时的谢土仪式没有做好，必须重新举办谢土仪式。她听后心里没底，再来霞霖宫抬妈祖小轿询问妈祖的意思。

此外，在每年妈祖诞辰庆典时举办的进香、驻驾、绕境等活动中，男人负责公共性的仪式活动，妇女则代表自己的家庭，跟随进香队伍到莆田湄洲等地进香，并"随香"绕境。妈祖入宫安座后，妇女们还要代表家庭献上丰盛的供品，祈求妈祖保佑家庭平安顺利，人丁兴旺。

（二）以轿班、阵头等形式，参与游神绕境

据小岞当地人介绍，以前游神巡境的仪仗队伍，均由男性组成，各种神明的轿子，也均由男性扛抬。近年来，小岞各村的进香、绕境等仪式活

动中的仪仗队列，已经出现了大量的惠女身影。妈祖、观音、夫人等女神的神轿，基本上均由装着惠女服饰的妇女扛抬。此外，腰鼓队、礼鼓队、花篮队、凉伞队、舞龙队等阵头队伍，也大多由惠女充任。

霞霖宫是小岞最大的妈祖宫，该宫的游神绕境活动，以庞大的惠女阵容而闻名远近。2016年9月20日，深圳龙岗天后古庙组织316人的参香团到霞霖宫参访。为表好客之情，霞霖宫组织起庞大的轿班和阵头队伍到小岞镇入口处迎接。据《迎接深圳天上圣母各角落队伍顺序表》，当天踩街队伍情况如下：

1. 霞霖宫千里眼、顺风耳将军；2. 深圳龙岗天后古庙敬赠匾；3. 深圳龙岗天后古庙武僧；4. 深圳龙岗天后古庙妈祖；5. 深圳龙岗天后古庙参访人员；6. 台湾信徒以及附近各宫庙信徒；7. 霞霖宫惠女腰鼓队；8. 霞霖宫天上圣母轿（大妈）；9. 霞霖宫天上圣母轿（二妈）；10. 霞霖宫马王爷轿；11. 霞霖宫中军爷轿；12. 各角头（当地将自然村称为"角头"）妈祖轿班和阵头：（1）石埕（天上圣母）、（2）益胜（天上圣母）、（3）顶许（天上圣母）、（4）后顶头（天上圣母）、（5）中厝（天上圣母）、（6）下埕（天上圣母）、（7）南西（天上圣母）、（8）螺山后厝（天上圣母）、（9）东头（天上圣母）、（10）林厝（陈玉姑）、（11）后内（天上圣母）、（12）后顶头（天上圣母）、（13）大户（天上圣母）、（14）城仔内（天上圣母）、（15）路墘（天上圣母）、（16）土埕（天上圣母）、（17）长城（天上圣母）、（18）南东（天上圣母）、（19）和利（天上圣母）、（20）霞霖宫惠女腰鼓队。

由上可见，小岞霞霖宫前往迎接的队伍中，有20个妈祖神轿（2个霞霖宫妈祖神轿，18个角头妈祖神轿），1个陈玉姑神轿，2个惠女腰鼓队阵头，这些女神神轿的轿班和阵头，均由身穿惠女服饰的妇女组成。而由男性组成的阵头只有千里眼、顺风耳将军、马王爷神轿、中军爷神轿。也就是说，如此众多的惠女阵头，几乎占据了整个队列的全部。因此，小岞惠女崇信妈祖的第二种形式，就是组成神轿轿班及其他各种阵头，参与到妈祖游神绕境的队列中去。

（三）组织轿班，创建妈祖庙

同一角头的惠女们因为经常在一起扛抬妈祖神轿，而逐渐形成稳定的轿班组织。为了追求整齐划一，同一轿班的惠女们，会选购同一款式、颜色的斗笠、头巾、上衣与裤子，甚至连鞋子、雨衣等都一模一样。这样，当她们出现在游神绕境的队列中时，每一个神轿阵头的着装是绝对统一的，但不同神轿轿班的着装又是相异的。这样就使得游神绕境变成了色彩斑斓的惠女服饰博览会。

同一轿班的惠女们，由于在游神绕境中负责同一个神轿和同一尊妈祖，逐渐发展出对妈祖金身的感情来。值得指出的是，许多角头的妈祖金身是没有庙的，她们被奉祀于信徒私人家中，或是奉祀于祖厝（房头祠堂）的偏屋中。同一轿班的惠女对妈祖的虔诚信仰会使得她们产生要为妈祖建庙的强烈念头。笔者在小岞的调查中，就遇到了惠女轿班为妈祖金身建庙的两个实例。

小岞镇南赛行政村下有一个叫作状元牌的角头，2012 年由妈祖轿班的惠女倡首，兴建了状元牌妈祖宫。据《南赛状元牌妈祖宫新建碑记》记载：

> 公元一九四五年，本地遭遇瘟疫传播，家族人丁惨遭传染不幸折殁，先辈四处求医，不见起色。先人庄友明先生从东岭荷山港仔邀请圣母妈祖金身前来救生，扫除瘟疫，祈祷平安……公元二○一二年三月，为缅怀圣母妈祖庇佑家族万事平安，弘扬妈祖扶危助困，济世救人的仁孝慈爱美德，妈祖'轿脚'提议筹资建造妈祖宫，以供善男信女顶礼膜拜。由庄份来、庄友明、庄水金三兄弟捐献祖居用地五百贰拾平方米，由家族贤达及各户人丁出资拆除旧祖居房屋，于二零一二年三月十六日破土动工，历时半年多，兴建妈祖宫壹百肆拾平方米。

据顾宫老人庄亚平介绍，妈祖被请到状元牌后，一直放置在庄友明兄弟的祖居中，没有自己的宫庙。直到 2012 年，才由妈祖轿班的轿脚（闽南称轿夫为"轿脚"）发起创建妈祖宫。妈祖宫的创建得到整个状元牌村民的支持，大家出钱出力，总共耗费 60 余万元。妈祖宫也因此成为了状元牌的角头庙。由于妈祖的轿脚倡首建庙，又作出了巨大经济奉献，她们的名字就被刻写到了《捐献芳名录》的最前面，以示褒扬："黄秀花壹万贰仟元，秀琴陆千元，庄淑珍陆千元，春兰陆千元，康玉柳陆千元，李红英陆千元，桂珍陆千元……"

小岞前群村后顶头也在惠女轿班的倡首下兴建了妈祖宫。约 2008 年左右，后顶头新塑了一尊妈祖金身，由陈莲花、李秀梅两人以扛抬椅子轿的方式为后顶头的村民提供问事服务。至于为什么要为妈祖建庙，李秀梅说："我们康姓迁来后顶头几百年了，都没本事给妈祖建一间庙。放在祖厝里拜不行，老人去世的时候，祖厝里要办丧事，你就没办法拜妈祖。过年时，大家要到祖厝给祖先烧金，你也没办法拜妈祖。我们建一间庙，就好办了。我们轿脚抬妈祖轿给信徒办事，如果没有庙，就得租房子来抬轿，烧金什么的都不方便。所以我和其他轿脚一直盼望着能够给妈祖建一间庙。"2015年，由陈莲花、李秀梅等妈祖轿班的轿脚们倡首，每人先垫1万元，找信用社贷款5万，再标两个会（每会5万元）共10万元，作为启动资金，破土兴建妈祖庙。该妈祖宫虽由轿脚倡首建造，但建成之后成为了后顶头的角头庙。李秀梅说，2016年妈祖诞辰时，后顶头有两百多户人家到宫里来摆筵（献上供品），而2017年增加到了三百多户。后顶头是霞霖宫辖下的角头，霞霖宫每年举办妈祖驻驾活动，由其辖下角头卜杯决定每年驻驾活动的主办权。获得驻驾活动主办权的角头，要花费十余万元，需动员整个角头的人力物力。李秀梅向笔者表示，后顶头轿班有30名轿脚，每人出资3000元，就有9万元，加上其他人的一些捐资，完全足够驻驾活动的开销。所以她准备2018年要参加驻驾活动主办权的卜杯，让后顶头也风光风光。

三　性别、信仰与惠安女地位的提升

通过以上的介绍，可以看出，近年来小岞惠女妈祖信仰的形式，已经突破了传统的日常祭拜、为家庭祈福这种私人性的行为，开始以轿班、阵头、建庙等形式，进入村落的公共领域中。公共性的获得，对于改善惠女在当地经济结构中的附属地位，实现男女之间的平等，有重要意义。

（一）姐妹伴、轿班与惠安女独立性和公共性的获得

历史上，惠女彼此之间有结成姐妹伴以寻求同性支持的习俗。惠女结为姐妹伴（或称"对伴"），被认为是惠女"不落夫家"、集体自杀等现象的重要原因之一（张国琳，2015：33－34）。所以新中国成立以后，地方政府以思想教育和强行制止等方式，严厉控制惠女结成姐妹伴的行为。

虽然政府不鼓励惠女结为姐妹伴的行为，但事实上，姐妹伴对于改革开放后惠女获得更多的资源有重要帮助。曾对惠安县崇武镇大岞村惠女

"对伴"关系做过深入研究的弗里德曼（Sara L. Friedman）指出，"经济改革使得村民们依赖于多种的亲属联系来扩大他们的资源和社会联系。随着大岞村内部通婚现象的增加，母系的、姻亲的亲属扮演着更为重要的社会和经济角色。在这个异质的联系网络中，'对伴'不是亲属的替代物，而是一个宽阔的亲密与义务领域的一部分，这个亲密与义务领域中包含着各种各样的联系"（Friedman，2006：142）。

那么，惠女之间怎样才能结成为亲密的姐妹伴？弗里德曼通过实地调查了解到大岞惠女对此的两种意见。一种意见认为"对伴"提供了情感上的亲近与彼此之间的契适，用当地话讲就是"有缘""知心"，即"有缘""知心"的惠女之间容易形成姐妹伴的关系。另一种意见认为时常卷入同一活动的惠女容易结成"对伴"关系。弗里德曼强调说："由于卷入同种活动而产生的亲密关系，说明对伴关系是产生的，而且产生之后还需要不时的重新确认"（Friedman，2006：143）。

弗里德曼的研究，有助于我们理解惠女与妈祖轿班的关系。首先，不少角头的轿脚是妈祖自己挑选的，[①] 这就使得被选中的惠女彼此之间有一种"有缘"感（都是被妈祖选中的人），有利于轿班内融洽关系的形成。其次，游神绕境活动提供了同一角头同一年龄段的惠女一个共同活动的平台。通过参加同一个轿班，一起为妈祖扛抬神轿，穿着相同款式的惠女服饰，极大增强了同一年龄段的惠女彼此之间的互动，培养了彼此之间的感情。正如弗里德曼所认为的那样："绝大多数的同性亲密关系都是通过平凡的方式，即通过一起劳动和日常生活中提供互助"（弗里德曼，2006：152）。而且，由于民俗庆典活动是周期性的，惠女扛抬神轿也是周期性的行为。在周期性的抬轿中，同一轿班的惠女不断加固彼此间的感情，"再确认"彼此之间的伙伴关系。因抬轿而建立起来的姐妹伴关系，还渗入惠女的日常生活中。采访中，许多轿班的惠女们均表示红白喜事轿脚间都有礼尚往来，遇事会相互帮助。新桥角头妈祖轿班负责人李阿凤还表示轿脚们三不五时（经常）会到她家里泡茶聊天，感情非常融洽。

通过为妈祖抬轿，惠女彼此之间发展出类似于姐妹伴的关系。这种关系的形成，对于提升惠女的独立性，获得公共性地位，提供了有力的支

---

① 采访中，后内行政村东头的庄水珍、前群行政村后顶头的陈莲花，都介绍说她们角头妈祖轿的轿脚是妈祖自己挑选的。

撑。首先是独立性的获得。有关惠女结成姐妹伴行为的研究表明，姐妹伴的存在，使得女性获得了情感支持与社会支持，使得她们可以在"不落夫家"，不依赖于男性的情况下生存下去。同一轿班的惠女，也会因为彼此之间的交流与互助，减轻对男性的依赖。例如，小岞绝大多数妈祖轿班的轿脚们，红白喜事都有礼尚往来，这就在传统父权之外为女性提供了一个社会交往的网络。女性可以撇开男性，独自经营自己的关系网。此外，惠女组成轿班参与游神绕境，原来是为了服务于男权社会。但是轿班一旦形成，它就脱离男性的监管而可以私自"揽活"。我在小岞镇东山村护澳宫调查时，遇到一名正在清理妈祖神轿的惠女。据她介绍，她们护澳宫妈祖轿班经常应邀去参加邻近村落的民俗活动，如山前湖（妈祖）、华南寺（观音）的进香绕境活动，她们轿班都有参与。像这类行为，往往由轿班负责人从中牵线搭桥，去与不去，由轿班自己决定。因此，轿班扩展了惠女的对外联系网络，提升了惠女的独立性。

其次，公共性地位的获得。众所周知，传统的游神绕境活动与建庙活动，属于村落的公共性事务，参与人员均为男性。女性则是出于为家庭祈福的目的而跟随在仪仗队伍的后面"随香"。当前，由于惠女服饰被列为国家级非物质文化遗产而成为社会各界瞩目的对象，由惠女来扛抬妈祖神轿及组成腰鼓、凉伞等各种阵头，有利于吸引新闻记者、摄影爱好者、民俗爱好者、游客等外来者的到来，从而提升村落的声望。出于此一目的，小岞各村落均组织大批惠女扛抬神轿，或组织腰鼓队等阵头，参与到游神绕境的仪仗队列中。这样一来，传统时期由男性把持的仪式空间，很大程度上就被女性挤占和侵蚀。由于游神绕境乃是村落的公共性事务，惠女通过参与游神绕境，就大大分享了原来男性在村落公共领域中的垄断地位。例如，霞霖宫下辖20多个角头，每年农历三月的妈祖驻驾活动，每个角头都派出妈祖神轿参加游神绕境。这样，惠女轿班作为自己所在角头的"正式代表"，相应地获得了公共地位。

芮马丁在《中国妇女的威力与不洁》一文中认为女性因经血、生产而不洁，而"一个不洁女性的在场，会阻碍其他人与神明之间的交流……看起来存在着一个神明的等级：高等级的是干净而有权力的神明，在每年的重要日子里由男性祭拜；低等级的神明和鬼则由女性祭拜和照料。把低等级的祭拜活动交给妇女是合宜的，因为妇女本身就是不洁的。反之，男性对干净而高级别神明的近乎垄断式的祭拜也是合宜的，因为男性较少触及不洁"（Ahern，1978：280，282 - 283）。同理，传统时期游神绕境的仪仗队列不让女性参与，也是出于女性不洁的考虑，担心不洁的女性参与绕境，会造成神明的不悦。当前小岞镇各村落组织大批惠女轿班和阵头参与到游神绕境中去，这种自发而普遍的做法事实上否定了女性不洁的传统观念。因此，惠女参与游神绕境，对于摆脱传统信仰中的不洁的标签，提升社会地位来说，具有重要意义。

在闽南一带，庙宇是一定地域人群的一个重要的认同标志，建庙是这一人群的最为重要的公共性事务之一，乡土精英往往通过领导与组织建庙活动，获得民众的认可，俘获非正式的权威。当前，小岞轿班的惠女们，捐献巨资创建妈祖庙的做法，得到了其所在角头村民的积极响应。新创建的妈祖庙也因此而成为角头庙——角头共有的宫庙。也就是说，轿班进入了地方体的公共领域中。张静指出，"在传统中国，地方权威地位获得的重要来源之一，是对地方体内公共事务的参与"（张静，2007：25）。这些惠女是否因建庙而收获了权威，尚有待进一步观察，但这些轿脚的名字被写在了《捐献芳名录》的最前列，对于提升她们的社会声望来说无疑是很有帮助的。

（二）外来者的镜头"凝视"与惠女社会地位的提升

当前，小岞的各个村子为了将民间信仰活动办得热闹、有面子，组织或聘请众多的惠女轿班及其他阵头参与其中，导致游神绕境变成了惠女服饰的博览会。由于惠女服饰在游神绕境中得到集中展示，游神绕境也就成为外来者了解惠女服饰的最佳时机。我在小岞调查时，发现每次大型游神绕境活动，都有摄影爱好者、民俗爱好者以及游客赶来拍照。它们手拿单反相机或摄像机，守在各个路口，捕捉最佳摄影时机。此外，由于惠女服饰已被列为国家级的非物质文化遗产，地方政府对弘扬惠女服饰文化也不遗余力。每逢大型游神绕境，惠安电视台、电台，有的时候泉州台、福建台甚至中央台也慕名到这里来采播新闻。小岞霞霖妈祖宫的游神绕境中惠女阵头最多，阵容最为庞大，所以霞霖宫的每次活动，前来拍摄、采访的摄影爱好者和新闻记者最多。例如，2016 年 9 月 20 日迎接龙岗天后古庙来访时，霞霖宫组织的千名惠女阵头引起巨大轰动，约有 200 多名摄影爱好者赶来拍摄。这 200 多名的摄影爱好者挤占在霞霖宫妈祖殿前台和梳妆楼二楼阳台上，每人手中都高举着照相机或摄像机，这本身就是一道靓丽的风景。

惠安县政协文史委主任张国琳在《中国传奇惠安女》一书中,描述了2014年4月21日他在小岞镇拍摄霞霖宫游神绕境活动的经历:"我走到才发现英国皇家摄影家会员、市政协副主席陈敬聪已经在那里等候,还有县摄影协会主席陈峻峰。陈峻峰告诉我,他昨天已经先来考察整条路线踩点了,发现这里的视线最好……确实,这个位置绝佳,可以看到整个游行队伍……该拍照的都基本拍完了,林继学记者又赶了上来。我们就一直边走边聊到了镇政府"(张国琳,2015:1127)。张国琳讲述的,其实就是摄影爱好者和新闻记者在拍摄游神绕境队伍中的惠女时,不期而遇的故事。这说明游神绕境活动所能吸引到的摄影爱好者、新闻记者的数量是极为可观的。

新闻记者、摄影爱好者、民俗爱好者以及游客等拿着镜头对准惠女拍摄,自然而然产生了一种镜头"凝视"的效果。法国思想家福柯指出,"作为一种观看方式,凝视是人的目光投射,是凝视动作的实施主体施加于承受客体的一种作用力"(刘丹萍,2007:92)。新闻记者、摄影爱好者、民俗爱好者以及游客作为凝视动作的发出者,他们将镜头对准游神踩街中的惠女,就对"凝视"的承受者(惠女)产生了一种作用力,使得承受者会根据动作发出者的需要做出调整。关于此,著名旅游学者厄里有过详尽的解释。厄里指出,"摄影在某种程度上是对被拍摄对象的挪用(Appropriate)",在摄影的那一瞬间,"摄影驯服了凝视对象"。旅游地因应游客的"凝视"需要,进行"自我异国情调化(self-exoticization)","借此保持永续的旅游吸引力,以满足游客凝视的好奇心"(刘丹萍,2007:93)。

原来惠女们普遍认为传统惠女服饰"老土",但外来者的镜头"凝视",带给她们一种作用力,使她们在外来者的镜头下重新发现了自身服饰的美。而一些以惠女为题材的摄影作品在各种大赛中的获奖,更激发了惠女们对自身服饰的自豪之情。也就是说,外来者的镜头"凝视",使惠女认识到传统服饰的美,也认识到是游神绕境提供了她们向外界展示这种美的机会。采访中,当笔者询问她们,面对镜头时是否会害羞时,许多轿脚表示,她们不怕羞,怕的是穿得不好看,拍照的效果不好。为在公众面前展示自己,惠女们寻找各种游神绕境的时机,穿上最美的惠女服饰,以迎合外来者的拍摄需要。霞霖宫常务副董事长康来水告诉笔者,该宫开展妈祖游神绕境活动时,其他村落角头的妈祖轿,抬着抬着就自己来到霞霖宫,汇入霞霖宫的游神绕境队伍中,导致现在参与的角头越来越多。撇开不可知的神力因素外，其他村落角头的妈祖神轿会不由自主地汇入到霞霖宫的游神绕境队列中，与霞霖宫的活动规模大，能够吸引到大量的新闻记者、摄影爱好者、民俗爱好者以及游客，有着极大的关系。毕竟，惠女轿班、阵头只有参与霞霖宫的游神绕境活动，才能有更多的在外来者镜头下曝光的机会。

再者，乡村舆论也让参与游神绕境的惠女们找到了自身的价值。游神绕境能够吸引多少摄影爱好者、民俗爱好者、新闻记者和游客的到来，在乡村舆论中，逐渐成为村子之间相互较劲、攀比的一个重要指标。霞霖宫常务副董事长康来水不无自豪地对我说，2015 年霞霖宫到莆田湄洲进香回来的游神绕境活动，吸引了远近 200 多名摄影爱好者前来拍摄，甚至中央电视台都派记者前来采访。当地文史专家王强维在评论各个村子的民间信仰活动搞得好坏时，基本上也是以它吸引了多少摄影者、新闻记者为标准的。正是乡村舆论的这个评判标准，导致很多村子在搞游神绕境时，想方设法在惠女轿班、惠女阵头方面下功夫。王强维介绍说："组织惠女阵头时，银腰带你有我也有，没突出什么，那么我再拿个花篮，拿个手绢，扎在腰间，这样比较好看。原来手绢是擦鼻涕用的，现在复古，我弄这个你没有的。"因于村民在游神绕境上的较劲已经转移到惠女轿班和阵头的攀比上，因此，惠女就成为能够为村落争光的最重要的功臣。对于惠女服饰的这种重要作用，轿脚们也心知肚明。后顶头轿脚陈莲花说：没有惠女服饰，小岞一文不值，跟其他地方一样普通！这样的一种角色转换，大大提高了惠女们在整个游神仪式中的地位，也让她们感受到了自己在构建村落形象方面的重要意义。

小　结

已有女性与宗教信仰关系的研究中，学者们特别关注中国传统社会中的性别主题。他们探讨了中国女性是如何在不触动传统性别与伦理关系的前提下，利用宗教信仰活动来提升自己的地位，以有益于自己在传统父权社会格局中的位置。当前小岞惠女参与游神绕境，也是出于传统父权社会的需要。但是，惠女参与游神绕境，挤占与侵蚀了男性的仪式空间，使女性从传统的为家庭祈福的"私"的位置，转换到了为整个村落祈福、争光的"公"的位置。特别是惠女轿班捐献巨资创建妈祖庙的活动，更大大强化了惠女的公共性地位。这样的一个由"私"到"公"的地位转换,对于当地的性别平衡来说有重要意义。小岞民众以渔为主,辅以建筑业、运输业和小商贸等。这些行业均以男性为主力,女性则主要从事农耕和家务。由于耕地有限,且多为盐碱地,只能种植番薯和花生,不足以养活家庭。相比于男性的劳动来说,女性从事的这些劳动在过去往往被视为是"无用的"(Friedman,2006:49)。因此,从经济上来看,小岞的女性从属于男性,与传统父权社会的性别结构并无二致。但是,通过以轿班和阵头的方式参与游神绕境,她们的行为和表现就成为为村落争光的重要法门,也就是说,在公共信仰仪式活动上,她们的价值已经超越了男性。这样的一种超越,极大地弥补了女性在经济地位上的不足,有利于当地性别结构的平衡。

当然,小岞惠女通过信仰来实现性别之间的平衡,并不是当地社会内部发展理路的结果,而是外在环境变化使然。我国经济起飞后民族自信心回归导致的传统文化热,国家鼓励非物质文化遗产保护的政策导向,商品社会中地方特色文化的包装与兜售,大众媒体的力量等,使得惠女服饰成为一种重要的文化资本。组织惠女轿班和腰鼓等阵头参与游神绕境,是小岞各村落开发利用这一文化资本的重要形式。惠女作为这一文化资本的承载者,就自然而然地被推到了前台。因此,小岞惠女的个案,对于拓宽女性与宗教信仰关系的研究视野有帮助,它指引我们将研究视野转向村落与外部世界的联系。正如黄倩玉在为阿帕度莱(Arjun Appadurai)《消失的现代性》中译本撰写的"导读"中指出的:"当土著与人类学者一同呼吸着弥漫在空气中的全球化,依跨越国界的想象规划社会生活,世界主义的(cosmopolitan)民族志也成为人类学的必要课题"(黄倩玉,2009:13)。

参考文献

黄灿艺:《惠安女传统服饰文化的危机与保护》,《泉州师范学院学报》2010年第5期。

黄倩玉:《推荐导读:自传式的全球化》,载〔美〕阿君·阿帕度莱:《消失的现代性》,郑义恺译,群学出版有限公司,2009。

李玉珍:《寺院厨房里的姊妹情:战后台湾佛教妇女的性别意识与修行》,载李玉珍、林美枚主编《妇女与宗教：跨领域的视野》，里仁书局，2003。

刘丹萍：《旅游凝视：从福柯到厄里》，《旅游学刊》2007 年第 6 期。

〔美〕桑高仁：《汉人的社会逻辑：对于社会再生产过程中"异化"角色的人类学解释》，丁仁杰译，中研院民族学研究所，2012。

魏婷婷：《闽南"菜姑"身份认同及其信仰生活——以崇武镇"菜姑"为个案》，华侨大学硕士学位论文，2014。

张国琳编著《中国传奇惠安女》，海峡文艺出版社，2015。

张静：《基层政权：乡村制度诸问题》，上海人民出版社，2007。

赵世瑜：《狂欢与日常——明清以来的庙会与民间社会》，三联书店，2002。

郑泽颖：《宗教网络中的道德共同体：潮汕村民家祠祭祖活动案例》，《第十一届两岸宗教学术论坛——"空间网络与宗教"会议论文集》，华侨大学海外华人宗教与闽台宗教研究中心，2017。

Ahern, Emily M.

1978. "The Power and Pollution of Chinese Women", *Studies in Chinese Society*, Arthur P. Wolf ed. , Stanford, California：Stanford University Press.

Friedman, Sara L.

2006. *Intimate Politics：Marriage, the Market, and State Power in Southeastern China*, Cambridge (Massachusetts) and London：Harvard University Press.

Pomeranz, Kenneth

1997. "Power, Gender, and Pluralism in the Cult of the Goddess of Taishan", *Culture & State in Chinese History：Conventions, Accommodations, and Critiques*, Theodore Huters, R. Bin Wong, Pauline YU eds. Stanford, California：Stanford University Press.

Sangren, P. Steven

1983. "Female Gender in Chinese Religious Symbols：Kuan Yin, Ma Tsu, and 'Eternal Mother'", *Signs*, Vol. 9, No. 1.

经典钩沉

迈向一种动态的中国宗教观[*]

——基于彼得·伯格 *The Many Altars of Modernity* 一书的启示

胡安宁^{**}

摘要：基于彼得·伯格 *The Many Altars of Modernity* 一书的主要思想，本文指出，如果说中国无宗教或者中国宗教呈现混杂的状态是一种"静态"的评判的话，那么彼得·伯格对于宗教与世俗在生活经验中基于情境进行转换的论述却将我们引向一种"动态"的分析视角。这一动态分析视角要求我们超越对一时一地的宗教参与人数的片面关注，通过历时性资料来展示宗教性的整体涨落。此外，外在的行为表现与个体内在的宗教认同也需要分开考虑。一种动态的宗教观念也对宗教社会学者的研究方法论提出了新的挑战和要求，将个体所经历的典型事件作为分析单位。最后，本文指出，一种动态的宗教观虽然和文化的工具箱理论有很多契合之处，但动态的宗教观应当避免文化工具箱理论的缺陷，亦即，虽然将文化看成是情景化的工具箱突破了传统韦伯意义上对文化作为意义网络的宏大和决定论式的界定，但过分情景化的文化叙事则有可能让文化缺乏对社会现象的解释力。

关键词：彼得·伯格　中国宗教观　动态的宗教观

导　言

1967 年，彼得·伯格《神圣的帷幕：宗教社会学理论之要素》（*The*

---

* 本文得到上海市教育委员会"曙光计划"项目（17SG08）"当代中国居民宗教生活测量的社会学分析"的资助。

** 胡安宁，复旦大学社会学系教授。

Sacred Canopy：*Elements of A Sociological Theory of Religion*）一书出版。这本书成为 20 世纪 70 - 80 年代宗教社会学领域的"圣经"。彼时，绝大多数的宗教社会学研究都与世俗化的命题联系起来。对于世俗化理论，学者们或支持，或反对，但几乎很少有研究能够完全绕过《神圣的帷幕》所提出的理论主张。尤其是其中宗教多样性（pluralism）对于宗教看似有理性（plausibility）的冲击，似乎正印证了欧洲宗教衰落的现实。然而，在 1999 年，又是彼得·伯格，在《世界的非世俗化：复兴的宗教与全球政治》（*The Desecularization of the World*：*Resurgent Religion and World Politics*）一书的开篇，以"The Desecularization of the World：A Global Overview"为题，对世俗化理论进行了反思。他从经验事实出发，指出了过去世俗化命题无法解释遍布于世界各地的宗教复兴现象。此书出版后，世俗化理论在宗教社会学领域内似乎走向了衰落。尤其是以美国宗教经验为蓝本的宗教市场理论，更是对宗教世俗化传统的诸多论断进行了批评（Stark and Finke，2000）。例如，传统世俗化理论中宗教多样性对于宗教参与的冲击并不能够解释为什么美国社会多个宗派林立的社会情境下反而有很高的宗教参与。正如斯达克（Rodney Stark，1999）在一篇论文的标题中所谈到的，似乎是时候向世俗化理论说再见了。

至此，学者们似乎对于理论上的争论有些疲劳，转而将注意力放在更为具体的经验研究上。正如英国宗教社会学家戴维（Grace Davie）曾经谈到的，如果说世俗化理论主要描述欧洲的宗教经验，那么宗教市场理论则更多关心的是美国经验。在宗教版图上，除了欧洲和美国之外，我们还有很多亟待开发的新的地区（例如亚洲）。然而，好在彼得·伯格本人并没有放弃对现代性、多样化以及宗教性彼此之间关系的思考。基于大量的宗教社会学研究、现象学理论以及个人丰富的生活经验，彼得·伯格在 2014 年出版新作 *The Many Altars of Modernity*：*toward A Paradigm for Religion in A Pluralist Age*。如果说《神圣的帷幕》是"正"，《世界的非世俗化》是"反"，那么 *The Many Altars of Modernity* 便是对之前思考的总结，亦即"合"。正因为如此，这本书虽然不是传统意义上的大部头著作，但却颇具影响力。虽然在这本书出版后的第三年，也就是 2017 年，彼得·伯格与世长辞，但在他仙逝之前，看到本书所激发的学界思考和自己对宗教社会学理论的引领，应当含笑九泉了。

作为一部理论性著作，虽然彼得·伯格在书中所列举的经验示例主要是基督教和伊斯兰教，但其对于理解中国宗教也有着重要的启示价值。在下一部分，笔者首先总结该书的主要思想。之后讨论本著作对于理解与研究中国人的宗教信仰所具有的启示。

The Many Altars of Modernity 的主要思想

总体而言，*The Many Altars of Modernity* 这本著作所要回答的问题是，伴随着现代性而来的多样化如何影响人们的宗教生活。在这里，彼得·伯格在第一章 "*The Pluralist Phenomenon*" 中首先对多样化进行了界定。与传统意义上所认为的简单多样并存不同，彼得·伯格所指的多样化更多的重在不同性质的对象之间的有效沟通。通过这种沟通，不同性质的对象彼此影响，从而带来了一种相对化（relativitization）的后果。所谓相对化，意指没有任何一种理解社会的方式被视为理所当然，不同理解社会图景的主张彼此共生共存。这一过程在德国哲学家阿诺德·盖伦（Arnold Gehlen）的理论中，被称为一种去制度化（de-institutionalization）过程。①

在相对化的背景下，个体的宗教生活以及集体的宗教制度都会产生变化。这在本书的第二章与第三章中有详尽的论述。第二章 "Pluralism and Individual Faith" 用来自第三世界的宗教兴盛、欧美的宗教反文化以及五旬节派在全球的发展等多个例证说明现代化过程带来的多样性和选择性并不必然带来宗教的衰亡。将此结论与《神圣的帷幕》一书的核心概念看似有理性结构（plausibility structure）结合起来，彼得·伯格指出，人们在现代社会针对不同的社会情景会产生多种不同的看似有理性结构，使得看似有理性结构也变得相对化。第三章 "Pluralism and Religious Institutions" 将分析的重点从个体层次上升到宗教制度层次。②由于多样性使得宗教从一种理

---

① 按照盖伦的理论，人与动物的一个重要区别在与动物的很多行为可以通过本能完成，但是人类却不行。鉴于此，制度的功能便是在于帮助人们能够近乎本能的行动。因为制度存在，人们不必具体的思考便能够按照制度设计完成很多工作。但是，当这些制度逐渐失去影响力时，便开始了去制度化（de-institutionalization）。此时，人们或许会针对具体的情境建构一些新的制度，但这些制度缺乏原有制度的那种理所当然性（taken-for-grantedness），从而更加受制于个体的选择。这些后天建构的制度被称为次级制度（secondary institution）。

② 宗教制度的主要功能是将宗教建立者的特殊宗教经验（religion of virtuosi）与宗教大众的宗教实践（religion of the masses）连接起来，不断让宗教信徒体会和回顾宗教先驱的宗教教义和体验，从而构成记忆的链条（a chain of memory）（Hervieu-Leger，2000）。

所当然的看似客观的状态变得日渐主观化，宗教制度本身对于个人而言也因此变得越发具有可选择性。这方面比较典型的例证是从大的教会（church）到小的教派（sect）的转化。前者更加具有不容置疑的宗教权威，但后者更注重个体的选择。此外，美国的教派制度（denomination）在彼得·伯格看来也是一种促进宗教制度相对化的努力。

在前面三章的基础上，彼得·伯格在第四章 "The Secular Discourse" 回到了经典的世俗化命题。在笔者看来，这一章对于《神圣的帷幕》和《世界的非世俗化》的超越性在于，不再纠缠于宗教的"生死"这一二分问题，而是从个体生活经验的角度，指出在大多数人的日常生活中，世俗性和宗教性并不是泾渭分明的。相反，二者都与个体生活中的某一特定面向相联系。在面对特定的生活问题时，有时宗教性占上风，有时则是世俗性占上风。至此，彼得·伯格对于世俗与神圣的关系有了新的理解，而正是这种新的理解可以启发我们重新审视中国社会的宗教现象。在之后的第五章 "Religion and Multiple Modernities"，宗教与世俗在现实生活中的有机结合得到了多元现代性理论的支持（Eisenstadt, 2002）。彼得·伯格本身也引用了日本明治维新的例子，说明一个社会如何在保留旧有宗教传统的前提下拥抱现代性。而美国政教分离的种种规制，也不失为一种处理宗教与世俗关系的努力。最后的第六章 "The Political Management of Pluralism"，彼得·伯格则将这种世俗与神圣的混合状态与国家的宗教管理实践联系起来，其中对于历史上国家权力如何处理多种宗教关系的分析展示了彼得·伯格丰富的历史知识，极其精彩。

对中国宗教的社会学研究所带来的启示

纵观 The Many Altars of Modernity 一书可以发现，彼得·伯格在论述现代化过程中宗教现象的变化这一主题时，并没有放弃《神圣的帷幕》一书中的基本理论假设，即现代化过程中的多样化会冲击宗教的看似有理性。即在现代社会，宗教教义不可能如过去那样统摄个人生活的方方面面，被所有人视为理所当然。但是与《神圣的帷幕》不同的是，这种冲击在本书中并没有被简单视为宗教在现代社会必将灭亡的证据和动因，而是将这种多样化的变化看作将宗教生活"碎片化"的一种过程。生活于其中的个人不必委身于特定的宗教，但宗教因素和世俗因素都将成为个人日常生活过程中的文化工具箱中的一分子（Swidler, 1986）。二者谁更加占据主导地位，取决于特定生活情境中的特定问题。

我们顺着彼得·伯格的这一思路，或许可以对中国宗教问题有新的理解。众所周知，宗教一词对于中国人而言本身就是一个舶来品。传统国人知道何为"宗"、何为"教"，但是将二者联系起来，却缺乏相应的文化基础。或许正是因为如此，早期来华的传教士以及东方学家们往往认为中国人的精神生活缺乏西方基督教文化所规制的特定模式与教义，因此得出中国无宗教，或者中国宗教是各种宗教的奇怪混合（例如三教合一）的结论（胡安宁，2012）。这或许可以看作中国宗教认知的第一个阶段。

学界对于中国宗教理解的第二个阶段肇始于学界对于中国特有的民间信仰的重视。随着越来越多的专业学者来到中国进行田野调查，民间宗教以及民间宗教与其他宗教的关系成为学界关心的议题（Hu, 2016; Yang and Hu, 2012）。针对这一议题，一个比较普遍性的结论是，中国的宗教是混合性的（syncretic）。所谓的混合，不同学者可能会有不同的理解，但基本上大家普遍接受的观点是，中国不同宗教之间缺乏严格的界限，且在教义、仪式等多方面不同宗教彼此会互相"借鉴"（Leamaster and Hu, 2014）。从某种意义上，正是因为学界对中国宗教有这样的理解，我们在进行经验研究的时候往往无从下手。因为从事佛教活动的个体有可能同时也在参与道教以及民间宗教的活动，不同宗教之间在经验上难以进行区分。与之相比，西方社会不同宗教团体之间界限明晰，这给经验研究带来了极大的便利。

可以说，中国宗教具有极强的混杂性是目前宗教社会学领域内对中国宗教特征的主要理解。但是，基于彼得·伯格在 *The Many Altars of Modernity* 中的基本主张，我们似乎能够从一种中国宗教的混杂观更进一步。如果说中国无宗教或者中国宗教呈现混杂的状态是一种"静态"的评判的话，那么彼得·伯格对于宗教与世俗在生活经验中基于情境进行转换的论述却将我们引向一种"动态"的分析视角。所谓动态的分析视角，意指学者们不再将注意力停留在中国宗教的有无或者中国宗教本质上是什么样子的本体论判断，而是转而将注意力放在中国人的日常生活过程中何时体现出宗教性的一面，何时体现出世俗化的一面。这一动态的分析视角直面中国人宗教实践活动的复杂性，而不是将宗教归信看成"铁板一块"的同质状态。实际上，这一动态的分析视角非常符合我们的常识。例如，即使是那些非常虔诚的佛教徒，也依然会在日常生活中进行理性的判断。同理，那些精于世俗算计的人们也总会在某些时刻对超验的神圣性产生向往和依恋。

如果引入一种动态的宗教观，很多宗教社会学经典研究问题便需要重新进行思考。例如，如果人们的宗教性是基于情景展开的，那么，学者们似乎不必过于纠结中国特定宗教的参与人数，因为一时一地的宗教参与人数不足以反映中国宗教生活的整体图景。相反，我们需要一种动态的历时性资料来展示宗教性的涨落。此外，外在的行为表现与个体内在的宗教认同也需要分开考虑（例如 Hu，2017）。与这些传统的宗教社会学问题相比，一种动态的宗教观又为我们引入了很多新的研究议题。例如，面对日常生活情境化的神圣—世俗的转换，一个很重要的问题时，大多数国人在何种情况下才会发生这种转换？转换以后，平均而言，人们会在多长时间内坚持一种宗教性的世界观而暂时脱离世俗状态？这种转换是集体性的，还是个人性的？如果个体进行了神圣性的转换，那么他或者她如何与周围未进行转换的他人相处？这种神圣—世俗之间世界观上的差异对于宗教徒而言会带来什么影响？无疑，这些问题值得宗教社会学者进行进一步的探索（例如 Hu，Yang，and Luo，2017）。

一种动态的宗教观念也对宗教社会学者的研究方法论提出了新的挑战和要求。如果说过去研究者们的分析是以个体为基本单位，观察个体的社会属性来判断其是否信教或者不信教（例如受教育水平和个体宗教参与的关系，例如 Hu，2015），那么新的动态分析视角则要求以个体所经历的典型事件为分析单位，将日常宗教作为研究的重点，观察针对特定时间，个人是选择宗教还是选择世俗（Ammerman，2006）。从这个意义上，个体的生活世界需要得到更多的关注。为此，我们需要一种研究手段来动态性地记录个体的生活状况。这方面一个有益的尝试是时间使用（time utility）调查。针对特定的研究对象，记录其一天内的各种活动。目前，美国类似的调查已经被大量用于社会学研究（例如 Lim，2016）。相信同样的分析手段可以用于中国。

最后想说的是，动态的分析视角并不意味着国人的宗教参与缺乏可识别的模式性。恰恰相反，通过大规模的调查以及大数据的运用，我们应当有能力挖掘出中国社会人们进行神圣—世俗转换的基本社会学—人口学特征。讲到这里，笔者认为有必要指出的是，一种动态的宗教观虽然和文化的工具箱理论有很多契合之处,但动态的宗教观应当避免文化工具箱理论的缺陷,虽然将文化视作情景化的工具箱突破了传统韦伯意义上对文化作为意义网络的宏大和决定论式的界定,但过分情景化的文化叙事则有可能让文化缺乏对社会现象的解释力(Polavieja,2015)。无疑,这不是我们希望看到的。

结　语

宗教社会学从诞生之日起,其学科发展的突破总是伴随着新的理论进路。如果说 20 世纪 70~80 年代是世俗化理论"一统天下",21 世纪初是宗教市场理论的"市场",那么未来宗教社会学的理论发展方向会是如何呢?对于这一问题,或许彼得·伯格的这本著作可以让我们看出一些端倪。掩卷沉思,今日的宗教社会学家和一个世纪以前的宗教社会学家面对的问题本质上并没有太大的差异,我们都是在现代性、多样化和宗教性等议题上进行探索。只是我们所提供的答案可能不同。世俗化理论认为现代性带来了宗教的"衰",而市场理论认为多样化恰恰能够促进宗教的"兴",那么 The Many Altars of Modernity 则突破了这种对于"兴衰"的考问,而是指出,兴衰俱在生活中。我们要做的,不是简单地给出一个"兴"还是"衰"的答案,而是要具体看,宗教性在何种情境下"兴",在何种情境下"衰"。基于这种动态的分析视角,我们对中国宗教的理解似乎也应当超越简单的兴衰讨论,转而从生活中考察活生生的宗教性。唯有如此,我们对于中国宗教问题的认识才能够有所超越,才能够找出新的理论增长点,让国际宗教社会学研究听到越来越多中国宗教研究的声音。

参考文献

胡安宁:《民间宗教的社会学人类学研究:回顾与前瞻》,《中国农业大学学报》(社会科学版)2012 年第 1 期。

Ammerman, Nancy T.

2006. *Everyday Religion*:*Observing Modern Religious Lives*,NY:Oxford University Press.

Berger, Peter

1967. *The Sacred Canopy: Elements of A Sociological Theory of Religion*, NY: Doubleday.

1999. *The Desecularization of The World: Resurgent Religion and World Politics*, MI: Eerdmans.

2014. *The Many Altars of Modernity: toward A Paradigm for Religion in A Pluralist Age*, Berlin: De Gruyter Mouton.

Eisenstadt, Shmuel N.

2002. *Multiple Modernities*, NY: Routledge.

Hervieu-Leger, Daniele

2000. *Religion as A Chain of Memory*, NJ: Rutgers University Press.

Hu, Anning, Xiaozhao Yousef Yang and Weixiang, Luo

2017. "Religious Identification, Marginalization, and Subjective Wellbeing: An Exploratory Case Study of Christianity in China", *Journal for the Scientific Study of Religion*, 56 (4): 765 – 780.

Hu, Anning

2015. "Investigating the Connection between Science and This-Worldly Oriented Superstition: A Research Note on the Case of School Adolescents in Urban China", *Review of Religious Research* 57 (4): 575 – 586.

2016. "Ancestor Worship in Contemporary China: An Empirical Investigation", *China Review: An Interdisciplinary Journal on Greater China* 16 (1): 169 – 186.

2017. "Changing Perceived Importance of Religion in Mainland China, 1990 – 2012: An Age-Period-Cohort Analysis", *Social Science Research* 66: 264 – 278.

Leamaster, Reid and Anning Hu

2014. "Popular Buddhists: Predicting Popular Religious Belief and Practice in Contemporary China", *Sociology of Religion: A Quarterly Review* 75 (2): 234 – 259.

Lim, Chaeyoon

2016. "Religion, Time Use and Affective Well-Being", *Sociological Science* 3: 685 – 709.

Polavieja, Javier

2015. "Capturing Culture: A New Method to Estimate Exogenous Cultural Effects Using Migrant Populations", *American Sociological Review* 80 (1): 166 – 191.

Stark, Rodney and Roger Finke

2000. *Acts of Faith: Explaining the Human Side of Religion*, CA: University of California Press.

Stark, Rodney

1999. "Secularization", R. I. P. Sociology of Religion 60 (3): 249 – 273.

Swidler, Ann

1986. "Culture in Action: Symbols and Strategies", *American Sociological Review* 51 (2): 273 – 286.

Yang, Fenggang and Anning Hu

2012. "Mapping Folk Religion in Mainland China and Taiwan", *Journal for the Scientific Study of Religion* 51 (3): 505 – 521.

宗教，还是宗教权威？

——世俗化理论的研究视阈问题初探

仲　威[*]

摘要： 近几十年间，"去世俗化理论"在宗教社会学领域中兴起，并旨在反对传统世俗化理论的几大核心论题——衰落、分化和私人化理论。其中，对分化理论的检讨成为双方争论的焦点问题。为此，布莱恩·威尔逊、卡雷尔·多贝雷尔和马克·查韦斯等人建立了新的分化理论，查韦斯更是提出将世俗化理论的研究对象从"宗教"转变为"宗教权威"，以解决世俗化理论所遭遇到的理论困境。

关键词： 世俗化　去世俗化　宗教权威　公民宗教

"我们处在一个视觉的时代"：世贸中心的倒塌，让我们看到了现代性方案背后蕴藏的内在冲突。众所周知，"现代性是一个世俗的王国"（吉莱斯皮，2012：1-3），科学是这个王国的世界观，技术是这个王国的方法论，自由、平等、民主、民族主义是这个王国的价值观。但是现在，对现代世界的这类描述在学术上似乎再也站不住脚了，汉斯·布鲁门贝格（Hans Blumenberg）、阿莫斯·冯肯施坦（Amos Funkenstein）、米歇尔·艾伦·吉莱斯皮（Michael Allen Gillespie）的相关研究在思想史的层面上对现代性起源问题的极度复杂性作出重要揭示。这项工作也许才是万里长征的第一步，但毫无疑问，人们已经不再能够不加批判地接受世俗化与神圣化、现代性与传统价值、封建社会与民主体制等是彼此对立的概念。

其中，世俗化与神圣化之间的关系如此复杂，以至于学者们纷纷放弃

＊　仲威，北京大学哲学系（宗教学系）硕士研究生。

传统世俗化理论的研究框架，进而转向所谓的去世俗化理论阵营。根据孙尚扬老师的介绍，"去世俗化理论"是在近几十年间在宗教社会学领域中兴起的，旨在对世俗化理论进行清理与批判，并试图建立起与世俗化理论相对抗的"新范式"（孙尚扬，2008）。正如现代似乎是对传统的背离一样，去世俗化看起来放弃了世俗化理论的传统讨论模式，但在我们对传统理论的批判和研究没有充分完成的情况下，非世俗化理论的研究者们恐怕最终还是需要回头继续完成这项反思工作。本文就以世俗化理论的研究对象作为反思起点，希望对传统的世俗化理论研究及其出路做出一番检讨。

一 宗教定义：实质性的和功能性的

在进入到对世俗化理论的研究对象的讨论之前，我们有必要对宗教定义和世俗化意涵作简要的梳理工作。世俗化理论的第一个问题就是对"世俗化"这一概念进行界定，但在这个定义背后又要求我们首先去回答"宗教是什么"的问题。对宗教的定义大体上可以分为"功能性的"（functional）和"实质性的"（substantive）。

（一）实质性的宗教定义

实质性定义的代表是泰勒等人。根据涂尔干的说法，人们通常对于宗教的理解基于神性的概念，也就是说，"对精神存在的信仰就是宗教最低限度的定义"。这种观点看到了众多宗教体系中所具有的"对于死者灵魂和与各个级别和类别的精灵的宗教想象"，泰勒认为："宗教，就是通过人类心灵与神秘力量相联结的情感而带来的人类生活的决定作用，人类心灵既能够认识到神秘力量对世界及其自身的支配，也能够在自身与神秘心灵息息相通时感到无比的快乐。""看来，我们最好……直截了当地宣称，对精神存在的信仰就是宗教最低限度的定义"（涂尔干，2011：36－37）。对于弗雷泽这样的民族志研究者而言，他们更多是从巫术现象来探究宗教起源的问题，巫术在弗雷泽看来是对自然规律的歪曲、对思维原则的误用。在对巫术的研究基础上，弗雷泽提出了自己对宗教的理解，他认为："宗教包含理论和实践两大部分，就是：对超人力量的信仰，以及讨其欢心、使其息怒的种种企图"（弗雷泽，1987：77）。宗教与巫术的差异恰恰在于，后者不讨好或者取悦圣灵，而是用仪式或者咒语来强制圣灵服从于自己。从起源上看，巫术早于宗教，人们在巫术不能发挥作用的时候，逐渐发展出了宗教。总而言之，巫术是人类操纵自然世界规律的信念，而宗教则是人类面对自然世界无可奈何，从而信仰精神存在物的结果。相比于泰勒和弗雷泽等人的工作，马林诺夫斯基的工作则更具实践性，他深入到原始部落当中，并试图探究宗教现象背后的文化功能。从他对成年礼或者丧礼等现象的研究，我们看到他对宗教概念的认识仍旧没有超出泰勒的基本看法，当然他在研究"对精神存在的信仰"为内容的诸多宗教仪式的过程中，发现了宗教祭仪背后的文化功能和社会作用，比如丧礼的文化功能就是使得人们战胜对死亡的恐惧，并以灵魂不朽和来世生命等信仰内容塑造了人类的文化，并保证人类文化能够一直延续下去，从而克服个体消亡的痛苦。这些都是人类及其文化的根本需要，并反过来塑造了人类文化。

（二）功能性的宗教定义

实质性的宗教定义很好地将历史上出现的诸多宗教的教义、仪式、经典和组织结构加以分类和整理，并可以从人类学、考古学和文化等角度对这些具体对象进行研究，这样的历史性研究具有非常重要的学术价值，但是借助它们难以对现代社会中，宗教与社会互动的复杂关系做出较为准确的把握。功能性宗教定义的代表是涂尔干："宗教是一种与既与众不同，又不可冒犯的神圣事物有关的信仰与仪轨所组成的统一体系，这些信仰与仪轨将所有信奉它们的人结合在一个被称之为'教会'的道德共同体之内"（涂尔干，2011：58）。对于涂尔干来说，信仰、仪轨和教会是宗教定义当中的三个核心要素，但宗教的本质是由其目的（功能）决定的，那就是"强化和确认集体情感和集体意识，只有这种情感和意识才能使社会获得其统一性和人格性"。这样一来，在现代社会中占主导地位的"科学思想仅仅是宗教思想更完善的形式"，换句话说，科学与宗教在本质上没有不同之处，恰恰在于它们的目的都是为社会的统一性和人格性的建立而强化和确认所谓的共同体情感和意识。在涂尔干看来，由于科学摒弃了"狂热、偏执和一切主观影响"，所以在历史进程中，科学将会不断地替代宗教的地位，从而在一切领域中占据主导地位（涂尔干，2011：589－592）。

（三）宗教组织

涂尔干的宗教定义对后来的宗教社会学工作影响深远。这里，我们同样要关照到马克思·韦伯，我们都知道韦伯在其宗教社会学研究中拒绝对宗教这个概念进行界定，但他的相关工作毫无疑问表明了他对宗教这一概念的理解。在《宗教社会学文集》中，韦伯通过考察资本主义经济发展形式的主要特征，进而发现了资本主义经济发展的理性精神，而这种理性精神来源于英国清教传统，"在清教徒看来，虚度时光是万恶之首，爱闲聊，好社交，图享乐，甚至晚起床，都应受到谴责"（张志刚，2016：71）。在韦伯看来，这种世俗化的宗教伦理恰恰与资本主义的理性精神的形成有着很重要的关联："利益（物质的与理念的），而不是（宗教的）理念直接控制着人的行动。但是宗教理念创造的世界观常常以扳道工的身份规定着轨道，在这些轨道上，利益的动力驱动着行动"（韦伯，1995：18-19）。

可见，在韦伯看来，宗教是现代资本主义经济社会形成的动力因，尽管它是经由新教禁欲主义塑造资本主义的理性精神来间接推动的。可见，韦伯对宗教的关注更多的是探究宗教在现代政治经济社会的形成中所发挥的作用。在《经济与社会》一书中，韦伯甚至把宗教组织与国家一道作为一种"强制机构"来理解："一种社会行为，尤其包括团体行为，只有当它旨在［以非暴力方式］影响一个政治团体的领导，尤其是支配权利的占有，或剥夺，或重新分配或委派时，才应该叫做'以政治为取向'。……僧侣的团体只有当它通过施舍或者拒绝施与救赎物，应用有形的强制（僧侣强制）以保障其制度时，才应该叫做统治的团体。教会只有当它的行政管理班子要求对合法的有形强制形成垄断时，才应该称之为僧侣统治的强制机构"（韦伯，1997：82-83）。在韦伯看来，当僧侣的团体具备一种有形的强制（僧侣强制）时，它就可能以一种政治团体的方式来实现其作为强制机构的统治力量。因此宗教对现代社会的影响就不仅仅局限于文化塑造的意义上，而是可能在与社会组织的互动中展现出某种宗教权威的强制力量。我们会在后文中看到，新分化理论的研究者们是如何在这个意义上受到了马克斯·韦伯的启发的。

二 传统的世俗化理论

美国社会学家卡萨诺瓦（Joseé Casanova）在《现代世界的公共宗教》一书中总结道，世俗化理论有三个核心命题——衰落、分化和私人化（Casanova，1994）。反对旧的世俗化理论的工作大多集中在"衰落"和"私人化"两个问题上。20 世纪的最后 20 年中，全球爆发了大大小小与宗教有关的政治运动，宗教问题一下子取代了冷战，成为新世纪需要面对的几个棘手问题之一。宗教的衰落遂成为宗教社会学中的一个"伪命题"，与"宗教复兴"同时被观察到的是宗教的"非私人化"，宗教并没有像理论预测的那样在私人领域作最后的坚守，而是突破了传统的信仰领地，不断地深入公共领域和政治竞技的舞台当中。

我们在罗伯特·贝拉的《美国的公民宗教》一文中可以看到宗教社会学家对宗教在公民社会中所发挥的作用做出的分析和期许。贝拉认为"在美国存在着一种与各种基督教教会并肩相随而又明显不同的、精心炮制的且充分建制化了的公民宗教"。显然，公民宗教这个概念在"公民"和"宗教"的层面上需要得到说明：既然它具有公共性，那么它必定要在政治社会中发挥其明显的作用；另一方面，如果它是宗教，那么它还需要具有所谓的宗教特征，不管这种特征是功能性的还是实质性的。贝拉是这样处理这个问题的："尽管个人的宗教信仰、崇拜和结社严格意义上被认为是私人性的事物，但与此同时，宗教取向中的某些共同因素还是被大多数美国人所共享的。这些共同因素在美国的制度发展过程中，扮演着至关重要的角色，并且仍然为美国人的生活包括政治领域这一整全的体系提供了一种宗教向度。这些公共的宗教向度被表达在一套信仰、象征和仪式之中，我称其为公民宗教"（贝拉，2014）。贝拉在行文中，极力表明在美国人的思想世界中普遍存在一种既类似于圣经宗教，又绝非任何一种具体的圣经宗教的诸多概念的意象族群，诸如"上帝""基督""拯救""末世"等。他列举了历史上多位美国总统作为证明，比如富兰克林、华盛顿、杰斐逊、亚伯拉罕·林肯、肯尼迪等。

但是，作为一种宗教，所谓的"公民宗教"似乎过于松散了，诸多信仰、象征和仪式似乎是一种"邦联"，无法对其成员发挥任何强制性的作用或者影响，正如贝拉自己说的"它是一种道德和宗教经验的遗产"，如果它只是一种历史文化经验，那么我们从何种意义上说它是一种宗教呢？即使最为排斥等级制的新教，它都同样需要某种教会组织来统合其组织成员，那么公民宗教的教会是什么呢？如果它的教会是国家的话，那么如何看待这个国家的性质呢？看起来，公民宗教在信仰和仪轨上似乎是一种横亘甚至超越了诸多具体宗教的元宗教，而它的社会组织形式和力量则显得模糊不清。

我们都知道，公民宗教的概念首先来自于卢梭的《社会契约论》，但人们只是提及却从没有以之作为实践的范式，对于现代人来说，卢梭的宗教似乎过于强硬了。因此，学者们大多是在康德和涂尔干的理论谱系下去看待公民宗教的，也就是说，公民宗教实际是作为道德性的维度而被理解和阐明的，所以它可以在概念上容纳政教分离的要求，也仍旧可以在公民宪政中发挥公共的道德作用。

三　新的分化理论

如上所述，去世俗化理论的支持者对世俗化理论的反思和批评主要聚焦于"衰落"和"私人化"两个部分，却没有对"分化"问题做出充分的检讨。公民宗教在概念上也以符合政教分离的原则为其明显的优势，卡萨诺瓦甚至认为"分化论"在当下仍然是有效的理论模型（Casanova，1994：6）。为此，我们需要稍微引入布莱恩·威尔逊（Bryant Wilson）、卡雷尔·多贝雷尔（Karel Dobbelaere）和马克·查韦斯（Mark Chaves）的相关工作。

（一）旧分化论

传统分化理论的成立主要基于这样的社会事实，即多数社会组织，尤其是政治组织从宗教领域中分化出来，获得自身的独立地位。根据这一理论，社会的分化过程伊始，宗教作为社会组织的主导性力量，一方面似乎是社会有机体的灵魂，随着社会分化的展开，宗教这一"实体"（涂尔干的意义上）逐渐失去了它的生命力，并逐渐萎缩为社会诸多组织力量的一种；另一方面，如果宗教在分化过程中始终被理解为这样一种独立的社会组织形式，那么分化的过程就是宗教在面对诸多社会组织互动的竞技场上丧失了其主导性的位置，并被其他政治组织所取代。无论是哪种理解方式，宗教都在这一分化的社会学描述中展现出了自身的歧义性，一方面是宗教在社会组织方面的角色分化和弱化，另一方面是宗教在价值观和信念方面不断抵制社会分化进程的离心作用。

关于"世俗化"的概念，彼得·贝格尔（P. L. Berger）明确说过："我们所谓的世俗化意指这样一个过程，通过这种过程，社会和文化的一部分摆脱了宗教制度和宗教象征的控制"（贝格尔，1991：128）。与其说这是一个定义，倒不如说它是对世俗化进程的一个理论描述。具体来看，学者费恩（Fenn）对世俗化过程划分了五个阶段，其中第二个阶段，亦即"世俗领域与宗教领域的分化"，该分化过程的核心是"政教分离"，这一概念包含着三重意义或原则："第一是意味着建制宗教与国家政治权力的分离，第二是建制宗教与公共生活秩序的分离，第三则意味着，在自由的民主国家里，政府不仅没有义务，也没有权力为社会成员提供一整套关于生命—生活的意义规定"（孙尚扬，2015：170 - 172）。政教分离是对宗教在一个社会有机体中失去其主导地位的整体描述，从诸多具体的社会组织角度来看，分化也意味着在家庭、教育以及道德等领域中，宗教的退场。

这样的描述是否能够很好地澄清宗教自身展现出来的歧义性呢？一些社会学家已经对此表示了明确的怀疑。塔尔科特·帕森斯（Talcott Parsons）在早期曾是传统分化理论的支持者，但后来他开始反思这一理论，甚至将他的后期工作称之为"一种进化改变的范例"（a paradigm of evolutionary change）（Parsons，1996：21）。随后，很多分化理论的研究者将宗教不再看作具有形而上学优先性的道德共同体，而是看作另外一种世俗的组织领域（mundane institutional sphere）。卢曼（Luhmann）认为，宗教领域在特定的时空范围内，在某种程度上受制于国家、科学或者市场，从而获得它的"可能性的领地"；在另外一种时空之下，宗教却又可能会限制其他领域获得自身的可能性领地（Luhmann，1982：225）。因此，宗教不再像涂尔干所描述的那样具有理论上的优先地位。宗教被理解为一种独立的社会组织形式，分化理论的研究者们转而关心宗教作为一种社会组织究竟在世俗化过程中展现出了什么样的作用。

（二）新分化论

对宗教的社会组织面向的关注可以追溯到韦伯，前文已有介绍。著名宗教社会学家布莱恩·威尔逊在对世俗化下定义的时候，我们也已经可以看到他的理论意图："世俗化乃是宗教制度、行为和意识得以丧失其社会重要性的过程"（孙尚扬：2015：161）。也就是说：在世俗化的过程中，宗教"在社会体系的运作中不再发挥重要的作用"（Wilson，1982：150），并"失去了对其他社会部门的支配能力"（Wilson，1985：15）。但这并不意味着宗教允许其成员放弃其宗教信念，所以宗教组织在社会结构中的失势是一回事，在个体层面则是另一回事。威尔逊的相关论述挑战了韦伯的祛魅理论，因为世俗化仅仅意味着宗教组织层面上，亦即宗教在社会层面上的衰落。因此，莱希纳（Frank J. Lechner）认为世俗化理论"作为一种研究社会变革的理论，根本不会关注个人的宗教行为"（Lechner, 1991）。但这样一来，世俗化理论就没有办法去触及个人层面的宗教问题了，这样的后果是，与宗教相关的社会成员的行为研究就被世俗化理论排除出去。因此，多贝雷尔呼吁将个体层面纳入到世俗化理论的研究视阈之中，也就是说，世俗化理论要关注"宗教对市民的微动机的影响"（the impact of religion on the micromotives of the citizens）（Dobbelaere, 1989：38）。值得一提的是，多贝雷尔的世俗化理论也有三个维度，即"圣职革除"（lacization）、"内在的世俗化"（internal secularization）和"宗教缺位"（religious disinvolvement）：圣职革除指的是分化过程，即政治、教育、科学和其他组织从宗教组织的社会中分离出来，获得自身的自主性，这是社会层面上的世俗化；内在世俗化指的是宗教组织在面向世俗世界时，为了适应外部环境从而经历的自身组织的内部发展，这是组织内部层面上的世俗化；宗教缺位指的是在宗教成员内部的信念和仪轨的衰落，这是个人层面的世俗化。这种三重结构要比我们前面看到的传统思路更为清晰地展现出了世俗化进程的复杂性和层次感。

（三）宗教权威

马克·查韦斯指出，世俗化理论如何在组织和个人层面上展开研究成了新分化理论面临的主要任务。查韦斯认为，以往的分化理论研究之所以面临重重理论困境，主要是因为它的研究对象没有被界定清楚，宗教作为世俗化理论的研究对象显得过于宽泛了，宗教社会学确实应当将宗教完整地纳入科学的研究之中，但世俗化理论则应当把研究视域聚焦在"宗教权威"（religious authority）上。所以查韦斯说："在所有这些分析层面上对宗教权威进行研究，我们就可以轻易地分辨出在理论上与世俗化假设相关的现象与其他社会现象之间的差别。……我的建议是相当激进的。我主张放弃宗教作为世俗化的对象，而用宗教的权威取而代之"（Chaves, 1994：754）。

我们在前面已经介绍过，韦伯认为僧侣团体必须依靠"僧侣强制"来实现其政治统治职能。在查韦斯看来，这种"僧侣强制"虽然与政治权威的"物理暴力"类似（比如政治上对官员的免职，在宗教上是对教士教阶的贬谪），但"僧侣强制"更多地依赖于无形的思想层面，因此需要进行社会学以外的阐释。在韦伯的基础之上，查韦斯对宗教权威做出了如下定义："我把宗教权威的结构定义为这样一种社会结构，即通过控制个人通向某种可欲的上帝的道路，从而加强自身的秩序，并且达到自己的目的。而那些合法的控制手段中包括了一些超自然的却很微弱的部分。"定义的前半部分照顾了宗教的功能性面向，定义的后半部分则指出了宗教的实质性内容。那些超自然的事物成为宗教发挥其功能的必要手段，因此查韦斯认为，"一种权威结构通过参照（reference）某些超自然的东西，即使这些东西是非人格的和彼岸的，只要它对其成员的顺从的要求就是合法的话，那么这种权威结构就是宗教的"。看起来，宗教权威的界定依赖于宗教定义的两种理论可能性，也调和了这两种定义之间的张力。这样一来，世俗化理论的第一个命题，即"衰落"，就不再是宗教的衰落，而是宗教权威的衰落，所以衰落"指的是这样的一些社会结构的影响力的衰落，这些社会结构的合法性依赖于对超自然事物的参照"，亦即"世俗化指的是宗教权威在社会层面、宗教组织层面和个人行为和信念层面的衰落"（Chaves，1994：755－756）。

同理，世俗化的其他两个命题，即"分化"和"私人化"就成了新分化理论的社会研究层面和个人研究层面。在这样的研究框架下，查韦斯给出了如下研究图式（Chaves，1994：761）来说明宗教权威在个人和社会层面上的分化状况：

表1　世俗化的两个面向：社会集合

		社会层面的世俗化	
		程度高	程度低
个人层面的世俗化	程度高	（方格1） ·当代工业社会的大多数地区	（方格2） ·中世纪欧洲 ·殖民地时期的美国
	程度低	（方格3） ·非洲的社群 ·美国的社群 ·美国新教原教旨主义	（方格4） ·某些传统社会 ·当代伊朗

　　如上所示，纵向是个人层面的世俗化度量，横向是社会层面的世俗化度量，四个方格分别展现了四种不同的世俗化类型。方格 1 展示了当代工业化社会的大部分地区的状况，在这类社会中，宗教权威被限制到了尽可能低的程度，其对国家社会（包括经济、科学、艺术等）和个人的影响也变得无关紧要。方格 2 展示的社会世俗化水平很低，但个人世俗化水平很高的情况，查韦斯举欧洲中世纪和殖民地时期的美国作为案例，在这样的社会中，尽管宗教权威在国家、科学和教育等部门都发挥着决定性的影响力，但对个人而言，宗教的控制力仍旧微乎其微（其原因可能是教育不发达、强力政治体制的缺乏等）。方格 3 展示的是社会世俗化水平很高，但个人世俗化水平很低的状况，在这些社会中宗教并不占据主导地位，但把它作为一个封闭的整体看待时，宗教对其成员的控制力还是很强的，甚至可以被视为相关国家中诸多政治团体的重要成员。方格 4 则展示了现代世界中的例外情况，即宗教在社会和个人层面上都占据主导地位的社会组织样态，查韦斯举的案例是一些传统社会和当代的伊朗。

　　看起来，这样的图式非常清晰地展现出来世俗化进程中的诸多复杂面向，甚至把世俗化理论遭遇到的例外情况都纳入了宗教权威的新分化理论框架中，那么，这样的理论架构是否真的可以完美地回应去世俗化理论者的质疑呢？图式中一个明显的困难是，把美国社会、殖民地时期的美国和美国新教分别放入不同的世俗化类型之中是否表明美国确实是一个世俗化理论研究的例外呢？换句话说，世俗化理论如何以一种整体的视角去分析美国当前的宗教现象呢？必须要把它切割成不同的社会组织模块去研究，抑或是真的存在一种看不见的"公民宗教"在发挥作用？

四　反思

　　威尔·赫伯格（Will Herberg）说："美国也有它的公民宗教，尽管它并不被大多数人这样看待，但它却以大家熟悉的方式运转着，如同其他宗教那样，有它的信条、膜拜、法典，并构成了一个共同体"（赫伯格，2014）。他认为，美国的公民宗教与每个具体的美国人所认信的宣信宗教间没有任何张力、摩擦或者冲突。但是，近年来宗教问题，尤其是伊斯兰问题反而越来越在美国社会中凸显出来。当人们为破除宗教迷信而对现代性的诸多价值进行讴歌的时候，我们实际上并不清楚现代性究竟是如何形成，并逐渐成为现在这个样子的。正如伟大的悲剧英雄俄狄浦斯王一样，当他凭借自己的力量征服了一个国家时，他却仍旧是个移民，因为他对自己的出生一无所知。

根据传统的世俗化理论，我们身处一个世俗时代，用世俗化这个概念，我们似乎能够理解宗教在现代社会中的遭遇，但当它在这"窘境"中又如雨后春笋般突然兴起时，世俗化的叙事方式就显得漏洞百出了。面对这一困局，新分化理论被提出，查韦斯用社会层面和个人层面上的宗教权威的衰落替代了宗教的衰落、分化和私人化的传统理论视角。这是一条有启发意义的新思路，因为它通过把世俗化现象从全部社会现象中切割出来的方式，守住了自身的理论研究阵地。正如孙尚扬老师指出的那样："世俗化势力虽然在退却，但不会全军溃败，更不会响应斯达克等人的呼召——欣然安息"（孙尚扬，2008）。新分化理论的出现即是这样一个重要的例子。世俗化理论的研究对象究竟是宗教，还是宗教权威？对于世俗化理论的研究者而言，这是一个切实的问题，为此，新分化理论值得我们继续去研究和反思。

麦克斯·穆勒（Max Müller）说过："只知其一，一无所知。"意思是只知道一种宗教，其实对宗教这个概念是一无所知的。同样地，宗教社会学的学者们在研究宗教问题时，从宗教的某个具体面向上（比如宗教权威）展开研究，还不足以完整地揭示出宗教在现代社会中所发挥的作用，及其在此过程中所展现出来的复杂现象。宗教的定义、世俗化概念的意涵和反思等诸多问题不应当在实证分析的工作中被忽视，因为这些问题不仅关乎我们对宗教现象的理解，更关乎我们对人性的根本认识。

参考文献

〔美〕彼得·贝格尔：《神圣的帷幕：宗教社会学理论之要素》，高师宁译，上海人民出版社，1991。

〔美〕罗伯特·贝拉：《美国的公民宗教》，孙尚扬译，载金泽、李华伟主编《宗教社会学》第 2 辑，社会科学文献出版社，2014。

〔英〕詹姆斯·G. 弗雷泽：《金枝——巫术与宗教之研究》（上、下），徐育新、汪培基、张泽石译，中国民间文艺出版社，1987。

〔美〕米歇尔·艾伦·吉莱斯皮：《现代性的神学起源》，张卜天译，湖南科学技术出版社，2012。

〔美〕威尔·赫伯格：《美国"公民宗教"的概念及来源》，柏宇州译，载金泽、李华伟主编《宗教社会学》第2辑，社会科学文献出版社，2014。

孙尚扬：《世俗化与去世俗化的对立与并存》，《哲学研究》2008年第7期。

孙尚扬：《宗教社会学》，北京大学出版社，2015。

〔法〕爱弥尔·涂尔干：《宗教生活的基本形式》，渠东、汲喆译，商务印书馆，2011。

〔德〕马克斯·韦伯：《儒教与道教》，王容芬译，商务印书馆，1995。

〔德〕马克斯·韦伯、〔德〕约翰内斯·温克尔曼：《经济与社会》，林荣远译，商务印书馆，1997。

张志刚：《宗教学是什么》，北京大学出版社，2016。

Casanova，José

1994. *Public Religions in the Modern World*, University of Chicago Press.

Chaves，Mark

1994. "Secularization as Declining Religious Authority", *Social Force*, Oxford University Press.

Dobbelaere，Karel

1989. "The Secularization of Society? Some Methodological Suggestions", *Secularization and Fundamentalism Reconsidered*, edited by Jeffrey K. Hadden and Anson Shupe Paragon House.

Lechner，Frank J.

1991. "The Case Against Secularization: A Rebuttal", *Social Force*, Oxford University Press.

Luhmann，Niklas

1982. *The Differentiation of Society*, Columbia University Press.

Parsons，Talcott

1996. *Societies: Evolutionary and Comparative Perspectives*, Prentice-Hall.

Wilson，Bryant

1982. *Religion in Sociological Perspective*, Oxford University Press.

1985. "Secularization: The Inherited Model", *The Sacred in A Secular Age*, Phillip E. Hammond ed. , University of California Press.

传承与创新：玛丽·道格拉斯与牛津人类学

陈锐钢*

摘要：玛丽·道格拉斯的学术成就与其所受的牛津人类学的学术训练及熏陶分不开，亦与其自身对牛津人类学传统的取舍与突破分不开。综观其一生的学术关怀和研究实践，布朗、普理查德作为牛津人类学发展中的重要代表对玛丽·道格拉斯产生了重要影响，牛津人类学团体氛围同样成为玛丽·道格拉斯学术研究的沃土，但其同时也在如下方面以自己的方式进行着思考和实践：对理论建构和一般通则的极大兴趣，汲取涂尔干的遗产方面，关于宇宙论与社会结构的探讨方面，重结构而轻功能，兼顾结构分析路径与个体能动性。对玛丽·道格拉斯及其学术成就的评价应该更加全面客观。

关键词：玛丽·道格拉斯　牛津人类学　社会人类学

玛丽·道格拉斯（Mary Douglas，1921－2007）是当代英国著名社会人类学家，她所著《洁净与危险》《自然的象征》《制度如何思考》《思维模式》《风险与文化》《风险与责任》《文化偏见》等书为社会人类学、宗教学、社会学、文化研究、社会理论研究等提供了新的视角和理论探索。她所提出的关于"洁"与"不洁"的讨论，以及"格/群"文化理论在打通宗教研究与社会科学研究之间的界线方面占有一席之地。有人称玛丽·道格拉斯是少数几个能够同哲学家、历史学家、文学家交流的人类学家之一，称其是一个"横向思维的天才"，认为这也许是她作为一个知识分子的真正特点，即具有一种能够在看起来不相关的现象中察觉出

---

　*）陈锐钢，台州学院讲师。

同一性的能力。

1921 年，玛丽·道格拉斯出生于意大利的圣雷莫（San Remo）。早年曾在洛翰普敦圣心修道院学校寄宿读书，直至 1938 年高中毕业。1939 年被牛津大学圣心修会接受，到牛津攻读经济学学位，于 1942 年毕业。1943－1947年，玛丽在英国海外殖民地服兵役。其间，接触到伊文斯·普理查德（Evans Prichard）等人类学家，受到影响，于 1947－1948 年返回牛津攻读人类学学位，并于 1949－1952 年攻读牛津人类学博士学位。博士导师名义上是 M. N. 斯尼瓦（M. N. Srinivas），实际上却是受伊文斯·普理查德指导。在攻读博士学位期间及之后，先后两次深入到刚果的莱利人中进行田野调查。1950－1951 年，担任牛津大学社会人类学系讲师职位，并于 1951 年受聘为伦敦大学学院讲师。1951－1978 年，玛丽·道格拉斯一直任教于伦敦大学学院，并于 1971 年被聘为教授。1963 年，其博士学位论文《卡塞的莱利人》出版；1966 年，其代表作之一《洁净与危险》出版；1970 年，其另一代表作《自然的象征》出版。此后，玛丽·道格拉斯的理论体系逐渐成形并不断得到应用。1977－1988 年，其随丈夫一起移居美国。旅美期间，曾先后在拉塞尔·赛奇基金会（Russell Sage Foundation）任人类文化研究中心主任（1977－1981），在美国西北大学（1981－1985）及普林斯顿大学（1985－1988）任人类学教授。1988 年，玛丽·道格拉斯返回英国。1994 年，获英国伯纳尔奖（Bernal Prize）。2007 年，被封为大英帝国女爵，同年 5 月 16 日，玛丽·道格拉斯逝世于伦敦，享年 86 岁。

对于玛丽·道格拉斯及其学术成就，学界一直褒贬不一。本文试图梳理玛丽·道格拉斯的学术成就与牛津人类学，尤其是牛津社会人类学之间的关系，分析玛丽·道格拉斯所受的牛津人类学氛围的熏陶，其从牛津人类学传统中所汲取的营养，及其对于当时所处的牛津人类学研究内容与方法的创新。为充分了解牛津人类学及社会人类学的传统，首先需要回顾 1938 年之前的牛津人类学的发展情况。

一　1938 年之前的牛津人类学：背景学科多且参与者广泛

尽管 1905 年前后即开始对人类学的学科性质进行广泛讨论，并且已经出现了希望缩减人类学研究范畴的声音，但 1938 年之前的牛津人类学，仍然表现出明显的背景学科多、杂而且参与者广泛的特征。这虽与 20 世纪上半叶学科间的融合趋势相契合，但对于一门新兴的学科人类学而言，其学科性质、研究范畴、研究内容、研究方法等亟须得到界定，并获取人类学学者群体内部以及外部其他学科的广泛认同。这个过程伴随着人类学的发展而被广泛讨论。牛津人类学在此过程中的贡献也令人注目。

牛津大学对人类学的兴趣可以说在 19 世纪 60 年代就可初见端倪，19 世纪 60 年代至 80 年代期间，牛津大学内部已然开始了对人类学的关注及推动，而泰勒更是被誉为"人类学之父"，牛津人类学的正式开始也可追溯到 1884 年泰勒在牛津正式教授人类学课程。

在牛津人类学前期发展中，有一个博物馆功不可没，那就是牛津大学的皮特－里弗斯（Pitt-Rivers）博物馆。之所以讲皮特－里弗斯博物馆在牛津人类学发展初期中地位重要，是因为牛津人类学在发展初期，几乎所有的教学和科研工作都是在博物馆完成的。这与人类学发展初期人们对其性质的争议有关。在最初的发展阶段上，人类学被试图构建成像自然科学那样的科学，博物馆中的很多包括工艺品、人类骨骼等藏品为体质人类学、考古学等的研究提供了必要的基础。即便是"人类学之父"泰勒，也试图将人类学列入科学，在其晚年，还致力于探讨类似自然科学方法的人类学研究方法。而另一位与博物馆渊源颇深的亨利·巴尔福（Henry Balfour），则可以被视为人类学中自然科学传统的最后代表。巴尔福长期担任皮特－里弗斯博物馆的馆长，对博物馆倾注了大量心血，也缘于同莫斯利的关系，他到去世时，还为人类学成为一门科学而努力。对巴尔福来说，他和该博物馆之间，是一种共生共存、双向建构的过程：一方面，他获得博物馆馆长的职务，逐渐使博物馆获得独立地位，扩充博物馆藏品，为人类学的教学和科研提供物质基础；另一方面，他自身的学术观念又深深地被博物馆所限制。不管是传承莫斯利，还是因为与泰勒的个人关系[1]（Peter Riviere，2007：26），巴尔福始终坚守人类学应该通过解剖学、考古学、生物学等的实验方法，将自身塑造成一门科学。而他自身，也被视为人类学中自然科学传统的最后代表。

---

[1] 据说巴尔福致力于为皮特－里弗斯博物馆增加收藏品，但因为当时巴尔福才 20 多岁，而泰勒已然在英语世界中成为知名人类学家，因此，人们往往将藏品归功于泰勒，而巴尔福对自己的努力工作并未得到别人正确的认知而不满，不过这也是完全可以理解的。

在考察牛津人类学发展史的时候，博物馆往往被关注得不够，还有一个重要原因是，人们往往对牛津人类学的学科归类由自然科学转向人文学科再转向社会科学这个过程并未给予足够关注。实际上，在人类学发展之初，不单是牛津人类学，英国整个人类学的发展方向都是朝着自然科学方向发展的。正如《牛津人类学史》所指出的："赫顿和巴尔福视他们自己为观察科学家，用他们的技术处理那些人类文化多样性和历史的证据。剑桥学派的其他人类学家，比如黎弗斯（William Halse Rivers）和塞尔格曼（Charles Gabriel Seligman），以实验科学的传统进行工作，对他们田野中的对象进行知觉和心理的测试。收集和鉴定物品对这种形式的人类学来说，是基础性的工作，因此，人们专注于收集民族志'事实'。无论是在博物馆中工作，被手工艺品和标本环绕，还是处在那些远离家乡的本土信息提供者之间，这批'中间的'民族志学者寻求创造一门独立于文化及其产品的科学"（Peter Riviere，2007：27）。基于这样的一种认识，他们对于博物馆的建设非常重视，而实际上，这一阶段的牛津人类学所具有的参与者众多这一特点也表现在博物馆藏品来源的丰富性上。人们通过各种形式的活动，不管是私人沙龙，还是公共讲座，对人类学产生兴趣，进而向博物馆捐献自己的藏品。皮特-里弗斯博物馆的藏品都会有一个关于它的来源说明，从这些来源说明看，捐赠藏品的人们来自不同地区、不同职业。

牛津人类学在发展初期，在牛津大学内部处于一个比较尴尬的位置，它没有自己的学科地位。从1895年开始，牛津人类学为获得本科学位经历了艰难的过程，至今仍需和考古学联合作为一门最后荣誉学科。[①] 初期牛津人类学未被列入本科专业的缘故，一方面是因为人们普遍对人类学的学科性质有疑虑，另一方面是因为人类学艰难的获得承认的过程也可以被视为牛津大学内部长期的张力或冲突的牺牲品。就前一个方面来说，人类学到底应该宽泛地被视为所有关于人类的学问，还是应该将自身限制在有关"原始"人或群体的研究范畴中。如果从宽泛意义加以确立，则会影响到某些已经确立的学科领域；如果仅仅限制在"原始"范畴，那么如此狭窄

---

① 1895年，泰勒和他的支持者试图使人类学成为一个完整的最后荣誉学科。这项提议被拒绝，但此后类似的尝试不断出现。不过直到1970年加入人文学科，以及1992年与考古学联合，才将这一事业变成现实。

的一门学问又如何适合本科生来学习呢？而就后一个方面来说，牛津大学自成立初期，人文学科和自然科学之间、大学和学院之间、大学和系所之间都存在着非常微妙的冲突或张力。而此时的人类学，恰好成了这种张力的牺牲品。不过，失之东隅收之桑榆，牛津人类学关注于研究生教育，先从人类学文凭开始，后来是确立学位，正是因为关注研究生教育，使得大批接受过牛津人类学教育的博士生成为英国国内外具有影响力的人类学家，从而奠定和巩固了牛津人类学的核心地位。

牛津人类学的发展，除了内部的因素外，还受到外部因素的影响。在其发展初期，剑桥大学组织的托雷斯海峡探险活动给了牛津人类学以很大的刺激，使得牛津内部对于人类学的关注获得提升。1905 年，牛津人类学正式成立组织并发布公告，在对研究生资质的说明中，提到人类学研究生仅仅关注于"原始社会"，这可以说是对上述因素的一个妥协，以此表明，人类学的确立并不会影响到某些既有学科。此后，牛津人类学经历了 30 余年（1905 - 1938 年）的稳定发展时期。也是在这个时期，牛津人类学的课程由开始的范围非常广泛到后来的被"三巨头"所垄断。这三巨头分别是，1935 年去世的着重体质人类学领域的亚瑟·汤姆森（Arthur Thomson），1939 年去世的着重考古学、民族学、研究技术方面的亨利·巴尔福，以及注重社会学方面的社会人类学讲师马雷特（Rokert R. Marett）。

这里需要指出的是，1905 年前后，英国人类学普遍出现了缩减学科范畴的尝试，比如在剑桥，弗雷泽也提出建议，将人类学限定在对"人类社会的最初开端及基本发展"的范畴中（J. G. Frazer, 1913：161）。此时期人类学的范畴缩减，与人类学在田野调查和民族志方面的发展密不可分。而这也可被视为现代人类学学科范畴逐渐被确立的过程的一部分。不过1905 - 1938 年在牛津攻读人类学学位的研究生，依然要掌握体质人类学、民族学、考古学和社会人类学各个方向的知识，只有通过一个总体的考试之后，才能够选择其中的一个方向进行更进一步的考核。

1905 - 1938 年，牛津人类学关注于田野调查，而疏于理论发展。同时期在整个英国的人类学领域中，出现了一些新趋向，如功能主义的兴起，如人类学的不断专业化，但这并未影响到牛津大学的人类学传统。甚至有学者认为，在该时期，牛津人类学在理论方面几乎没有发展，认为该时期开始时，牛津人类学在做什么，到它结束时，依然在做什么。有人将此现象归咎于马雷特。认为在此期间，基本是马雷特掌管社会人类学，而他并没有太多学术意义上的发展。尽管剑桥大学所发起的托雷斯海峡探险活动已显露出人类学田野调查的新方向，但马雷特对此并不关注，他一如既往地支持牛津的研究生以原来的方式去进行田野调查。不管是马雷特，还是"三巨头"间的关系，还是牛津过于关注传统的氛围，实际都在这个过程中扮演了一定角色。讨论孰轻孰重并无太多意义，可以肯定的是，到20世纪30年代时，作为先驱的牛津人类学处于被剑桥大学、伦敦政经学院、伦敦大学学院赶超的危机之中。

尽管在两次世界大战期间，英国人类学整体都处于发展停滞阶段，但英国人类学的活跃中心从牛津转移到了伦敦。伦敦的人类学大致可以分为两派：一派是以马林诺夫斯基为核心的功能论派，该派的主要阵地为伦敦政经学院；一派是以史密斯（Grafton Elliot Smith）为主要代表的传播论派，该派的主要阵地为伦敦大学学院。这两派又以马林诺夫斯基的功能论派更为成功，它不仅打败了传播论派，并且马林诺夫斯基本人所提出的许多理论和方法反复被后人所广泛讨论和阐释。据说，马林诺夫斯基本人与洛克菲勒基金关系很密切，经常能够得到该基金的资助，再加上伦敦政经学院比较宽松的管理氛围，使得马林诺夫斯基有资金、有自由以自己的学术观念影响学生，并以自己的想法来组织伦敦政经学院人类学系的教学和科研工作。这也是马林诺夫斯基能够在当时拥有广泛影响力的一方面因素。相比之下，此时的牛津人类学，似乎与洛克菲勒基金并无多少交集，后者仅仅是在1935年时资助了牛津人类学的一个讲师职位，而该职位的获得者是对牛津社会人类学发展及玛丽·道格拉斯都有深刻影响的伊文斯·普理查德。

20世纪30年代，"三巨头"逐渐年老，对日常教学已经力不从心。汤姆森和巴尔福都已经有人接替，唯独马雷特的接任成问题，经过讨价还价之后，牛津大学同意设立一个法定的讲师职位来代替马雷特。也正是这时，万灵学院开始介入，促成将此讲师职位变为教授职位。万灵学院对人类学的兴趣与其对殖民地与帝国统治的兴趣直接相关。当时英国人类学普遍为英国海外殖民地统治培训官员以及新产生的传教士。在牛津大学人类学广泛介入之前，培训殖民地官员和新传教士的工作基本上被伦敦大学所垄断，而牛津也希望能够在该项工作中占有一席之地。实际上，社会人类学讲师职位之所以能够成功变为教授职位，也是各方条件共同作用的结果，正如《牛津人类学史》中所说："一个处在危难中的'系'，一个不能或不愿意帮忙的大学，一个急切地需要将钱花在大学身上的学院。"（Peter Riviere，2007：73）而这一社会人类学教授职位的获得者——拉德克利夫 - 布朗（Alfred Radcliffe-Brown），是牛津人类学由自然科学转向社会科学的主要推动者之一，也是这位与牛津人处事习惯格格不入的"外来者"，使牛津人类学发生了方向上的转变。

总之，1938 年之前的牛津人类学呈现出更加开放和参与者众多的特征。这一方面与人类学发展初期学科范畴并未有相对统一的认识相关，另一方面，也说明人类学的发展是同多种学科的发展相互交织在一起，彼此影响，彼此促进。

二　布朗时期牛津人类学的发展及玛丽·道格拉斯对布朗学术观念的汲取

如上文所述，20 世纪 30 年代，牛津大学万灵学院用一笔亟待支出的经费帮助了正处于困难中的牛津大学人类学。马雷特的讲师职位结束后，设立了一个社会人类学的教授职位，而此职位的获得者，即是对牛津人类学尤其是社会人类学的发展具有重要意义的布朗。

布朗时期的牛津人类学已然对本文所讨论的对象玛丽·道格拉斯产生了很大的影响。这些影响大致可以从两方面来考察，一方面是布朗对牛津人类学总体发展方向的影响，另一方面是布朗本人的学术研究及观念对玛丽·道格拉斯的影响。

从布朗时期开始，牛津人类学开始逐步地转向，越来越倾向于社会人类学，而与人体解剖、物质文化、考古学的研究越来越分离。此外，布朗不管作为牛津社会人类学教授，还是作为英国皇家人类学协会的主席，同当时许多人类学家不同的是，他一直都对人类学关注殖民事务表示担忧，认为人类学不应该把过多的精力投入培训殖民地官员和新传教士上面。而在 20 世纪 40 年代的牛津，还有人类学家提出报告，视殖民地官员的培训为人类学的发展机会。因此，布朗的到来，实际上与那些主张人体解剖、考古学等为人类学的基础组成部分的人类学家，以及那些视培训殖民地官员为要务的人类学家格格不入。

实际上，布朗的获聘还是基于马林诺夫斯基的推荐。当时有很多竞争者，其中就包括普理查德。考官委员会中有一位历史学家，雷金纳德·柯普兰德（Reginald Coupland）劝说马林诺夫斯基来接受这个职位，马林诺夫斯基婉言谢绝，称伦敦政经学院对其很支持，他希望能够回报而不愿意离开，并且推荐了布朗，还称布朗是各方面都合适的人选，不但在理论贡献上，而且在系所的组织管理上也同样是天才。

布朗作为牛津社会人类学新任教授，他的到任极大地影响了牛津人类学在之后的发展。早在还未赴任之前，他就同牛津人类学协会商讨促使人类学被列入最终荣誉学科一事。不过，他与牛津的一些协会成员意见并不一致。牛津人类学协会希望学位应包含人类学学科的广泛知识内容，也就是一门整体的人类学；而布朗则希望进行一些变革，关注于社会人类学方面，当然这一观点同他对人类学学科性质的认识是一致的。在不能说服牛津人类学协会成员的情况下，布朗转而试图将人类学文凭分为四个分开的部分，分别是社会人类学、人类生物学、史前史和比较技术。但这项提议在 1938 – 1939 年都被拒绝。直到 1940 年，牛津人类学文凭的新形式出现了，即申请人需要先通过整体人类学的两场笔试和一场实践测试，之后选择三个专门的领域之一提交论文，这三个专门的领域分别是：体质人类学、史前考古学和比较技术、社会人类学。此后直到 1946 年布朗退休，在这个问题上并未再有推进，其间因为战争缘故布朗暂时离开了牛津，1944 年返回牛津时已经接近退休，在这件事情上很难有影响力了。

布朗在牛津任职时期，英国很多大学开始将精力投入到创造更加专业的研究文化事业中。从组织层面上来说，大学需要加大投入力度，从个人层面来说，很容易形成某些领军人物占据支配地位，形成个人中心主义。但是，这种类型的个人领导风格，却与牛津大学学院董事会集体主义的决策文化并不一致。伦敦政经学院规模小，在决策中具有更多个人和非正式的特征，并且给个人以及系所以很大的自由，因此，马林诺夫斯基在伦敦政经学院更容易按照自己的规划行事，他在教学和训练中推行以研究为导向的方法，在伦敦政经学院更容易获得成功。相比之下，牛津大学委员会和学院董事会要求一致通过的特点使其不仅维持原来的学术传统，而且限制变化和革新。这也就是说，人类学的新转向在牛津大学开展起来，比在伦敦政经学院要困难得多。但是，学科朝向更加专业、以研究为导向的学术氛围的发展，以及随之而来的资助和国际声誉，最终打败了牛津的"保守主义"。也因此，牛津大学的保守主义者们，尤其是坚持人类学应包含人体解剖、考古学等的学者们，将布朗视为一个斗争的对象。长期在皮特－里弗斯博物馆从事民族学教学的比阿特利斯·布莱克伍德（Beatrice Blackwood），曾经在一封信件中如此评价布朗："（布朗）对牛津人类学来说，是一个重大灾难……对我们来说，丢失了过去四十年牛津人类学所取得的所有基础"（Peter Riviere，2007：83）。

也许只有像布朗这样中意于我行我素的"外来者"才能无视牛津各种关系间心照不宣的习惯，也正是由于他能够无视这种传统，才能为牛津社会人类学的快速发展奠定基础。尽管在布朗任职期间，牛津人类学研究所依然维持在一个比较小的规模，到1946年，也只有一名教授、一位讲师、一位秘书兼图书管理员和七名学生，但是布朗任职期间，对牛津人类学方向的转变、对牛津社会人类学在普理查德任职期间达到快速发展奠定了坚实的基础。

布朗在牛津的改革与其学术观念是密切相关的。正是基于他对于人类学的认识，才促成他对于社会人类学的倾向，进而影响到牛津人类学的学科发展方向。

在英国人类学界，对于布朗学术成就的评价褒贬不一。赞赏者认为，布朗所使用的概念以及对于人类学学科体系的建构，是对其之前的英国人类学传统的革命性改变；而20世纪中期长期主导英国人类学研究的"结构功能论"（structural-functionalism）的形成，布朗也占有极为重要的地位。相反，批评者认为，布朗从未学会他所调查的土著的语言，他的民族志作品也不够严谨，而他对于人类学学科体系的建构并未提出新的理论，而更像是对于已有理论的综合。这里并不关注到底如何评价布朗的学术成就，而是要厘清布朗学术观点中哪些部分对玛丽·道格拉斯产生了影响，并被后者所吸收和发展。

玛丽·道格拉斯从布朗那里汲取的营养，笔者以为主要表现在如下几个方面：对涂尔干社会学理论的重视，对社会结构的重视，对宇宙观的重视，对一般通则的追求。

涂尔干的理论对英国社会人类学的发展产生了深远影响，从某种意义上说，布朗的学术可以视为将英国传统与法国涂尔干的理论相结合的结果。"布朗本人讲他选择安达曼岛是因为兴趣于图腾的探讨，并且与涂尔干强调性质和功能分析的新方法衔接"（黄应贵，1992：95）。尽管有人质疑当时布朗选择安达曼岛进行调查是因为赫顿介绍的缘故，调查的目的也是为了考察文化制度的起源问题，但布朗对于涂尔干理论的重视和受影响之深，却是不容置疑的。从布朗开始，涂尔干理论对牛津人类学的影响持续了很长时间，之后的普理查德，深受普理查德影响的玛丽·道格拉斯，都对涂尔干的理论情有独钟。

布朗对社会结构的重视尤其表现在其对亲属制度的研究中，可以说，布朗在研究亲属制度时，"结构"或者说"社会结构"是一个非常重要的探讨问题的方式。自然，布朗在运用"结构"分析路径时，他的"功能"分析路径往往是如影随形的。不过，玛丽·道格拉斯对于"功能"分析的兴趣远远逊于对"结构"分析的兴趣，关于这点，后文还将叙述。就布朗的"结构"分析而言，在《安达曼岛人》一书中，他提出"自然秩序与社会秩序在安达曼岛社会存在一种'结构性对应'"（Alfred Radcliffe-Brown，1964：381）。在布朗看来，自然秩序与社会秩序之间的结构性对应是一般"原始社会"的特征，并由此而与现代社会不同。正如布朗在《安达曼岛人》中所表述的："在现代的思想，我们习于区分社会秩序与自然秩序……但是在澳洲，土著与自然现象之间存在某种系统关系，这些关系基本上是类似人与人之间在社会结构中建立的关系"（Alfred Radcliffe-Brown，1964：129–130）。布朗还将"原始社会"中这种自然和社会之间的对应性扩展到对"原始宗教"的了解中，认为一体性，即自然和社会的一体性，是了解"原始人心灵"的重要基础。后来布朗在其"社会人类学比较方法"一文中，提出"对立的统一"原则，将以往所提出的自然秩序与社会秩序之间的结构性对应，以及所发现的二者之间的结构性对立结合起来。布朗指出，"对立的统一"原则结合了两种对立，一个是"逻辑的对立"，一个是"结构的对立"。其中，"逻辑的对立"是指成对的相反物之间既有某些层面类似，又有不同。这一思考方法与玛丽·道格拉斯在《洁净与危险》中所运用的思考方法有类似之处。

布朗提出"原始社会"的一体性原则，必然会促使他较为重视对"原始社会"宇宙观的探讨。不管是从"功能"分析路径，还是从"结构"分析路径，布朗对于探讨宇宙观的重视都有体现。如他在《安达曼岛人》中所强调的："为了揭示图腾祭仪的社会功能，我们必须思考整体的宇宙观观念，每种祭仪是片面性的表达此观念。我相信这是可能的：显示澳洲部落的社会结构是以很特殊的方式与这些宇宙观念衔接，显示这些结构的持续有赖于这些观念的存续；这些观念是有系统地展现在神话和仪式中"

（Alfred Radcliffe-Brown，1964：145）。在以往对于布朗的研究中，对其重视宇宙观考察的论述并不充分，而对于宇宙观的重视，认为宇宙观影响社会结构的观念则深深影响到了玛丽·道格拉斯的学术研究。

就布朗的整个学术研究来看，对于一般通则的追求占了非常大的比重，他的学术研究大多以寻求一般通则为基本目标。布朗一直强调他试图建立一门"比较社会学"，即通过有系统地比较不同类型的社会制度，寻求有关人类社会的有效通则。可见，对一般通则的寻求在布朗学术研究中占有的核心地位。早在 1910 年布朗在剑桥大学所开设的"比较社会学"一课中，就包括了如下内容："社会学的目的和方法，社会类型的分类，社会演化的一般法则，社会结构的演化，法律、道德和宗教的起源、发展和功能，经济制度，社会与个人，一般观念的社会源起，以及社会学和当代社会问题"（黄应贵，1992：88）。而在布朗之后的研究中，对于一般通则的探讨也贯穿始终。

总的来说，布朗在牛津大学人类学系任职期间，不管是对于牛津人类学在组织层面的转向与发展，还是其学术思想对牛津人类学家的学术实践的影响，都是非常明显的。可以确定的是，对牛津人类学来说，布朗的到来，绝对不是"一个重大灾难"。至少对于玛丽·道格拉斯来说，布朗对涂尔干理论的结合、对社会结构分析的重视、对探讨宇宙观的重视以及对一般通则的追求，都对其产生了深远影响。当然，相比于布朗，玛丽·道格拉斯的学术探讨也有许多不同之处。

三　普理查德时期牛津社会人类学的发展及普理查德对玛丽·道格拉斯的影响

上文提到，布朗在牛津所开展的将人类学的关注点置于社会人类学方向上的改革，使普理查德任期内的牛津社会人类学受益匪浅。1946 年，普理查德接替布朗成为牛津社会人类学的领军人物。他任期期间，即 1946 - 1970 年间，被认为是牛津社会人类学的经典或黄金时代。20 世纪 60 年代和 70 年代，英国人类学普遍发展迅猛，但牛津人类学的发展，尤其是牛津社会人类学的发展，尤其引人注目。也正是在这一时期，牛津人类学重新回到了英国人类学的核心地位，英国人类学的重地由伦敦转回到牛津。从培养博士生的数目上就可以看出牛津的优势地位。根据《牛津人类学史》

中的统计，1975－1980 年，牛津培养了 43 位博士，多于剑桥的 33 位，与伦敦政经学院、亚非学院和伦敦大学学院培养的博士人数总和一样多。这些人类学博士生中，绝大多数都选择社会人类学方向。当然，从 20 世纪 80 年代以后，英国许多大学加入到人类学系的创建过程中，相互间存在争夺优质学生资源的现象，牛津在培养专业人类学家这一过程中的相对主导优势变得不再那么明显。

布朗充分借鉴了马林诺夫斯基在伦敦政经学院设立人类学专业学位的经验，并将之推广到本科专业的设立上。这项工作得到了普理查德等后继者的持续努力，例如莫里斯·弗里德曼（Maurice Freedman，1970 年接替普理查德）、罗德尼·尼达姆（Rodney Needham，1976 年接替弗里德曼）、约翰·戴维斯（John Davis，1990 年接替尼达姆）等的努力。1970 年，牛津人类学作为牛津人文学科之组成部分，享受人文学科的最后荣誉学科地位；1992 年，联合考古学，获得最后荣誉学科的地位。在 1990 年，牛津人类学进行了重组：原来的体质或生物人类学系被重组进新成立的人类学与民族学学院，而牛津社会文化人类学研究所由民族学与史前史系、社会人类学研究所、皮特－里弗斯博物馆所组成。

普理查德任职期间牛津社会人类学的成功，一方面缘于其自身团体内部在学术上的发展和成就，另一方面也与其在英国国内外的学术声誉相关。到 1970 年时，牛津社会人类学的教员和学生人数比较布朗时期，都有了显著的提升。而这些教员与学生在各个有影响力的高校之间流动的过程中，更是加深了牛津社会人类学的影响力。

普理查德在其任职期间，为推动英国人类学研究做出不少贡献，他不仅推动其他地域进行人类学研究，比如印度和地中海地区，而且也拓宽人类学研究的地域范围。1968 年，"面向家乡的人类学"在牛津有了一个很好的开始。这项研究是芭芭拉·哈勒尔邦德（Barbara Harrellbond）所做的关于某一城市中处在衰落中的工业区的房产研究。并且，在普理查德的影响下，此时期牛津社会人类学与史学、哲学和神学来往甚密，获得学位的很多学生都有这些背景。作为人文学科的一部分，普理查德还携手林哈德与语言学家威尔弗雷德·怀特利（Wilfred Whiteley）发起了一本全新的专业期刊，即《牛津非洲文献图书馆》（The Oxford Library of African Literature，1964－1979）的出版工作。

尽管被誉为黄金时代，但此时期的牛津社会人类学依然隐藏着一些问题，比如，相比较于新理论的产生，更多的是发掘普理查德作品中的有益元素；并且，尽管牛津人类学获得了在英国国内外人类学的核心角色的地位，但在牛津大学内部，人类学依然是边缘学科。

总体上来说，普理查德任职期间的牛津社会人类学，一方面，承受着在牛津内部与生物人类学、民族学、社会学、考古学等博弈的压力，另一方面，自身也受限于普理查德的深刻影响。而后者在玛丽·道格拉斯那里，则变现得甚为明显。

从玛丽·道格拉斯为普理查德所撰写的传记可以看出，她对于普理查德的学术成就非常赞赏。对普理查德对于核心问题的把握、田野工作的方法、民族志研究、引导英国社会人类学未来发展方向等方面都给予了很高的评价。在她看来，普理查德的贡献至少突出表现在三个方面：主张原始思维中的合理性，其理论对研究日常生活的贡献，以责任追究体系为关键的研究方法。而从学术上来说，普理查德对玛丽·道格拉斯的影响则主要变现在如下几个方面：关注宗教问题，主张原始社会中人们的思维同现代社会中人们的思维一样具有逻辑性，对语言学的关注，对以涂尔干为代表的法国社会学的借鉴，对日常生活及个体能动性的关注。

对于宗教问题的关注，可以说是牛津人类学的一个传统，而普理查德和玛丽·道格拉斯都受到了这个传统的影响。道格拉斯认为普理查德在"由宗教研究发展出来的对认知体系的探讨"①（玛丽·道格拉斯，1983：24）方面贡献颇大。实际上，玛丽·道格拉斯同样是从对宗教问题的研究出发，最后形成自己的理论体系的。普理查德对社会、文化、语言、思想的本质的探讨，对玛丽·道格拉斯之后的理论发展影响颇大。尽管普理查德和玛丽·道格拉斯的学术理路存在一些明显的不同，但依然说普理查德给予了玛丽·道格拉斯以很深的影响，一个非常重要的原因，即是在一些关于文化、思维的较为基本的问题上，二者持有的观念是一致的。

普理查德的《努尔人的宗教》被道格拉斯视为普理查德"以常识比之于常识，以科技比之于科技，以神学比之于神学"（玛丽·道格拉斯，1983：143）的研究取向的巅峰之作，但同时，道格拉斯认为这是"巅峰中的缺陷"。之所以如此讲，是因为道格拉斯认为，普理查德将努尔的宗教与基督教相比较时，借用一些神学家的表述并不周全。道格拉斯认为努

---

① 该句话为该书翻译者蒋斌总结，笔者也认同此说法。

尔的宗教没有"判然的神学"，而基督教传统是"判然的神学"，两者是没有可比性的；而且，道格拉斯认为，普理查德这本书所借以类比的基督教神学理论，"只是某一个特定历史传统下的产物"（玛丽·道格拉斯，1983：144），它产生的环境是正教与异端的争辩，因此，普理查德将二者进行对应，"用自己预设的宗教研究著作应包含的章节束缚了努尔人的观念。努尔人对于神、罪、献祭、灵魂、象征的思想都被汇集起来，用以提出一个动人的神学论证"（玛丽·道格拉斯，1983：144）。但是，理论建构是为了更好地认识和把握问题、现象，很难验证这种理论的合理性，因为有时被观察者自己并未将实践上升为理论，但规则和意义始终存在，或说是最基本的假设是始终存在的。尽管道格拉斯指出了《努尔的宗教》中所具有的缺陷，但她依然认为，即使研究者在建构理论时受到自身背景的巨大影响，但好的理论建构应该能够反映本质，而在一些非本质的要素描述上也许会有所出入。也就是说，尽管道格拉斯认为《努尔的宗教》有缺陷，但仍不失为研究努尔人的宗教问题的好的理论建构，尤其是它通过探讨"责任追究方式"而进行的文化解释与文化比较研究，道格拉斯认为是可以解决研究者背景与被研究环境不同的问题。

在对宗教问题进行研究时，普理查德反对化约论的倾向，同时反对仅仅对宗教进行"功能"分析。普理查德主张，在进行功能分析的同时，还应关注意义的问题。玛丽·道格拉斯对普理查德的这一思想倾向作了如下总结："只有当我们拥有一种共同的经验（在这种共同的经验之上才有进行翻译的可能）时，我们才能了解比喻的意义。但是意义绝对无法由功能分析中获得。对伊凡普理查而言，人类学家的任务是要追究意义，而不是宣布这些意义为正或为误"（玛丽·道格拉斯，1983：170）。同普理查德一样，玛丽·道格拉斯终其一生，都在探讨意义的问题。只不过，普理查德探求意义的方法是透过人们追究责任的过程，发现一个社会基本的假设体系，包括推理的过程终止于何处，以及其中每一个环节如何扣连在一起。而玛丽·道格拉斯探寻意义的方式则有所不同。对此，下文中会述及。

除却对宗教问题的关注，普理查德对玛丽·道格拉斯的一个至关重要的影响，就是他认为，原始社会与现代社会，原始人与现代人，在心智、逻辑、理性等方面，并不存在本质的区别。这一观念深深影响了玛丽·道格拉斯。在道格拉斯的绝大部分作品中，都透着这样一个基本预设，也正是在这种观念之下，道格拉斯认为寻求一个有体系的理论建构，来梳理不同时期的社会秩序和文化价值的尝试是可能的。

在普理查德的学术研究中，他对于日常生活及日常语言也极为重视。玛丽·道格拉斯将其这一倾向视为其作为现代社会人类学奠基者的贡献之一。从上文中提及的普理查德与语言学家共同创办杂志的事情可以看出，普理查德比较重视与语言学的互鉴。而这一点，也影响到了道格拉斯。道格拉斯即是受到语言学家巴兹尔·伯恩斯坦（Basil Bernstein）的启发，加上自身的研究积累和学术思考，提出其"格/群"文化理论的。实际上，在20世纪中期，社会科学间的学科融合和互鉴已然到了快速发展的时期，伯恩斯坦本人也受到社会学、心理学的影响，而人类学、社会学、心理学、语言学等的相互影响越来越显著。

在牛津社会人类学的发展过程中，有两个方面的特征较为明显：一个是对宗教问题的关注；另一个是法国涂尔干社会学派的影响。在玛丽·道格拉斯看来，"普理查德全心全意希望他的研究工作能够对知识社会学理论有所贡献"（玛丽·道格拉斯，1983：58）。并且，她在考察普理查德对于控制注意力的选择性原则的观念时还评述道："普理查德和所有其他英国学者（除巴特莱之外）不同的地方在于他确信选择性原则应该从社会制度中去寻找，而田野工作正是唯一寻找它们的方法。由此观之，他的毕生心力可以说完全奉献给了法国社会学家，涂尔干、莫斯、布留尔，及哈布瓦赫等人，他们都可能成为工作上的伙伴，研究同样的知觉问题，而都受到海峡此岸英国心理学家的拒斥"（玛丽·道格拉斯，1983：51－52）。以普理查德为师，并处于牛津社会人类学一向重视涂尔干社会学观念的一种氛围中，玛丽·道格拉斯对于涂尔干理论的青睐实在是一个自然发展的过程。当然，学者之间在思想观念上的相互影响之所以能够成功，都是基于双方在某些问题上的认识是相同或者相似的，换句话说，后人在某些观念上受前人影响，是基于后人对于前人该种观念的认同。

普理查德在学术研究中，还注意考察日常生活和个体的能动性。而当时英国社会人类学普遍的氛围是功能论与结构功能主义的分析，普理查德能够在这样的一种氛围中，提出关注个体经验和日常生活，并与心理学保持交流互动，可见他的前瞻性和学术反思能力。作为一位"英国人类学家中唯一的一位研究工作始终和知觉心理学的主要论题保持持续关系的学者"（玛丽·道格拉斯，1983：49），他对于心理学的结合与马雷特、弗雷泽以及马林诺夫斯基对于心理学的应用不同。相较于马林诺夫斯基将巫术解释为对焦虑的因应之道的结合方式，普理查德更加关注心理学研究中关于心理认知与社会因素的关联方面的研究。剑桥大学实验心理学家，同时也是剑桥人类学先驱的赫顿，提出了"样式化"（conventionalization）的概念，而这一概念被同样在剑桥担任实验心理学教授的巴特莱（Frederick Bartlett）所吸取，并进而将样式化与社会制度关联起来。巴特莱对于社会因素如何影响认知问题的关注，以及他认为，样式化的问题必须要对样式化反应所存在的社会制度有所了解才能得到解决，都影响到了具有知识社会学倾向的普理查德的思想。在道格拉斯看来，巴特莱对普理查德影响颇大，甚至于超过了黎佛斯、布朗、马林诺夫斯基对普理查德的影响。而实际上，巴特莱的一些观念经由普理查德，也对玛丽·道格拉斯产生了不少影响。

　　总之，普理查德对玛丽·道格拉斯的影响突出表现在对于一些基本问题的认识上，表现在有关原始与现代在心智、逻辑、理性上并无二致的认识上，表现在对于文化、思维、意义的关注上。玛丽·道格拉斯对于普理查德非常敬重，并十分赞赏普理查德的高度："早在'自我实现'（self-fulfilling）的预言成为社会学的滥调之前，集体认知中自我设限（self-limiting）与自我肯定（self-validating）的过程在 20 世纪 40 年代就已经被分析过了，而且这项分析要比其后陆续完成者复杂得多。早在现象学主张社会学的了解必须由意识——认知机能——的磋商行为（negotiating activities）入手之前，伊凡普理查就已经掌握了这个问题，发展出一套研究方法，并且说明了可能的发展方向"（玛丽·道格拉斯，1983：141）。

四　玛丽·道格拉斯对牛津人类学传统的传承与创新

　　在艾伦·麦克法兰（Alan Macfarlane）为《牛津人类学史》所做的序言中，他讲到："我记得普理查德曾经告诉我，当他第一次在马林诺夫斯基的研讨班上展示自己关于努尔社会的研究成果时，认为均衡的对立（balanced oppositions）和彼此间的张力（mutual tensions）使得像努尔这样看似群龙无首的社会整合在一起，马林诺夫斯基认为这种思路是不会奏效的。的确，从伦敦政经学院显示出的集权、等级制的氛围来看，确实不容易认为这是可能的。然而，这种通过派系间的对立、分裂与融合、世仇与均衡的压力而整合的特征，既是那些无国家的社会的特征，也是牛津大学学校与学院间政治互动的关键"（Peter Riviere，2007：xiii）。因为在麦克法兰看来，"一个牛津学院就是部落的完美诠释，内部充斥着半隐藏的张力，然而当面对外部威胁时，又被这些有分歧的部分保护起来，并呈现出非常多的团结一致"（Peter Riviere，2007：xiii）。

的确，人类学家自身的经验会对其学术研究产生不小的影响，这种经验既包含了个人的生活经历、所接受的学术训练，同样也包含了个体所处的各种环境的影响，比如学术环境的影响及周边政治、经济、文化等环境的影响。对于玛丽·道格拉斯来说，人们往往将其对于仪式问题的关注归因于她的天主教信仰、她中学时期的修道院求学经历以及20世纪中叶的反仪式浪潮。实际上，玛丽·道格拉斯的学术关怀以及对于人类学基本问题的选取与探讨，与其所处的牛津人类学尤其是牛津社会人类学环境有很大的关系，并与其本人对于牛津传统遗产的突破直接相关。

玛丽·道格拉斯所处的牛津社会人类学氛围，有两个突出的表现，一个是其对宗教问题的关注以及自身成员间的宗教氛围，另一个是对于语言和意义的探讨。而这两种氛围都影响到了玛丽·道格拉斯的学术研究。

从宗教方面来说，牛津人类学家中比较著名者，从泰勒到普理查德，都非常重视对宗教问题的研究，他们创作出关于神话、宗教、巫术和魔法的一系列学术作品，并因这些作品而闻名于世。玛丽·道格拉斯在总结普理查德的贡献时，指出"由宗教研究发展出来的对认知体系的探讨"是其主要的贡献之一，而对于其自身来说，又何尝不是在此方向上努力呢？不管是其对《利未记》的分析，还是在《洁净与危险》一书中的关于禁忌的探讨，又或是"格/群"文化理论所关切的仪式、宗教问题，玛丽·道格拉斯对于研究宗教问题的兴趣丝毫未有减弱。不过需要指出的是，宗教问题在玛丽·道格拉斯的整个学术思考中占有重要的地位，但却不能等同。对宗教问题的探究可以视为是试图梳理社会秩序和文化价值的一个切入口，或说是分析路径。

当然，玛丽·道格拉斯作为一名天主教徒，似乎会更加容易地关注宗教问题或者以宗教问题为切入口。而当时的牛津人类学团体，同其对宗教问题的关注相呼应的是，其本身的"宗教性"。在当时的牛津，正如麦克法兰所讲："许多不同种类的宗教，以及与它们相伴随的大量神话和仪式，以一种并不寻常的方式被保护起来。牛津不仅以其大量的教会遗产闻名，而且也因为它福音派基督教的特点而广为人知，宽容并近乎多神论，然而虔诚并严肃。牛津为许多著名的人类学家提供了一个完美的家，这些人几乎全部是天主教徒或者犹太教徒。就像普理查德曾对我指出的那些开阔了人们对于部落社会宗教理解的人物中，有泰勒、史坦纳（Steiner）、普理查德、林哈德（Godfrey Lienhardt）、弗提斯（Meyer Fortes）、格拉克曼（Max Gluckman）、波科克（David Pocock）和玛丽·道格拉斯，这些人只是与牛津有关联的人物中的一小部分"（Peter Riviere，2007：xiv）。

尽管有学者认为，在 20 世纪中期，由于宗教信仰的不同而导致人类学家立场和观点不同的情况普遍而影响深刻，但作为玛丽·道格拉斯来说，其所试图实现的是一种"信仰归信仰，学术归学术"的状态。玛丽·道格拉斯于 1966 年出版的《洁净与危险》（Purity and Danger）一书，被认为"的确吸引了非常广泛的对一种人类学风格的关注，许多人将这种风格与她的牛津背景关联在一起，并且，这种风格以自己的方式在人类学与哲学和神学对话方面构成了一种重要的拓展"（Peter Riviere，2007：109）。玛丽·道格拉斯同样也以"自己的方式"在讲述着应该如何看待研究者的宗教信仰和学术研究间关系的问题。

玛丽·道格拉斯对普理查德在《原始宗教理论》中所指出的"人类学家并不一定要有自己的宗教"（Evans-Prichard，1965：17）深感认同，并进一步阐释道："只有在解释异族宗教时渗入对自己文化中的信徒强烈的故意或深刻的不满，才是不可原谅的错误。……如果在着手之初便导进了负向的神学观点，认为他们的宗教是虚妄的，那么就会像不成熟地对他们的农耕技术作负向的评价，或者未经检证地对他们的医药观念作正面的评价一样，同样有害于人类学的研究"（玛丽·道格拉斯，1983：167）。这段话可以视作玛丽·道格拉斯为普理查德及自己作为有宗教信仰的研究者是否会出现由于自身信仰降低研究的客观理性及可信性问题所做的表态与辩护。应该说，玛丽·道格拉斯并不认为宗教信仰者与人类学者两个身份有什么冲突之处，但是，她也明确认为，人类学者不能从自身信仰出发，持有文化偏见，否则将是不可原谅的错误。同普理查德一样，道格拉斯非常注重文化偏见的问题，以及注意对自身可能有的文化偏见的自省。

从其本人的学术实践结果来看，玛丽·道格拉斯始终在实践自身所持有的上述观点。在笔者看来，玛丽·道格拉斯作为一名天主教徒，其天主教信仰并不狭隘，其信仰也并未减弱自身研究的理性与逻辑性。如果说，其对于仪式问题的关注，选择对《圣经》文本进行分析，是受其天主教信仰经历的影响，那么，玛丽·道格拉斯对这些问题的分析过程，以及其更为重视的对于社会秩序和文化价值的梳理，对于宇宙论与社会结构之间的互动联结的梳理，则更多的是与英国社会人类学的学术传统相关联的。

至于牛津人类学对语言、意义问题的关注对玛丽·道格拉斯的影响，实际上大多是以普理查德为中间桥梁。从牛津人类学以及社会人类学整个的发展过程来看，它一开始就是与众多学科结合非常紧密的，比如考古学、民族学、体质研究等等，而在普理查德领衔时期，则是与史学、哲学、神学及语言学的联系甚为紧密。基于普理查德在当时的牛津社会人类学团体中的广泛影响，玛丽·道格拉斯作为普理查德的学生，在其研究中，也表现出了对于神学及语言学的关注。其在建构"格/群"文化理论时，对巴兹尔·伯恩斯坦的语言学研究成果的参考，即为一个较为突出的例子。

玛丽·道格拉斯的学术成就，与其所受的牛津社会人类学的训练与熏陶分不开，但同样与其自身的对于牛津社会人类学遗产的汲取以及对当时牛津社会人类学研究氛围的突破密不可分。玛丽·道格拉斯对于牛津社会人类学这片沃土的突破主要表现在如下几个方面：第一，对理论建构和一般通则的极大兴趣；第二，汲取涂尔干的遗产方面；第三，关于宇宙论与社会结构的探讨方面；第四，重结构而轻功能；第五，兼顾结构分析路径与个体能动性。

第一，牛津人类学传统中，不同时期对于一般通则的兴趣是有所不同的，比如，布朗试图找出一般通则，而普理查德则对较为宏大的理论建构并无兴趣。在这点上，玛丽·道格拉斯传承了布朗对一般通则的追求，不认同普理查德对于一般通则的没有信心。但玛丽·道格拉斯对于一般通则的观念和梳理方法又与布朗有所不同。

相较于普理查德对大规模的理论架构持怀疑态度，玛丽·道格拉斯则持乐观态度。基于这样的两种不同的态度，尽管普理查德的基本认知和信念对玛丽·道格拉斯产生了较大的影响，二者有近乎相同的认知基础，但所发展出的道路却不一样。玛丽·道格拉斯对理论情有独钟，她的"格/群"文化理论试图解决的问题和试图囊括的对象非常广泛，虽有对于仪式问题的现实关怀，但也显露出她试图梳理社会秩序与文化价值的核心关怀。她试图整合社会结构导向与文化分析导向，整合社会结构分析路径与社会组织分析路径。玛丽·道格拉斯认为，普理查德始终"坚守两个信念与承诺：其一是全人类的认知行为，在特性上是同一的；其二是致力于足以揭示这种特性的社会学分析"（玛丽·道格拉斯，1983：37）。普理查德的这两个信念对道格拉斯产生了较大影响，比如道格拉斯反对原始、现代二分法，将原始视为与现代相对应的不同存在，反对认为二者之间存在不可逾越的鸿沟。在第二个信念上，普理查德致力于探讨人类认知行为的特性，通过"责任追究"的研究路径，将某一群体中人们的认知行为与整个群体的政治、经济、文化体系进行衔接。道格拉斯则走了另一条道路，相对于普理查德无意建立大规模的理论架构，道格拉斯建构起试图囊括不同时代、不同地域中的社会文化体系的"格/群"文化理论，其目的绝不单纯是为了划分社会文化类型，而是为梳理社会秩序与文化价值找出合理的分析框架，她对于格、群两个向度的选取与其试图整合结构导向与文化分析导向、结构分析路径与社会组织分析路径有密切关系，也显示出其能够抓住本质的独特眼光。如果说"洁"与"不洁"的理论是她重视宗教领域的研究、关注社会秩序与文化价值的梳理的某一层面、某一领域的牛刀小试的话，那么，她的"格/群"文化理论则是一项全方位的尝试。而在其社会秩序与文化价值梳理的过程中，则又凸显出她对于宇宙观和思维方式的重视。

可以说，玛丽·道格拉斯汲取了普理查德在个人心智、知识社会学、日常生活等问题上的基本理念，并结合牛津人类学传统中对于宗教问题的重视、马林诺夫斯基和布朗的不同侧重的分析路径、涂尔干的社会学理论等，发展出自己的理论体系。暂且不讲其理论架构合理性有多少，玛丽·道格拉斯选取以考察宇宙论和社会结构互动联结为基础的"格"向度和考察个体行为所受的群体组织层面的影响的"群"向度的独具慧眼，是值得肯定的。其理论体系背后，对于宏大理论架构的追求，对于社会秩序和文化价值的梳理的关注，更是值得后人学习。

第二，涂尔干的理论遗产对牛津人类学尤其是社会人类学产生了非常大的影响，不管是布朗、普理查德还是玛丽·道格拉斯，对于涂尔干的理论遗产都极为重视，但彼此从涂尔干的理论遗产中获取的学术发展倾向却是不相同的。

布朗对涂尔干的理论的汲取，更多地表现在其对于一些概念如"社会功能"的使用以及对于集体情感分析的采用，即认为对个体情感的解释不能用来解释社会现象。正如学者陈文德所讲："终其一生，布朗一直强调建立一门理论科学。在这种前提下，他强调全貌性、社会学的解释而非个人心理学……的研究。他并且假定'功能'的重要性（尤其是有机体的类比研究），功能的一致性"（黄应贵，1992：112）。

对于普理查德来说，其非常关注涂尔干学术遗产中的知识社会学倾向，而其本人对于知识社会学的探讨也着墨颇多。普理查德对涂尔干理论的汲取，更多的是将英国心理学家对支持记忆的制度架构的兴趣，与由涂尔干的基本观念所引申出来的记忆力的社会性与物质性基础的研究相结合。

与前两者不同，玛丽·道格拉斯对于涂尔干的理论遗产的汲取，更多地表现在其对于认知体系的关注，以及下文将要述及的其对于宇宙论和社会结构之间的互动联结关系的梳理。如果说普理查德更加关注的是人们的记忆是如何受社会制度的影响的，那么玛丽·道格拉斯更加关注不同族群的人们的认知体系是如何形成并具有何种意义。

不过，普理查德对于知识社会学的关注和重视，对玛丽·道格拉斯还是产生了较大的影响的。玛丽·道格拉斯在其后期的著作中，包括《制度如何思考》（*How Institutions Think*）、《思维方式》（*Thought Style*）等，都对认知理论进行了探讨，当然这也与其关注宇宙论问题密切相关。并且，玛丽·道格拉斯在《制度如何思考》一书中所表达的观念受到巴特莱（Frederick Bartlett）、莫里斯·哈布瓦赫（M. Halbwachs）的较大影响，而这些分别来自于英国和法国的关于记忆选择性原则和集体记忆的观念，又与涂尔干所创始的社会学传统有很大关联。在这点上，玛丽·道格拉斯和普理查德一样，试图对英国与法国的研究方法和成果进行结合。实际上，从玛丽·道格拉斯自己的著述中，可以明显看出她对于涂尔干的理论建构的赞赏。法国以涂尔干为突出代表的社会学传统不仅深刻地影响到了普理查德，也深刻地影响到了玛丽·道格拉斯。在《制度如何思考》一书中，道格拉斯甚至呼吁学术界重新审视涂尔干的学术遗产，认为存在对于涂尔干的理论的曲解。从书中对于涂尔干的理论的辩护可以看出，涂尔干之于道格拉斯的影响是非常深刻的。

第三，玛丽·道格拉斯在其整个的学术研究中，都非常重视对宇宙论问题进行探讨，在结合英国和法国的研究方法的基础上，主张宇宙论与社会结构之间具有互动联结的关系。

在对普理查德进行评述时，玛丽·道格拉斯阐明了自己对于观念与制度的关系的思考，其讲道："如果在社会学研究的权威性架构中，武断地将观念与他所依附的制度分开，则会造成一种有害的二分法，宛如心智是独立存在、与肉体分离、没有任何支撑物的东西，却以某种奇异的方式对确实的制度发挥威力无比的影响力。这种观点让许多无法解决的问题占满了社会学的辩论会场"（玛丽·道格拉斯，1983：104）。在玛丽·道格拉斯看来，观念与制度不能被剥离开来讨论，正如她在《制度如何思考》一书中所阐述的，观念与制度在社会范畴上是互动并关联在一起的，某一时期某一社会中某一观念的流行，基本是社会选择的结果。而该种流行的观念，未必是一种首次被提出的观念，也有可能是早在几个世纪以前业已有人提出的观念，只不过，当时的社会并未选择让该观念流行。在观念与制度背后，是生活在历史和社会中的人，是人类自身，将宇宙论与社会结构相联结，不管是对应，还是"对立的统一"，还是以其他方式。是人类自己，将那些与自身所在的时空范围内的社会结构相契合的观念与制度凸显出来。

玛丽·道格拉斯的"格/群"文化理论同样也是建立在宇宙论与社会结构互动联结的基本判断之上。

第四，有学者将玛丽·道格拉斯作为"结构功能主义"的最后代表，但综观玛丽·道格拉斯的学术实践，其重结构轻功能的倾向较为明显，因此，笔者认为将其视为"结构功能主义"的最后代表有些许不妥。

布朗毫无疑问被视为英国"结构功能主义"的创始者，虽然其提供了一种研究方法和路径，但在布朗的整个理论架构中，由于过于重视"功能"，并且认为对于结构的了解也必须通过功能分析来实现，因此，在其理论架构中，文化的主观性、个人对意义的诠释都几乎成为不可能。

李亦园在评述布朗和马林诺夫斯基二者的不同时指出："布朗的功能着重于社会结构的意义，但另一位功能派大师马林诺夫斯基则着重于个人心理需求方面的解释，这是两者在功能理论上的基本不同之处。马林诺夫斯基认为文化形成一套密切相关的系统，要了解这一整体只有从社会中个人心理需要的层次上去探求，每一项风俗的存在都因满足个人的各种需求而存在；涂尔干和布朗都会认为巫术与宗教及其他社会制度是为了整个社会机体的需要而存在，马林诺夫斯基却指出宗教信仰和行为是基于个人机体需要所产生形成的"（玛丽·道格拉斯，1983：16）。

而对于玛丽·道格拉斯来说，其试图结合布朗的社会结构路径和马林诺夫斯基、普理查德对个体层面的关注。其"格/群"文化理论对于"格"和"群"向度的选取，即可视为一个例证。而作为功能派的创始者，尽管路径不同，布朗和马林诺夫斯基都十分重视功能分析。但玛丽·道格拉斯却并未表现出对功能分析的浓厚兴趣。如果说，在普理查德的作品中，还可较易寻见功能分析的痕迹的话，那么，到玛丽·道格拉斯的作品中，则功能分析的分量愈加减少。其重结构轻功能的倾向还是比较明显的，在其作品中，更多的是对于宇宙论、宇宙论与社会结构的互动联结、社会秩序与文化价值问题的关注。

因此，将玛丽·道格拉斯视为"结构功能主义"的最后代表，笔者以为不妥。一来是缘于其重结构轻功能的倾向，二来是缘于"结构"作为一种分析路径，玛丽·道格拉斯找到了自己的方式，这方式与布朗、普理查德不完全相同，更是有别于列维-斯特劳斯。结构作为一种分析路径，有其自身的解释力和生命力。在采用结构分析路径的同时，兼顾个体能动性，是玛丽·道格拉斯结构分析路径的一个重要组成部分。

第五，在20世纪中期英国人类学普遍倾向功能论与结构功能主义的氛围中，普理查德提出需要关注个体的能动性，关注个体经验和日常生活，与心理学议题始终保持联系，足见其所具有的学术反思能力。玛丽·道格拉斯在结合布朗及普理查德学术思想的基础上，在进行结构分析时，也兼顾个体能动性。不过，与普理查德不同的是，玛丽·道格拉斯对于个体能动性的考察，更多的是放在个体与群体的互动中进行考察。比如，在"格/群"文化理论中，"群"向度即是考察个体进行行动选择时所受的群体层面的压力如何。实际上，不管是"格"向度，还是"群"向度，都可以从社会层面和个体层面两方面来看。

总之，玛丽·道格拉斯的学术成就植根于牛津人类学的沃土中，但又实现了对其当时所处的牛津人类学氛围的突破。最值得肯定和赞赏的，当为玛丽·道格拉斯对于人类学核心问题的把握，对于沟通原始与现代所作出的贡献，对于社会秩序与文化价值问题的有益探索。长期以来，玛丽·道格拉斯的"格/群"文化理论因为类型学的问题而受到褒贬不一的评价，但笔者更倾向于将"格/群"文化理论视为以类型划分为手段的理论体系建构。该理论将社会文化类型划分为四种类型，期望使研究者以及读者得到一个较为清晰的印象，但实际上，很多对于其理论的认知，都过度地关注于四个象限或者四种社会文化类型的问题，而对其理论中所蕴含的非常丰富的具有启发性的观念不够重视。而这些观念正是她学术研究的基本问题关怀。在对"格/群"文化理论的讨论中，很多批评都关注道格拉斯所使的类型学方法，而对道格拉斯试图在"格/群"文化理论中表达的本质问题缺乏关注。因此，对于玛丽·道格拉斯及其学术贡献，学界需要更加全面客观地看待。

参考文献

〔英〕玛丽·道格拉斯：《原始心灵的知音：伊凡普理查》，蒋斌译，允晨文化实业股份有限公司，1983。

黄应贵：《见证与诠释：当代人类学家》，正中书局，1992。

Alfred Radcliffe-Brown

1964. *The Andaman Islanders*, Free Press.

J. G. Frazer

1913. *Pysche's Task：A Discourse Concerning the Influence of Superstition on the Growth of Institutions*, London：Macmillan.

Peter Riviere. edited

2007. *A History of Oxford Anthropology*, New York Oxford：Berghahn Books.

Evans-Prichard

1965. *Theories of Primitive Religion*, Oxford University Press.

中国宗教的

社会学研究

不同宗教的信众使用宗教网络的行为
差异及其原因分析

肖尧中*

摘要：不同宗教的信众在使用宗教组织提供的网络空间上有不同的行为模式。这种不同，既涉及教义及其文本呈现、宗教行为及其表达方式等要素差异，也涉及神职人员、信众等传播链条上的要素在不同宗教中的结构性定位；这种不同，会随宗教组织和信众网络卷入度的变化而变化。

关键词：信众　宗教网络　网络行为

宗教社会学从社会的角度来分析和寻找影响宗教发展与变迁的原因，主要是基于或隐或显的环境视角。而社会环境的构成，必然包括信息传播及传播行为。虽然关于宗教与社会间互动关系的研究对社会变迁所带来的宗教变迁有着各自不同的理解和分析，但宗教变迁始终处于社会的影响之下。在这些理解和分析中，宗教信仰、形式、象征、符号、制度、礼仪等要素会随着它所处外部环境的改变而改变。这些改变不仅是宗教教义、仪轨及在此基础上的宗教虔诚、宗教皈依有关的信息传播的改变，同样也是不同信息传播所建构起来的社会环境改变。这些要素都与信仰之间发生着或强或弱的关系，进而成为信仰者维系信仰、强化信仰、表达信仰必须的条件。

基于这样的认识，我们可以假设：传播方式的改变，必然带来宗教本身的改变；但这种改变的次第、程度乃至向度，又紧密相关于宗教内部各要素的不同的结构性位秩。虽然网络和其他媒介一样并非十全十美，但其

---

* 肖尧中，中共四川省委党校教授，主要研究方向为宗教社会学。

作为宗教及其组织与社会相适应的一种路径，已是当前和未来宗教之传播和社会功能得以实现的主要选择。

为了深入探讨不同宗教的信众在网络使用上的差异，我们采用了有典型意义的立意抽样、偶遇抽样和雪球抽样相结合的方法来获得调查对象。在北京、南京和成都分宗教来取得样本。研究过程中，共发放问卷540份，其中佛教150份、道教120份、基督教和天主教共150份、伊斯兰教120份，有效问卷503份（佛教有效问卷150份，道教102份，基督教和天主教共计149份、伊斯兰教102份）。

一　不同宗教的信众使用宗教网络的行为表征

网络传播对于宗教神圣空间的建构具有双向影响，一方面，宗教的网络传播可能增加宗教认同；另一方面，网络传播的开放性，使其在传播过程中对宗教神圣、宗教权威等传统要素具有明显的消解作用。不过，网络空间首先是一个信息空间，信众利用此空间了解宗教知识、收听收看神职人员讲经说法、与同修交流宗教资料；同时，也参与某些网络宗教活动。

（一）佛道教信众网络使用行为的主要表征

对佛道教信众宗教网络使用行为的影响要素分析，基础资料是《佛教信众网络使用情况问卷调查表》和《道教信众网络使用情况问卷调查表》两个主题问卷的统计分析。佛教受访者年龄在 20～60 岁之间的占 96.0%，道教占 90.0%。分析结果可概括为以下三方面。

其一，在行为倾向与态度上，佛道教信众主要将网络视为普及宗教知识的易用空间。分析显示，佛道教信众对网络的使用，主要目的之一是了解宗教知识。77.3% 的佛教信众和 55.9% 的道教信众被调查者表示运用过网络来了解本宗教知识。相对而言，虽然佛教受访者的选择比例明显要高出道教信众受访者，但二者都占到了相对多数。从网络的传播特点上说，这应该与网络便捷性、信息的海量性和接受者信息选择上的相对自主性有关。

其二，在体验与评价上，佛道教信众将网络视为替代性较低的虚拟场域。体验是一个主观性很强、个体差异也很大的范畴，所以问卷调查常常显得乏力；即便是通过个别访谈，其真实性往往也受到各种条件限制而打折扣。尽管如此，对宗教网络传播的评价，绕不过对使用体验的考察。对此，我们设计了关于信众网上交流心得体会的行为指标，意在考察佛道教信众对于宗教体验内容（当然，心得体会也可能是体验中的极小部分）的具体反映。调查结果表明，在被问及您是否经常在网上与同修或道友交流学习佛法或道法的心得体会时，仅有 36.0% 的佛教受访者、28.4% 的道教信众受访者表示会如此；相应的，64.0% 的佛教受访者、71.6% 的道教受访者表示从不利用网络去交流心得体会。

其三，在网络传教行为与网络弘教的认知上，佛道教信众倾向于低参与与高赞同。在宗教组织为传播者的宗教传播活动中，信众在传统意义上主要是传播对象。网络环境下，信众也是传播者。所以是否能调动抑或唤起信众的传教"义务"，似乎可以作为衡量宗教组织网络传播活动效果的一个重要标准。不过，由于不同宗教在赋予信众传教权上有差异，甚至是很大差异，所以不同宗教的信众在传教的主动性上也就有区别，而网络完全可能放大这一差别。立足行为的可测量性，我们选择信众网络传播宗教学习资料的主动性、传教行为的发生频次以及与此有关的社会交往行为等为问题项。统计显示，累计有 38.0% 的佛教信众被调查者、33.3% 的道教信众被调查者表示"经常"或"偶尔"向他人推荐过宗教学习资料。值得注意的是，有 62.0% 的佛教被调查者、66.7% 的道教被调查者表示"从不"向他人在网上推荐宗教学习资料。

（二）基督宗教信众网络使用行为的主要表征

相较于其他宗教，基督教网络传播之兴起与发展与其教义具有一致性。这也许与其宗教本身赋予信徒的传教权与其他宗教有较大差异有关。如《圣经》中就有要求其信徒"出去，到处宣传福音"的语句。分析显示，基督宗教信众网络使用行为的特征主要包括以下三方面。

其一，知识与信息获取是基督宗教信众网络使用行为的基础形式。调查显示，基督宗教徒利用网络获得宗教知识的程度较高，通过网络了解宗教知识的被调查者累计达到 71.1%，"从不"通过网络了解本宗教知识的被调查者仅有 28.9%。在宗教知识和信息资讯层面，作为信众的使用者的信息传播行为与信息接受行为具有一致性。对此，基督教徒通过网络与教友交流学习《圣经》心得、发表学习《圣经》心得和推荐学习《圣经》

资料三个指标，被调查者通过网络与教友交流学习《圣经》的比例累计达到 47.7%。

其二，分化与过渡并存是基督宗教信众网络使用行为的基本特征。信众通过网络学习《圣经》的方式，既可以是单向的知识获取，也可以是通过网络与教友互动，交流《圣经》学习心得或学习资料。有 25.5% 的被调查者肯定网上学经有助于其与上帝关系的改善，有 28.9% 持否定态度，但有接近一半（45.6%）的被调查者对此持"不确定"态度。这一数据一定程度地体现了网络宗教实践在现阶段的过渡性特征。祈祷是基督教重要的仪式之一，149 位被调查对象中，共有 23 位表示有网络祈祷经历，占样本的 15.4%。这似乎意味着，网络传播在某些方面的替代性，使信众对现实宗教参与的态度有所改变。调查显示，累计有 34.9% 的被调查者认为，教徒不去教堂也是可以学习本宗教的，还有 30.9% 的被调查者认为"无所谓"，仅有 34.2% 的被调查者认为即使在网络时代，去教堂也是必要的。

其三，主动与多元并行可视为基督宗教信众网络传教行为的主要表现。基督教徒对自身在网络弘教中的地位与作用具有较高的认可度，这必然会反映到传播实践上。调查显示，累计有 37.6% 的被调查者回答有过网络传播本宗教的行为。分析发现，神职人员对网络传教的态度对信众有正向影响——相关性检测显示，基督宗教神职人员对网络的态度与信众网络宗教活动的主要问题项的相关系数最高达 0.469，最低也有 0.231。同时，信众的网络宗教活动及其对网络传教的认知与态度与神职人员对于网络弘教权威性及功能性承认具有相关性。

（三）伊斯兰教信众网络使用行为的主要表征

作为同源于亚伯拉罕系的一神教，伊斯兰教之要素结构与基督宗教有一定同构性。这种先在的同构性是否会导致伊斯兰教信众与基督宗教信众的网络传播在行为、态度及更进一步的特征、趋势上也具有某些一致性？在差异方面，伊斯兰教对信众日常社会生活的卷入程度高于基督教。这一差异是否也会以某些方式表现在信众的网络传播上？这些问题，在伊斯兰教信众网络使用行为的表征上主要表现为以下三方面。

其一，信众利用网络获得宗教知识和信息具有普遍性。如果说，伊斯兰教信众利用网络进行宗教信息的获得与传播还处于过渡阶段，那么伊斯兰教利用网络进行获取宗教知识，了解宗教信息的过程已经基本实现与世俗生活中网络使用、传播的重叠。分析显示，通过网络了解伊斯兰教知识的被调查者累计达到了92.2%，比基督教高出了近22个百分点。

其二，信众利用网络学习和交流《古兰经》心得的参与度较高，但网络宗教仪式的参与度较低。与通过网络了解伊斯兰教知识相比，信众利用网络学习《古兰经》、交流《古兰经》心得的比例相对较低，表示经常或偶尔在网上交流学经心得的累计只有45.2%。同时，高达85.3%的被调查者表示不曾参加过网上诵经，这与基督宗教的数据接近，我们认为伊斯兰教在网络宗教仪式的参与上也体现过渡性特征。不过，结果相似未必意味着原因趋同。

其三，信众宗教网络使用对线下宗教活动有较明显的影响。一方面，伊斯兰教信众线上宗教的参与度低；另一方面，线上组织的类宗教活动参与度相对较高。同时，伊斯兰教在网络宗教实践的某些方面中体现出了较明显的性别差异，这或许与伊斯兰教及民族文化中所规定的性别角色及关系相关。

与基督宗教不同，伊斯兰教网络宗教活动对现实世界宗教活动的影响在总体是相互促进，而非替代，这与基督教的多向度影响有差异。首先，信众线上宗教活动与线下宗教活动呈双向增加态势。对基督宗教信众的同类分析显示，线上宗教活动对线下宗教活动的影响是多向度的，且"增加"与"减少"的比例相差不大。而伊斯兰教信众的调查结果显示，累计有40.2%的被调查者认为网上学习伊斯兰教增加了其去清真寺的次数，55.9%的被调查者认为线上宗教学习并未改变其去清真寺的次数，仅有4.0%的被调查者认为减少了去清真寺的次数。

换言之，网络宗教学习在总体上有助于增加信众的线下宗教实践。这似乎意味着，对伊斯兰教而言，网络传播几乎很少有现实宗教实践被替代的情形产生，更多则是激发了参与现实宗教实践的需求。但激发出来的需求却难以在网络空间中获得替代性满足，只能落到现实的宗教实践中去。

二 不同宗教的信众使用宗教网络的行为差异

佛教、道教、基督宗教和伊斯兰教信众在使用网络接受、传播与交流宗教知识和体悟上既有许多共同点，也有不少差异。为了更好地检视不同宗教的信众在网络使用上的这些异同，以进一步探寻导致这些异同的原因，我们对信众问卷的同类问题进行了跨库比较。需要说明的是，由于跨库检视与比较具有很强的综合性，而且只能针对量表中的相同或相似测量指标才能进行比较，因此，我们按照交叉制表的方法进行归类统计，然后逐一进行四大数据库（即佛教、道教、基督教宗教和伊斯兰教数据库）之间相同或相似指标的横向比较。

跨库分析的结果可以各大宗教为焦点做以下概括。

表1 调查对象经常通过网络了解本宗教知识比较分析

单位：人，%

| | | | 通过网络学习宗教知识 | | | 合 计 |
			经常	偶尔	从不	
数据库别	佛教库	计数	17	99	34	150
		数据库别中的	11.3	66.0	22.7	100.0
	道教库	计数	1	56	45	102
		数据库别中的	1.0	54.9	44.1	100.0
	基督宗教库	计数	11	95	43	149
		数据库别中的	7.4	63.8	28.9	100.0
	伊斯兰教库	计数	38	56	8	102
		数据库别中的	37.3	54.9	7.9	100.0

表2 调查对象经常在网上收看或收听教职人员讲经说法比较分析

单位：人，%

| | | | 在网上阅听讲经说法 | | | 合 计 |
			经常	偶尔	从不	
数据库别	佛教库	计数	10	62	78	150
		数据库别中的	6.7	41.3	52.0	100.0
	道教库	计数	2	33	67	102
		数据库别中的	2.0	32.4	65.7	100.0
	基督宗教库	计数	4	64	81	149
		数据库别中的	2.7	43.0	54.4	100.0
	伊斯兰教库	计数	11	60	31	102
		数据库别中的	10.8	58.8	30.4	100.0

道教信众（见表1至表18），在利用网络了解宗教知识、收听收看神职人员讲经说道方面在调研所涉及的几大宗教中，活跃度最低。这也许与道教组织网络建设整体上相对滞后、信众文化程度整体相对偏低等综合因素有关。同时，道教信众在通过网络与同修交流宗教资料和体悟、参与场所或其他信众组织的宗教活动方面，活跃度也最低；在通过网络了解其他宗教、向他人传播道教方面，活跃度也最低；在对网络使用是否增加了信众的宗教传播权、是否有助于亲近"神灵"的评价上，持消极或否定性评价的比其他各大宗教都多。这也许与道教在教义层面就不鼓励信众积极主动向他人传播本宗教、宗教知识与个人宗教信仰实践在宗教系统中的结构性关系等因素有关。

表3 调查对象经常通过网络向教职人员请教比较分析

单位：人，%

| | | | 通过网络向神职请教 | | | 合　计 |
			经常	偶尔	从不	
数据库别	佛教库	计数	7	43	100	150
		数据库别中的	4.7	28.7	66.7	100.0
	道教库	计数	3	23	76	102
		数据库别中的	2.9	22.5	74.5	100.0
	基督宗教库	计数	7	55	87	149
		数据库别中的	4.7	36.9	58.4	100.0
	伊斯兰教库	计数	12	44	46	102
		数据库别中的	11.8	43.1	45.1	100.0

表4 调查对象经常在网上与同修（同道）交流学习佛法（教法）的心得体会比较分析

单位：人，%

| | | | 在网上与同修（同道）交流 | | | 合　计 |
			经常	偶尔	从不	
数据库别	佛教库	计数	4	50	96	150
		数据库别中的	2.7	33.3	64.0	100.0
	道教库	计数	4	25	73	102
		数据库别中的	3.9	24.5	71.6	100.0
	基督宗教库	计数	8	63	78	149
		数据库别中的	5.4	42.3	52.3	100.0
	伊斯兰教库	计数	3	43	56	102
		数据库别中的	3.0	42.2	54.9	100.0

表5　调查对象认为网上礼佛（神）有助于和佛、菩萨（神）亲近比较分析

单位：人，%

			网上与亲近神灵的关系			合　计
			肯定	不确定	否定	
数据 库别	佛教库	计数	35	72	43	150
		数据库别中的	23.3	48.0	28.7	100.0
	道教库	计数	11	45	46	102
		数据库别中的	10.8	44.1	45.1	100.0
	基督宗 教库	计数	38	68	43	149
		数据库别中的	25.5	45.6	28.9	100.0
	伊斯兰 教库	计数	62	31	9	102
		数据库别中的	60.8	30.4	8.8	100.0

　　佛教信众（见表1至表18），在利用网络了解宗教知识、收听收看神职人员讲经说法、通过网络与同修交流宗教资料和体悟、参与场所或其他信众组织的宗教活动、通过网络了解其他宗教、向他人传播佛教等方面比道教略为活跃，但不少方面都远逊于基督宗教和伊斯兰教。在网络使用是否增加了信众的宗教传播权、是否有助于亲近神灵的评价上等方面也仅仅只是比道教的肯定度略高。此外，佛教和道教在参与网上宗教类活动、评价网络使用与场所联系的频度影响方面并无显著差异。这些异同，与佛教和道教在宗教上具有某些同构性以及两者与基督宗教和伊斯兰教有较大的差异应该有内在关联。

表6　调查对象网上宗教活动比较分析

单位：人，%

			参加网上宗教活动情况多变量响应分析[a]						合　计
			网上 上香礼佛	网上 诵经	助印 经书	公益 慈善活动	其他 活动	都没 有参加过	
数据 库别	佛教库	计数	29	30	27	72	34	66	258
		A内的	11.2	11.6	10.5	27.9	13.2	25.6	
	道教库	计数	15	15	13	43	19	46	151
		A内的	9.9	9.9	8.6	28.5	12.6	30.5	
	基督宗 教库	计数	23	23	69	41	60	216	216
		A内的	10.6	10.6	31.9	19.0	27.8		
	伊斯兰 教库	计数	14	18	34	35	36	127	137
		A内的	11.0	14.7	26.8	27.6	28.3		

说明：百分比和总计以响应为基础。A值为1时制表的二分组。

表7　调查对象在网上发表自己学习教法的心得体会比较分析

单位：人，%

			网上发表学习心得体会			合 计
			经常	偶尔	从不	
数据库别	佛教库	计数	8	41	101	150
		数据库别中的	5.3	27.3	67.3	100.0
	道教库	计数	4	28	70	102
		数据库别中的	3.9	27.5	68.6	100.0
	基督宗教库	计数	5	59	85	149
		数据库别中的	3.4	39.6	57.0	100.0
	伊斯兰教库	计数	3	43	56	102
		数据库别中的	3.0	42.2	54.9	100.0

表8　调查对象认为网上学习本宗教对自己去寺院（宗教场所）次数的影响比较分析

单位：人，%

			网上学习宗教对去场所次数的影响					合 计
			明显增加	稍有增加	没有改变	有所减少	明显减少	
数据库别	佛教库	计数	12	30	78	17	13	150
		数据库别中的	8.0	20.0	52.0	11.3	8.7	100.0
	道教库	计数	10	23	52	12	5	102
		数据库别中的	9.8	22.5	51.0	11.8	4.9	100.0
	基督宗教库	计数	11	25	88	10	15	149
		数据库别中的	7.4	16.8	59.1	6.7	10.1	100.0
	伊斯兰教库	计数	19	22	57	2	2	102
		数据库别中的	18.6	21.6	55.9	2.0	2.0	100.0

表9　调查对象认为网络是否增加了自己和寺院（宗教场所）的联系比较分析

单位：人，%

			网络是否增加了您与场所的联系			合 计
			肯定	不确定	否定	
数据库别	佛教库	计数	25	89	36	150
		数据库别中的	16.7	59.3	24.0	100.0
	道教库	计数	12	56	34	102
		数据库别中的	11.8	54.9	33.3	100.0
	基督宗教库	计数	22	72	55	149
		数据库别中的	14.8	48.3	36.9	100.0
	伊斯兰教库	计数	35	46	21	102
		数据库别中的	34.3	45.1	20.6	100.0

表 10　调查对象是否经常参与寺院（宗教场所）通过网络组织的各种
活动比较分析

单位：人，%

| | | | 参与场所网络组织的活动 | | | 合　计 |
			经常	偶尔	从不	
数据库别	佛教库	计数	5	45	100	150
		数据库别中的	3.3	30.0	66.7	100.0
	道教库	计数	5	27	70	102
		数据库别中的	4.9	26.5	68.6	100.0
	基督宗教库	计数	4	64	81	149
		数据库别中的	2.7	43.0	54.4	100.0
	伊斯兰教库	计数	7	49	46	102
		数据库别中的	6.9	48.0	45.1	100.0

基督宗教信众（见表 1 至表 18），在利用网络了解宗教知识、收听收看神职人员讲经布道、通过网络与同修交流宗教资料和体悟、参与场所或其他信众组织的宗教活动、通过网络了解其他宗教、向他人传播本宗教等方面比佛教和道教都活跃得多，但大多略逊于伊斯兰教。在网络使用是否增加了信众的宗教传播权、是否有助于亲近"上帝"的评价上等方面也有较高的肯定度。尤其值得注意的是，相较于道教和佛教信众，基督宗教信众对参与网络宗教活动的肯定度较低，但对宗教网络传播有助于扩大个人社会交往的肯定度较高。

表 11　调查对象认为法师（教职人员）对待网络的态度与网络弘法（传教）
之间的关系比较分析

单位：人，%

| | | | 神职的网络观于网络弘法的关系 | | | | 合　计 |
			很重要	比较重要	不太重要	不清楚	
数据库别	佛教库	计数	39	51	17	43	150
		数据库别中的	26.0	34.0	11.3	28.7	100.0
	道教库	计数	16	30	5	51	102
		数据库别中的	15.7	29.4	4.9	50.0	100.0
	基督宗教库	计数	28	45	14	62	149
		数据库别中的	18.8	30.2	9.4	41.6	100.0
	伊斯兰教库	计数	44	32	6	20	102
		数据库别中的	43.1	31.4	5.9	19.6	100.0

**表 12　调查对象是否经常向同修（教友）推荐自己认为不错的网上
学佛（宗教）资料比较分析**

单位：人,%

			向同修推荐网上资料			合　计	
			经常	偶尔	从不		
数据库别	佛教库	计数	11	46	93	150	
		数据库别中的	7.3	30.7	62.0	100.0	
	道教库	计数	4	30	68	102	
		数据库别中的	3.9	29.4	66.7	100.0	
	基督宗教库	计数	8	66	75	149	
		数据库别中的	5.4	44.3	50.3	100.0	
	伊斯兰教库	计数	13	57	32	102	
		数据库别中的	12.7	55.9	31.4	100.0	

表 13　调查对象是否经常参与同修（教友）通过网络组织的各种活动比较分析

单位：人,%

			参与同修网络组织的活动			合计	
			经常	偶尔	从不		
数据库别	佛教库	计数	8	52	90	150	
		数据库别中的	5.3	34.7	60.0	100.0	
	道教库	计数	3	16	83	102	
		数据库别中的	2.9	15.7	81.4	100.0	
	基督宗教库	计数	3	64	82	149	
		数据库别中的	2.0	43.0	55.0	100.0	
	伊斯兰教库	计数	10	52	40	102	
		数据库别中的	9.8	51.0	39.2	100.0%	

表 14　调查对象是否经常浏览本宗教之外的其他宗教的信息交叉制表

单位：人,%

			浏览本其他宗教信息			合　计	
			经常	偶尔	从不		
数据库别	佛教库	计数	14	77	59	150	
		数据库别中的	9.3	51.3	39.3	100.0	
	道教库	计数	9	37	56	102	
		数据库别中的	8.8	36.3	54.9	100.0	
	基督宗教库	计数	7	70	72	149	
		数据库别中的	4.7	47.0	48.3	100.0	
	伊斯兰教库	计数	17	54	31	102	
		数据库别中的	16.7	52.9	30.4	100.0	

表 15 调查对象是否经常接受同修（教友）给自己推荐的网上学佛（宗教）资料比较分析

单位：人，%

| | | | 接受同修推荐的网上资料 | | | 合　计 | |
			经常	偶尔	从不		
数据库别	佛教库	计数	8	66	76	150	
		数据库别中的	5.3	44.0	50.7	100.0	
	道教库	计数	4	33	65	102	
		数据库别中的	3.9	32.4	63.7	100.0	
	基督宗教库	计数	3	64	82	149	
		数据库别中的	2.0	43.0	55.0	100.0	
	伊斯兰教库	计数	10	52	40	102	
		数据库别中的	9.8	51.0	39.2	100.0	

表 16 调查对象是否经常通过网络向他人传播佛法（教法）比较分析

单位：人，%

| | | | 通过网络向他人传播本宗教 | | | 合　计 | |
			经常	偶尔	从不		
数据库别	佛教库	计数	9	32	109	150	
		数据库别中的	6.0	21.3	72.7	100.0	
	道教库	计数	6	23	73	102	
		数据库别中的	5.9	22.5	71.6	100.0	
	基督宗教库	计数	8	48	93	149	
		数据库别中的	5.4	32.2	62.4	100.0	
	伊斯兰教库	计数	14	47	41	102	
		数据库别中的	13.7	46.1	40.2	100.0	

伊斯兰教信众（见表 1 至表 18），在利用网络了解宗教知识、请教神职人员、与其他信众交流等方面比基督宗教更活跃。相较于基督宗教，伊斯兰教信众对网络有助于加强与宗教场所的联系持肯定态度的更多，也更愿意参与信众通过网络组织的活动、更普遍地通过网络了解其他宗教。但在网上宗教活动的参与、通过网络发表宗教体悟等方面，与基督宗教无明显差异。值得注意的是，伊斯兰教信众在向其他人传播本宗教上比基督宗教更主动，也更肯定宗教网络传播在扩大个人社会交往上的作用。

表 17 调查对象认为网络学佛（宗教）与自己的社交圈之间的关系比较分析

单位：人，%

			网络学习宗教与社交的关系				合　计
			扩大社交圈	没扩大社交圈	缩小了社交圈	不清楚	
数据库别	佛教库	计数	58	86	6	—	150
		数据库别中的	38.7	57.3	4.0	—	100.0
	道教库	计数	17	22	5	58	102
		数据库别中的	16.7	21.6	4.9	56.9	100.0
	基督宗教库	计数	81	53	15	—	149
		数据库别中的	54.4	35.6	10.1	—	100.0
	伊斯兰教库	计数	60	36	6	—	102
		数据库别中的	58.8	35.3	5.9	—	100.0

表 18 调查对象关于网络使用与场所、神职人员的关系认知比较

单位：人，%

			网络使用与场所、神职的关系多变量响应分析[a]						总　计
			场所网站建设有积极影响	网络加强了圣俗联系	场所应对神职做网络培训	网络方便场所社会活动	网站好的场所更受欢迎	神职使用网络更受欢迎	
数据库别	佛教库	计数	35	18	24	26	27	30	160
		A 内的	21.9	11.3	15.0	16.3	16.9	18.8	
	道教库	计数	22	15	13	15	14	11	90
		A 内的	24.4	16.7	14.4	16.7	15.6	12.2	
	基督宗教库	计数	23	19	20	23	22	21	128
		A 内的	18.0	14.8	15.6	18.0	17.2	16.4	
	伊斯兰教库	计数	31	25	29	27	25	22	159
		A 内的	19.5	15.7	18.2	17.0	15.7	13.8	

说明：百分比和总计以响应为基础。A 值为 1 时制表的二分组。

表 19　调查对象关于网络使用与信众关系认知比较分析

单位：人，%

			网络使用与场所、神职的关系多变量响应分析[a]						总　计
			1. 网络使信众传播宗教的作用越明显	2. 网络使信众学宗教可不去场所	3. 网上信众需熟悉信息管理法规	4. 信众与神职人员在网上可发挥一样作用	5. 网络使信众能便捷聚集学习宗教	6. 网上信众需熟悉宗教管理法规	
数据库别	佛教库	计数	24	15	40	12	25	59	175
		A 内的	13.7	8.6	22.9	6.9	14.3	33.7	
	道教库	计数	15	12	31	17	15	37	127
		A 内的	11.8	9.4	24.4	13.4	11.8	29.1	
	基督宗教库	计数	25	17	30	9	19	42	142
		A 内的	17.6	12.0	21.1	6.3	13.4	29.6	
	伊斯兰教库	计数	25	6	15	8	16	31	101
		A 内的	24.8	5.9	14.9	7.9	15.8	30.7	

说明：百分比和总计以响应为基础。A 值为 1 时制表的二分组。

大体而言，在利用网络了解宗教知识和接受神职人员的宗教讲解上，伊斯兰教＞基督宗教＞佛教＞道教；在利用网络了解其他宗教上，伊斯兰教＞基督宗教＞佛教＞道教；在利用网络向其他人传播本宗教上，伊斯兰教＞基督宗教＞佛教＞道教；在认为网络使用强化了与宗教场所、与神职人员的联系上，伊斯兰教＞基督宗教＞佛教＞道教；在认为宗教网络传播扩大了自己社会交往上，伊斯兰教＞基督宗教＞佛教＞道教；在参与网络宗教活动上，道教和佛教＞基督宗教和伊斯兰教。但若综合考虑目前各大宗教在中国境内的网站总量、活跃于网络空间的神职人员总量等问卷没能反映的变量，上述结果中"佛教＞基督宗教"的地方也许还值得进一步讨论，部分结论也可能需要修正。

三　不同宗教的信众使用宗教网络行为差异的原因

面对跨库比较显示的结果，我们认为，这既涉及各宗教在宗教教义及其文本呈现、宗教行为及其表达方式等宗教构成要素上差异，也涉及神职人员、信众等传播链条上的要素在不同宗教中的结构性定位。信众，在传播理论上就是传播对象，作为传播链条上的要素，它一方面关系传播内容、传播方式，另一方面关系传播环境、传播效果。

与人类其他意义文本的传播不同的是，宗教传播的目的不只是寻求接受者的意义认同，更需有认同基础上的"皈依"和对"皈依"的维系和强化。所以，信众在宗教之传播链条上具有特殊的重要性。这确定了宗教传播既要传播意义，也要传播作为宗教之本的神圣感和神秘性。如果说宗教传播的意义主要来源于对教义的诠释，那神圣感和神秘性就主要来源于教义体悟下的宗教体验。而从影响因素的角度看，这两个方面似乎主要涉及教义文本呈现，也即宗教经典的"一"与"多"的差异；神职人员和信众的宗教经典解释权在本宗教中的结构性地位；宗教作为一个意义系统在信众社会生活系统的"结构"性定位——因为这涉及宗教对"信众"的重要性；亲近"神灵"或累积宗教"功德"这一宗教"奖励"或体验要件在符号化上的容易性。

从宗教经典的"一"与"多"的差异来看。通常情况下，教义之"义"的"源"（原创权）在宗教经典，"流"（诠释权）在神职人员。所以，如果不同宗教的经典在"一"与"多"上有较大差异，那宗教传播的"义"在"源"和"流"两方面都会呈现相应的差异。投射到各大宗教上，就可以说类似基督教、伊斯兰教等经典更趋于"一"的宗教，其宗教之"义"更容易在传播层面上形成可供信众相互沟通的"公约数"。而如佛教、道教等经典浩繁庞杂的宗教，其宗教之"义"容易在传播层面形成信众之间的沟通"阻隔"——如果你试图和我交流的那部经典我没读过，或者你试图向我推荐的那部经典我并不感兴趣，那相互沟通的意义"公约数"就难以形成，传播也因此更容易中断。这在信众的网络使用中，就表现为道教和佛教信众之间的宗教知识共享、宗教资料交流的活跃度远不及基督宗教和伊斯兰教。

从神职人员和信众的宗教经典解释权在本宗教中的结构性地位看。不同宗教，教义的"源"与"流"的制度结构不同，宗教在系统层面赋予神职人员和信众的经典诠释权、宗教传播义务、宗教组织权等均有不同。如基督宗教和伊斯兰教在教义层面赋予信众的宗教传播义务，与道教和佛教就有明显的不同。这个不同，在信众的网络使用上，就表现为宗教传播的积极性、主动性上的明显甚至可以说是巨大差异；传播主动性的差异，影响到社会交往上，就表现为正相关——通过网络传播宗教越积极主动，越可能因网络使用而扩大自己的社交圈。此外，因为传播过程也是个说服过程，而说服需要比较，所以通过网络传播宗教越积极主动就越需要多了解其他宗教。诚然，这也许有助于增强宗教间对话的开放性，甚至可以归因到宗教的开放性，但课题组在结合大量访谈和观察的基础上，认为这更可能与传播也即说服有关。跨库比较显示，伊斯兰教和基督宗教信众在通过网络传播本宗教、了解其他宗教、因利用网络而扩大社交圈等方面都比道教和佛教更具正向显著性，这在宗教层面或许是以上这些因素共同作用的结果。

此外，与信众的传播义务存在一定相关性的，是信众对宗教经典的诠释权和以交流信仰结成自组织的权力。如基督宗教中就有保罗向哥林多人的祝福时所说：愿主耶稣基督的恩惠、神的慈爱、圣灵的交流，常与你们众人同在。这其实就意味着，基督宗教信众有以"团契"这种信众阶层的自组织来实现信仰交流的权力。路德宗教改革之后，经典诠释权从神职人员手中部分解放出来赋予了信众。换句话说，在基督宗教，尤其是新教中，信众具有一定的经典诠释权和自组织权。这在以宗教传播为考察焦点的网络使用上，就表现为基督宗教信众对参与其他信众通过网络组织的线下活动较为积极；同时，对信众在宗教网络传播中的地位和作用也有较高评价。不过，需要指出的是，这对解释伊斯兰教信众在网络使用上的某些相对显著性（如信众的自组织）还不具备充分的说服力。

从宗教在信众社会生活系统的结构性地位看。在传播理论上，信息之于接受者的重要程度，决定了接受者对信息的重视程度。转换到宗教传播上，就在一定程度上表现为：宗教在信众社会生活系统中存在的广度和深度，会影响传播所涉的相关要素在信众传播行为上的表现。直言之，就是宗教对信众社会生活系统的"卷入"越广和越深，信众在宗教传播行为上的表现就越具某些显著性。在宗教世俗化理论的角度看，也可以说就是宗教的世俗化程度、私人化程度越高，信众在信仰生活之外对神职人员的依赖度就越低，反之亦然。伊斯兰教信众在网络使用更有助加强与神职人员、与场所的联系上持更积极的态度，就与伊斯兰教对信众社会生活系统的"卷入"程度相对于基督宗教、佛教和道教都更高有关。因为卷入程度高，意味着宗教在信众日常中更重要，日常生活中的相关事宜获得来自宗教权威的宗教指导也更重要，所以加强与神职人员和宗教组织的联系也就更具重要性。

从宗教报偿要件在符号化上的容易性看。不同宗教，有基于教义的宗教报偿、宗教体验的获得条件。这些要件，有的不要求"肉身"必须在场，而可以通过适当的替代性方式实现。这些虚化了"肉身"的替代性方式，在传播理论上就表现为符号化。在网络传播中，就表现为通过网络实现的宗教类活动。不同的宗教，可通过网络实现的宗教类活动的类型乃至实现形式、实现程度都有不同。道教和佛教，助印经书、慈善捐助等相关不必"肉身"到场的宗教活动都直接关系"功德"；而基督宗教和伊斯兰教，即便是较单纯的诵念经文之类"言语"活动，也能在某种程度上实现与"神灵"的沟通。所以，在各大宗教信众的网络使用中，总体而言，基督宗教信徒、伊斯兰教信徒和佛教徒比道教徒更倾向于认为网络能实现与神灵的沟通。这一点，尤其体现在基督宗教的"交流"观念中。天使没有肉体，所以能在纯粹的精神极乐中交融。天使给人们提供了一个应然的交流模式——一个没有扭曲和干扰的"交流"视角。不受距离的阻碍，不受所谓肉体局限的羁绊，就是"言语"行为，就能够毫不费力地实现精神与肉体的对接、神和人对接。对"神灵"的亲近，也因此更容易实现。

因为与"神灵"的亲近在更深意义上关系到宗教神圣性与神秘感在宗教体验的实现，所以宗教报偿要件在符号化上的容易度，也就在一定程度上决定了宗教神圣性与神秘感的可传播度。不过，也正是宗教的神圣性与神秘感在"体验"上的特殊性（如詹姆士在《宗教经验之种种》中指出的神秘性的"不可言说性""知悟性""短暂性""被动性"），也很大程度上决定了其在传播上的困难性。甚至可以说，神圣性和神秘性在本质上是很难传播，只能以"肉身"去体验的。

这也就意味着，宗教的网络传播，从信众为中心来看，需分析哪些宗教要素可以通过网络实现传播？哪些不能完全实现传播？哪些需转换方式才能实现传播？同时，在传播结构组织、传播改变组织的规律作用下，宗教组织在与信众互动的过程中，互动本身的"平等"性会通过发送和接收信息逐渐导致信众可评论主题的范围扩展。扩展到一定程度，可能导致信众对本宗教之信仰系统的反思和质疑。也正是在这一意义上，我们似乎可以推论，在宗教网络传播的演化过程中，宗教信众之间的横向互动将在与传统教义的垂直（自上而下）结构比较中扮演一个越来越重的角色，进而逐步改变宗教组织的传统构架。

云南少数民族地区基督教本土化的问题与路径探析

孙浩然 *

摘要：基督教本土化是基督教为适应本土社会而不断在教义、行动、制度、仪式等方面进行调适并主动吸纳目标社会文化价值的过程，必须处理好"本土化"与"化本土"、"全球性"与"地域性"之间的关系。当前，云南少数民族基督教面临经济基础薄弱、教会组织弱化、教会人才不足、与传统文化冲突、外来宗教渗透、未登记教会传播等问题，应整合政府、社会、教会、信徒多元力量，推动基督教适应并服务少数民族社会，营造中国化发展和本土化适应的良性空间。

关键词：云南少数民族　基督教　本土化　传统性

习近平总书记在 2016 年全国宗教工作会议上指出："积极引导宗教与社会主义社会相适应，一个重要的任务就是支持我国宗教坚持中国化方向。"我国五大宗教中除道教是本土宗教外，佛教、基督教、天主教、伊斯兰教都是外来宗教。佛教传入中国之后，在保持自身信仰特质的同时，吸收儒家、道教文化内涵，从而获得中国社会各阶层的认同接纳，在唐宋之后成功实现中国化，成为中国传统文化的有机组成部分。相比之下，基督教中国化仍是一项"未竟的社会事业"。由于政治权力、社会结构、文化传统、心理素质等方面的差异，基督教在云南少数民族地区①传播遇到

＊　孙浩然，云南民族大学人文学院教授，主要研究边疆民族地区宗教社会问题。

①　在本研究中，云南少数民族地区特指基督教信徒较为集中的苗族、傈僳族、怒族、景颇族、佤族、拉祜族、哈尼族等社区。为表述方便，下文或以"少数民族地区"指代"云南少数民族地区"。

的阻力相对汉族地区要小。19 世纪末，基督教进入云南少数民族地区后，便与当地社会中的各种力量交织互动，为减少传播阻力而不断自我调适，对苗族、傈僳族、怒族、景颇族、佤族、拉祜族、哈尼族、独龙族等少数民族产生较大影响。云南少数民族基督教本土化取得的经验、面临的问题、采取的措施，对基督教中国化亦有借鉴意义。我们拟在探析基督教本土概念、建构相关分析理论的基础上，探讨云南少数民族基督教本土化的历史过程、现实问题与对策思路，旨在为基督教中国化提供参考。

一 基督教本土化概念辨析

近代以来，在中国基督徒和个别西方传教士的推动下，本土化逐渐成为我国基督教发展的趋势，社会各界对此颇为关注。目前，学术界关于基督教本土化的概念尚未统一，国外学者使用 localization、indigenization、contextualization、accommodation、adaptation，我国学者则使用本色化、中国化、处境化指称内涵相近的客观事实。中国基督教早期领袖人物之一的应元道先生认为，本色基督教会的特征有："中华国民的教会；根据中国基督教徒自己的经验而设立；富有中国文化的质素；要把基督教与中国文化合而为一；能适合中华民族的精神和心理；能使中国基督徒的宗教生活和经验合乎中国风土"（段琦，2003）。由北京大学宗教文化研究院和中国社会科学院基督教研究中心组织编辑的"基督教中国化研究丛书"将相关研究推向深入。张志刚教授认为，"基督教中国化"的必由之路在于为当代中国社会的改革开放、发展进步做出积极而重要的贡献（张志刚，2011）。也有学者使用处境化、适应化等术语分析基督教从神学建构、信仰实践等方面融入中国社会的过程。例如赵士林、段琦主编的《基督教在中国：处境化的智慧》对中国基督教处境化的历程进行分析，并以赵紫宸"伦理的神学"、吴雷川"折中的神学"、谢扶雅"辩证的神学"、吴耀宗"实践的神学"、丁光训"博爱的神学"、陈泽民"和好的神学"为个案，分析了中国基督徒所建构的"处境化神学"（赵士林、段琦，2009）。

在中国文化背景下，本土化、本色化、处境化、适应化，其内涵不免与中国化有所重叠。从学术研究视角看，"基督教中国化"属于宏观研究，更偏重宏大叙事，"基督教本土化"则可以衍生出更多中观和微观研究。

我们强调中华文明的多元一体，但也应注意不同地域、不同民族之间的文化差异性，此处用"本土化"显然比"中国化"更为合适。此外，本色化的教会色彩较浓，强调外来宗教的单方面适应行动，本土化则将外来宗教置于广阔的社会文化背景中，强调主体与客体的双向互动。

实际上，对于融入异质社会的外来宗教而言，"传统化"才是成功的标志。经过理性选择、文化重构与积淀传承，外来宗教不再被贴上"异类""他者"的文化标签，在特定人群中以"传统信仰"的姿态重新呈现。例如，作为外来宗教的佛教经过"传统化"的反复沉淀与升华，最终与土生土长的儒教、道教鼎足而三，成为中国传统文化的支柱。我们在云南少数民族地区调研发现，经过本土化洗礼的基督教也已迈开传统化的步伐，一些教徒将基督教看作本民族的传统信仰，但这只是一种局部现象。传统化成功与否，可以通过观察其内化的"传统性"多少来衡量。外来宗教的本土化过程，是一个持续跨越特定时空、不断获得"地方知识"和"本土特性"进而实现"传统化"的社会文化行动脉络。

本土化过程交织着多维度的情境结构、多样性的文化需求、多元化的资源差异，可进一步细分为"外衍性本土化"（exogenous indigenization）与"内生性本土化"（endogenous indigenization）（苏勇，2010）。"内生性本土化"源于内部群体的自发要求，而"外衍性本土化"源于外部力量的客观推动。宗教本土化应走内生性的发展道路，不仅要契合信徒需求，还应融入目标社会的整体结构，最终成为目标社会的一种"文化传统"。

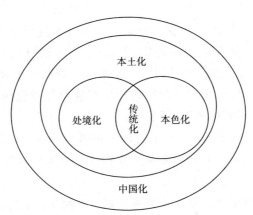

图 1　本土化相关概念关系

外来宗教的本土化是一个"从悬置到嵌入"的渐进过程。最初，外来宗教产生的文化震惊足以引起目标社会的排斥，从而使之悬置在目标社会之外，作为"文化黑箱"被想象、被猜疑、被误解。历史上，基督教曾获得帝国主义支持而带有霸权主义、沙文主义烙印，原本和平性的文化差异演化为冲突性的文化差距。例如，鸦片战争以来，基督教借助西方列强的武力支持在中国强行传播引起中国人民的强烈不满，酿成大大小小上百次"教案"。经历一系列"不打不相识"的"冲突交往"之后，外来宗教有选择地内化目标社会的价值规范，尽可能使用目标社会认可的行动方式寻求文化理解。外来宗教一旦拥有信徒，就尽可能利用目标社会中的关系网络以"滚雪球"的方式传播，从而融入特定家庭、家族，形成"信仰社区"，待时机成熟即以此为中心进行辐射或联合，逐渐成为影响一定人群的社会力量。

外来宗教通过本土化融入目标社会的宗教生态，在促进文化宽容的基础上消除冲突，增进和谐。基督教本土化是作为外来宗教的基督教在传播过程中为适应目标社会、融入目标社会而不断在教义、礼仪、制度、服务等方面进行的调适活动，在行动逻辑上至少涵括本土社会与外来宗教的主客立场、由冲突到和谐的渐进结构、从极端到温和的制度措施。从文化交流的主体与客体关系思考，本土化作为一种理想选择符合"中庸之道"。放弃主体立场去迎合客观社会，是一种文化取消；放弃客观立场而接受主体事象，是一种文化渗透。而成功的本土化，即使处于主强客弱或客强主弱的夹缝之中，也能游刃有余，并形成一种崭新的文化生态。良性本土化的主体与客体是一个我中有你、你中有我的互动结构。

一般而言，目标社会的文化体系越发达，社会结构越成熟，本土宗教的信徒数量越多、社会影响越大，则外来宗教所遇到的传播阻力就越大，只有采取实质性的本土化措施并做出较大调整，才有可能为目标社会所接纳。相反，如果目标社会的组织程度不高，尤其是没有较为成熟的宗教文化体系，则极容易为外来宗教所征服，而外来宗教无须或仅需做出一些形式上的调整。法国社会学家布迪厄（Pierre Bourdieu）认为，"一个场域由附着于某种权力（或资本）形式的各种位置间的一系列客观历史关系构成，而惯习则由'积淀'于个人身体内的一系列历史的关系所构成，其形式是知觉、评判和行动的各种身心图式"（布迪厄、华康德，2004：17）。宗教本土化即是在各种行为主体互动的关系场域中展开，既有传教士、普通信众，也牵涉政府机构、社会精英，其中本土社会相沿而成的文化习惯构成的巨大阻力不可忽视。我们应重点分析、认识并最终消除基督教与云南少数民族的"距离、鸿沟和不对称关系"。

除宗教学之外，不同领域、不同学科如管理学、市场学、社会学等，也在使用本土化表述某一特定社会或文化过程。20世纪90年代，美国学者罗德尼·斯达克（Rodney Stark）等人提出"宗教市场论"，认为宗教变化的主要根源取决于宗教产品的供给者，而不是消费者。以此，我们可以借鉴跨国公司以消费者偏好和习惯为标准，将生产、营销、管理、人事等各环节全方位融入目标国家经济社会之中的本土化策略解读宗教的本土化措施。实际上，世界性宗教如佛教、基督教、伊斯兰教在全球范围内争取信徒，如果能采取以目标社会为旨归的变通措施，则一方面改变自身的信仰版图，另一方面也改变目标社会的文化面貌，同时也不至于导致太多的流血冲突。具有西方现代化意义和背景的基督教作为一种外来事物，在异质社会中传播和发展具有两条道路可以选择——"本土化"或者"化本土"，即是说，或者使基督教适应当地社会，或者使当地社会适应基督教。由于少数民族地区的政治经济发展水平和社会组织的差异，使得两者之间的博弈表现出不同类型。通过这些类型分析基督教在云南少数民族地区本土化过程中表现出来的规律特征以及制度路径等，是我们研究的重点问题。

二　云南少数民族基督教本土化的历史过程

20世纪二三十年代，曾任中国基督教协进会会长的诚静怡将基督教本土化分为早年宣教期、关注社会问题期、信徒觉醒期、中西教会联合期、本色教会期。21世纪初，段琦将基督教本土化分为准备时期、过渡时期、自立运动时期、本色化探讨和发展时期、"自治、自养、自传"时期（段琦，2003）。在此基础上，我们将云南少数民族基督教本土化分为萌芽、过渡、发展、调适四个阶段。

云南少数民族基督教本土化的萌芽阶段从1881年至1904年。1881年，内地会传教士乔治·克拉克（George Clark）夫妇在云南大理租民房开设教堂。1904年，循道公会传教士柏格理（Samuel Pollard）掀起的"龙年得道"事件使乌蒙山区大量苗族皈依基督教。在萌芽阶段，基督教面临如何缓和文化张力、化解矛盾冲突、开拓传教网络等问题。外来宗教传播不仅是输入一种信仰，也是输入一种文化。相对先进的基督教遇到相对后进的少数民族，最初也要放低姿态，从形式上装扮为少数民族文化的"亲缘者"，以趋同化策略求得少数民族社会的承认与接纳。例如，有的传教士利用景颇族崇拜诸葛亮的心理大力宣扬"耶稣是孔明转世，信耶稣就是信孔明""你们既信服诸葛老爹，就是要听他兄弟耶稣的道理"（韩军学，2000：67）。美国浸礼会传教士永伟理（William Young）将自己说成是拉祜族反清起义领袖"铜金和尚"的朋友，骑着白马四处传教。一些传教士在圣餐礼上用少数民族的食物"粑粑"代替面包，结合少数民族能歌善舞的特点，用本土音乐编写"赞美诗"。这些"文化披戴"措施拉近了基督教与少数民族的关系，增强了少数民族接受基督教的心理预期。为在少数民族社区站稳脚跟，外籍传教士非常重视拉拢土司头目等社区精英。有些传教士还故意挑起社区精英之间的矛盾，永伟理就利用沧源县佤族贺南部落与岩帅部落首领之间的隔阂，进入贺南传播基督教，很快为当地佤族群众所接受，短短十余年间便取代了在当地传播 80 余年的南传上座部佛教（《民族问题五种丛书》云南省编辑委员会，1983：27）。

云南少数民族基督教本土化的过渡阶段从 1905 年至 1919 年五四运动之前。基督教初步打开云南少数民族的信仰市场，传教士通过建盖教堂、开办医院、设立学校、创制文字、培养本土教职人员等方式积极活动，进一步扩大影响。为使基督教信仰获得少数民族群众的认同与接受，传教士有意将"上帝"翻译为少数民族崇拜的神灵或人物。傅能仁（James Outram Fraser）在怒江傈僳族传教时，将《圣经》中的"上帝"说成是傈僳族原始宗教中的"乌撒"。一旦少数民族原有的神灵被赋予基督教内涵，成为"上帝"的异名同谓者，其本义也就逐渐模糊。例如，经过传教士的文化移植，盈江县邦瓦一带的景颇族神话中夹杂着上帝创世、蛇魔诱惑人类始祖的情节，普通群众也不去分辨其中哪些是本土的，哪些是外来的。传教士创制了苗文、景颇文、傈僳文、拉祜文、佤文、哈尼文、独龙文、纳西文、黑彝文、花腰傣文等拼音文字，在方便传教的同时也提升了少数民族的文化自觉，客观上有助于少数民族社会发展。迫于客观形势，外国传教士不得不培养和使用本民族传道人。早期的少数民族传道人往往是外国传教士收留的弱势群体，如被赶出村寨的孤立者、孤儿、病人；后期的少数民族传道人往往是毕业于教会学校的信仰精英。相较于外国传教士，本地传道人拥有天然优势，容易获得民众的认同接受，并可能利用本土社会的关系网络，产生"一传十、十传百、百传千、千传万"的传播效果。

云南少数民族基督教本土化的发展阶段从 1919 年至中华人民共和国成立之前。五四运动前后，中国教会本色化、自立化的呼声越来越高，这一思潮也影响云南少数民族基督教会。1917 年，内地会昆明教徒谢厚斋等人发起成立自立会，但不久即夭折。1920 年前后，韩杰、王有道等苗族教徒在富民、寻甸一带发起教会自立活动，随后成立苗族"爱教会""自立会"。至 1929 年，"苗族自立会"柿花箐堂会下设 4 个分堂，拥有教徒 350余人（昆明市宗教事务局等，2005：148）。1930 年前后，在武定县洒普山传教的郭秀峰①（Arthur G Nicholls）将历年《内地会教徒登记册》交付苗族传道员，要他们自己管理教会（云南省社会科学院历史研究所，1986：139）。1933 年前后，滇西的傈僳族教会基本实现自立，外国传教士如傅能仁等"只是当顾问而已"（黄锡培，2006：298）。在玉溪、元江、新平、墨江、镇沅等地活动的德国内地会，有"黑苗、那粟、窝泥、摆夷、卡多"（今属苗族、彝族、哈尼族、傣族支系）等民族信徒（王懋祖，1947）。1940 年前后，德国内地会传教士迫于反对德国法西斯的压力，将教会转交当地传道人，成立"中华基督教云南奋进会"，杨光灵等九名教徒提出"各地教会事务由中国人民负责"的自立口号（肖耀辉、刘鼎寅，2007：120），推动了当地基督教的本土化进程。至 1949 年，云南基督徒人数超过 10 万人，约占当时全国信徒人数的 1/6（杨学政，2004：9），其中绝大多数是少数民族。②

云南少数民族基督教本土化的调适阶段从中华人民共和国成立至今。中华人民共和国成立以来的调适工作并非基督教本土化的完成，而是更好的开始。云南各地基督教会在政府支持下，积极开展自养运动，继续稳定发展。1951 年前后，外国传教士陆续离开云南。一些"撤而不离"的外国

---

① 大多数研究文献都将这位英籍澳大利亚传教士的名字写作"郭秀峰"。我们在武定县洒普山进行基督教口述史研究时，一位年近百岁的苗族老教徒说，县长葛延春嫌这位传教士的外文名字太长，就以自己的姓氏为其取了中文名"葛秀峰"。查阅《武定县志》（天津人民出版社，1990），葛延春于 1922 年 10 月至 1924 年 2 月担任县长。

② 《中华归主》（中国社会科学出版社，1987，第 485 页）1921 年统计数据显示，云南"汉人信徒与少数民族信徒之比例为 1：13"。至 1949 年，这一比例有变化，但云南少数民族基督徒数量远远多于汉族仍是不争的事实。

传教士及其代理人在各地制造混乱，甚至煽动民族分裂和武装叛乱。1952年前后，为配合日渐深入的土地改革运动，云南汉族地区的基督教会暂时停止活动，但边疆少数民族地区尚未进行"土改"，德宏、怒江等地少数民族教会活动十分活跃，信徒人数增长较快。1956－1958年间，昆明、上海等地基督教会先后7次派人到瑞丽、陇川、盈江、澜沧、耿马、沧源少数民族地区访问，开办教牧人员学习班和宗教知识培训班，按立6名景颇族、傈僳族、拉祜族牧师（《民族问题五种丛书》云南省编辑委员会，2011：282－283）。1958年以后，由于"左倾"思想影响和"大跃进"运动冲击，边疆少数民族地区出现了信徒大量外流现象。1966年"文化大革命"开始，宗教活动被强行取缔，教会组织陷于瘫痪，少数虔诚信徒转入地下继续活动，个别教徒对立情绪严重。20世纪七八十年代，楚雄州武定县、禄劝县等地出现"小众教"问题；怒江州福贡县，出现"恒尼""斯令匹"问题。1978年党的十一届三中全会召开以后，宗教信仰自由政策逐步落实，云南基督教重新恢复活动。1979－1982年，由于缺乏足够的活动场所，云南各地教徒的家庭聚会增多，许多地方特别是边远少数民族地区，自封传道人、任意解经现象比较突出。1984年以后，各地"三自"爱国委员会组织正常工作，宗教活动场所及管理机构进一步完善，宗教知识培训和思想教育工作不断加强，内地教会与边疆教会联系趋于紧密，宗教活动逐渐稳定。

三　云南少数民族基督教本土化的主要问题

随着改革开放不断深入和社会转型持续推进，云南少数民族基督教在适应民族社会的过程中出现诸多问题，影响其本土化发展。例如，如何化解基督教与传统文化的矛盾冲突，建设民族特色的基督教神学理论，消除境外宗教渗透与未登记教会影响，发挥基督教对少数民族经济、社会、文化发展的积极作用等，需要我们认真研究。

第一，基督教与传统文化的矛盾冲突。经过百余年涵化传播，基督教逐渐影响云南一些少数民族的社会生活。费孝通先生认为，文化本来就是特定人群的生活方式，在什么环境中得到的生活，就会形成什么方式，决定了该人群文化的性质（费孝通，2010：12）。基督教本土化实质上是一个特殊的社会文化问题，基督教与西方文化、近代文明紧密相连，在云南少数民族地区传播，伴随着多元关系的交流互动，既提供了一种信仰体系，也提供了一种生活方式。虽然当时少数民族群众并没有"先进""科学"之类的概念，但事实却会告诉他们谁更能满足自己的需要。少数民族文化中的陈规陋俗因基督教冲击而消失，这并不可惜，但是一些有益无害甚至极具价值的文化事项也在基督教的排外性传播过程中流逝，就需要我们采取措施积极应对。历史上，在川黔滇次方言苗族地区，传教士企图以基督教信仰全面取替苗族的传统习俗，并成立专门的"改革委员会"，不准教徒自由恋爱、过"花山节"、玩芦笙、举行服装比赛等，引起部分群众反感，一些信徒也因此退出教会。传教士对少数民族传统宗教文化的抹杀，轻则是"逆本土化"行为，重则为"化本土行为"，其负面影响至今尚未消除。

第二，教会经济基础薄弱。马克斯·韦伯（Max Weber）论述的新教伦理与资本主义精神之间的"选择性亲和关系"并没有充分体现在云南少数民族基督教信徒身上。受相对封闭的自然地理环境影响，云南少数民族很少走出自己生活的地域空间。一些信徒"一切听从上帝安排"，反而安于现状、不思进取。改革开放以来，随着基础设施建设力度加大，借助现代交通工具、信息技术，少数民族群众加强了同外界的联系，但一些信徒忙于生产，很少参加宗教活动；一些外出打工的年轻信徒，出于缺少时间、参加宗教活动不方便、影响社会交往、不喜欢被教规约束等原因，主动放弃了基督教信仰。云南少数民族信徒的生活水平不高，教会得到的捐献数量有限，教职人员投入教会工作的时间和精力越多，失去的潜在经济效益就越大，"服侍教会"与"发家致富"之间存在矛盾。他们之中的一部分留在教会，苦苦支撑；一部分外出打工，教会组织趋于涣散；当然，也有一部分正积极寻求出路。教会经济基础薄弱导致基督教本土化的动力不足，也容易为别有用心之人留下可乘之机。

第三，缺乏民族特色的基督教神学理论。少数民族缺乏融传统文化精髓与基督教信仰内核为一体的神学理论，也制约其本土化的深入发展。宗教的成功本土化，离不开一批高水平的本民族教职人员，佛教本土化即受益于一批中国高僧的推动。如果说，汉语神学已经产生了一批代表性人物和著作，云南少数民族神学建设则属于空白。虽然少数民族不乏信仰坚定的基督徒，但基于少数民族自身文化脉络和社会情境，结合时代精神，从神学高度思考信仰问题并提出系统理论的教职人员尚付阙如。少数民族信徒并非没有神学思考，一些信徒喜欢借用《圣经》话语思考日常生活中的各种关系。但是这种思考沿袭性强，缺乏创新精神，有时也会产生偏差。个别牧师水平不高，信教群众并不认可，其中有的牧师年纪偏大，有的牧师神学理论水平不高，有的牧师布道缺乏吸引力，使得信教群众产生疏离行为。

第四，境外宗教渗透的影响。与基督教本土化正相对立，宗教渗透即是基督教"化本土"。历史上，云南少数民族教会同外国传教士关系密切，一些老年信徒仍充满感情地回忆当年接触过的传教士，并同他们的后裔保持联系。当年来滇的传教士后裔有些仍是传教士，于是趁机进行渗透活动，试图重新获得昔日权威。当前，云南少数民族教会在经济基础、人才储备、信仰素质等方面存在一定不足，抵御境外宗教渗透的能力不强。境外势力借助旅游观光、科学考察、文化交流、慈善救济、走亲访友等名义进行渗透活动，与"三自爱国运动"宗旨相违背，扰乱少数民族基督教本土化的良性发展。

第五，未登记教会传播与教会分裂。某少数民族教会房产在"文革"期间被查封，后来一直没有落实政策，信徒拒不参加"基督教两会"。一些外出打工的少数民族基督徒返乡后，带回未登记教会思想，导致当地基督教会发生分裂。由于教会分裂，有些地方宗教管理部门显示的基督徒数量明显减少，反而掩盖了矛盾的真实所在。少数民族基督教还存在一些汉族地区几乎不会存在的特殊问题。例如，在一个乡级行政区划内，存在多种信仰基督教的民族，相应形成多个民族教会，某一教会垄断某一民族信徒，各教会之间存在竞争，自下而上延伸，同县里甚至市里、省里的本民族牧师、政府领导攀上关系，在特定情境下引发冲突。

四　云南少数民族基督教本土化的路径思考

基督教本土化是一个政治上值得关注、实践上仍在摸索、学术上急需探讨的重要问题。在新时期，推动基督教深入本土化同引导基督教与社会主义社会相适应是一个问题的两个方面。基督教本土化的过程，也是不断提升政府治理宗教能力、挖掘基督教服务社会能力的过程。

第一，提升政府的宗教治理能力。基督教本土化是一项系统工程，需要政府、社会、教会、信徒共同参与。应将传统的政府一元主导的宗教管理模式转化为社会多元参与的宗教治理模式，为基督教本土化提供更为广阔的发展空间。当前，应坚持党的宗教信仰自由政策，加大宗教立法力度，提升政府的宗教管理水平。经历百年传播，基督教已经成为某些少数民族社会结构和文化传统的重要组成部分，当宗教信仰自由真正内化为信徒的"信仰"时，中国的宗教文化生态将安立在坚实的法律基础之上，成为基督教良性本土化的重要前提。

第二，营造良好社会空间。云南是目前我国民族和宗教种类最为多样的省区，"各民族经济上相互依赖、彼此通婚，各宗教之间实力相对均衡，宗教和谐与民族和谐互为促进"（张桥贵、孙浩然等，2016：156）是云南多元宗教和谐的主要原因，少数民族基督教应认准自己在云南文化宗教格局中所处的位置，彻底消除排他性、专制性等不良文化性格，而社会亦应以自信、开放、包容、理性态度，为少数民族基督教本土化营造良性的政治空间、社会空间和文化空间。诸如基督教在云南少数民族地区传播中的社会事业，基督教与少数民族国家认同、政治认同、社会认同的关系，三自爱国运动在少数民族地区的经验总结与理论提升，汉族与少数民族基督教本土化的异同等问题（孙浩然，2014），都需要我们深入系统研究。此外，我们还应收集、整理、翻译并研究少数民族地区外国传教士所撰写的回忆录、日记、自传等，以他山之石，攻本土之玉。

第三，提升教会服务社会的能力。教会和信徒是基督教本土化的主体力量，应加强少数民族基督教教会经济实力，培养少数民族教会人才，提升广大信徒的综合素质，加强识别和抵御宗教渗透、邪教传播的能力，使教会事业后继有人；重点挖掘基督教的和谐思想，发扬基督教的伦理道德功能，发挥基督教的社会整合作用等，使基督教适应时代发展要求；增强少数民族基督徒的文化自觉与信仰自觉，使其理解基督教在本民族社会中的来龙去脉，加强发展与提升本民族文化的能力，在此基础上从神学教义、礼拜仪式、组织结构、传播方式、日常生活等方面入手，建设本土化的少数民族基督教会。"适应社会—融入社会—服务社会—贡献社会"应成为基督教本土化的首要任务与核心理念。具体到云南少数民族地区，基督教应充分满足民族社会的多元需求，吸纳少数民族传统文化精华，提升少数民族权益自主，消除潜在矛盾冲突，维护社会和谐稳定，充分利用自身拥有的精神、物质、人力等资本，为地域经济、社会、文化发展作出积极贡献。

实际上，云南少数民族基督教本土化并非全是"问题"，有些地区基督教与少数民族文化有机结合、良性互动已经初现端倪，基督教信仰反过来促进少数民族文化的传承与发展。例如，在拉祜族聚居的澜沧县酒井乡老达保村，政府认定的两位国家非物质文化遗产传承人同时也是教会成员，在圣诞节上，他们既唱基督教《赞美诗》，也唱拉祜族创世纪史诗《牡帕密帕》，认为上帝与"厄莎"并不矛盾。我们应认真总结少数民族群众处理基督教同传统宗教信仰关系的"和谐经验"，对基督教做出适应现代社会的阐释，引导其在服务信徒、服务家庭、服务社区、服务社会、服务国家的递进增长中，全面完成基督教中国化。

参考文献

〔法〕布迪厄、〔美〕华康德：《实践与反思——反思社会学导引》，李猛、李康译，中央编译出版社，2004。

段琦：《中国基督教的本色化》，《中国社会科学报》2003 年 3 月 18 日。

费孝通：《文化与文化自觉》，群言出版社，2010。

韩军学：《基督教与云南少数民族》，云南人民出版社，2000。

黄锡培：《舍命的爱·中国内地会宣教士小传》，中国信徒布道会出版社，2006。

昆明市宗教事务局等编《昆明基督教史》，云南大学出版社，2005。

《民族问题五种丛书》云南省编辑委员会编《佤族社会历史调查（三）》，云南人民出版社，1983。

《民族问题五种丛书》云南省编辑委员会主编《云南民族民俗和宗教调查》，民族出版社，2011。

苏勇：《管理学本土化与东方管理学》，《文汇报》2010 年 10 月 31 日。

孙浩然：《中国少数民族基督教研究的理论思考》，《北方民族大学学报（哲学社会科学版）》2014 年第 1 期。

王懋祖：《云南传教事业》，《东方杂志》1947 年第 43 卷第 11 号。

肖耀辉、刘鼎寅：《云南基督教史》，云南大学出版社，2007。

杨学政主编《云南宗教情势报告（2002 - 2003 年）》，云南大学出版社，2004。

云南省社会科学院历史研究所编《云南现代史料丛刊（第七辑）》，1986。

张桥贵、孙浩然等《云南多元宗教和谐关系研究——基于社会学的跨学科视角》，中国社会科学出版社，2016。

张志刚：《"基督教中国化"三思》，《世界宗教文化》2011 年第 5 期。

赵士林、段琦主编《基督教在中国：处境化的智慧》，宗教文化出版社，2009。

基督徒如何过春节?*

——基于河南农村教会春节活动的实践考察

韩　恒　张　婧　高妍妍**

摘要：通过考察农村教会（信徒）的春节活动，文章分析了基督教与传统文化之间的关系。调查表明，尽管大部分信徒觉得自己与非基督徒的过年方式差异很大，但事实上信徒对待春节习俗的态度以及春节中的行为表现，与非基督徒的差异并非"想象"的那么大。即便是对于祭祖，部分信徒更多的是反对祭祖形式，而不是祭祖本身。如果改变一下祭祖方式，基督徒未必不愿祭祖。本文认为，宗教有"文字上的"宗教和"实践中的"宗教之分。文字上的宗教更多地体现在神学家的理论之中，是想象的宗教。实践中的宗教更多地体现在信徒日常生活之中，是宗教的真实状态。从文字上的宗教来看，当下的基督教亟须中国化，但从实践中的宗教来看，基督教可能已经中国化。

关键词：基督徒　农村教会　春节活动　基督教中国化

一　问题提出及资料来源

2016 年的全国宗教工作会议提出，"积极引导宗教与社会主义社会相适应，一个重要的任务就是支持我国宗教坚持中国化方向"，"支持各宗教在保持基本信仰、核心教义、礼仪制度的同时，深入挖掘教义教规中有利

* 本文是国家社科基金项目"农村基督教治理策略研究"（编号 17BSH008）、国家社科基金重大项目"统一战线视角下农村基督教治理问题研究"（编号 20ZDA026）的阶段性成果。
** 韩恒，郑州大学政治与公共管理学院教授；张婧、高妍妍，郑州大学政治与公共管理学院硕士研究生。

于社会和谐、时代进步、健康文明的内容，对教规教义作出符合当代中国发展进步要求、符合中华优秀传统文化的阐释"，"弘扬中华文化，努力把宗教教义同中华文化相融合"。

作为最重要的传统节日，春节不仅体现为一系列的仪式和习俗，而且还承载着传统文化的内在价值。基督徒如何过春节？遵从了哪些传统习俗？改变了哪些传统习俗？基督徒的春节活动与非信徒有何异同？为什么会有这些异同？在传统的节日（非基督教的节日），教会开展了哪些活动？为什么开展这些活动？通过考察基督徒的春节活动，深入分析基督教与传统文化之间的关系，探讨基督教中国化的实践路径，具有重要的理论意义和实践价值。

为了了解基督徒的春节活动，2017 年春节寒假期间，我们组织河南省基督教神学院的学生，在河南农村教会进行了问卷调查，共回收调查问卷1469 份（调查样本的基本信息参见表 1）。此外，我们还组织人员对农村教会春节期间的活动进行参与观察，围绕春节活动对教会负责人、普通信徒进行深入访谈。

本文基于上述调查完成，共分五部分，第一部分提出问题，介绍资料来源；第二部分从信徒个体的观念层面，分析基督徒是否认同春节期间的传统习俗；第三部分从信徒的行为层面，看看基督徒是否遵从春节的习俗和行为；第四部分分析传统节日中的宗教活动，看看基督徒利用传统的节日开展了哪些宗教性活动；第五部分是结论和讨论。

表 1 调查样本基本信息

单位：人，%

		人数	百分比
性别	男	316	23.2
	女	1044	76.8
年龄	30 岁以下	247	19.5
	31~60 岁	867	68.4
	61 岁及以上	154	12.1
是否受洗	受洗	1246	87.6
	未受洗	176	12.4

续表

		人数	百分比
家庭所在地	市区	203	15.3
	县城	164	12.3
	乡镇	111	8.3
	农村	852	64.1
文化程度	初中及以下	978	71.3
	高中或中专	252	18.4
	大专及以上	141	10.3

说明：本次调查回收问卷 1469 份。由于部分信徒没有回答所有问题，所以在进行统计分析时有些问题的样本量可能小于 1469。

二 "观念中"的春节习俗

1. 祭祖态度

祭祖是传统春节最重要的活动之一，调查中我们从不同层面询问了信徒对待祭祖的态度。祭祀祖先与灵魂存在密切相关，正是因为相信祖先死后有灵魂存在，才有春节期间的祭祖行为。人去世后还有灵魂吗？基督徒如何看待死后的灵魂问题？调查表明，73.4%的基督徒相信人死后有灵魂存在，15.8%的基督徒不相信人去世后有灵魂存在，另有 10.8%的基督徒选择"说不清"（见图 1）。由此可见，大部分信徒同意人死后有灵魂存在，这一点与传统价值观基本一致。

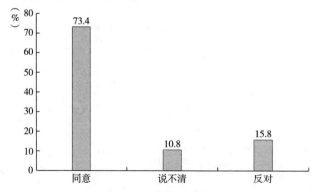

图 1　灵魂是否存在

问题：有人认为，人去世后有灵魂存在，您是否同意？

农村地区春节期间的一个重要活动是"请老祖宗"，即把祖先请回家过年，不仅要把祖先请回家，而且还要祈求祖先保佑家族平平安安。信仰基督教之后，基督徒如何看待祖先的灵魂？祖先的灵魂春节期间是否回家过年？去世的祖先是否能够保佑家人平安？调查表明，将近九成的基督徒不同意春节期间祖先灵魂会回家过年（见图2），超过九成的信徒不认为祖先的灵魂会保佑他们（见图3）。这说明基督教信仰确实改变了他们对待祖先的看法。

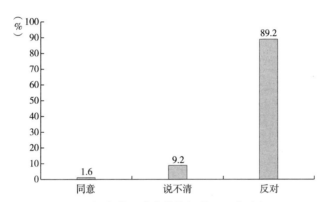

图2 祖先的灵魂春节期间是否回家过年

问题：有人认为：祖先的灵魂春节期间会回家过年，您是否同意？

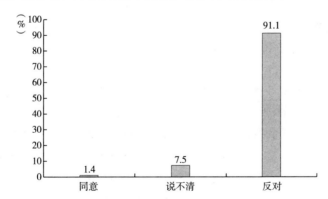

图3 祖先的灵魂是否保佑家人

问题：有信徒认为，去世的祖先可以保佑我们，您是否同意？

在一个注重祖先崇拜的文化中，信徒是否应该祭祀去世的祖先？调查表明，超过八成的基督徒认为不应该祭祀祖先，只有极少数信徒同意祭祀祖先，仅占 4.2%（见图 4）。由于基督教反对偶像崇拜，可能一谈到春节期间的祭祀祖先，大多数信徒想到的是传统的烧纸钱、摆供品等祭祖方式，而烧纸钱、摆供品在基督徒看来就是偶像崇拜，所以大部分信徒不同意祭祀祖先。

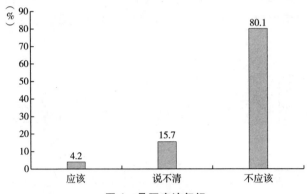

图 4　是否应该祭祀

请问：您认为春节是否应该祭祀去世的祖先？

慎终追远、光宗耀祖是中国传统的价值观念。基督徒反对的是祭祖本身还是摆供品、烧纸钱等祭祖的形式？为了进一步了解信徒对待祭祖的态度，我们又询问了基督徒是否同意以其他的方式祭祀祖先。统计表明，76.3% 的信徒反对烧纸钱之外的方式纪念祖先，但也有 12.6% 的信徒表示同意（见图 5）。更进一步，我们再次询问是否可以为去世的亲人送鲜花。统计表明，认为可以为去世亲人送鲜花的比例上升到 27.7%，反对春节期间为去世亲人送鲜花的比例下降到 50.0%，另外还有 22.3% 的信徒认为"无所谓"（见图 6）。

上述分析数据的对比表明，对于春节期间的祭祖行为，大部分信徒反对的是祭祖本身，即不应该祭祖，但也有一部分信徒反对的是祭祖的形式。如果改变传统的祭祖方式，部分基督徒可能会接受春节期间的祭祖习俗。传道人访谈也证实了这一点，如果改变祭祖的形式，基督徒是可以接受祭祖行为的，这为传统文化与基督教文化的融合提供了有益的重要启示。

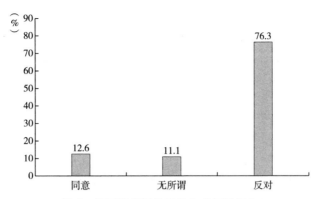

图5 能否用烧纸钱以外方式祭祀祖先

问题：有信徒认为，春节期间可以用烧纸钱以外的方式纪念祖先，您是否同意？

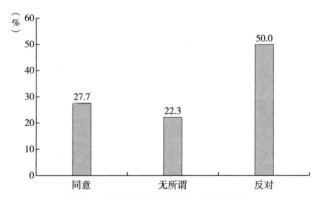

图6 能否以送鲜花的方式祭祀祖先

问题：有信徒认为，基督徒在春节期间可以为去世的亲人送鲜花，您是否同意？

问：基督徒如何表达对逝去亲人的思念？

罗传道：基督徒可以献一束鲜花啦，我们也需要去扫墓嘛，像老爸老妈嘛。

问：基督徒也可以扫墓吗？

罗传道：我也会去呀。但是呢我自己带一些鲜花回来，我一买就二三十束，送一些鲜花回去，回去我可以帮忙收拾好坟墓的一些杂草之类的，也可以做这些，没问题的，但是要设呀、拜呀这些基督徒是不会做的。我们去思念亲人，纪念嘛，去讲一讲亲人是怎样怎样的，都可以讲，有什么可以学习的都可以谈。

问：你们那不是公墓的形式？

罗传道：不是，也是一个坟头的形式，一个个小小的墓碑。所以我就建议我爸爸，把所有坟都迁一块，建个凉亭，大家聚一起吃顿饭不就行了嘛。[①]

2. 对待其他习俗的态度

除了祭祖之外，春节期间还有一些其他的习俗，比如一些地方流行在"二月二龙抬头"的日子理发，不能在"正月里剪头发"，还有些地方春节期间举办一些庙会活动。基督徒如何对待这些祭祖之外的传统习俗？调查表明，对于"不要在正月里剪头发"的传统习俗，超过60%的基督徒是不认同的，同意这一习俗的仅有3.0%（见图7）；对于最好在"二月二龙抬头"的日子理发这一习俗，超过70%的信徒是反对的（见图8）。

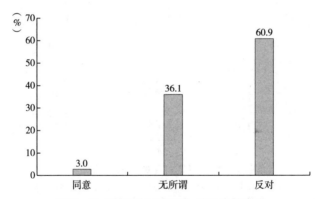

图7　对"不要在正月里"剪头发的态度
问题：有人认为，最好"不要在正月里"剪头发，您是否同意？

为了体现节日的祝福和喜庆，春节期间一些地方还有张贴"福、禄、寿、财"的习俗，对于这些传统习俗中的祝福性内容，基督徒如何看待？调查表明，89.2%的基督徒表示"反对"，认同这些行为的比例仅为1.6%，还有9.2%的基督徒表示无所谓（见图9）。

春节期间，一些地方会举办形式各样的庙会活动，尤其是农村地区。

---

① 赵素林：《罗传道访谈报告》，2017年1月。

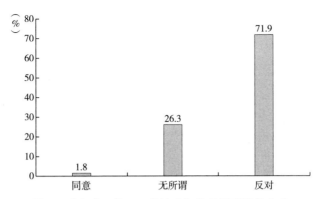

图 8 对在"二月二，龙抬头"的日子理发的态度

问题：有人认为，最好在"二月二，龙抬头"的日子理发，您是否同意？

针对各地举办的庙会活动，基督徒的看法是怎么样的？调查数据显示，超过八成的基督徒认为不能参加，只有 3.4% 的基督徒认为可以参加，另外 15.7% 的人表示无所谓（见图 10）。

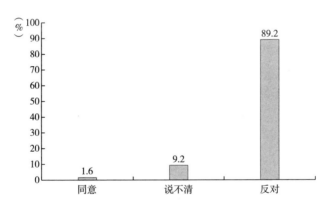

图 9 对贴福、禄、寿、财等春联的态度

问题：春节期间，有的信徒家里贴有福、禄、寿、财等春联，您是否同意？

问卷调查中，除了询问基督教对待春节习俗的态度之外，我们还询问了他们对待中秋、端午、清明等节日的看法。调查表明，更多的基督徒同意像非信徒一样过中秋节，不同意像非基督徒一样过清明节。同意和非基督徒一样过中秋节的比例为 41.8%，反对的比例为 35.9%；而对于清明节，同意和非基督徒一样过清明节的比例仅为 8.5%，反对的比例高达 75.2%（见图 11）。

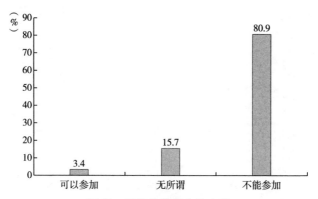

图 10　对待传统庙会的态度

问题：有些地方在"二月二""三月三"等举行庙会活动，您认为基督徒能否参加？

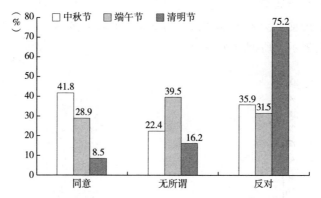

图 11　基督徒对过中秋节、端午节、清明节的态度

问题：有的基督徒和非基督徒一样过中秋节（端午节/清明节），您是否同意？

三 "行为中"的春节习俗

　　春节期间的风俗习惯不仅渗透在人们的观念中，而且还体现在人们的行为上。信徒在行为上遵从了哪些春节习俗？拒绝了哪些春节习俗？改变了哪些春节习俗？基督徒的春节行为与非基督徒有何差异？当问及与当地不信教的人相比，过年方式的差异时，六成的信徒认为，他们与当地非基督徒的过年方式"差别非常大"，只有约 1/3 的信徒认为他们与非基督徒的过年方式差别不大（见图 12）。

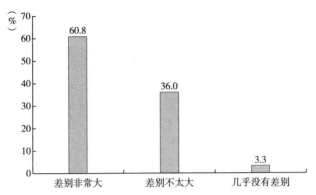

图 12 基督徒与当地非基督徒春节习俗的参与程度

问题：与当地不信教的人相比，基督徒的过年方式与他们差别大吗？

总体来看，基督徒认为与非基督徒的过年方式差异很大，差异具体表现在哪些方面呢？调查中我们列举了 20 种春节习俗，询问被访者或其家人是否有这些行为。统计表明，在"吃饺子""走亲戚""贴春联""吃团圆饭""吃元宵"等方面，信徒遵从的比较多，在"烧香""参加庙会活动""请祖先回家过年""摆放祖先牌位""给祖先摆贡品""腊月二十三扫灶""向祖先或长辈磕头""烧纸钱""祭拜去世亲人"等习俗上遵从较低（见表 2）。

表 2 基督徒春节习俗的参与情况

（请问：春节期间您家或您的家人是否有以下行为）

单位:%

春节习俗	参与比例	春节习俗	参与比例
吃饺子	92.3	大年初一不扫地	15.3
春节后走亲戚	88.0	祭拜去世亲人	9.4
贴春联	86.7	烧纸钱	7.6
吃团圆饭	83.9	向祖先或长辈磕头	6.0
正月十五吃元宵	68.2	腊月二十三扫灶	5.8
燃放烟花爆竹	44.7	给祖先摆供品	4.9
贴年画	38.8	摆放祖先牌位	4.3
腊月初八喝腊八粥	28.7	请祖先回家过年	3.9
除夕守岁	19.2	参加庙会活动	3.2
正月十五挂灯笼	15.9	烧香	2.4

由于春节习俗存在一定的地域性差异，基督徒不参与这些习俗可能是因为基督教信仰的原因，也可能是因为当地就没有这些习俗。为了进一步分析基督教信仰对春节习俗的影响，我们在调查中还询问了当地不信教的家庭春节期间遵从这些习俗是否普遍。如果当地不信教的家庭普遍遵从这些习俗，而基督徒没有遵从，我们则可以认为基督教信仰对春节习俗有一定的影响。在整个调查样本中，我们筛选了当地不信教的家庭普遍遵从春节习俗的样本进行分析。分析表明，在当地普遍遵从这些习俗的背景下，基督徒遵从较多的习俗依然是"吃饺子""吃团圆饭""春节后走亲戚""贴春联""正月十五吃元宵"，遵从较低的习俗仍然是"腊月二十三扫灶""烧香""参加庙会活动""请祖先回家过年""摆放祖先牌位""给祖先摆贡品""烧纸钱""向祖先或长辈磕头"等（见表3）。

表3　基督徒对当地普遍遵从习俗的参与情况

单位：%

春节习俗	参与比例	春节习俗	参与比例
吃饺子	93.5	大年初一不扫地	17.3
吃团圆饭	89.0	祭拜去世亲人	11.3
春节后走亲戚	88.7	向祖先或长辈磕头	8.0
贴春联	88.0	烧纸钱	7.7
正月十五吃元宵	73.9	给祖先摆供品	6.0
燃放烟花爆竹	48.4	摆放祖先牌位	5.1
贴年画	46.6	请祖先回家过年	4.4
腊月初八喝腊八粥	35.7	参加庙会活动	4.2
除夕守岁	26.1	烧香	2.8
正月十五挂灯笼	22.5	腊月二十三扫灶	2.0

说明：本表的数据反映的是，在当地不信基督教的家庭普遍遵从这些习俗的情况下，基督教家庭遵从春节习俗的情况。

当然，对于有些春节习俗，基督徒遵从的仅仅是形式，在同样的形式下"内容"已经发生改变，贴春联就是如此。实地参与观察表明，尽管基督徒在春节期间也贴春联、贴年画，但书写的内容都是与基督教信仰相关的内容。一位传道人的访谈也证实了这一点：

问：你们为什么也要贴中堂画（主内的）？

答：咱信神了嘛！咱贴的是主内的对子。信不信都贴，谁家不贴啊？

问：为什么要贴主内的中堂画？

答：因为信主嘛，就贴这样的，不信的肯定不贴。

问：不信主的贴中堂画有寻求庇佑的目的，那贴主内的中堂画有没有这个意思呢？

答：贴主内的有神的同在，弄啥都有神的安排，咱信主了就信靠神，你看你这上边的字都是神的话语。不信主的贴的中堂画又是财神爷啊，保平安啊，四季发财啊，那不都是外摆嘛，谁贴就发财了大家都该贴了。主让你发大财你就发财，主不让你发财你就发不了财。啥事生死祸福在神手里，无论到哪有神的同在，神保守你，这人能保住你吗？谁保你呀？你贴个发财就能发财啊？你该穷还是穷，是吧？[①]

总体来看，对于春节期间的习俗，基督教既有遵从，也有拒绝，还有创新（周恩典，2013）。在基督徒看来，遵从的都是和基督教信仰不相背的习俗，拒绝的都是和传统信仰直接相关的习俗，比如祭祖等。信徒的访谈也谈到这一点：

问：小年你们都遵守哪些习俗呢？

Q：小年包饺子嘛，人家还说小年送"老灶爷"，三十再请回来，我们没弄。

问：你们小年打扫厨房吗？

Q：我们也扫，但我扫的早，是在小年之前扫的。

问：不是非得等到小年打扫？

Q：是的。不管啥时候，脏了就扫，有时是蒸馍时扫，扫扫省得落灰。人家扫的时候还烧纸，念叨，我们没有。

问：就是说信主了就和世俗不一样了？

Q：是的。咱也不烧也不燎，也不拜也不请，但也放鞭放炮。

问：你们三十儿都是遵守什么习俗呢？

Q：三十儿下午也包饺子，也放鞭放炮，但不烧不燎，做好就吃。我们信主了贴主内的对子，不信主的贴世俗的对子，这不都是一样嘛。放鞭放炮一切照做，就是不烧不燎。咱这好像就是入乡随俗，人家咋弄咱咋弄，不过就是不烧不燎这一点不弄。

问：对于三十儿和初一的一些禁忌你们会遵守吗？

Q：咱不讲，咱啥都可以做。比如放拦门棍呢，说是放了能让自家祖先进来，不让别的鬼进来，这咱都不弄。就是人家过啥节咱也过啥节，人家包饺子咱也包饺子，人家放鞭放炮咱也放鞭放炮，就这样。

问：你们初一放开门炮吗？

Q：放，开门炮也放，俺儿子放。这也不知道是哪一辈子传下来的，我儿子起来放开门炮我就起来祷告，然后下饺子。咱这世人吧也没啥特别的习俗，教会也没啥特别的安排。信徒和世人也没啥太大的区别。

问：你还蒸大馍吗？

Q：多少年都不蒸大馍了，也不摆也不敬蒸大馍干啥？

问：你过年蒸馍里面包东西吗？

Q：包啊，包的有枣、豆和红薯。

问：你为啥也要包呢？

Q：人家包嘛，咱也包。我也不懂，人家包我也包。还包角子，我也不知道啥意思。

问：你们还"熬皮袄"吗？

Q：熬皮袄现在没人熬了，现在都看电视呢。有的老早起来，半夜三更的，还没睡就又开始放鞭了，一夜到亮都没停。我们就是没早起，比平时早一点，六点多起床。

问：初一过后例如"开井"要放炮，你们有没有呢？

Q：我们没有，现在都用自来水管了，井都不用了，每天都接水，谁还放炮。比如开车要放炮，或者放挂鞭，我儿子也放，初二走亲戚开车放一挂小鞭儿。我就祷告让他路途平安。我儿子也顺服，平时打工回来也给主奉献。咱也没钱，就奉献五十或一百。[1]

---

① 赵素林：《信徒 Q 访谈报告》，2017 年 2 月。

从上述访谈可以看出，基督徒在一些没有"特殊含义"的礼节习俗上，是遵从传统文化的，与非基督徒并没有太大的差异。事实上，信徒拒绝的习俗都是他们认为"迷信"的行为：

> 过年的时候，迷信的东西俺是不再做了。因为不相信有耶稣之外的偶像存在，更不会去拜其他偶像。迷信的那一套东西，我都不相信。但是有些姊妹还是会嘱托家里面的小孩，在这一天不能说不吉利的话，还有过年这几天不让用剪子，说是剪刀会剪去福运。这都是"糊涂信"，这些老传统、老封建都没有啥道理，该用剪子的时候，还得用，迷信不用剪子的，那都不对。①

四 传统节日中的宗教活动

遵从传统的春节习俗仅仅是基督徒春节活动的一个方面，春节期间，基督徒还结合传统的节日开展一些基督教的活动。调查表明，在大年三十或初一，87.6%信徒有祷告行为，77.4%的信徒参加教会组织的活动，75.4%的信徒阅读圣经，71.9%的信徒给教会奉献，42.3%的信徒给教会的弟兄姊妹拜年，还有26.4%的信徒以祷告的形式怀念去世的亲人（参见图13）

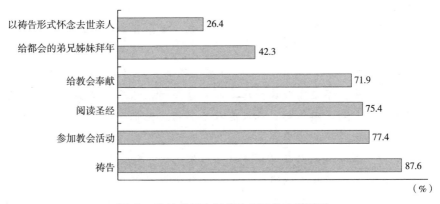

（%）

图13 传统节日中基督徒开展的宗教活动

请问：大年三十或初一，您是否参与以下活动？

---

① 高妍妍：《信徒 J 访谈报告》，2017 年 1 月。

不仅信徒个体在春节期间有一些宗教活动，教会也在春节期间开展一些宗教聚会，特别是大年初一，尽管春节是传统的节日而不是基督教的节日。2017年的大年初二是礼拜天，有的教会甚至在大年初一聚会之后，在属于礼拜天的大年初二不聚会。

问：初一也不是星期天，为什么要来聚会呢？

W：这个是过春节，团聚，向主敬拜。按人来说是团聚，按神来说是发出感谢和赞美。我们这是下午聚，上午可以去给老少爷们坐坐，给长辈拜年，不迷信的东西你也少不了。

问：你们这下午聚会都有什么形式？

W：圣诞节排练的舞蹈和小品有些再演一遍，其他特别的活动没有。演演节目，唱唱赞美诗，读读经，作见证，就这些。最主要的还是感谢和赞美，都是以这为主题。

问：初一来聚会有奉献吗？

W：奉献是自由，自由奉献。

问：信徒会因为岁末年初而奉献吗？

W：会有。哪教会都有奉献，说的是向神奉献，并不是神花，还是人花。圣经上有这样的教导，在人是不会强勉的。教会不强调也不呼召。

问：信徒来聚会也会向你们拜年吧，拜年有拿礼物的吗？

W：也有，教会不禁止也不支持。我们这有一百多号人，要是都拿我们也吃不完。有个别人也会拿，很少，也不提倡。特别有爱心的，也会带，不过不能像世人一样不拿不行。未登记教会也强调过不让拿，拿了对人都不好。如果有人不明白，他们会说：你们信主还得要东西。教会不提倡拿东西。

问：我所指的拜年是信徒之间如何问候？和世人有何不同？

W：对，还是互相问候一下。主题来说还是团聚，主题来说还是赞美神，尤其是常年在外打工不回来，回来一次来互相见个面，真是说乐意奉献的，奉献给教会，特别是拿东西的很少。

问：在教会内信徒如何相互拜年？是不是也像世人一样问候"过年好"？

W：也有和世人一样的"过年好""平安"等问候话语，也有教会内部的"以马内利""上帝祝福"等祝福语，大家互相问平安。也没有这个习惯都送礼物。

问：今年初二是星期日，初二信徒来聚会了吗？

W：没有。也都知道初一聚过了，也没说初二不聚了，有的想着昨天聚过了，今天该走亲戚了，再没亲戚也得有几家吧。为啥赶到初一呢？按教会的规则来说并不是需要初一来聚会，而是想着初一人闲，没有啥事，星期天不星期天都得拜神，因为初二都得拜年走亲戚了。特别现在兴打工，提前把亲戚走走，走得早了还显着好看，就是这个道理。

初一那天人还多呢，一屋子人，比平时多。初一那天赞美大部分都来了。赞美可打上去了，可有劲儿（教会认为唱诗赞美的歌声能够传到上帝的耳中，声音越大，越有激情认为越能够讨神喜悦，就称为赞美"达到了"）。好几个外出打工的都回来了，初一都来了，一间房子坐得满满的。除了聚会也没啥活动，但是周日还是要来守礼拜的。今年初一来了，初二没来，为什么呢？因为初二大部分的都有客人，初二没派个人，肢体们也都没来。初二都有客人，没法来，走不开。①

有的教会不仅在大年初一聚会，而且还在春节期间开展一系列的赞美会、培灵会、文艺演出等。有的教会春节期间的活动规模甚至超过了圣诞节，传道人 D 这样介绍他们的教会春节期间举办的新春感恩赞美会：

这几年两会的赞美会已经成形了。一般是春节过完后选几天，这几年我所参与的是四天，连着四天的赞美会。我这几年都在上学，平时具体有什么其他活动也不太清楚。赞美会这几年已经成形了，每年过完春节，起的名字叫新春感恩赞美会，还是围绕春节开展。这个范围确实比圣诞节大，赞美会涉及范围比较大，圣诞节只是针对两会举办的，两会又主要针对周边的一些小堂点，或者针对本教堂诗班。新春感恩赞美会的地点在新区教堂。以前在年前的时候，老城区的教堂也举办过。或者有时候在大年初一初二可能会选择一天赞美。从内容上说，赞美会跟圣诞节有所不同。圣诞节是基督教很长时间以来的传

---

① 赵素林：《王长老访谈报告》，2017 年 2 月。

统节日，圣诞节也有很多节目，但是主要区别是会有证道、讲道。而赞美会是以舞蹈、诗歌、小品等形式。从范围上说，赞美会不仅仅针对附近地区而针对全县。全县总共 62 个堂点，四天内排班，每个教会限定 40 分钟左右。新春感恩赞美会有小品、戏剧、诗歌朗诵、舞蹈、歌曲等形式，相声形式比较少。一个教会的一两个主持人上去说完，节目结束后换下一个教会。①

除了上述大年初一举办的活动外，还会有很多地方举办有地方特色的活动，例如"打工会"（返乡打工人员的聚会活动）、"新年学习班"等。

咱们教会的活动是根据信徒的实际生活情况开办的，春节里打工的人大多都在家里，教会的活动相对就多一点。大年初一有表演，是因为初一大家都在家里，也不走亲戚，该忙的年前也基本上忙完了，所以咱挑这个时候办活动。有节目表演，正月十五元宵节咱们也有活动。正月初九初十，该走的亲戚差不多也都走完了，该忙的也都忙完了，一般都是这个时候办学习班，每年都办，一般都是 3 天。虽然学习班说哩是春秋两次，但是春节这次还是办的比较多的。秋季收秋忙，或者是有打工的从外面不回来，组织不起来，一般也都不办。②

五 结论与讨论

在研究河北的天主教时，吴飞指出与非信徒相比，天主教徒"确实存在很多独到之处，但这种独到之处很少表现在日常生活中，你在日常生活中会认为他们和别人没有什么区别"，"天主教的戒律并没有塑造出一套新的道德体系……他们在基本的日常生活中所遵循的道德标准，并没有什么特殊之处"，"我们对宗教的理解多多少少受到了韦伯关于新教伦理讨论的影响，总是希望在教友们的宗教和日常生活之间找到一种韦伯式的联系"，"他们的宗教信仰固然时间久远而且虔诚，但这并未真正改变教友们的伦

---

① 张婧：《传道人 D 访谈报告》，2017 年 2 月。
② 高妍妍：《Z 长老访谈报告》，2017 年 2 月。

理"（吴飞，2013：6、13、15）。

本文讨论的不是信徒的日常伦理，而是传统节日中的信徒日常生活。与吴飞的判断接近，本文的分析表明尽管大部分信徒"觉得"自己与非基督徒的过年方式差异很大，但事实上，信徒对待春节习俗的态度以及春节中的行为表现，与非基督徒相比并不像他们"想象"的那么大，差异更多地体现在祭祖的态度和祭祖的行为上。即便是对于祭祖，部分信徒反对的更多的是祭祖的形式，而不是祭祖本身。如果改变一下祭祖的方式，基督徒未必不愿意祭祖。

宗教有文字上的宗教和生活中的宗教之分。文字上的宗教更多地体现在神学家、哲学家的理论中，是理论家对于宗教的构建与想象。生活中的宗教更多地体现在信徒日常生活的实践之中，是宗教的真实状态，是活的宗教。从文字上的宗教来看，当下的基督教亟须中国化，但从实践中的基督教来看，基督教可能已经中国化、非常中国化。乡村基督教的实践形态可能是基督教中国化研究中需要关注的一个重要话题。

参考文献

周恩典：《随俗与立异——江淮地区一个乡村基督徒的春节习俗》，《民俗研究》2013 年第 6 期。

吴飞：《麦芒上的圣言——一个乡村天主教群体中的信仰和生活》，宗教文化出版社，2013。

神圣空间的建构与竞争

——以上海市浦东新区城市堂为例

李　辉[*]

摘要：改革开放之后，基督教在中国快速发展。从中观层面上可以发现，在现代化和城市化影响下，教会获得了一定的发展空间，甚至在土地资源紧张的大城市，教会得以建造新的教堂。本文以上海市浦东新区的城市堂为例，探讨神圣空间的建构与政治，以及神圣空间在建构过程中的竞争。通过城市堂的案例可以发现，神圣空间的建构深受商业资本的影响，进而影响了当地的政教关系。但是，在后续神圣空间的建构过程中，资本、政府和教会呈现出相互影响和相互竞争的趋势。

关键词：神圣空间　基督教　城市堂　政教关系

改革开放初期，基督教在中国农村地区快速发展（梁家麟，1999）。20 世纪 90 年代，随着城市化以及民工潮的发展，众多乡村剩余劳动力迁移到城市打工，城市教会人数逐渐增多，也出现了不少农民工教会（黄剑波，2012）。与此同时，城市中的传统教会也开始复兴，并形成了一批新兴城市教会，这些教会多以知识分子、白领或商人为主（高师宁，2005；Cao，2011）。但是上述研究多侧重于未登记教会，对"三自"教会关注的比较少。这一方面是受到国际上宗教自由研究取向的影响，导致中国基督教研究侧重于从政教关系方面分析，特别是研究政府对宗教的管理（Cao，2017）。对于"三自"教会的实证研究较少，片面认为"三自"教会服从

---

　　*　李辉，上海社会科学院宗教研究所助理研究员。

于政府（Spiegel，2004），或强调"三自"教会与未登记教会之间的分裂（Wenger，2004）。

当前，中国强调宗教与社会主义相适应，发挥宗教在建设社会主义中的作用。但是新建教堂往往涉及一系列问题，不仅要考虑国家以及地方的宗教政策，还要考虑高昂的土地价格和建筑费用。周日上海的教堂往往人满为患，如有教会申请建造新的教堂，得到的答复不是没有土地资源，就是教堂还可以继续使用。市区的教堂，只有开展多次礼拜，或者设置临时聚会点，或者充分利用教会的空间，安装实时转播系统。上海的土地资源非常紧张。在上海要找一块足够大的土地建造教堂是一件难上加难的事。笔者于2016年3月和2017年5月两次来到上海进行基督教城市化的田野调查，一共为期18天，走访了上海市多个"三自"教会和未登记教会，并与牧者和信徒进行了深度访谈。在上海的调研中发现，"三自"教会中一个很明显的现象——近几年成立了多间新的教堂。这不禁使笔者产生疑问，在目前中国政教关系以及城市土地资源紧张的背景下，教堂是如何建立起来的？神圣空间得以建立的各种主导因素是如何在空间中竞争的？

上海基督教概况

基督教传入上海的历史较早。1840年上海开埠之后，基督教传教士纷纷来到上海传教。自此，基督教深刻地影响了上海乃至整个中国现代性的发展。

第一个到达上海的新教传教士是伦敦会的郭士立（K. F. A. Gutzlaff），1831年曾乘船到达上海，考察过沿海地形。1844年英国伦敦会传教士麦都思（W. H. Medhurst）和雒魏林（W. Lockhart）在上海城南创办诊所传教。随后圣公会、长老会、公理会、浸信会、监理会等教派相继传入上海，建造了一系列至今仍旧存在的教堂，另外他们所创办的教会学校、医院等深刻地影响了中国教育和医疗事业的发展。除了上述几个较大的教派之外，在上海乃至全国有影响力的教派还有中国耶稣教自立会、安息日会、聚会处、灵公团、灵粮堂等；另外救世军、伯特利教会、真耶稣教会在上海也有发展（阮仁泽、高振农，1992；姚民权，1994；孙金富，2001）。

1949 年新中国成立之后，在吴耀宗等人的推动下，在上海发表《中国基督教在新中国建设中努力的途径》（即"三自"革新宣言），抗美援朝战争爆发之后，正式成立"三自"爱国运动委员会（邢福增、梁家麟，1996）。1958 年开始实行联合礼拜，全上海市的教堂合并为 23 所。"文革"期间上海所有教堂停止宗教活动。相比于其他城市，上海的政治形势更加严峻；上海的基督徒，不像其他城市的信徒转向地下形成了很多秘密聚会点，而是默默地等待着教会的重新开放（Keating，2012）。

1979 年 9 月，由于地理位置的因素，处于人民广场附近的沐恩堂率先开放，市区内其他主要教堂随后也陆续重新开放。当时开放教堂，原则上是一个区一个堂，但是由于频繁的行政区划变迁导致很多区拥有多个教堂，另外由于信徒居住得比较分散，在"以堂带点"的政策下，往往每个堂都会有多个聚会点。1998 年底，上海信徒达到 15 万余人（孙金富，2001）。

据上海市区"三自"教会的一位牧者介绍，截至 2016 年，上海市共有 172 个教堂，市区将近 30 个堂，信徒人数大约有 23 万人。同时他介绍，由于现在上海市政府对宗教实施网格化管理，基层街道部门对未登记教会的位置都非常的熟悉，每个未登记教会也就六七十人，所以全上海市未登记教会估计就七八万人。他也介绍了为什么国际上经常说中国的未登记教会人数众多，他认为："中国传统上都是夸大人数，他们（未登记教会）的信徒在上海还是少数的。当外部有压力的时候，他们就团结，没有压力了就内部分裂。"他所讲的基层政府对未登记教会的了解，在随后我们访谈未登记教会时得到了证实，未登记教会的牧师谈道："我们刚在这里租了场地聚会，第二周街道上就来找我了，说你们人数不要太多，多了可以分散出去，主要考虑的是消防安全问题。"至于整个上海未登记教会信徒人数，该牧者认为："没有办法进行统计，但可以肯定的是未登记教会是上海基督教的主流。"相对于其他城市的未登记教会，上海的未登记教会整体上呈现出"不公开"和"避谈政治"的特征（马丽、李晋，2016）。

神圣空间的建构与竞争

本文希望探讨为什么城市堂能够建立，并且建立在土地价格比较昂贵的国际社区中。这为我们提供了一个很好的案例来分析空间实践（spatial practices）。空间实践理论的发展得益于神圣空间理论，神圣空间理论为我们提供了一个更好的视角去分析空间实践中的政治，特别是宗教团体或者个人的空间实践，是如何受到社会主导力量所影响的。

在宗教学中对"神圣（sacred）"的研究有两种趋向，一种是实质化的（substantial）研究，另一种是情景化（situational）的研究。第一种研究趋向在定义"神圣"时，强调神圣的本质特征。比如，人们曾经体验过的神圣经历，并通过一些实体将这些经历展现出来。从这一层面上看，神圣就是现实中的某种事物，被人们所赋予了超能力。第二种研究趋向可以追溯到涂尔干，将神圣放置在人类实践中，强调没有任何东西与生俱来就是神圣的；在这个意义上，神圣是通过人类活动去逐步赋予的一种象征（Chidester and Linanthal，1995）。

由于对神圣的定义的不同，进而导致对于神圣空间的定义也出现了两种截然不同的趋向。第一种是按照"神圣"的"实质化"定义发展而来，即神圣空间的诗意（poetics of sacred space），强调神圣的实质，倾向于对自然的想象，即倾向于将自然界的树、石头等视为一种神圣的事物（Leeuw，1986），这一点与伊利亚德（Mircea Eliade）所表述的"真实（real）"相像。第二种是按照"神圣"的"情景化"定义发展而来，即神圣空间的政治（politics of sacred space），强调人类活动是如何卷入空间的设计和建构中的（Knott，2010）。它包括四种类型：（1）位置的政治（a politics of position），任何一个神圣地方（place）都是对空间（space）① 的占领（段义孚，1998）；（2）财产的政治（a politics of property），通过宣称或反抗对神圣空间的拥有权来维持场所的神圣性；（3）排斥的政治（a politics of exclusion），通过维持神圣空间的边界、区分内外，进而维护神圣空间的圣洁性；（4）放逐的政治（a politics of exile），现代性所导致的世俗化，对神圣造成损失，以及在现代社会中的人们怀念过去的神圣（Chidester，1995）。而江莉莉（Lily Kong）依据新加坡教会的案例，丰富了神圣空间政治的内涵（Kong，2002）。

以往的神圣空间的研究多侧重于神圣空间的诗意，对于政治的关注比

---

① 空间（Space）可以被看作一个位置（location），这个位置并没有与人类社会产生任何的联系，也没有任何价值（value）附着在其上，而地方（Place）可以被视为一个由人类经验所创造出来的位置。

较少（Chidester，1995）。神圣空间的政治可以帮助我们理解一个神圣地点或环境，是如何被制造或者重构成为一个神圣空间的。神圣空间的建构需要具备以下三个特点。首先，神圣空间可以被视为一个仪式空间（ritual space），即一个空间里充满各种象征神圣的符号或仪式，并且在这个空间里可以不断地进行"崇拜"活动。其中人是仪式空间能够形成的一个关键因素，因为受人影响的空间实践决定着神圣空间的特征和质量。其次，对神圣空间的解释取决于一个地点，一种倾向，或一系列的关系，神圣空间的制造在某种程度上也是一种意义制造，映射了一种世界观。也就是说，在构建神圣空间的时候，要考虑三种外部环境：自然环境、建筑环境和宗教背景。最后，神圣空间是一种充满竞争的空间（contested space）。神圣空间是由人创造的，因此在神圣空间中不可避免地会出现这种情况：不同势力为了争夺空间的拥有权而相互竞争（Chidester，1995）。

因此，在分析神圣空间的时候，不仅需要注意神圣空间是如何被阐释的，也需要注意神圣空间是如何竞争的。依照奇德斯特（Chiedester）和林恩塔尔（Linenthal）的见解，他们指出了神圣空间的竞争的四种策略：（1）占有（appropriation）的策略，宣称对某个空间的合法拥有权；（2）驱除（exclusion）的策略，以保持空间的纯洁性的名义，重新强化宣称对空间的拥有权；（3）逆转（inversion）的策略，试图转变比较普遍的空间意向；（4）杂合化（hybridization）的策略，违反或融合常规的空间关系实践。后两种策略常常被用在对空间主导者的反抗之中（Chidester，1995）。

将神圣空间的政治放置在一个更宽阔的背景中，会发现一个空间的神圣化，会受到社会主导文化驱动力的影响。本文认为城市堂之所以能够建立得益于上海现代化的发展，特别是上海现代化所带来的全球化和城市化，导致人口的全球性流动，大批外国人到上海定居，而以开发商为代表的"商业资本"与政府展开互动，最终教堂得以建立，教堂建立之后的空间实践，则呈现出三方竞争的趋势。

上海与现代化

现代性是一直深刻地影响着当今世界的一种社会范式，但它并不是一个客观存在的现实，而是一种理论建构（Barwick，2011）。学者在描述现代性的内涵时，并没有统一的标准，但是常见的特征有个人主义、理性主义、世俗主义、资本主义、民族主义、工业化、城市化、全球化、科学、民主、法制、女性权利、转换的公共领域等（Martinelli，2005）。对目前上海而言，最明显的现代性特征便是城市化和全球化的发展。

一个社会中出现现代化思潮的原因大致可以分为两种：第一种是由自己社会中孕育而生，另一种是受到其他社会的刺激而产生（Levy，1966）。中国显然属于后者。清末面对西方国家对中国的殖民，一些中国知识分子萌发图强意识。自此，中国社会中依次出现了五次重要的现代化运动：洋务运动、戊戌变法、辛亥革命、新文化运动、共产主义运动（金耀基，2010）。从器物、制度和思想行为层次依次进行。上海现代化的发展与清末民初印刷行业的发展密不可分（Lee，2000）。另外，基督教在上海开埠之后便开始传播，它对上海乃至全国的教育、医疗慈善等的发展起到非常重要的作用（Barwick，2011；Smith，2005；Madsen，2013）。改革开放之后，邓小平重新强调中国要实现"四个现代化"①，并要走出一条中国式的现代化道路。

改革开放以来，中国正经历着迅速的现代化过程（Peerenboom，2007；Pei，2006；金耀基，2013）。作为全国经济中心的上海，自然成为中国快速现代化的标杆。而现代化的几个重要特征如城市化、全球化等，在上海表现地也非常明显。跨国公司的发展，导致资本和人才在全球范围内的流动。上海作为中国现代化的矛头，比较明显的特征是上海外国人越来越多。随之而来的是，上海市兴建了一批国际性社区，以及国际学校。截至2016年底，上海累计吸引跨国公司地区总部573家，其中亚太地区总部54家。② 到2017年，上海一共建成105所国际学校，③ 许多中国家长也将自己的孩子送入国际学校中就读。

另外，根据2016年中国公安部出入境管理局统计，2015年出入中国的外国人达到7630.54万人次，其中就业的外国人有86.78万人，学习

---

① 四个现代化：工业现代化、农业现代化、国防现代化、科学技术现代化。最初由周恩来在1963年提出。改革开放之后，由邓小平重新倡导。2013年，国家主席习近平又提出"第五个现代化"的概念，强调"推进国家治理体系和治理能力的现代化"。

② 新浪财经：http://finance.sina.com.cn/roll/2016-12-07/doc-ifxypizi9881648.shtml（2017年8月10日浏览）。

③ 新浪教育：http://www.sohu.com/a/163055042_691021（2017年8月10日浏览）。

32. 43 万人次，定居 29. 27 万人次，外国人出入境首选机场便是上海浦东国际机场。[①] 据调查显示，中国最吸引外国人才的城市，排在首位的是上海。[②] 可以说，全球化在上海的表现最为明显的一个特征就是定居在上海的外国人逐渐增多。

上海城市堂的个案

通过探讨神圣空间的建构与神圣空间的竞争，可以发现建立教会的过程中各方力量之间的互动，最终教堂按照各方力量的要求得以建造，并呈现出不同的特征。在上海市城市堂的建造过程中便充满了这样的空间竞争。考虑到国家宏观的宗教政策，以及上海市价格高昂的土地资源，城市堂能够建造是政府、教会、开发商等不同利益群体协商出来的结果。在案例中，笔者首先介绍了教堂得以建造的原因与过程，用以分析在教堂建造过程中，各方势力的互动。然后，通过分析教堂内部的空间使用、装饰和宗教活动来探讨神圣空间内部的竞争和结果。

城市堂神圣空间的建构

上海基督教城市堂的建造，可以说与上海碧云国际社区的开发密切相关。城市堂坐落于上海市浦东新区金桥镇。金桥镇在 1990 年就已经被国务院批准设立国家级经济技术开发区，而整个浦东新区直到 1992 年才正式成立，并成为中国第一个国家级新区。2002 年，国家海关总署批准设立金桥出口加工区。金桥镇北接上海外高桥保税区，南边是张江高科技园区，西边临近上海浦东陆家嘴。这四个地区是上海浦东新区重点开发的区域，可以说金桥镇附近聚集了众多的高科技和国际化人才。

碧云国际社区的建立，也是在这样的大环境下应运而生。碧云并不是上海首例国际化社区。早在 20 世纪 80 年代，上海第一个涉外商务区——虹桥经济开发区设立之后，就成立了上海第一个国际社区——古北国际社区。古北国际社区地处浦西，距离浦东新开发地区仍有一定的距离。而

---

① 中国公安部出入境管理局：http://www. mps. gov. cn/n2254996/n2254999/c5600834/content. html（2017 年 8 月 10 日浏览）。

② 《中国日报》，http://world. chinadaily. com. cn/2016 – 04/16/content_ 24595273. htm（2017 年 8 月 10 日浏览）。

且，新世纪初期，古北国际社区一期已经建成十几年，老式的小区已经不能满足海外精英人士的需要，古北社区出现了部分外迁现象。① 这些都为碧云社区的发展提供了契机。

2005 年在上海金桥（集团）有限公司等企业的投资下，碧云国际社区正式开盘，也成为上海第二个国际社区。由于开发商想要吸引的客户目标是外籍人士，所以在规划碧云社区时，宗教活动场所同学校、医院、餐馆、超市等一并被考虑进去。

根据上海出入境管理局资料，2013 年常驻上海的外国机构为 3.9 万个，常驻上海的外国人为 17.6 万人，其中常驻上海的外国人中排名前三位的依次是日本人、美国人和韩国人，分别有 3.8 万、2.7 万和 2.1 万人（茅健，2014）。而美国与韩国的基督徒比例则非常的高。一份关于上海外籍人宗教信仰的调研报告显示，信仰基督教的外籍人占在沪外籍总人数的30.7%，而这个数据还是比较保守的，因为样本中日本人较多，而他们多信仰神道教（徐剑、曹永荣，2013）。晏可佳认为在沪欧美国家的基督徒，每周至少进行一次宗教活动的人数占这些国家在沪总人口的 22%，而上海仅有的几个涉外教堂，远远不能满足在沪外国人的宗教需要，涉外专场崇拜总是人满为患（晏可佳，2006）。

目前常住上海的外国人位居全国首位，占到全国常住外国人的 25%，而浦东新区则是上海常住外国人最多的区域（茅健，2014）。2010 年上海金桥出口加工区常住外籍人士 5 万余人，这里已经成为上海最大的外国人尤其是欧美人士聚居区。而碧云国际社区有 1500 余户租住，1 万多人外籍人士，入住率始终保持在 90% 以上（吕雯瑾，2010），而且外国人入住率接近百分之百（茅健，2014）。

位于浦东金桥进出口加工贸易区的城市堂，便是在这样的大背景下建立起来的。最初，城市堂仅仅是一个聚会点，设立于 1991 年。2004 年春开始动工修建，2005 年 5 月竣工。现在每周日上午两场中国信徒崇拜，下午两场是针对外国人的英文崇拜。当时之所以在这里建造教堂，并不是基督徒自己提出来的，而是金桥开发商建议的，因为周围居住的主要是外国人，教堂和国际医院、学校等都属于配套设施。开发商考虑到这种情况，联系上海市基督教两会，请求在这里建造教堂。但是教会根本负担不起昂

---

① 上海二手房：http://esf.sh.fang.com/zt/201507/gubeisq.html（2017 年 8 月 14 日浏览）。

贵的土地价格，于是开发商便从政府那里买来土地，以一美元的价格象征性地将土地出售给浦东新区基督教两会，然后两会贷款建造了教堂，教堂的外观设计参考国际社区的整体环境，具体的空间使用也会考虑到外国人礼拜时的习惯。

神圣空间得以建构，是因为多方面的原因。其中政府因素在神圣空间的建构过程中是一个重要的考量因素（Kong，2002）。而高昂的房地产价格同样影响了香港"二楼教会"的形成（Yeung，2013），在某种程度上资本市场是阻碍了神圣空间的建构。袁振杰以广州宗祠为例探讨了空间神圣性的来源与其服务村民的世俗功能（袁振杰等，2016）。改革开放之后，随着现代化的发展，在一些地区毫无批判的推广现代化，从而出现了拆除神圣空间的现象（Yang，2004）。近几年来，兴起于浙江的"三改一拆"运动，涉及了宗教建筑，这引起了学者关于神圣空间的关注（Cao，2017）。从城市堂的案例可以发现，在上海城市化和全球化的影响下，城市堂的建立主要是受到以房地产开发商为代表的商业资本所影响，这种商业资本在一定程度上促进了神圣空间的建构。

城市堂神圣空间的竞争

神圣空间的建构是多方势力促成的，因此空间必然出现各种不同势力的相互竞争。具体到教堂内部，教会的装饰、空间的使用等也是构建神圣空间的重要因素。与此同时，教会也会因为周边的环境和信徒群体而适时调整教堂内部的布局、崇拜仪式。也就是说宗教会被它周围的社会和自然环境所影响（Roger，2008）。

列夫菲尔（Henri Lefebvre）认为空间制造过程中有两个重要的方面：第一，空间的代表（representations of space），由主导力量所界定，如计划者、发展者、建筑师和工程师。第二，代表的空间（representational spaces），是居住者的日常生活空间。居住者试图通过象征和想象来改变和占用空间，它覆盖着物理空间，使用物体呈现出象征性（Lefebvre，1991）。

具体到城市堂而言，教堂并不是一个没有意义的空间，也不仅仅是一个神圣意义上的宗教空间，而是一个受到社会因素和宗教因素相互竞争而呈现出来的一个空间集合体。从世俗因素上看，教堂的建造受到开发商、小区设计者的影响，他们需要考虑社区的定位和整体环境，将教堂作为整体规划的一部分，使教堂这个建筑从外观上融入社区的整体大环境中。所以，从这个角度讲，教堂是由外在社会因素，特别是以开发商所代表的商业资本所主导。从神圣因素上看，教会和牧者将基督教符号融入建筑环境之中，使之呈现出基督教特征。在日常生活实践中，这些神圣因素在某些情况下可以挑战或者逆转世俗因素对教堂的影响。

从城市堂的案例中可以看出，教堂之所以能够建立，很大程度上是因为周边国际社区的建立，因此开展适合外国人的崇拜仪式是教堂需要着重考虑的。但是通过调研可以发现，在周日的崇拜中，外国人占教会总人数的比例并不高。并且，中国信徒与外国信徒的崇拜有着严格的区分。一方面教会需要迎合社会因素对教会的要求，另一方面教会也需要在政治环境的影响下，提供多样化的服务。

商业资本所影响的空间建构

城市堂建造的初衷是为了满足国际社区中外国人的宗教需求。因此教堂的设计、装饰与空间使用都和这一目的相关。

城市堂的外国人崇拜仪式放在了中午 12 点到下午 5 点，分两场进行，两场崇拜有不同的特色。第一场 12 点开始，这场礼拜侧重于仪式，实际上是一种比较传统的崇拜方式。简单的诗班带领会众一起唱诗，然后穿着圣衣的外国牧师开始布道，布道结束之后有简单的分享，信徒自愿站起来报告自己需要代祷的事项，比如有信徒因工作的原因需要回国，有信徒生病等。牧师边记录，边鼓励大家继续分享。接着，牧师将需要代祷的事项一一念出来，大家一起为他们祷告。随后进行圣餐礼，面饼是一整块面包，葡萄酒装在一个比较大的圣杯中。信徒依次走向前，撕一块面包然后沾酒吃掉，或者撕一块面包吃掉之后，走到圣杯前，直接喝一口圣杯中的葡萄酒，每位喝完，义工都会用白毛巾擦拭圣杯边缘。选择后一种圣餐仪式的信徒比较少。整个礼拜仪式结束之后，他们会有一个简单的聚餐，信徒边吃边聊。参加这场礼拜的信徒将近 200 人，全部是外国人，很少看到中国人的面孔。这场礼拜由于人数比较少，放在了小礼堂中。

第二场外国人礼拜开始于下午 3 点，这场礼拜的仪式比较宽松，以敬拜赞美的方式进行。崇拜开始之前乐队进行排练，然后大家拉起手来祷告，感谢上帝并期寄礼拜能够顺利进行。礼拜放在教会大堂中，参加的人数比较多，有四五百人。开场是信徒在台上带领大家唱赞美诗。信徒非常享受，挥舞着自己的双手。

教会的建筑式样并不是传统意义上的教会样式，像拥有尖塔、巴洛克式的建筑，而是从实用主义角度出发设计的。从外观上看，如果不是墙上的十字架，根本看不出这是一个教堂。整体上看教堂与周围的建筑显得非常的和谐。配套设施，除了办公区域之外，在教会内部修建了一个草坪，颇似英美别墅门前的草坪。可以见到一些外国小朋友在草坪上嬉戏。主日学被设计成为了一个阳光房，里边的幼儿圣经图画都是中英文版本的。

另外一个比较重要的设施是厨房，厨房是公开式的，可以做一些简单的食物。这样设置据牧师介绍，是因为很多国外信徒崇拜之后，有留在教会简单吃一点东西并相互认识的需要，熟悉的信徒可以聚在一起聊聊天，是一个放松的空间。教会中另外设置了一些小型房间，信徒可以进行小组活动。

政府所影响的空间建构

尽管资本影响了空间的建构，但是在空间竞争中，依旧可以看到政府的角色。政府因素在教堂中显现的一个最直观的符号，是浦东新区宗教活动场所的牌子，城市堂是浦东新区一个重要的教堂。城市堂也参与了由政府举办的"文明和谐寺观教堂"评比活动，并成为为数不多的几个五星级宗教活动场所。这些仅仅是一些表面上的政府因素，更多的政府因素体现在崇拜中外国信徒和中国信徒的区分。

上海作为一个国际性的城市，每年都有大量具有基督教信仰的外国人在上海长期居住。上海市也注意到这种现实情况。上海市委市政府对涉外宗教活动的 16 字方针是："引入场所，以我为主，建立规章，公开管理。"（沈学彬，2017）将涉外崇拜引入政府认定的几个宗教活动场所中，但是依旧以中国人的管理为主，双方依照规章制度办事，公开透明。用一位在涉外教堂工作的牧者的话说："我们堂仅仅是拥有举办外事崇拜的资质，他们（外国人崇拜）仅仅是使用了我们的教堂，我们负责监管，而奉献款、水电费各自负责，不能说拿我们信徒的钱去养活他们。"这个政策在最初实施的时候，外国人崇拜的讲道都是由中国牧者主持。2008 年，上海基督教两会换届，新一届两会牧者观察发现，西方人基本上是比较守规矩的，于是改变了工作思路，允许外国人自己主持自己的崇拜活动，而牧者需要在联络备案组里备案详细信息就行。

教会所影响的空间建构

教会作为一个主体，对空间重构发挥着至关重要的作用。尽管在城市堂的案例中，教会作为主体，深受政治和资本的影响，但是教会依旧可以在有限的空间内，参与神圣空间的竞争。

作为教会的管理者，对外事崇拜没有直接参与管理，他的主要任务是发展中国本土的信徒。除了周边国际社区的外国人，另外两个重要的信徒来源是：一批由浦西因为拆迁而搬迁过来的上海居民，一批是因周边租房便宜而来此租房的农民工和外地白领。面对这样的信徒结构，教会通过开展一系列宗教活动，来构建神圣空间。由于教会白领较多，而且新动迁过来的上海人知识水平普遍较高，教堂设立讲座类的鸿恩讲坛，邀请著名学者、牧者到教堂分享基督教文化，如"音乐与崇拜""抗战中的基督徒""临终关怀""圣诗在崇拜中的运用"等拓宽信徒视野，每次都有两百多人参加。这也成为上海基督教界第一个举办此类文化活动的教堂。尽管教会中牧者并不多，只有两位，但是教会中宗教活动的运作，主要依靠平信徒组成的义工团队。教会也希望发挥平信徒的力量，让信徒对教会更加具有归属感，可以说义工的培训是牧者比较看重的事工。

受到外国人崇拜的影响，城市堂也成立了自己的弟兄会，但是弟兄会活动的内容和他们有所区别。牧师介绍，教会成立弟兄会的目的是希望让教会义工年轻化，让那些文化层次高的人反哺文化层次比较低的人和教会，这样信徒之间、信徒和教会之间也会拉近距离。另外，弟兄会也组建自己的足球队、篮球队、读书会等，加强信徒之间的联系，将信徒团结在一起。

城市堂同样比较重视社会服务和社会救济。城市堂与金桥镇政府合作，每年帮助八位大病家庭的孩子，每人每年1500元，并购买相关的学习用品。他们还与浦东区团委合作，资助十位云南贫困地区的学生，每人每年1200元。临终关怀也是教会关注的重点，进入养老院关爱照顾老人。对于教会中的老信徒，定期进行探访并送圣餐。

教会通过一系列的宗教活动，凝聚信徒特别是年轻义工，来反转政府和资本对神圣空间的影响。

从城市堂的案例中可以看出，神圣空间的建构过程是一个充满竞争的过程。商业资本、政府和教会三方相互影响、借鉴和竞争。教会的建立是由商业资本所主导，但是在随后的空间实践中，教会在政府的支持下成为神圣空间的主导性因素，这也是商业资本对政府和教会的妥协。教会也受到外部商业资本的影响，改变自己的牧养策略，开展适合周边人群的宗教活动。面对政府，教会依旧坚持政教分离，因此并不会过多地与政府产生联系。但是在整个宗教政策之下，城市堂又必须与政府在一定程度上进行合作，从而在空间竞争中争取自己的位置。

结　论

神圣空间的建构受到以房地产商为代表的商业资本的影响，正是在上海城市化和全球化的大背景下，国际社区的建立，商业资本才有能力影响政府，进而建构神圣空间。在后续空间建构过程中，呈现出政府、教会和商业资本三方的空间竞争。此时，商业资本已经完全退居幕后，本与商业资本密切相关的外事崇拜，也不得不按照教会和政府的规则去进行，他们需要的仅仅是宗教活动，无意也无暇持续进行空间竞争。

当我们回过头再看上海城市堂的建立，或许整个过程呈现出一种政府与教会合作的和谐态势。但是在教堂建造过程中，教会为了维持自己的纯粹性，尽可能地避免政治因素，呈现出的是一种竞争的关系。在目前政教环境下，教会为了发展，在这个过程中与政府相互妥协。同样，商业资本也是在促成教堂建立之后，便退出或淡化了其在神圣空间建构过程中的角色。协商结果是以和谐的方式呈现出来，但是过程中，三方势力既可以说是一种相互妥协，也可以说是一种相互竞争。

宗教景观的象征符号可以反映出地方政治或权力结构（Kong，2001）。通过城市堂这个神圣空间建构的案例可以发现，政教关系在中观层面显得更加的复杂，呈现更多的是一种互动。双方呈现出的不是一种剑拔弩张的关系，而是一种相互理解和相互支持的态势。

参考文献

段义孚：《经验透视中的空间和地方》，潘桂成译，台北"国立"编译馆，1998。

高师宁：《当代北京的基督教与基督徒——宗教社会学个案研究》，香港道风书社，2005。

黄剑波：《都市里的乡村教会：中国城市化与民工基督教》，香港道风书社，2012。

金耀基：《从传统到现代·补篇》，法律出版社，2010。

金耀基：《中国的现代转向》，香港牛津大学出版社，2013（2004）.

梁家麟：《改革开放以来的中国农村教会》，建道神学院，1999。

吕雯瑾：《碧云社区"小联合国"治理》，《21 世纪经济报道》2010 年 12 月 6 日。

马丽、李晋：《区域性政治文化与政教关系——两城市非官方教会的不同重组之路》，《道风·基督教文化评论》2016 年第 44 期。

茅健：《外国人在华管理模式研究——以上海外国人服务站为例》，复旦大学硕士学位论文，2014。

阮仁泽、高振农编《上海宗教史》，上海人民出版社，1992。

沈学彬：《上海基督教在构建健康的宗教关系中的探索尝试》，上海民族和宗教网：http：//www. shmzw. gov. cn/gb/mzw/n287/n288/u1ai19367. html（2017 年 8 月 24 日浏览）。

孙金富编《上海宗教志》，上海社会科学院出版社，2001。

邢福增、梁家麟：《五十年代三自运动的研究》，香港建道神学院，1996。

徐剑、曹永荣：《外国人在华宗教行为及特征——基于上海国际社区的实证调查》，《上海交通大学学报（哲学社会科学版）》，2013 年第 2 期。

晏可佳：《上海常住外国人宗教生活的现状及其发展趋势》，《上海市社会主义学院学报》2006 年第 1 期。

姚民权：《上海基督教史：1843～1949》，上海市基督教三自爱国运动委员会，1994。

袁振杰、高权、黄文炜：《城镇化背景下村落神圣空间政治性的建构——以广州 A 村宗祠为例》，《人文地理》2016 年第 5 期。

Barwick，John Stewart

2011. "The Protestant Quest for Modernity in Republican China", PhD. Diss. , University of Alberta.

Cao Nanlai

2017. "Spatial Modernity，Party Building，and Local Governance：Putting the Christian Cross-Removal Campaign in Context", *China Review* 17：29 – 52.

2011. *Constructing China's Jerusalem：Christianity，Power，and Place in Contemporary China*，Stanford：Stanford University Press.

Chidester，David and Edward T. Linenthal

1995. "Introduction", David Chidester and Edward T. Linenthal eds. , *American Sacred Space*，Bloomington and Indianapolis：Indiana University Press.

Keating, John Craig William

2012. *A Protestant Church in Communist China: More Memorial Church Shanghai* 1949 – 1989, Bethlehem: Lehigh University Press.

Knott, Kim

2010. "Religion, Space, and Place: The Spatial Turn in Research on Religion", *Religion and Society: Advance in Research* 1: 29 – 43.

Kong, Lily

2002. "In Search of Permanent Homes: Singapore's House Churches and the Politics of Space", *Urban Studies* 39: 1573 – 1586.

2001. "Mapping 'New' Geographies of Religion: Politics and Poetics of Modernity", *Progress in Human Geography* 25: 211 – 233.

Lee, Leo Oufan

2000. "The Cultural Construction of Modernity in Urban Shanghai: Some Preliminary Explorations", *Becoming Chinese: Passage to Modernity and Beyond*, Yeh Wen-hsin ed., 31 – 36, Berkeley: University of California Press.

Leeuw, Gerardus Van der

1986. *Religion in Essence and Manifestation*, trans. J. E. Turner, Princeton: Princeton University Press.

Lefebvre, Henri

1991. *The Production of Space*, Oxford: Basil Blackwell.

Levy, M. J.

1966. *Modernization and the Structure of the Societies*, Princeton: Princeton University Press.

Madsen, Richard

2013. "Signs and Wonders: Christianity and Hybrid Modernity in China", *Christianity in Contemporary China: Socio-cultural Perspectives*, ed. by Francis Khek Gee Lim, 17 – 30, London: Routledge.

Martinelli, Alberto

2005. *Global Modernization: Rethinking the Project of Modernity*, London: Sage.

Peerenboom, Randall

2007. *China Modernizes: Threat to the West or Model for the Rest?* New York: Oxford University Press.

Pei, Minxin

2006. *China's Trapped Transition: the Limits of Development Autocracy.* Cambridge M. A.: Harvard University Press.

Roger, Stump

2008. *The Geography of Religion: Faith, Place, and Space*, New York: Rowman & Littlefield.

Smith, Carl

2005. *Chinese Christians Elites, Middlemen, and the Church in Hong Kong*, Hong Kong: Hong Kong University Press.

Spiegel, Michey

2004. "Control and Containment in the Reform Era", *God and Caesar in China: Policy Implications of Church-state Tensions*, ed. by Jason Kindopp and Carol Lee Hamrin, 40 – 57. Washington, D. C. : Brooking Institution Press.

Wenger, Jacqueline E.

2004. "Official vs. Underground Protestant Church in China: Challenges for Reconciliation and Social Influence," *Review of Religious Research* 46 (2004): 169 – 182.

Yang, Mayfair Mei-Hui

2004. "Spatial Struggles: Postcolonial Complex, State Disenchantment, and Popular Reappropriation of Space in Rural Southeast China", *The Journal of Asian Studies*, Vol. 63, pp. 719 – 755.

Yeung, Gustav K. K.

2013. "Constructing Sacred Space under the Forces of the Market", *Christianity in Contemporary China-Socio-Cultural Perspectives*, eds. by Francis Khek Gee Lim, 247 – 261, London & New York: Routledge.

中国基督教工商团契的形成、类型及教会的态度

——以近年来的调研为基础

段　琦[*]

摘要：文章分析了中国基督教工商团契的形成、中国基督教工商团契的基本类型及中国教会对工商团契的态度。文章认为，中国基督教工商团契的基本类型可以根据来源、知识结构、指导工商团契的领袖类型、组织体制、组织传承等进行分类。

关键词：工商团契　基本类型　组织体制　组织传承

一　中国基督教工商团契的形成

基督教工商团契顾名思义就是指由基督教工商界人士组成的在教会中的一个团契。"团契"不是教会，一般而言，它的作用和影响面要比教会小，因为教会是由各种不同人群组成，为了便于开展活动和发挥不同人群在教会中的作用，通常教会会组建各种不同的团契，例如青年团契、老人团契、妇女团契，等等。

自 90 年代下半叶起，特别是进入新世纪以来中国城镇化步伐加快，工商界人士和企业高管等参加教会的也日益增多。由此一些教会和基督教两会看到工商界基督徒的需求，便纷纷开始建立工商团契，还有些工商界基督徒自发组织的，因此工商团契在近十来年在不少城市中建立起来。其中良莠不齐，有些成功，有些失败或只是徒有其名，并无实际活动。

中国工商团契最早起源于两个城市，一个是深圳，另一个是温州。两

---

*　段琦，中国社会科学院世界宗教研究所研究员。

个城市成立工商团契的时间都是在 2005 年，但来源则不完全一样。

深圳传入的是美国系统的工商团契，一般称为基督徒商人团契（Christian Business Men's Connection，CBMC）。该组织最早是由 1930 年芝加哥七位商人基督徒组成的复活节前的祷告小组发展而来。1931 年美国进入经济大萧条时期，不少公司破产，很多人经受不起这样的打击，意志消沉甚至自杀，该小组七位成员认为有必要发起一场灵性复兴运动，帮助这些工商界基督徒振作起来。他们计划用六周时间发起一场运动，于是借了芝加哥 Garrick 剧场（有 800 多座位）利用六周时间举办了六场大的奋兴布道会。此运动很快见到成效，改变了很多工商界基督徒的生命。到 1936 年全美很多城市工商界基督徒组织了这类商人团契（祷告小组）。1938 年，在芝加哥召开了首次 CBMC 国际大会，这类组织逐渐发展到世界很多国家和地区。1959 年它传入香港。

21 世纪初，一对非常虔诚的基督徒夫妇从香港来深圳做服装设计生意。他们是 CBMC 成员，其中女方邱老师是大陆人，毕业于财经学院，对中国社会、经济情况都非常熟悉。他们来到深圳后感觉中国工商界人士中有许多缺乏诚信的现象，基督徒商人也不明白如何正确经营，特别是企业陷入困境后不知如何办。于是他们觉得有必要针对大陆的基督徒工商人士的特殊需要开设 CBMC 推荐的课程，帮助基督徒商人树立正确的经商伦理，特别是诚信。最初这个课程设在他们深圳的服装设计工场内。由于他们每周都参加深圳梅林堂活动，深圳基督教两会负责人得知后，便邀请他们到梅林堂为深圳市工商界基督徒授课。课程内容包括"经营有道""财富之根""商场赢家""生命赢家""追寻真理""认识真理""得力生命""与众不同"等，参加这一课程的人数达 100 多人。这些人在学了这些课程后，深受启发，不只是提高了自己对企业的领导能力，改善了与员工之间的关系，而且调整了自己的理财经营观念。他们结合圣经和祷告，不再把财富视为自己的，而是把它视为上帝的，他们只是上帝的管家而已，由此改变了他们对财富的态度，自觉地抵制社会上商界所通行的一些歪风邪气。2005 年，深圳的工商界基督徒以深圳基督教两会为依托，在"三自"爱国会下面注册了一个工商分会，联络各深圳教会中的工商界基督徒共同开展一些活动。此后，广州、武汉、成都、沈阳、厦门、泉州、河南等地工商团契成立，都曾邀请他们进行培训。

世界 CBMC 组织定期召开一些国际会议，一般是每两年召开一次亚洲年会，每四年召开一次全球会议，相互交流如何更好地为工商界基督徒服务，其教程也不断更新。2010 年亚洲年会在深圳召开，同年全球年会在新加坡召开。中国大陆很多工商团契都派人参会了。不过后来"三自"系统的工商团契大多切断了与它们的联系。

温州的工商团契发起的时间与深圳差不多，也许还更早些。但它们与深圳的来源不同。2003 年一批在沪经商的印尼、中国香港等地商人在上海聚会，邀请了温州等地基督徒商人参加。他们属于有灵恩派背景的基督徒商人全备福音团契（Full Gospel Bussiness Men's Fellowship），简称全福会（Full Gospel）。此次聚会之后，一些温州商人就开始酝酿组建这类团契。2005 年，有几位温州企业家挑头正式成立温州商人团契，又称 SL 工商团契。这是个跨教会的组织。在活动了几年之后，在一些工商界基督徒的提议下把这个团契变成了 SL 教会。这一变动遭到一批人的抵制，因为不少人有自己的教会，他们不愿意脱离原教会而完全委身于 SL，由此脱离了SL。脱离的人员中有的自己办起了以工商界人士为主体的新兴城市教会，如 HA 教会。

实际上，温州除了 SL 系统的工商团契外，也有些温州传统型未登记教会建立的这类团契，如温州大型新兴城市教会——BG 教会牧师以往就是 CD 片区的未登记教会负责人。之后他脱离了这个教会，另建立起 BG 教会。这个教会建立之后也成立了一个工商团契，每周都组织各类聚会，吸引了不少工商界人士参加。总体而言，温州的工商团契受全福会影响较大，祷告会上采取比较灵恩的方式。

全福会最早也是来源于美国。1951 年，美国新一波灵恩运动刚刚开始，一位灵恩派工商界基督徒迪谟斯·沙凯瑞（Demos Shakarian）内心有感动，便组建了一个以工商界人士为主体的跨教派的灵恩派团契，全名为基督徒商人全备福音团契。这个团契随着灵恩运动的发展，逐渐发展成世界性组织。目前有 160 多个国家和地区有这类组织。中国基督教的该团契主要从印尼传入。全福会也定期有世界性的聚会，每两年一次亚洲年会，每四年一次全球大会。最近一次是 2015 年 10 月在台北召开的亚洲年会。中国非"三自"系统的工商团契大都派员参加了。

以上两类工商团契随着工商界基督徒在全国各地经商，对各地的基督教会都产生了影响，很快全国不少城市都建立了类似组织。这些团契起步于南方，逐渐影响到北方。从总体上看，南方的基督徒工商团契较之北方更为兴盛。可以说整个中国工商团契是从南向北，从东至西发展。

二 中国基督教工商团契的基本类型

工商团契的分类比较复杂，视角不同就会形成不同的分类方法。

第一，从来源上分，可以分为 CBMC 和全福会两个系统：一般把 CBMC 视为比较偏重理论指导的类型，全福会则可以视为偏重灵恩崇拜的类型。但由于它们到中国后便带上了中国特色，很多中国工商界基督徒并不在乎它们的区别，有不少人把两者结合起来，既采用 CBMC 对工商界人士的培训方式，又接受了全福会的灵恩的祷告方式。更是有一批新成立的工商团契根本不知道工商团契的国际背景，只为满足本团契弟兄姐妹灵命需求自己摸索一套聚会方式。在调研中发现，多数中国工商团契是把两者结合起来的。一方面非常注重圣经学习和相关的课程培训，另一方面在一定场合下又会采取灵恩方式进行崇拜。

第二，从知识结构上分，也可以分为两类：一类是由从事的行业技术含量不很高的工商界基督徒组成，主要从事食品加工、家用电器、家具、服装、眼镜、厨具等行业，这些工商界人士是一批靠自己打拼出来的生意人。他们文化程度不太高，但能力很强，在他们从事的行业中也是行家了。笔者所调研到的温州工商团契、河南南阳工商团契、山东两会的工商联会等都以这类人为主。还有一种侧重于职场的高级管理人员以及不同于传统商人的高素质商人。这些人绝大多数接受过大学以上教育，所从事的商业活动技术含量很高，如药厂老板、ATM 系统的老板或高管、律师、环保或其他高科技工种的企业家，其中不乏回国创业的海归，实际上，他们就是教会内的一批知识分子群体，但他们的知识直接与商业活动挂钩。这些人中往往男性偏多，他们思想活跃，眼界比其他基督徒要开阔。这些人组成的工商团契实际上可以列为知识分子团契，像苏州独墅湖教会的工商团契，厦门的工商团契都可属这类。广州曾经有过律师组成的团契，也属于这类工商团契。由于中国基督徒中这类人属少数，因此这些由高端人士组成的工商团契也是占少数。多数工商团契中，这两类人都同时存在，也就是说，是属于混合型的，例如沈阳、哈尔滨、深圳、广州、泉州、郑州等一批工商团契都属于混合型的，其中既有普通的中小企业家，也有知识技术含量要求较高的企业家。

第三，以指导工商团契的领袖是牧师还是平信徒领袖来分，可分为牧者主导型和工商界平信徒领袖主导型这两种类型。前者往往是由牧师组建起来的工商团契，牧师是工商团契的主导力量。其中有些牧师本身曾经有过经商的经历，对工商界基督徒的处境特别理解。例如泉州基督徒工商团契现在的负责牧师就是如此。有些虽然本人并无经商经历，但长期与工商界信徒接触，对他们内心的需求十分了解，如厦门某堂的李牧师、广州某堂的黄牧师，本人无从商经历，但对工商界基督徒非常了解。这些人担任工商团契的牧导工作往往对工商界基督徒灵命的提高非常有帮助。

也有些工商团契是由平信徒工商界人士发起，这些团契往往是由平信徒领袖为主导。它们发展到一定时候，也会去聘请牧师来讲道。但也有的平信徒领袖利用业余时间或抽出专门时间去读神学，学成之后便成了牧师或长老。这些人一般都不会成为专职神职人员，通常都是边经商边负责工商团契的工作。如河南南阳工商团契的两位负责人，原本就是工商界老板，其中一位原是当地一家比较著名的饮料食品公司的合伙人，这些年去学了神学，通过一些途径被非"三自"系统的牧师按立为牧师；另一位是温州人，是南阳一家快餐连锁公司的老总，自己也去学了神学，成为长老。他们现在也各自经营自己的小公司，与此同时，利用业余时间负责组织工商团契的活动。

还有些教会的工商团契表面上是牧师负责，实际上是高度自治，牧师具体事务不管，最多是在圣经引导方面把把关，具体事务完全交由工商团契的平信徒领袖自己管理。例如深圳某堂工商团契实际负责人，据牧师说这位负责工商团契的弟兄，过去曾经是位牧师，之后下海经商。他既有牧会经验，又有从商的经验，教会把工商团契交给他负责就很放心。

第四，从组织体制上分，工商团契可以分为教会内的工商团契和跨教会的工商团契。

教会内的工商团契：主要是为本教会工商界人士或企业高管设立的团契。它们中有些属"三自"系统，也有不少是在非"三自"系统内，特别是在新兴城市教会中。这些团契通常都由教会的牧师带领，但也有些牧师完全放手，指定一位能服众又愿意为大家服务的团契内的企业家或高管负责具体的活动。在调研中发现，由牧师负责的办得比较好的有广州 XH 堂工商团契、苏州 ST 堂工商团契、深圳 ML 堂工商团契、厦门 FY 堂工商团契、福州 HX 堂工商团契、温州 BG 教会工商团契、宁波 BN 堂工商团契，等等。

另一类是跨教会性质的工商团契，也就是说，它们不专属某一教堂。其中有些属于某省市基督教两会组织下的一个机构，这些跨教派工商团契，有些连名称也稍有差别，例如深圳市基督教两会属下的这一组织就称为基督教工商分会，山东省两会和贵州省两会属下的就称基督教工商联会。

除了属省市一级的，有些属于地区性的跨教会工商团契，例如苏州吴江 YBS 基督教工商团契，它属于苏州市吴江地区基督教两会下的一个跨教会组织，下设好几个分会，如盛泽分会、八坼分会，等等。另有一些是属同一地区某几个教会的工商界基督徒自发组建的跨教会组织，如深圳 HS 工商团契是由深圳宝安 HS 地区的 6 个较小的基督教会一些工商界人士组建的跨教会组织，2017 年 6 月我们调研时，它正好成立一周年。

这类跨教会性的工商团契中，给笔者印象最深的是泉州市基督徒工商团契，办得很出色，对工商界基督徒灵命增长很有好处；辽宁沈阳的工商团契也非常活跃，做了大量的公益慈善事业。

第五，如按组织传承看，可以分为非"三自"和"三自"两类工商团契。"三自"系统工商团契是在基督教两会体制下成立的，其中有些属于两会领导，有些则属于堂会领导；有牧师主导型，也有信徒领袖主导型的。非"三自"系统的工商团契同样也有各种不同情况。大陆工商团契受经济学家 ZX 和 CWT 的影响较大。他们都把中国的经济变革与基督教相联系。C 本人也是企业家，做了大量的公益慈善事业和开拓基督教文化的研究事业。Z 认为资本必须与信仰结合起来，信仰对资本加以正确引导，才能使资本发挥其正能量，否则就会形成一批没有道德不讲信用的奸商。这点大概正是造成一些地方政府对工商团契比较关注的原因。

需要说明的是作为工商团契而言，不管"三自"系统的还是非"三自"系统的，两边的工商基督徒之间的来往要较之其他团契密切得多。双方举行活动时都会邀请对方来参加，大有打破"三自"和非"三自"之分的倾向。这点也与工商界基督徒见多识广，思想开放有着密切关系。

以上只是大体的分类，如再细分的话，还可以从成员组成、资产要求等方面：例如很多工商团契对成员有要求，有些规定必须是经商的基督徒才能加入，而有些则比较宽泛，不少从事其他行业的白领，如医生、律师、企业高管等都可参加。也有一些工商团契最初对成员要求比较严格，一定要求必须是工商业者，但随着一些企业家把自己的高管也拉进工商团契后，他们也放宽了条件，最明显的是吴江 YBS 工商团契。其章程中原来规定较严，参加者必须有自己的企业，后来也放宽了尺度，允许企业中的高管参加了。各工商团契对资产要求也不一样，有些工商团契对资产并无要求，也就是说，大企业家可以加入，小店主也可以参加，一视同仁。但也有少数工商团契，对入会有要求，必须有多少资产或雇请多少名员工以上才能加入。有这类规定的工商团契往往要求入会者必须交付一定会费作为活动经费，例如 SD 工商联会参加者都必须交纳数万会费作为活动经费才能参加。笔者在调研中接触到的工商团契多数对参加者没有设门槛。不过有些虽然没有设经济上的门槛，但每次聚会时会强调团契主要接受的是从事工商界的信徒，希望其他人不要参加。这样做的结果，使有些自认为不太符合条件的人自动退出了。笔者在沈阳遇到过这样的信徒，他是位医生，后自己开了个诊所，曾是工商团契发起者之一，因每次参加该团契活动时，负责人会强调这一点，于是觉得自己大概不属工商界人士之列，便主动退出。

总之，我们可以看出，对中国工商团契的分类，可以从各种不同的角度进行。从这些分类中，我们也可以看出中国工商团契五花八门，非常多元。这大概也是中国特色吧。

三　中国教会对工商团契的态度

如何对待教会内的工商界人群？是否需要把他们组织起来对他们进行特殊的牧养？各教会对此态度和目的很不一致，一般有三类情况。

一类是坚决反对办工商团契的。一些地方两会和教会，信徒的经济实力雄厚，每月的奉献很多，对办工商团契很不热衷，认为教会不缺钱，不用把这些工商人士组织起来，免得在信徒中造成教会只爱有钱人的印象。对那些办工商团契的教会，他们也颇有微词，认为这些教会就是为了搞钱才组织这类团契的。他们常常以圣经上的话"富人进天堂比骆驼穿针还难"为由，认为教会不应该为工商界人士开办专门的团契，否则就是只关注"玛门"（财神），而不关注教会其他成员，这不符合圣经教导。对那些自发地组织工商团契的基督徒商人也很有看法，认为这些人之所以热衷于搞这样的组织其目的是在教会中搭建经商平台，是想到教会来捞好处的，在他们看来无商不奸，其目的不会纯。这些看法自然就影响到两会或教会去办工商团契的积极性。笔者在上海、广州、青岛、福建等地调研时，都听到过一些教牧人员反对办工商团契的声音。

另一类是从最初赞成搞工商团契，到后来反对搞工商团契。由于工商界群体经济实力较强，又有很强的活动能力，与社会联系密切，一些教会便看中了他们的钱袋子，于是一开始对组建这类团契十分热衷。但由于不注重对这批人灵命的培养，一味地想从他们那里捞钱得好处，组建之后，发现这些人并没有对教会带来什么特别的奉献，反而教会还拿出钱来请他们吃饭办活动，而他们则鲜有回报教会的。由此立即对这些人士产生负面看法，由此教会采取不支持态度，这类团契便名存实亡了。我们在河南一些地方看到的这类情况较多。

笔者发现，上述牧者中对工商团契还存在以下担忧。

一是担心工商团契的成员财大气粗，通过经济来掌控教会。更主要的是，工商界基督徒较之教会中其他信徒思想活跃，对教牧人员不仅"不顺服"，还经常提意见，一些牧者便感到自己的权威受到这批人的挑战，甚至把这批信徒称为"刁羊"。一位河南省两会的牧者公开对我们说，他对工商团契评价不高。他说：他认为商人们聚集在一起有很大的功利性，很多是将商人团契当作一个商人之间相互交流的平台。另外，商人基督徒一般不太顺服，他们不像其他信徒一样见了牧师非常的谦卑和顺服，他们常常趾高气扬的，不听指挥。此外，他们对教会也没有太大的帮助，"我们在中秋节宴请商人团契，吃完饭一个比一个走得快，最后还是我们两会结的账，不是说我们指望他们帮教会发展经济，而是说我们拿着信徒老太太们一毛一毛奉献的钱来宴请他们，不合适"。

二是担心成立工商团契之后，教会的奉献收入减少。认为工商人士会将本来要捐给教会的钱，捐给了团契举办活动，由此减少教会的收入。据说，这种担心相当普遍。深圳宝安 HS 工商团契就反映，他们成立时一些教会教牧人员虽口头上支持，但内心是不赞成的，主要怕工商团契的信徒以后在经济上会减少对教会的资助。一些办工商团契的牧师也反映，教会牧师非常担心他们教会的"肥羊"被工商团契拉走了。所以一些主持工商团契的牧师会特别强调工商团契不收奉献，让工商界基督徒要把奉献放到教会去。

三是担心组建工商团契之后，导致教会分裂。特别是那些跨教会的工商团契，一旦某一教会的工商界信徒与该教会教牧人员搞得不愉快，就会脱离教会，只去跨教会的工商团契活动。笔者在 SZ 教会调研时，有教牧人员反映在 WJ 工商团契某分会中就曾发生过此事，工商分会的工商团契成员最终脱离了教会。但也有人认为造成这种局面与工商团契的建立并没有关系。该堂内的牧师与这批信徒本身就有矛盾，故造成这样的分裂。

第三类是主张组建工商团契并积极牧导工商团契的教会或两会。这类教会创建工商团契的目的首先不是看中工商界人士的钱袋子，而是出于如何更好地牧养这批特殊的人群，使他们能在教会真正"得着"，即帮助他们用圣经的教导建立正确的理财观，能勇敢地去面对商场的各种诱惑、挑战和压力。

笔者在调研中，不少工商团契的信徒都谈到，他们这一群体精神上承受到的压力是其他信徒感受不到的。所谓商海如战场，这些商人在别人看来是财主，似乎很有钱，能为所欲为，实际上他们经商亏本的情况比赢利的时候要多，在商海中被战败是常事，因此他们自称是一群"伤人"（饱受创伤的人）。在商海遭受失败后，他们的苦水往往不能向其他信徒倾诉，因为别人无法理解他们，有时甚至连自己的亲人也不能理解他们，一些人只能自己默默地承受，导致他们中自杀的、得抑郁症的很多。由此他们迫切地希望能在教会中建立起一个适合他们的团契，遇到问题能有一个地方倾诉，团契中弟兄姐妹能互相搀扶、抱团取暖、渡过难关。我们在调研中发现，如果工商团契的目的是为了更好地牧养这批教会中的特殊人群，以使他们的灵命有所提高，而不是看中他们的钱袋子，这些团契就会办得比较成功。当这些工商界人士树立起正确的钱财观之后，他们非常乐于奉献教会和社会，不仅在教会急需资金时会乐于奉献，而且当社会需要时，也会积极为社做作贡献。从这次调研中我们得知，有几位工商团契的企业家在得到牧养后，自己成立基金会，专做公益慈善事业。这类成功的团契在南北方一些省份中都有。相对而言，南方办得好的要多一些。这一方面是因为南方经济发达，教会中工商界人士比较多，其中不少人有强烈的要求，希望教会建立他们自己的团契，能得到更多的牧养；另一方面，南方教会中有一批教牧人员思想比较开放，积极支持这样团契的建立。

各地教会对工商团契的不同态度，直接影响着工商团契本身的发展。一些对工商团契持积极支持和引导的地方，工商团契发展就比较顺畅，工商界基督徒就能发挥比较好的作用。一些对工商团契持负面看法的，或原本建立时就想从工商团契中得到丰盛的经济回报，而不把重点放在如何正确引导这些工商界基督徒，使之灵命得到提高的教会或两会，工商团契多数办得就不成功，有些办了一段时间，不久就会衰败。

我们见到办得好的有福州 HX 堂工商团契、福州 JX 教会、泉州 QN 堂工商团契、苏州 ST 堂工商团契、吴江的 YSB 工商团契、广州 XH 工商团契、深圳 MN 堂工商团契、温州 BG 教会工商团契、北京 FT 堂、辽宁的 SS 团契等。这些都与教会领导人大力支持有关。他们的共同的特点是决不把工商团契当作教会摇钱树对待，而是把这批工商界基督徒弟兄姐妹看成是教会的精英，他们内心的挣扎，遇到的问题也许会更多，因此教会需要给予他们更多关爱，去转变他们原有的不正确的理财观念和经济观念。

由于这批基督徒整天面对商海，他们沾染上社会上更多不好的习气，在婚姻家庭问题上发生的问题也会比普通基督徒要多，因此不少教会在这个团契内更注重开展家庭婚姻的教育，组织夫妻营会等增进夫妻感情的活动。

办得不太成功的有广州 DS 堂工商团契，这与该堂主任牧师从开始就不太支持有关。DS 堂地处广州市中心，信徒来源充足，教会比较富有，属于"不差钱"的教会，对工商团契建立并不热衷，只是因为教会内有工商界基督徒提出，自发地要求建立，主任牧师只能勉强答应。建立后，教会也不积极支持，因此办得不死不活的。

河南基督教的工商团契中也有属此类情况的，有的比广州 DS 堂办得更糟糕，完全是名存实亡，处于停顿状态，这与某些教会负责人对该团契定位不太正确有关。组建工商团契的初衷就是想从工商团契人士中取得更多的经济资助，而不是考虑如何更好地牧养他们。工商界基督徒本身是商人，如果对他们灵命的增长没有下功夫，他们就不会意识到他们对教会和社会负有的责任比其他信徒要大，此时如急于想要让他们出钱奉献给教会是很难的。正如这些工商界人士自己说的："我们都是猴精，对钱是很精明的，要想让我们出钱不是那么容易的。"一些教会领袖如果意识不到这点，不是从培养其灵性着手，一味地只想把他们当摇钱树对待，这样的工商团契肯定会使这些教会领袖们大为失望。

不管怎样，上述担忧在今天的中国教会教牧人员中的确存在，因此构成教会内一股较强大的反工商团契的力量。

工商团契对中国教会而言，是一个新生事物。中国教会面对这个新生事物肯定会有各种不同看法。应该看到，随着中国城镇化速度的增快，工商界人士在基督教内肯定会有所增长，如何更好地发挥这部分人在教会和社会中的作用是值得今天中国教会好好进行思考的问题。笔者认为工商团契也许正是中国教会适应城镇化发展的一种新型的模式。如果更多的教会领袖能很好地带领这一批人群，不要把他们视为教会的钱袋子，而是视为一群在心灵上更加需要牧导的人群，并对他们在"导"字上下功夫，这样才能把他们爱国爱教的热情充分激发出来。到那时，这些人无论从财力上，还是在能力上所发挥的正能量将会大大超过普通信众，而且他们不只是对中国教会发展有利，也定会对中国社会公益慈善事业的发展起很大的作用。

基督教与中国早期现代化：以基督徒群体网络为中心的分析

钟智锋[*]

摘要： 西方冲击与本土觉醒推动了近代中国的现代化进程。在这个过程中，大量传教士进入了中国，不仅传播了西教和西学，还积极参与到中国的社会变革进程中。本文通过传教士传记、《万国公报》和清朝的档案《筹办夷务始末》，对晚清时期的传教士群体进行系统分析，并借助一个动态的视角，分析基督教如何借助社会网络影响近代中国的洋务运动和维新变法。

关键词： 洋务运动　维新变法　传教士　社会网络

20 世纪八九十年代，随着改革开放进程的铺开，基督教传播也获得快速的发展，并出现了"基督教热"的现象。随着越来越多的学者关注基督教并投身到相关研究中，基督教研究也从险学变成了一门显学。一些学者开始注意到基督教与西方文明的关系，思索基督教与现代化的关系，力图为中国的改革开放提供一种西方的参照。三位学者曾对此议题做过代表性的论述。一是台湾的林治平教授，他组织过基督教与中国现代化的学术研讨会，并发表了相关研究（林治平，1994）。他所主编的《基督教与中国近代化论集》《基督教与中国论集》《基督教与中国现代化》和《中国基督教大学论文集》均对基督教与中国现代化这个议题有所涉及。他用了"媒介"这个概念，把基督教看作西方文明和中国现代化的中间人。同时他也把基督教看作中国现代化的推手。林治平把基督教对中国现代化的影

---

* 钟智锋，中国人民大学佛教与宗教学理论研究所讲师。

响归纳为以下四个方面：促进了科学技术的发展，推动了中国的制度变革，推动了社会改良，促进了中西文化交流（林治平，1975）。二是何光沪教授。他在《学人》上发表了关于"基督教与中国现代化"的文章，文中他把基督教比作现代化的红娘，认为基督教在西方文明和中国近代化之间起着牵线搭桥的作用（何光沪，1995）。王立新教授在这个领域也有颇具影响力的著作。他在《美国传教士与晚清中国现代化》一书里系统梳理了美国传教士对近代中西文化交流、教育变革、开眼看世界思潮、洋务运动和戊戌变法的影响（王立新，2008）。他认为传教士推动了中国的现代化进程，但却因其宗教局限误导了中国的现代化道路。笔者认为这种矛盾的立论值得商榷。

除此之外，几个较具影响力的传记系列也涉及基督教与中国早期现代化的关系。它们分别是由周振鹤主编、广西师范大学出版的《来华基督教传教士传记丛书》（亦称《基督教传教士传记丛书》①和由李可柔、毕乐思主编的《光与盐》系列。《来华基督教传教士传记丛书》和《光与盐》系列以人物为中心，前者关注传教士对中西文化交流和中外关系的影响，后者则通过不同领域的中国基督徒精英呈现出基督教对中国现代化的影响。除了以人物为中心的研究外，还有以组织为焦点的研究。这些研究又以教会大学和基督教青年会的分析最为成熟。

这些研究虽然归纳了基督教对中国早期现代化影响的主要方面，但是未能对基督教之所以能发挥如此作用所依凭的条件和媒介给出深入的分析。此外，这些研究更多是静态的、横截面的研究，未能对基督教的影响给出一个动态的把握，即基督教的作用何时突显、何时下降、主要的影响因素是什么？最后，这些研究多为单人物研究，强调特定人物特质与影响，但未能对传教士群体给出一个结构性的分析。

不同于以往以个人为中心的研究，本文以群体为中心，重视网络的影响。笔者认为，虽然多数传记类的研究强调个别传教士和机构负责人个人的特质与影响，但是这些人并不是离群索居，而是形成了一个个群体。在一个张力较大的环境里，人数稀少的基督徒群体之所以仍能对中国社会发

①　周振鹤先生把来华的外国人分成以下三类：传教士、外交官和商人。但由于一些传教士后来也成为了外交官（如卫三畏、伯驾和司徒雷登），我们也可以从他主编的另外一个丛书——《晚清驻华外交官传记丛书》里找到一些传教士的信息，如《伯驾与中国开放》。

挥比较大的影响，不仅是因为晚清的剧变为基督教提供了时机，还因为基督徒精英能够借着各种网络对世俗精英产生影响。

此外，随着清朝和民国书籍报刊资料的电子化，以及一些传教士档案的整理出版，我们现在能够很方便地接触到史料，并对它们进行系统分析。本文使用的核心材料是《万国公报》和清朝的档案《筹办夷务始末》。

本论文期待对基督教与中国早期现代化的关系给出一个宏观的、动态的、结构性的把握，因此不会在个别人物、时段和事件上花费太多笔墨。但笔者将通过脚注的方式提供必要的线索（含一手材料和相关研究），以便感兴趣的读者获取更多微观的信息和历史细节。

基督教与洋务运动

在两次鸦片战争的失败后，面对国家危亡，清政府不得不进行变革，开展洋务运动。而在洋务运动之前，统治阶级内部其实分成了两种力量：改革派（洋务派和维新派）和顽固派。改革派人数较少，他们主张安抚洋人，并学习他们，师夷制夷，变法图强；以慈禧太后为代表的顽固派仇视洋人和西学，他们不愿意改变中国的纲常和成法，但是接连的战败让他们的声音变得弱小。于是，在危机面前，清政府选择了开展洋务运动，要自强求富，要师夷长技以制夷。

李鸿章、曾国藩、张之洞、左宗棠等地方大员是洋务运动的主要推动者。这些洋务大臣在各地办铁厂、制造厂、织布厂等等，他们引入西方的先进科技，建立新式的海军。建同文馆、近代兵工厂需要大量的专家，但是中国却缺少这样的人才，译介西学的主要是西方传教士。于是，无论是同文三馆还是江南制造局，里面主要的是那些洋教师。在《奏请设立同文馆折》里，奕訢指出中国缺乏相关人员，不得不依赖洋人教习的尴尬局面。

> 所请派委教习，广东则称无人可派，上海虽有其人，而艺不甚精，价则过巨，未便饬令前来，是以日久未能举办。臣等伏思欲悉各国情形，必先谙其言语文字，不受人欺蒙。各国均以重资聘请中国人讲解文义，而中国迄无熟悉外国语言文字之人，恐无以悉其底蕴。广东、江苏既无咨送来京之人，不得不于外国中延访（奕訢等，1862）。

一个学堂要怎么建，要开设哪些课程，要培养怎样的人，主要是取决于这些传教士，可以说，这些传教士在新式的学堂，通过现代教育，对中国产生了较大的影响。同文馆培养出来的人才或是从事译书，或是进入外交领域。同文馆的洋教习一部分时间用于教学，一部分时间用于译书编写教材。在教育领域，新知识便通过这种方式被引入。在洋务派为培养军用和民用企业人才而兴建的新式学堂里，翻译、科技和军事为主要课程。这些学堂也多聘请洋教习来教授西学课程。表 1 呈现的是洋务运动时期主要机构里的西方传教士名单。我们可以看到，这些传教士不是单独作战，而是形成了一个密切合作的群体，这成为日后广学会雏形。林乐知、傅兰雅同时在北京和上海的同文馆任职。

表 1　洋务运动主要机构的传教士

京师同文馆	丁韪良（总教习）、傅兰雅、包尔腾、德贞、司默灵、满乐道
上海广方言馆	林乐知、傅兰雅、金楷理、玛高温、克利蒙、卜沃野、璞琚
江南制造局	傅兰雅、伟烈亚力、玛高温、林乐知
翻译馆	傅兰雅、伟烈亚力、玛高温、林乐知、金楷理、秀耀春、卫理、李佳白、罗亨利
广州同文馆	谭顺、哈巴安德、俾士

资料来源：《京师同文馆学友会第一次报告书》，朱有献编《中国近代学制史料》，第 275 页；甘作霖：《江南制造局之简史下》，《东方杂志》第 11 卷第 6 号，1914 年 12 月，第 21～24 页。

1865 年，中国近代第一个兵工厂——江南制造局在上海建立。军舰枪炮的制作过程需要翻译大量的西文材料，因此 1868 年在江南制造局内建立了翻译局。1869 年 10 月，上海广方言馆迁入江南制造局。翻译局采取西译中述的译书方法，即先由外国人口译，再由中国人笔述润色。因此，尽管在翻译馆里中国人占了大多数，但主导西学翻译的仍是那些西方传教士。

需要强调的是，同文馆虽为中国人所办，但实际权力掌握在外国人手上。一方面，同文馆的经费来源于由英国人赫德所掌握的海关。另一方面，在这些以培养洋务人才为目标的同文馆里，西学是主要课程，西文教习因此主导了教学培养过程。例如，上海广方言馆设英文、法文和天文三馆，教习基本上都是外国人。广州同文馆设汉文、英文、俄文和日文教习，其中英文教习 10 名，其他语种的教习 1 名。

除此之外，传教士还建立了大量的教会学校，并成立了一个推动教育合作的协会——中华基督教教育会（前身为益智书会）。这些机构对于培养新式人才，促进教育发展，进而推动社会变革发挥了非常重要的作用。

因为传教士和洋务派在传播西学上的一致性，一些由传教士主导的、传播西学的机构和报刊也得到了洋务派官员的支持。王立新亦指出洋务派和传教士的合作关系为传教士发挥影响提供了可能。他把传教士对洋务运动的影响概括为以下三个方面：建立教会学校，培养洋务人才；创办报刊，促进了洋务思想的传播；为洋务运动提供建议和方策（王立新，2008：198 – 203）。

最后，洋务派虽然想富国强兵，但缺乏经验可资参考，在华西人的建言献策成为洋务派的重要借鉴。其中，传教士林乐知的《中西关系略论》（1875 – 1876）和海关总监赫德的《局外旁观论》（1865）对洋务派的影响较大。

综上可见，传教士通过影响同文馆的教学、翻译馆的西学翻译和给洋务官员建言献策，影响了洋务运动的发展。

基督教与维新变法

甲午战争的失败使国人意识到，器物层面的改变不足以扭转时局，必须配合制度层面的变革方可以救亡图存，于是就有了维新变法运动。我们谈到百日维新，一般关注比较多的是康有为、梁启超和被杀的戊戌六君子。举人们依照"清议"传统向朝廷上书建议，掀起了一场变法运动，这就是我们传统的理解。后来孙中山向李鸿章上书，也是对这一遗风的继承。然而，康梁的思想从何而来？他们关于变法的种种建议、对中国问题的认识从何而来？当时林乐知主编的《万国公报》是戊戌前后中国发行量最大的报纸，对当时的精英有极大的影响。李提摩太、艾约瑟、李佳白等人都在这里撰写了大量文章。这些传教士积极地向中国提建议，热切关注中国的变革，将他们的思想通过报刊文章的形式传播出来。这为维新变法人士提供了变法的基本思路和具体方法。

康有为、梁启超等变法人士最初也是从广学会的书刊接触到西学，理解到西方世界，从而萌生变法意识（王立新，2008：225）。康有为长期订阅《万国公报》（康有为，1976：13），梁启超曾当过李提摩太的助手（苏慧廉，2007：205）。《万国公报》在正常销售的同时，也提供免费的赠阅，朝中重臣基本都接触过此报，因此它在主流社会中有着广泛的影响。

我们还可以从康有为等维新变法人士的变法主张与传教士献策的相似性窥见基督教对维新变法运动的影响（王立新，2008：246）。康有为的变法主张在《上清帝第二书》（即《公车上书》）里有集中表达。《公车上书》于1895年5月2日写就，背景是甲午战争战败后，朝廷准备割地赔款来求和。康有为等应试举人联名上书光绪皇帝，劝其立即变法以救亡图存。交待完赏功罚奸、迁都练兵等权宜应敌之谋后，康有为提出了具体的立国自强之策。这主要包括了富国之法、养民之法、教民之法和国政外交之法等四方面的内容。表2将康有为《公车上书》的内容与传教士们发表的文章加以对比，我们不难发现康有为变法主张与传教士的变法献策基本相似。

表2 维新变法主张与传教士献策的相似性

	康有为《公车上书》核心建议	传教士的献策
富国之法	富国之法有六：曰钞法，曰铁路，曰机器轮舟，曰开矿，曰铸银，曰邮政	艾约瑟的《富国养民策》和李提摩太的《新政策》
养民之法	一曰务农，二曰劝工，三曰惠商，四曰恤穷	李提摩太的《新政策》和李佳白的《上中朝政府书》
教民之法	万国所学，皆宜讲求；改武科为艺学，设艺学院；开报馆	林乐知的《治安新策》和李提摩太的《新政策》
国政外交之法	裁冗员、开言路、停捐纳、增官俸；激励士庶出洋学习	李佳白的《上中朝政府书》

说明：《富国养民策》为威廉·杰文斯的《政治经济学入门》的中译本，由海关总税务司署于1886年出版，后来，译文在1893－1895年的《万国公报》上陆续刊发。

除了以政论文章影响官员和士人外，《万国公报》还常常举行征文活动，引导中国知识分子沿着传教士给出的方向去思考维新变法的具体方策。[①] 康有为本人曾参与并得奖。《万国公报》一共举办了三次规模较大的有奖征文比赛：1890年有关中西格致、算数学异同高下的征文比赛，1893

---

① 《万国公报》曾经拟定的题目有30多道，主要题目有：铁路之益、邮政之益、游历各国之益、钢厂铁厂之益、报馆之益、公家书院之益、博物院之益、寄居他州之益、万国关税均齐之益；列国征收钱粮之法、列国养民之法、列国教民之法、列国新民之法、列国安民之法、列国变通之法、列国行善之法。

年以 30 道变法主题为内容的征文（征文对象为寓华西人）①，1894 年以五道变法题目为内容的征文活动（征文对象为在北京、南京、杭州、福州和广东参加举人考试的考生）。这些征文活动以西学和时事策论为主题，对于推动西学传播，唤起士人的变法意识有一定的促进作用。在这三次征文比赛里，1894 年的征文活动影响最大。这次活动得到了在沪的英国地产商人汉璧理（T. Hanbury）的大力资助，在上述五省考生中散发征文单张一万份，并在《万国公报》登载了征文启事。这次比赛共收到了 172 篇应征文章，其中康有为也撰写了文章，并获六等奖。考虑到这是在百日维新的前夜，而征文又在五个主要省份的举人中展开，并得到应试考生的积极响应，其对维新变法运动的影响不难窥见。

从康有为变法失败之后被人攻击为"拾西人牙慧"，我们也可以看到传教士对变法的影响。如洋务运动是由朝臣主导并根据西方传教士观念操作一样，维新变法是由中国传统士大夫如康、梁等主导的运动，但他们的思想及建议则是来自《万国公报》上传教士的文章。

在维新变法运动期间，中国兴起了一种兴办新式学堂的运动。传教士也积极参与到这种运动中，他们不仅建立了很多教会学校，还主导了一些重要的高等教育学堂。如京师大学堂的总教习为美国传教士丁韪良，天津北洋西学学堂（天津大学的前身）的总教习为美国公理会的牧师丁家立，上海南洋公学（五所交通大学的前身）的校长为福开森传教士。

社会网络与基督教作用的发挥

上面我们已经分析了基督教在洋务运动和维新变法中所发挥的作用。但是，基督教是通过什么支点发挥作用的？一个边缘的、人数很少的群体为何能在一个具有强烈排外情绪的国度里起到不容忽视的推动作用？

这种影响通过一些社会网络发挥出来。这些网络既有制度性的网络，也有非正式的网络。比如广学会和中国基督教教育会便是一些制度性的网

---

① 其中主要题目有：铁路之益、邮政之益、游历各国之益、钢厂铁厂之益、报馆之益、公家书院之益、博物院之益、寄居他州之益、万国关税均齐之益；列国征收钱粮之法、列国养民之法、列国教民之法、列国新民之法、列国安民之法、列国变通之法、列国行善之法。参见李提摩太《广学会第五年纪略》，铸铁盒（蔡尔康）译，李天纲编校《万国公报文选》，中西书局，2012，第 240 页。

络。广学会便是一个由传教士、外交官和商人建立的出版机构。机构成员主要有三种：一是外交官，比如海关总税务司赫德；二是传教士，包括李提摩太、林乐知等；三则是商人。它不仅出版了《万国公报》，还翻译出版了大量西学著作。

在维新变法运动时期，英地产商汉壁理、外交官员赫德与教界宗教人士林乐知和李提摩太建立了一个政、商、教三界的结盟，从而发挥出超出基督徒人数本身而有的影响。此外，广学会还通过把《万国公报》和西学书籍赠送给各道官员、著名士人的方式建立起一个规模可观的读者群网络，使得西学和西人的献策能够在较广的范围里传播。此外，《万国公报》还以举办推动其变革议程的征文比赛的方式来扩大其对变法运动的影响。

传教士是西学的主要传播者，而一些传教士如林乐知和李提摩太也积极参与到中国的变革进程中，因此他们也跟洋务派官员和维新变法人士建立起一些私人关系。这些关系为基督教影响变革进程提供了可能。当时，总理各国事务衙门（简称总理衙门）主管外交，监管通商、海防、关税、路矿、邮电、军工、同文馆、派遣留学生等事务。总理衙门成为推动中国现代化的中央机构。

传教士影响中国早期现代化进程的非制度性网络主要有以下三种：第一，传教士与外交官、商人等其他在华西人建立起的社会网络。借着这个网络，传教士不仅能够使用外交官和商人的力量来推动传教事业，也使得宗教的影响能够扩充到经济领域和外交领域。第二，传教士与总理衙门大臣和地方洋务大臣等官员建立起的社会网络。第三，传教士与一般知识精英所建立起的社会网络。这些知识精英虽然不像官员能直接影响中国的政治进程，但他们能够影响舆论和思想动向，从而间接地影响中国的社会变革。

通过救灾、兴学、译书、办报，林乐知、李提摩太、李佳白等传教士与奕䜣、文祥等总理衙门的大臣，李鸿章、张之洞、盛宣怀等洋务官员建立起私人联系。此外，他们还与光绪皇帝的老师翁同龢、孙家鼐建立起私人的联系，使得他们能间接影响皇帝的思想。在维新变法高潮的时候，美国传教士李佳白在北京创立尚贤堂联络官员。当康有为建立强学会之后，李提摩太和李佳白也加入了该会，并经常在会上传播西学之益，努力使西学成为变法的指导思想。广学会通过发行《万国公报》和西学书籍，建立起一个含有相当多官员和知识分子的读者网络，这些网络使得基督教能以西学的面貌去影响洋务运动和变法维新。通过这些网络，传教士也获得了不少官员的资金的资助，使得传教士能够在缺乏差会支持的情况下仍维持文教事业的运作。①

一种动态的视角

已有文献在分析基督教与中国早期现代化关系时采取的多为一种截面视角。这种视角能识别出基督教对于具体事件或领域是否发挥了作用。但难以动态分析理解基督教在中国的发展的作用。动态视角把基督教看成是一场宗教运动，使用社会运动的理论框架去分析基督教在中国的发展。这种视角注重区分运动的不同时期（如启动期与后续发展期），关注机会空间与环境障碍，并把焦点放在运动组织本身（如组织资源与动员结构，神学与回应策略等）。

其一为运动时机的分析，在中国遭受外界沉重的打击之后，国内的顽固派墨守成规的心理受到了现实的挑战，其势力与影响逐步衰弱，而与之相对应的革新派受到了更多人的欢迎，从而间接带来了外来基督教信众团体的不断壮大，此消彼长之下迎来了基督教的启动与发展时代。

其二为对抗性力量的动态分析，即在基督教在中国立足未稳之时，受到改革派支持的基督教团体和受到顽固派支持的反基督教团体（如义和团和反教士绅）互相对抗。在外界因素的影响下，对抗性势力的斗争使得更加顺应事物发展规律的基督教团体一方在中国的历史发展进程中渐占上风，从而带来了基督教的一小股成长浪潮。

其三为基督教的神学、人员与结构变化，即基督教神学在与中国社会传统思想的融合中的相互交流过程，来自欧洲的本土基督徒与中国新皈依的基督徒之间的信仰交流与当地信众的增加，西方基督教会、当代企业与民间团体等与中国各类组织带来的基督教传教过程中组织结构的复杂变化。

接下来，让我们用这种动态视角分析一下基督教对维新变法运动的影

---

① 差会往往由于保守神学的影响，不太愿意把太多的钱花在这些与传教关系不太直接的事业上。例如，李提摩太向浸礼会申请建立一所大学时遭到拒绝。

响。一方面对抗性力量的减弱给基督教创造了空间。甲午战败削弱了顽固派在舆论上的影响力。举国上下都意识到中国不仅器物不如人，更是制度不如人。变法成为全国的共识，学习西方成为不二法门。林乐知等传教士所办的《万国公报》，广学会（由传教士主导）所翻译的西学著作成为变法的蓝本。另一方面，办报方向和人员的调整也使得基督教能对维新变法运动产生更大的影响。1868~1874 年，报纸的名称为《教会新报》，世俗内容并不显著。1874~1883 年，报纸改名为《万国公报》，内容上世俗性的新闻与评论也占了主导性的位置，这些使得报纸更为中国人所青睐。1889~1907 年间，《万国公报》由林乐知一人独办调整为由广学会主办，使得办报实力大增。此外，更多中文编辑的加盟，也使内容更贴近中国人的口味。[①] 在时机上，基督教在维新变法运动早期影响较大。但随着运动的推进，《中外纪闻》（有趣的是，这个报纸创刊时也称作《万国公报》）等竞争性报纸的出现，基督教的影响开始下降。同样模式也可以在洋务运动和晚清的革命运动中找到。基督教更多在运动初期发挥了作用。可以说，基督教借着其教育、报刊和网络，更多扮演一个理念来源和运动触发的角色，运动的主导性力量还是国内的世俗群体。

结　论

本文分析了基督教对洋务运动和维新变法的影响。基督教在中国早期现代化中的作用总结为三个方面：基督教是新式教育的推动者，现代报刊书籍的出版者，制度变革的建言者与操刀者。基督教通过这三种角色，促进了中国的现代化。

基督教之所以能对中国早期的现代化产生较大的影响，一方面得益于清朝连连战败为西学传播所创造的机会，另一方面则得益于传教士所建立的各种社会网络。战败削弱了顽固派的力量，促使一部分官员转向革新，传教士所推介的西学和他们的献策成为变革运动的重要参考。两次鸦片战争的战败，迫使清政府改变故步自封的姿态，开始向外探求富国强兵之道。当太平天国运动被镇压后，洋务官员开始有精力着手洋务运动。洋人

---

① 有关《万国公报》的转向可参阅〔美〕贝奈特《传教士新闻工作者在中国：林乐知和他的杂志（1860－1883）》第四、五章。

协助清政府剿灭太平天国，也改变了部分清朝官员对洋人的态度。赫德也成为恭亲王奕䜣的重要顾问。甲午的战败，使得变法维新成为开明官员和有志之士的共识。

时机固然重要，但社会网络也不容忽视。这些网络有些是制度性的，有些则是非制度性的。制度性的网络主要是一些传教士组织。中国基督教教育会、广学会，以及各种传教士组织不仅打破了宗派差会的藩篱，把分散的基督教资源聚集起来，还为基督教作用的发挥提供了制度性的支持。非制度性的网络主要有以下三种：传教士与外交官、商人等其他在华西人所建立起的洋人网络，与总理衙门官员和地方洋务大臣建立起的幕僚网络，与一般知识精英所建立起的读者网络。这些社会网络为基督教影响中国早期现代化提供了通路。

本文并不支持那种认为基督教与中国文化，传教士与本土精英存在根本冲突的观点。洋务派虽然仍带着华夏与四夷的偏见去理解中西关系，但是在"中体西用"的框架下，他们仍能积极地聘请传教士为顾问，并出资推动西学的传播。林乐知、李提摩太等传教士也成为洋务官员的重要顾问。康有为等维新人士虽然带着"保国""保教""保种"的民族主义情结去推动维新变法，他们也力图立孔教而拒基督教这个"外夷邪教"（《公车上书》语），但他们具体的变法主张几乎完全照搬传教士在《万国公报》上的献策。这种区分西教与西学的做法使得他们能成为推动维新变法的盟友。因此，基督教与中国文化的关系既有像义和团运动和非基督教运动这些剑拔弩张的冲突面，也有像洋务运动和维新变法时同舟共济的合作面。

参考文献

〔美〕贝奈特：《传教士新闻工作者在中国：林乐知和他的杂志（1860～1883）》，金莹译，广西师范大学出版社，2014。

〔美〕丁韪良：《花甲记忆》，沈弘等译，广西师范大学出版社，2004。

何光沪：《基督教与中国现代化》，《学人》第八辑，1995。

康有为：《康南海自编年谱》，蒋贵麟主编《康南海先生遗著汇刊》，台北宏业书局，1976。

康有为：《康有为全集》，中国人民大学出版社，2007。

〔英〕李提摩太：《亲历晚清四十五年》，李宪堂和侯林莉译，天津人民出版社，2005。

李天纲编校《万国公报文选》，中西书局，2012。

林治平主编《基督教与中国现代化》，台北宇宙光出版社，1994。

林治平：《基督教与中国论集》，台北宇宙光出版社，1993。

林治平：《基督教与中国近代化论集》，台湾商务印书馆，1975。

卢汉超：《中国第一客卿：鹭宾·赫德传》，上海社会科学出版社，2009。

〔英〕苏慧廉：《李提摩太在中国》，关志远等译，广西师范大学出版社，2007。

奕䜣等《奏请设立同文馆折》，1862 年 8 月 20 日。

王立新：《美国传教士与晚清中国现代化》（修订版），天津人民出版社，2008。

文庆、贾祯和宝鋆等编《筹办夷务始末》，中华书局，2014。

天主教社会训导变迁及其社会影响[*]

王凤丽^{**}

摘要：本文从天主教社会训导的出现背景、意义和基础入手，研究天主教如何通过社会训导与整个社会积极互动，分别从劳动、利息、私有产权、赋税与财富再分配、意识形态等方面，梳理不同时期社会训导的内容要点，呈现天主教在经济、社会、民生等领域上的立场变迁过程。天主教社会训导的四个基础（人性尊严、公益、互补以及关怀）彼此关联，是教会应对当前世界发展与进步问题的几个着力点，并在发展与进步等要素上不断做出努力和行动，以应对宗教在当代社会面临的挑战。

天主教不认为自己是意识形态（ideology）。意识形态是在一定的经济基础上形成的经济关系和政治关系的反映，它是对某种系统的看法或见解，并在此看法或见解上建立起某种政治体制、政党或组织。^① 这些职责超越了天主教的活动权限。"（天主）教会并不提供落后发展问题的具体解决办法……教会不提供任何经济和政治体制或纲领，也没有对此的某种偏爱。"（Ioannes Paulus II，1987：42）"教会没有责任给经济和政治问题提出技术性的解决办法。"（John Paul II，1982）教会通过训导来体现教会对

---

　* 2015 年度国家社科基金项目"华北农村基层社会天主教群体行为研究"（15BSH077）阶段性成果之一。

　** 王凤丽，河北省社会科学院副研究员。

　① "A Theory, or Set of Beliefs or Principles, esp. One on which a Political System, Party or Organization is Based," Cambridge, *International Dictionary of English*, 1995.

世俗事务的关注和应对。天主教教会训导的内容，从人性、自由平等、家庭问题、人权和平、自然环境、经济发展等具体问题出发，涵盖伦理、经济、政治和民生等多个领域。除了第 1 - 3 世纪及第 9 - 10 世纪无文献足资确定外，历代教宗都有相关教会训导的文献。"社会训导"（social Doctrines）是教会训导的组成部分。它提供了一种针对现世事务的价值准则，它以《圣经》为基础，伴随社会发展前进，不断调整内容，更新内涵，并持续积累新经验、新方法，这套支持行动的理论，它是逐步形成的。

一 社会训导的出现和时代背景

从现有文献看，罗马教会关心其他教会事务的最古老的文件，是写于公元 96 年的致格林多人的书信《因突然来者》，内容是解决教会成员之间的秩序问题。原信中未提及作者是谁，后来伊雷内（Irenaeus，约 140 - 202）将本书归于罗马的克雷孟主教（Clemens I，88/92 - 97/101）。但按书信内容分析，作者大概为罗马司铎团的领导者（辅神译，2012：41）。托玛斯·阿奎那是较早以系统方式深入探究伦理问题的大师。在其《神学大全》中，即讨论了正义（II. II. Q. 57 - 78）和法律（I. II. Q. 90 ~ 108）。略晚一些的道明会（即多明我会）会士安东尼（1398 - 1459）在《伦理学大全》中也继续探讲社会问题。方济各会士奥里维（Pietro Olivi）的《论买卖》，亚历山卓（Ricardo Alessandro of Alessandria）的《论高利贷》等作品，以及一些耶稣会士也都潜心研究可用于社会理论和政治生活的伦理神学（Carrire, 1992：21）。这一时期有关社会问题的宗座文献也开始出现，比如 1461 年教宗碧岳二世（即庇护二世）斥责奴隶贩卖为"滔天大罪"，1537 年教宗保禄三世在《真理本身》通谕中强烈维护备受新世界殖民主义扩张威胁的本土宗教尊严。

"社会训导"一词最早出现在教宗碧岳（即碧岳）十一世《四十年》通谕（1931）中，但社会训导明确成为教会主动参与社会事务的方式，是以 19 世纪末教宗良十三（即利奥十三世）世颁布的《新事》通谕为首创。19 世纪时人类社会开始由传统农业社会向工业社会的转型，经济和社会生活都发生了结构性改变，新的生产和生活方式出现，各类社会矛盾突出，尤其是劳工问题引起广泛关注，直接刺激了 19 世纪中后期世界自然科学和社会科学研究的大发展。如德国的马克思和恩格斯发表了《共产党宣言》

（1848），号召"全世界无产者联合起来"，法国迪尔凯姆发表《社会分工论》（1893）。教会系统不仅有德国美因茨枢机主教的"劳工问题与基督信仰"研究报告（1864 年），比利时、瑞士、法国、德国在 19 世纪 60～80年代，也均创立"天主教工会"。教会系统先后有一些社会教义的文献，如 *Inscrutabilidei dei Consilio*（1878）、*Diuturnum*（1881）、*Immorrtable Dei*（1885）。教宗颁布的《新事》通谕（1891），是天主教会史上首次关注教会信仰生活之外的世俗生活，是公认的天主教会史上第一个有关社会事务的重要通谕，因主要讨论劳工问题，也被称为《劳工问题》通谕。

经历此后一百多年的发展，社会训导有了更广阔的作用空间。"教会的社会训导有能力评估和解决人类二十一世纪之初所面对的重大问题。"教宗本笃十六世指出当前世界的要务是"减少世界财物分配的不均衡；扩大教育的机会；支持可行的成长与发展；保护生态环境"（Benedictus XIV：2008）。教宗尤其强调天主教社会训导四个基础的内在关系。这四个基础是：人性尊严、公益、互补以及关怀。教宗认为，"发展应该以尊重人性尊严为先，因为人性尊严是按照天主的肖像受造、同时被基督所救赎的每个人的内在价值。"教宗于是进一步阐述关怀与互补之间的关系，他指出互补是社会活动的协调配合，目的在支持地方社会团体内部的生活。教宗认为"人性尊严位居纵横两面的交汇点，横面是指关怀与互补，纵面是指社会公益。"① 现任教宗方济各也多次表现出对社会底层人士的各种关爱。

二　天主教社会训导变迁思路与社会影响

（一）对劳动的态度

早期天主教徒进入希腊罗马世界时，社会处于"反劳动"的氛围中。早期教会所处的雅典时代，每天有 1/3 的自由民坐在议会大厅讨论城邦事宜，自由民讨厌的工作皆由奴隶承担。"雅典的奴隶五倍于自由民。"在罗

---

① 在梵蒂冈 2008 年 5 月 2 日至 6 日召开年度大会，会议主题是"追求公益：关怀与互补可以携手合作"，其间教宗本笃十六世接见圣座社会科学院院士和其他相关人士时提到这些。资料来源：梵蒂冈电台，"社会训导四大基础：人性尊严、公益、关怀、互补"，2008 年 5 月 4 日。

马文化中，寻欢作乐是非奴隶阶层的一切事情之首。怀特指出，"在其（基督教）古代传承中，几乎没有表示劳动尊贵的迹象"（Lynn White，2004：91）。而天主教认为人的工作具有尊严和高贵的意义。这种观念的来源，至少有三方面的依据：一是耶稣本人出生成长于拿匝肋的一个木匠家庭，一直工作到 30 岁才出去传教；二是使徒圣保禄擅长帐篷制作工艺，该技能糅合了他的学者身份，在他传教途中颇为有用；三是早期的天主教徒即注重工作的意义，这使得他们区别于原有的轻视劳动（尤其是体力劳动）的希腊罗马传统。公元 1 世纪，圣保禄对得撒罗尼教徒告诫："远离一切游手好闲"（《得撒洛尼后书》3：6），"谁不愿意工作，就不应当吃饭"（《得撒洛尼后书》3：10）。公元 4 世纪的凯撒利亚的圣巴西尔说过，"懒惰是非常邪恶的；工作使我们避免邪恶的思想"。公元 6 世纪本尼迪克会的修士认为"工作即祷告"，把劳动（工作）视为"纪律的一个完整和属灵的部分，这使劳动的威望和劳动者的自尊得以很大提高"。12 世纪圣贝纳尔说："当常常祷告、阅读、工作，以防万一不洁的灵让懒惰的思想迷途。肉体的逸乐能被劳动所克服。"懒惰被教会视为"七宗罪"之一（施密特，2004：178 – 179）。当耶稣说，"工人自当有他的工资"（《路加福音》10：7），正是提示人们：每个工作劳有所酬应是一件必行之事。而劳动领取报酬（工资）的结果，是获取经济方面的自由度，它可以明显地减少贫穷现象，以及贫穷的副产品如疾病，也必然导致"穷人"与"富人"之间产生相互的流动；即使是在阶层存在壁垒的社会，也会在贵族（富人）和下等人（穷人）之间产生出一个阶层（中产阶级），正如赫伯特·沃克曼（Herbert Workman）所说，他们"不可能不富裕起来"（施密特，2004：181）。

（二）对收取利息的态度

1163 年，教宗亚历山大三世（Alexander III）为主席举行的图尔地区会议，会议文件《图尔（Tours）地区会议》提出，"本地区应禁止收利息"（辅神译，2012：367）。1185 – 1187 年，教宗乌尔班三世（Urbanus III）致布雷西亚（Brescia）的一位司铎的信《你的热诚询问我们》（Consuluit nos）重申"一切利息及多余的所得，在法律中是被禁止的"（辅神译，2012：375）。而 1227 – 1234 年，额我略九世（即格列高利九世）（Gregorius IX）致 R. 弟兄书信《为坐船或行路者》（Naviganti vel eunti）

则提出，"在特定条件下，如果收回时的价钱更高"，这样的人不应被视为"收利息者"（辅神译，2012：418）。至 1838 年，额我略十六世（即格列高利十六世）（Gregorius XVI）时期，圣部（holy office）答复尼斯（Nice，法国）主教时表示："收取利息者，在其准备服从圣座命令时，可予以赦免。"（辅神译，2012：887）此后，教会未再就"利息是否有罪"颁布过谕令或函件。

（三）对私有产权的态度

"不可偷盗""不可贪婪"（《出埃及记》20：15、17），都承认一个人有权利获取个人财富但不可以占有他人的财产。而工作带来的利润分配，直接刺激社会财富的流动和聚拢，在财富的再分配过程中，个人、组织、利益集团甚至国家，都有可能通过不公义的办法占有原本属于他人的财富。如果没有自由和私有财产权，一个人的世俗生活就难以保障，也难有尊严。1891 年，良十三（利奥十三世）（Leo XIII）《新事》（*Rerum nova-rum*）通谕，重申"私有财产权的权利与运用"和"由工作而来的权利"（辅神译，2012：1027）。1986 年，教廷教义部（Congregation for the Doctrine of the Faith）训令《对自由的意义》（*Liertatis conscientia*）提出，"解放本身并不产生人的自由"，并质疑集体主义对私产权的干预。"私产权隶属于共同使用权，及事物的普世利益。""私产的拥有首先是由工作而获得，为的是使它能为工作服务。""但如果按集体主义的主张，在国家权柄下重新管理及支配私产，根本不合乎那财产的社会化"（辅神译，2012：1695－1660）。

（四）对赋税与财富再分配的态度

良十三（Leo XIII）《宗徒职务的》（*Quod apostolici muneris*，1878）通谕关注人在社会中的权利，是教会首次关注并讨论私人财物占有和分配的不平等问题。"但若有时发生君主冒昧地越界施行公开的权柄……天主教会的教义不准许人民以自己的意愿予以反对，以免秩序的宁静受到更大的扰乱及社会受到更大的损失"（辅神译，2012：986－988）。教宗良十三《新事》中明确："如果公共权威以赋税的名义，榨取超过所应取的私有财产，则是不公道的及反对人性的。"但以后几十年间，时代与事物的样貌在彻底改变，即竞争者的自由竞争使庞大的财富及由此产生的不节制的管理权柄集合在少数人手中。1961 年 5 月《慈母与导师》（*mater et Magistra*，1961）通谕，正式提出"社会训导是基督徒人学的一个有机组成部分"（222 节），同时再次强调劳工问题，并呼吁整个社会（特别是发展中国家的政府）要积极应对工业化进程，特别应该关注农业、农村和农民问题（124 - 150 节），而农业政策应该注重减轻农民税赋，并促进农民的社会保险、农产品物价稳定和农副业的发展（132 节），"农民应该以可敬的责任心，自我提升，自我发展，承担起在自己身上的提高文化程度的责任"（149 节），呼吁全世界都要对发展中国家给予经济援助，同时在援助的时候，要尊重发展中国家的地方风俗，要力戒私心，特别不能有任何有可能危害国际关系与世界和平的殖民主义，要支持发展中国家实现自己的经济和社会发展（169 - 178 节）。碧岳十二世（Pius XII）提出"公共社会应在遵守共同与真实的益处所要求的方式与限度之下，将工作予以分开并平等地予以分配"，尤其关注"公正待遇的原则"，要"考虑到或是国家或是整个人类团体的公益"。至教宗本笃十六世《在真理中实践爱德》（*Caritas in Veritate*，2009）通谕颁布，对全球财富的再分配，态度则是"社会愈来愈全球化，这令我们成为邻居，却未有使我们成为手足。理性本质上有能力抓紧人与人之间的公平性，并维持他们在社会上共存的稳定性"（19 节）。"世界财富的绝对值不断增长，但不均等的现象却有增无已"（22 节）。"在许多国家的预算案政策，往往受到国际金融机构的压力而被迫消减社会开支，结果让他们的公民束手无策地面对种种新旧的风险。这份束手无策，亦因为工会组织未能对他们提供有效保护而日益恶化"（25 节）。"全球化进行，当得到正确的理解及引导时，将有机会在全世界的范围内开展前所未有的大规模财富再分配"（42 节）。"今时今日，世界可用于拯救民族脱离赤贫的资源较往日丰富得多。但往往这些资源都操控在已发展的国家手中，他们反过来是从资本与劳力在世界由流动获益最多的一群"（42 节）。

（五）对世俗政权持续提出期待和要求

人的工作有主体性特质，优先于"资本"。在整个国家或地区的经济制度上，一个社会组织或一群管理者，应"合理地""应用"他们的"权柄"（辅神译，2012：1640 - 1645）。"社会中若无赋有合法权威的人，保障法纪的稳定，并采取足够的措施来促进公益，那么社会生活将没有秩序和成就。""行使政权，无论是在团体内，或在代表国家的机构内，常应仅限于道德范围内，常应以促进公共福利——广义的公共福利——为目标，并应依循由合法权力所业已制订或尚待制定的法律秩序。此时，国民便应在良心上服从政府。由此可见，政府首长的责任、尊严及关系是如何的伟大了"。"政体的多元性，在伦理上是容许的，只要它们符合采用此体制的团体的合法权益"（施罗伯，2005：92－93）。"政体的确定及行政人员遴选，可由国民自由抉择。(《牧灵宪章》，74)"国家的另一任务，在于监视和督导人权在经济方面的行使状况。……国家有责任去维护、支持商业活动。……如发生特殊垄断情况，以致于造成发展受阻或迟延，这时国家便有权从事干预。……同时也避免国家过分扩张干预的领域，而有害于经济和公民的自由"(《一百周年》，48)。在现实生活中，宗教信仰者"适应"或"挑战"政治的两种情况都存在，我们应根据宗教的内在本质及其自身发展规律来制定政府的宗教政策，树立政府的政治权威（卓新平，2008：12、38)。

三　社会训导在当今社会的几个关注点

（一）发展与进步

《慈母与导师》（*Mater et Magistra*，1961）通谕，首度提及发展中国家的问题以及全球人类之共同利益。它重申利奥十三世的社会思想："个人由本性具有拥有私人财产的权利，包括生产工具，绝不准许公共社会取消这权利。""也不允许公共社会放弃应努力改善工人处境的义务。""梵二"会议后，教会更加关注现实社会中平信徒面临的实际问题。教宗保禄六世《在新世界中传福音》（*Evangelii Nuntiandi*，1975）劝谕持续关注基层平信徒的生活和他们在现世生活中的表现。1981 年 9 月《论人的工作》（*Laborem Exercens*，1981）通谕指出：在复杂而多元社会——这个社会面临新事物对工作和生产的影响，并不亚于 19 世纪，自动化的迅速发展，能源及原材料价格上涨，环境污染近乎危及人类生存，社会道德堕落到令人难以忍受的地步，社会层级分化日趋严重，方方面面的事物、结构、规定、方法等铺天盖地变化着——教徒每天面对的世俗事务相当庞大，他们从教会的社会训导中得到行动和自由的一般性指导，但更大的自由空间需要发挥他们个人的理解力和创造力，可以在道德可以接受的取舍范围内做出自己的自由抉择。若望保禄二世（Ioannes Paulus II）颁布《论社会事务的关怀》（*Sollicitudo rei socialis*，1987）通谕，剖析"发展"与"进步"概念，认为把"经济"或"经济学"同"发展"一词相关联应给予批评。因为"今天大家更了解，即使为了大多数人的利益，而只堆积财富及服务，已不足以实现人类的幸福。……所谓的'资讯'也不能使人从各种形式的奴役中获得自由。……除非所有具体的资源和人所能控制的潜能都受伦理判断以及朝向人类真正益处所引导，否则就会轻易地对人造成伤害"。"所谓的事物的消费文明，它就是'丢弃'及'浪费'的文明。""发展并不只在于经济的层面，它必须从各方面衡量人的本性及使命，并予以指引"（辅神译，2012：1684）。

（二）公益与公义

经济自由和人性尊严，既是追求公益和公义的前提，也是平信徒践行真理和爱德的物质基础。早期基督徒即重视爱德里的慈善，并以此为公义。"因为我饿了，你们给了我吃的；我渴了，你们给了我喝的；我作客，你们收留了我；我赤身露体，你们给了我穿的；我患病，你们看顾了我；我在监里，你们来探望了我"（《玛窦福音》25：35－36）。饿、渴、收留、穿、病、监，需要一定的经济基础去支持。后世在基督教国家率先出现的社会福利、社会保障、社会救助等人道主义理念和学校教育、医疗卫生等社会理念的出现，皆可在这里找到源头。"没有爱，就没有公义。"（圣奥古斯丁语）"只有在实践爱德的同时，敬畏真理，接受真理与爱德之间的张力的人，才会真正地有益于世道人心。……让教会成为其所'是'，展示其所'是'，只有这样，才能恰如其分地在真理与爱德的张力间，服务于在地人群；只有这样，精神领域才能纯净地安抚受伤的群体"（陈开华，2011）。

（三）同感与爱德

"同感"（consensio），不是单纯及笼统所讲的仁慈的感觉，或对这么多靠近或远处的人所受的恶的哀伤，而是一项将自己献身于共同利益的坚决而持续的善的意志。通过"同感"，相互联系且转变为同心协力，建议一个原则——即大自然的善是为一切人设定的，最终通往和平与发展。教宗本笃十六世又指出："既然耶稣要求我们爱人如己，所以当我们根据福音来检讨关怀与互补的原则时，我们就会了解到这两者都具有纵向的意义。爱人如己是造物主天主铭刻在每个人本性中的法律，为此，只有当我们为别人服务而生活时，我们才真正做到关怀别人。同样地，互补也有它指向天主的纵向意义，因为一个履行互补原则的社会，它将使人不至于失望灰心，也能保障社会中每个人在商业、政治和文化活动上携手努力的自由"（Benedictus XIV：2009）。

结　论

宗教具有社会整合、社会服务、社会控制、心理调适和文化交往等功能。这些功能的发挥，与从教义衍生出来的各类训导特别是社会训导密切相关。两千年来，天主教一直与整个社会积极互动，在劳动、利息、私有产权、赋税与财富再分配、政治立场、世俗政权等方面，在不同时期呈现不同的特点。社会训导内容要点的变化，反映出天主教在经济、政治、社会民生等领域上的立场的变迁过程。人性尊严、公益、互补以及关怀，构成天主教社会训导的四个支柱，它们彼此关联，不仅是教会应对当前世界发展与进步问题的几个着力点，也是天主教与世俗政权在当今世界取得合作的基础。

在我国当前，研究社会训导及其社会影响有一定的现实意义。研究宗教的社会服务功能，并加以有效管理，使之走上法治化、规范化、社会透明化，服务于国家发展大业研究社会训导随着历史、社会的发展，如何不断调整完善自身的理解、价值和目标，其四大基础（人性尊严、公益、关怀、互补），尊重工作和工作者，正视人性尊严，推进公益和公义行动。我们应积极引导、保持和体现宗教在社会整体上的积极影响和正面功能，同时也要准备避免或减弱宗教在社会整体方面可能具有的消极影响及负面功能。恰当地发挥社会训导对信教群众的积极作用，积极引导信徒群体投身经济建设、民生建设和社会主义核心价值观的构建，有望起到一定的积极作用。

参考文献

陈开华：《个体人格及人的社会性实践——天主教社会训导对当代中国社会道德重建的可能性贡献》，《中国天主教》2011年第6期。

辅仁神学著作编译会（简称"辅神译"）：《公教会之信仰与伦理教义选集》，台北光启文化，2013。

《教会宪章》（*Lumen Gentium*），《梵蒂冈第二届大公会议文献》，台北天主教教务协进会，1992。

教宗若望保禄二世：《一百周年》通谕（*Centesimus Annus*），台北天主教教务协进会，1991。

〔加〕埃尔韦·卡里尔：《重读天主教社会训导》，李燕鹏译，台北光启文化，1992。

施罗伯、马催、杰邦编《社会关怀：天主教社会训导文献选集》，台北光启文化，2005。

〔美〕阿尔文·施密特：《基督教对文明的影响》，汪晓丹、赵巍译，北京大学出版社，2004。

赵建敏：《天主教社会教义导读》，天主教上海教区光启社，2010。

卓新平主编《"全球化"的宗教与当代中国》，社会科学文献出版社，2008。

Benedictus XVI

2009. *Caritas in Veritate*（在真理中实践爱德）.

Hervé Carrire，**S. J.**

1990. *Pontifical Council for Justice and Peace*，*The Social Doctrine of the Church Revisited-A Guide for Study.*

Ioannes XXIIIp

1961. *Mater et Magistra.*

Ioannes Paulus II

1987. *Sollicitudo rei socialis.*

Ioannes Paulus II

1981. *Laborem Exercens.*

John Paul II

1982. *Address of May* 3，to the Symposium from "Rerum Novarum" to "Laborem Exercens".

Leo XIII

1891. *Rerum Novarum.*

Leo XIII

1878. *Quod apostocic Muneris.*

Paulus VI

1975. *Evangelii Nuntiandi.*

Lynn T. White

2004. "Significance of Medieval Christianity"，Gerhard Uhlhorn ed. ，*Christian Charity in the Ancient Church.*

学科前沿

当代中国宗教研究中的民族志取向：
近十年来的研究回顾与展望[*]

曹南来[**]

摘要： 改革开放以来，宗教活动逐渐成为中国社会生活中的一个热点，引起海内外各界广泛的关注。海外传媒对中国宗教的讨论大多集中在对所谓人权与宗教自由问题的政治性关注。国内的学术界对当代中国宗教问题的研究相对薄弱，缺乏影响国际舆论的话语权。中国的宗教学一直定位为哲学学科之下的二级学科，侧重宗教哲学与神学的研究，仅凭这种传统的基于历史文本与经典的方法难以胜任针对都市化、现代化与全球化背景下宗教发展的现状进行整合式研究。本文谨就近十年来在国内当代宗教研究领域兴起的民族志个案研究状况及走向作一回顾与展望，并探讨其对构建宗教学学科与宗教社会科学中国话语体系的影响。强调目光向下、由内向外看世界的宗教民族志研究，着眼于在地宗教，又不局限于在地宗教，是联结传统与现代、乡村与城市、地方与全球，以及日常与神圣的桥梁。

关键词： 中国宗教　当代宗教　宗教民族志　宗教社会科学

一　导言

近年来，中国的宗教研究取得了重大进展。随着社会科学方法的引

---

[*] 本成果受到中国人民大学 2020 年度中央高校建设世界一流大学（宗教学）和特色发展引导专项资金支持。笔者感谢 2017 年宗教社会学论坛上专家学者们（尤其是方文教授）对本文的批评指正。同时也感谢林黎君的资料收集和整理工作。笔者文责自负。

[**] 曹南来，中国人民大学宗教学系、佛教与宗教学理论研究所教授。

入，改变了以往局限于人文学科的传统研究模式，学者开始以更多元与立体的方法论对中国当代宗教进行审视。其中，立足并"沉浸"于地方社会生活场景而非纯粹历史文本与经典的民族志个案方法在国内当代宗教研究领域兴起，国内学界出现了一批基于田野调查的宗教实证研究成果。这些成果在地方社会和文化的背景中尝试对宗教现象做出细致精准的勾勒，用生动翔实的个案对宗教信仰、仪式、象征体系，以及与之相关的生活日常、文化传承、社会建构乃至国家治理进行描述分析，以以小见大的方法提供了一个深入考察中国当代宗教的角度，对理解中国文化和中国社会也有重要意义。

对于熟悉中国大陆宗教学发展历史的人来说，宗教的社会科学实证研究仍是一项较为新鲜与边缘的大胆尝试。这缘于我国宗教学的学术传统倾向于以相对静态的、理性化和通适性的视角看待世界宗教体系。这尤为体现在宗教学处于哲学之下的二级学科地位以及宗教哲学所处的支配地位上。然而，随着改革开放几十年来的社会剧变，亟须研究者采用更为动态与处境化的理解视角去审视宗教是如何变迁与发展并与时俱进的。以文本与义理为研究主体的宗教学，作为我国较长一段时期内宗教学学科的主流具有其合理性。在国家资助的公立大学与研究机构设立宗教学专业，在一定程度上与政府宗教与统战工作的初衷紧密相连，这些宗教研究与教学机构担当了规范、引领和维护"正信正行"及"祛邪扶正"的重要功能。动用普通公立院校资源对宗教人士进行宗教知识与文化方面的培训，也和国家所认可的宗教教育机构与资源严重不足有关。而这种杂糅的政、教、学三方关系一方面导致一些海外评论认为中国的宗教学缺乏学科自主性，沦为政府宗教工作的专业化工具（professional-ization of state-controlled "religion work"）[①]；另一方面也招致国内部分强调无神论教育主流地位的学者的非议。在这一复杂话语框架下，宗教学者无论是披露宗教的正功能还是负功能，都容易被从意识形态角度化约解释为一种政治立场。可以说，宗教实证研究的兴起反映了国际学术交流合作的大背景下中国宗教学界寻求独立学科地位的一种努力与尝试。

[①] Anna Sun, Doing "Religion Work" in China? The Immanent Frame, Social Science Research Council, 2013.

近年来社会学与人类学的田野调查日渐成为研究中国不同宗教现象的重要途径，从一个侧面呼应了国际人类学界对宗教研究的核心理论关注（金泽，2010）。一些有关宗教信徒、宗教社区与场所的专著论文开始强调中国信仰的社会特征、权力关系背景，而不局限于对灵性与信仰单一维度的描述与讨论（李向平，2010）。由美国普度大学杨凤岗与中国人民大学魏德东联手发起的、以中国人民大学为主要平台设立的宗教社会科学年会与暑期培训班自 2004 年以来已经举办了十五届，邀请了艾琳·巴克、罗杰·芬克、斯蒂芬·沃纳、南希·艾默曼、格雷斯·戴维、何塞·卡萨诺瓦（Eileen Barker，Roger Finke，Stephan Warner，Nancy Ammerman，Grace Davie，Jose Casanova）等美欧著名社会学家来华培训中青年学者与学生，渐渐在国内学术圈形成了一股宗教实证研究的热潮，受过培训的人数上千。① 以加强对宗教现象及其发展规律（lawlike patterns）的科学理性解析为主，这类培训同时也为国内的宗教学界注入了崭新的实证研究的理论方法。

中国社科院世界宗教研究所建立的相关学术交流平台，在更重人文传统及人类内在意义的宗教人类学田野调查方面，影响尤为深远。在介绍西方宗教人类学理论与研究的同时，由金泽与陈进国主编的第一本中国本土的《宗教人类学》年刊也自 2009 年问世，并一直延续至今。从某种意义上说，在民族学与人类学等相关学科发展的促力下，中国宗教研究已经开始从强调文本解读向系统的实证研究转向。在对宗教的实证研究中，研究者可以通过身临其境的参与、观察，感受和体认到作为一种活生生的宗教实践以及其存在的地方社会框架；而不仅是停留在教义文本上的抽象教导、规训与启示（曹南来，2010）。

自 20 世纪 80 年代以来，西方世界中宗教多元化的趋势，尤其是新兴宗教与基督教右翼运动的兴起，使得传统的标准化问卷研究方法在宗教研究中渐渐失去用武之地，而民族志成为更为有效、与时俱进的跨学科宗教研究方法。这种宗教民族志是指对特定地域空间与时空中特定群体的信仰及其实践的处境化的深度全方位描述，并在方法论上要求具备研究者个体嵌入式的田野调查（访谈与参与观察）以及从研究对象视角出发的主位社

---

① 笔者也曾参与这一暑期培训项目，并于 2010 年的培训班上主讲了"宗教民族志的实践与反思"的课程。

会文化分析（Spickard et al.，2002；Ganiel and Mitchell，2006）。

与国外学界相比，宗教民族志研究虽逐渐受到国内学者们的重视，但作为中国学界一个新兴研究领域，它还处于初期阶段，其研究的深度和广度还需要进一步拓展，它在中国宗教社会科学方法论和学科建设中的重要作用，也还未被充分的认识。国内学界对宗教民族志方法的倡导，以民族学与人类学者为代表。[①] 例如，以研究维吾尔民间信仰见长的民族学家王建新提倡以地方性、群体性宗教信仰的特殊性挖掘和相关学术理论建构为目标的宗教民族志研究方法，强调对新资料的挖掘和对研究方法的开发，摒弃空谈理论的方式，并指出宗教民族志是中国宗教研究的重要发展方向（王建新，2007，2015）。本文着眼于国内学者近年来有关宗教民族志的中文研究和论述，通过文献梳理，旨在探讨、归纳和提炼当代中国宗教研究中的民族志取向，在总结已有相关研究成果的基础上，指出未来宗教民族志研究的挑战、机遇、可能性和发展方向，强调这是构建宗教社会科学中国话语体系的重要方法与尝试。通过民族志廓清人们是如何实践宗教信仰的图景，或将成为跨学科的中国宗教研究中的主流议题。

二　民族研究视域下的宗教民族志

当西方学界在女权主义、后现代主义与后殖民主义认识论的背景下大力批判民族志的白人男性精英导向时，中国学界对宗教民族志的理解和使用还远未形成系统与规范性的共识，也相对缺乏反思意识。由于在官方话语体系中民族与宗教问题常常密不可分，这一方面导致将宗教民族志研究限定在少数民族研究之中的倾向，抑或将其宽泛地使用到民族群体概况介绍中，即宏观探讨民族与宗教交叉互动的"民族宗教学"（王建新，2017）。两者都对中国宗教民族志研究的发展形成了一定的阻碍。实际上，民族志以大小不一的社会共同体为研究对象，少数民族作为族群的一种，是民族志研究的对象之一而非全部。但同时，正因为中国的少数民族研究对民族志这种基于田野近距离观察获得一手资料的研究方法的热衷，以及少数民族鲜明的族群特点（从主流汉族角度而言），众多来自不同领域的

---

① 人类学在国内被定位为民族学的二级学科，因此其研究关注受民族学影响颇深。研究少数民族的国内人类学者不在少数。

学者，包括民族学、民俗学、宗教学、人类学、社会学研究者等，深入少数民族地方社群，产生了数量颇丰的宗教民族志研究成果。

对民族民俗与宗教仪式的研究成果中尤以针对傈僳族的民族志最为显著。云南大学高志英及其研究团队采用田野调查结合历史材料的方式，对傈僳族上刀山下火海仪式进行了研究。他们比较分析了泸水、腾冲两地的上刀山下火海巫师传承机制的异同，通过搜集的访谈材料，详述凡人如何被"神控"进而进行开香路仪式或者"胆子变大"的过程（高志英、李晓强，2012）。在上刀山下火海仪式变迁的研究中，他们叙述了这一祭祀仪式向宗教节日的演变，及由宗教节日转变为多民族共享的地方世俗文化展演的过程（高志英、杨飞雄，2013）。通过这些民族志研究，他们挖掘了傈僳族的文化逻辑和宗教文化的多样性、地方宗教文化的变迁，以及族群间的文化互动等问题。

同样聚焦于傈僳族群体，黄剑波和刘琪（2009）对云南福贡傈僳村寨基督教在日常生活中的作用进行了考察。他们描述教会在傈僳族婚姻、葬礼、生活帮扶中的具体在场，以及教会周期性聚会所客观创造的公共空间，强调基督教信仰在民众个人生活及村寨公共生活中的表达，其落脚点是宗教在地方社区组织、运作和治理中的重要社会功能。

卢成仁的著作《"道中生活"：怒江傈僳人的日常生活与信仰研究》（2014）以云南怒江娃底村傈僳人身体烟酒味变化为独特的切入视角，勾勒出基督教在这一地区传播的历史。以体味变化为视角对基督教发展的研究是对西方"医药布道"和"文字布道"经典解释模式的一种突破。在他看来，基督教在傈僳族人那里，不再是一种先进文化对落后文化的帮扶，而是傈僳族人在社会变迁中对基督信仰的主动调适与选择。此研究在为基督教传播提供了一种新的解释的同时，也让我们看到了当地人如何在基督教信仰中进行身体感的互动，以形塑群体认同并构建现代生活秩序。具体而言，娃底傈僳村庄的基督教会礼拜座位按照性别、年龄所做的左右、前后的安排，实则为当地傈僳族社会性别等级制度和年龄序列制度的隐喻。在性别构建上，当地人在传统性别制度和基督教信仰的双重影响下，结合地方具体社会情境构建了新的性别身份平衡机制。

群体认同与身份构建问题也为民族学者艾菊红（2014）所关注，她对西双版纳傣族基督徒身份进行了个案研究。在以南传上座部佛教为主要信仰的西双版纳傣族中，信仰基督教的傣族人主要是麻风病人和被认为被不洁净的披巴鬼附身的人，他们在傣族社会中被边缘化。通过访谈和观察，艾菊红认为接受基督信仰是他们去污名化的途径，他们也由此管理他们受损的身份，从而得到傣族社会、基督教世界的接纳和认可。由此个案可窥见宗教信仰在社会身份构建中的重要作用。

在多民族聚居的贵州省青岩古镇，陈晓毅（2008）通过细致的民族志勾画了一幅中国多元宗教交融共生的生动图景，讲述了汉族、布依族、苗族所拥有的民俗宗教与儒释道及基督宗教的互动关系。不同信仰群体通过互相交涉调适彼此的身份边界，从最初的对立紧张关系走向统一共存的过程，从而凸显了中国式"宗教生态"这一概念的独特理论与现实政策意义。在对滇南苗族村寨传统文化习俗与天主教的研究中，和少英与吴兴帜（2010）通过对当地传统节庆仪式、传统婚姻和丧葬习俗进行考察，根据田野细节说明了在全球化背景下，西方文化对地方文化并不是单向同质化改变，地方文化也能动地对西方文化进行本土化改造。在少数民族地区宗教民族志的写作中，可以看到外来与本土、传统与现代的互动在田野材料和研究个案中的具体呈现。学者们开始以文化主体性的眼光和强烈的在地关怀来审视宗教在中国的发展。

在改革开放和全球化的大背景下，也有学者开始不局限于某个少数民族村落的宗教研究，而以多民族跨境流动和由此带来的宗教跨境流动为研究对象。高志英和沙丽娜（2014）以史志结合田野调查的方式，描述了中缅边境外国传教士、本土传教士以及信徒跨境流动过程，以及随之而来的基督教用品的流动，指出由此所形成的基督教跨境流动及其带来的基督教本土化过程是基督教在中缅跨境民族中传播发展的原因。透过民族和宗教的跨境流动，他们揭示了宗教信仰者和传播者与社会的互动，以及信仰主体的内在宗教诉求之形成过程。

三　乡村社会中的宗教民族志

对当代中国乡村社会的宗教与民俗研究是民族志研究的高产领域，这既是由于我国历史上农村人口长期占大多数的社会现实，也因应了近来农村宗教复兴与农村地区宗教资源丰富的区域特点（梁永佳，2015）。受西方人类学训练的民间宗教学者在这方面做了不少开创性的工作，例如王铭铭对福建溪村村落家族传统复兴的研究专著《社区的历程》

（1996）以及范丽珠与欧大年（Daniel Overmyer）合著的《中国北方农村社会的民间信仰》（2013）所收录的一系列个案。基于20世纪90年代在华北农村的田野，吴飞则提供了国内第一部有关乡村天主教社群生活的深度民族志研究——《麦芒上的圣言：一个乡村天主教群体的信仰与生活》（2001）。

近十年来的相关研究既有对民间宗教与信俗的探讨，也有对制度化宗教以及民间信俗的制度化过程的研究。它们主要涉及两个方面，一是乡村个人生活在宗教信仰中的变迁，涉及家庭、婚姻、疾病等多方面；二是乡村社会整体在宗教信仰中的变迁，包括宗教与地方传统宗族、传统文化与文化遗产的互动变迁，以及宗教与地方公共空间和社会治理的联系互动。

高丙中（2006）在对河北农村村民复兴"龙牌会"信仰的民族志研究中，展示了一个民间信仰组织如何获得学者与地方官员支持其公开合法建庙的过程。学界的参与、村民的努力和政府机构的支持与通融使得"文革"中受到压制且现今理论上仍缺乏合法性的民间信仰获得民俗博物馆的制度化外壳，从而使其得以复兴与延续。这一过程充分体现了乡村社会在民间宗教生活中采用的政治艺术，即在"迷信"与"民俗文化"两种话语体系间的主动协商与取舍。

同样涉及河北乡村的民间信仰研究，岳永逸（2014）将乡野庙会作为一种文化体系的"乡土宗教"来考察（而非宗教事件或庆典），意图超越制度性宗教与民间宗教的二元区隔视角，探讨庙会复兴的内在逻辑。他指出庙会是乡民日常生活的延伸和集中呈现，并且具有自身再生能力。经济、娱乐、社区服务等功能仅仅是庙会的外在属性和民众实践生活的表现，而真正决定庙会兴衰的是其内在神圣价值，即民众因生活失衡而对神圣化生活的恒久追寻。庙会的生长点是烧香敬拜、许愿还愿（即"行好"）形成的关联与网络。如同宗族，庙会的特征是普通的、大众的、常态的乡村社会生活中心。所以，庙会也是乡土文化的直接反映与载体。

1949年以来中国所经历的政治变革与改革开放在很大程度上改变了国内的宗教生态，对民间宗教以及佛道教等本土宗教组织的压制使得基督宗教发展迅速，在不少地区形成一枝独秀的状况（段琦，2016；梁家麟，1999）。这一状况也带来了大量有关农村地区基督宗教的民族志研究。

　　黄剑波基于 2003 年博士论文的专著《乡村社区的信仰、政治与生活》（2012）以甘肃东部天水的吴庄的基督教信仰群体为研究对象，对他们归信基督教之后生活和家庭的变化进行民族志研究。在吴庄的田野调查中，黄剑波观察到国家力量与民间社会的谅解与共谋，从而实现了中国乡村社会的治理。他的观察基于当地基督教和以伏羲庙会为代表的民间文化仪式中存在的国家符号，以及国家权力与地方精英的互动协商。通过实例，他向我们展示了吴庄基督徒个人生活和家庭在乡村背景与基督教共同影响下的丰富面向，例如家庭男女角色地位、家庭权威的转移变化、姻亲朋友等关系的建立等。黄剑波还讨论了伏羲这一地方文化符号。在地方政府将其视为先祖并公祭伏羲，地方民众将其视为"山神"和"神灵医生"，而基督徒将其视为"偶像"的不同解读中，既描述了当地民众的民间祭祀和信仰以及乡村基督徒在生活场景中的具体基督教实践，也说明了静止的二元叙事模式并不能对文化变迁过程做出精确的把握。

　　李华伟的博士学位论文《乡村基督徒与儒家伦理》（2013）通过在河南西部李村教会的田野调查，细致刻画了乡村基督徒变迁的道德精神世界。他指出，乡村社会转型弱化了原有的宗族和家庭纽带，在缺乏社会资源的情况下，河南农民采取改信基督教的方式来应对生活的苦难。在对基督教灵诗的引述和对村民信仰寻求的个案描述中，农民的苦难以及改信原因的探讨都鲜活起来。李华伟重点分析了基督教文化与中国乡土文化的互动，通过描述李村传统葬礼与基督徒葬礼的异同，从理念与符号的角度展示了基督教文化和本土文化的冲突和调适。在对基督教和宗族互动变迁的分析中，李华伟指出宗族传统是基督教在中国传播的重要障碍，伴随着宗族和民间信仰建构的公共空间的萎缩，在当地佛道教衰微、天主教活动停止的宗教图景中，排他性的基督教对当地社会公共空间的形塑有重要的作用，而作为地方精英的教会传道人也对当地文化礼俗和社区公共空间有所影响。李华伟利用丰富的案例，围绕乡村孝道伦理的再造，详述了儒家孝道伦理没落、经由基督教激活并被改造置换的过程。

　　王莹（2011）也探讨了河南基督教与地方传统文化的关系，聚焦于豫北乡村基督教发展状况。她仔细考察了基督教灵歌这种地方化的信仰形式，总结分析了涉及基督徒宗教生活、基督徒伦理道德、信徒日常生活的灵歌内容主题和传唱范围，也对基督教对春联等传统形式以及对传统葬礼的改造进行描述，以说明普世基督教与中国地方文化的互动。

曹荣（2012）以"灵验"为切入点，对京西斋堂川地区后桑村这一天主教村落进行了个案研究。通过田野调查搜集而来的一手经验资料，曹荣从治病方面和村落消灾解难方面对天主教的"灵验"进行描述，提出神灵"灵力资本"的概念，从而指出对于普通乡民来说，乡村天主教与民俗宗教并没有截然的不同，选择天主教是乡土社会逻辑的结果，不同的象征符号及行为实践的信仰体系通过"灵验"得以相连。

以华北滦县乡村天主教信教群体为研究个案，刘芳（2015）采用欧美宗教社会学界广泛采用的堂会模式，以实地调研并辅以方志史料的方式，关注天主教信徒群体"内婚制"的姻亲纽带和通婚网络，旨在对姻亲纽带与宗教信仰间的关系机制做出探讨，并对赵文词等西方学者的研究做出回应。

梁振华、齐顾波（2015）考察了河南平安县陈村基督教会。他们深入信徒的生活，基于以观察和访谈的方式获得的大量一手经验资料，对农民普遍因病信教的现象进行研究。在案例中，他们具体描述了农民因病信教的过程和心理，探讨了农村基督徒的疾病观和疾病治疗的本土化实践，反思了基督教在中国的传播历史以及在当今社会背景下乡村贫苦弱势农民选择制度化基督教而非民间信仰的原因。

乡村信徒出于实用目的而信教的现象，在王首燕（2015）对鄂东南乡村女性信徒的个案考察中也有提及。在长期的跟踪调查之后，利用多个案例，王首燕考察了女性基督徒信教的过程，提出她们信教不仅有实用主义的原因，也有情感主义的因素，而无论出于哪种原因，都与她们"过日子"的内在逻辑紧密相连。

相较于基督教的田野研究者，国内从事伊斯兰教实证研究的学者非常稀少，这或许与存在于中国伊斯兰群体与其他群体间人为划定的民族宗教界限有关。回族人类学者马强作出较为重要的贡献。马强（2010）在宁夏西吉县黑虎沟村的民族志研究，以伊斯兰教派的寺坊为关注点，突出了在全球化、人口迁移、国民教育普及等新时代背景中农村伊斯兰文化的多方面变化，指出寺坊成为村民重要的交往互动空间。在对宁夏韦州镇的民族志研究中，马强和杨桂萍（2010）还结合史料和现状对伊斯兰教哈乙寺组织进行了考察，提出这种组织体现了国家与民间力量的双向互动，是民间对宗教事务的自我管理，也是对政府管理的补充。

四 都市化与全球化视域下的宗教民族志

一些学者并不局限于少数民族地区和乡村地区这些民族学、人类学与民俗学研究的传统范畴，开始将目光投向全球都市，在宗教民族志书写中揭示社会转型中的中国都市及海外华人社会里的宗教。如果说对少数民族与乡村地区宗教的民族志研究在一定程度上继承了西方人类学凝视非西方原住民社会与异文化的学术旨趣，那么都市宗教的研究则要求我们将目光转向也许就在身边的"他者"。社会达尔文主义曾将宗教视为落后民族地区的"标配"，但如今在全球新自由主义高涨的背景下，制度宗教在都市中国社会的影响力反而急剧上升。我国正处于快速且大规模的城市化阶段，城市化对乡村及都市社会中的宗教都有不容忽视的影响。这种影响并非是导致此消彼长的结果，一系列的宗教、文化和社会变迁都无疑是在城市化和现代化的影响下产生的。

黄剑波在研究乡村基督教的同时，将目光转向"都市里的乡村教会"，关注由一些入城打工的乡村基督徒在城市中建立的教会。黄的新作《都市里的乡村教会：中国城市化与民工基督教》（2012）基于一项历时五年数十人在北京、上海、大连、重庆、成都、延边、昆明、怒江、江西等地展开的田野调查，较为系统地描述了城市化与现代化进程对民工皈信及其信仰生活的形塑。在对一个民工教会及其民工基督徒群体进行的个案考察中，黄剑波指出对于这群处于社会边缘群体的民工基督徒来说，基督教会和信仰满足了他们被承认和被尊重的需要，成为他们在新处境中的应对方式。这是对城市化背景下民工基督徒信仰加强以及民工皈信基督教原因的一种解释。

不同于黄剑波以民工基督徒的信仰及生活共同体为主要研究分析对象，袁浩（2015）侧重以基督教会堂会组织为研究分析单位，在跨度三年的深度访谈和参与观察的基础上，以案例研究为研究方法，对北京市橄榄山教会及其下属的民工教会进行研究。他详细描述了橄榄山教会的会众、治理模式和制度建设，并运用美国宗教社会学家南希·艾默曼（Nancy Ammerman）的基督教堂会研究理论框架，对城市化处境下民工教会所受的影响以及民工教会主动调适以对城市化做出回应这一双向过程进行阐析。

曹南来对温州基督徒在日常生活中的宗教实践做了长期深入的民族志研究。在《建设中国的耶路撒冷：基督教与城市现代性变迁》（2013）一书中，曹从地方文化认同、性别关系、阶层关系等多个不同角度呈现了私营老板基督徒群体主导的都市基督教发展现状。工商企业家信徒总体上与地方政府保持着良好的工作关系，相信自身的商业成功即是基督信仰（尤其是新教伦理）在物质文明与精神文明领域里的良好见证。象征西方现代性的基督教也是这些出身农村的新富阶层信徒追求社会与文化资本的重要途径。占据教会领导地位的老板们还将商业逻辑注入教会发展模式中。这种神圣领域与日常商业生活的互渗，反映了都市现代性中的一种宗教创新与积极适应，而非人们惯常认为的宗教与现代性相对立的关系。

在全球化的背景下，学界更多关注伴随经济全球化而来的宗教文化的跨国流动。曹南来通过在温州、巴黎和罗马的多点田野调查，考察了温州商人如何将本土化的中国基督教跨国移入并扎根世俗化欧洲都市的过程（曹南来，2016；曹南来、林黎君，2016）。此研究强调全球化背景下华人基督徒自身的主体性建构，并从理论上与北美华人基督徒经由基督教实现同化的融合模式进行比较和对话。在华人新移民聚居并有代际深度的欧洲其他地区也出现了零星的民族志田野研究，如对荷兰华人二代青年佛教身份认同的研究（吕云芳，2017），它们都丰富了我们对当代中国宗教跨国主义现实的认识。

马强同样关注迁移流动中的宗教群体与实践，聚焦于都市里流动穆斯林群体的社区构建和文化适应问题。根据都市社会中穆斯林的居住格局和生活特点，马强（2006）对广州穆斯林哲玛提（Jamaat）现状进行了田野调查与描述，发现了广州不同类型的哲玛提，包括清真寺、家庭联合型、公司联合型、清真餐厅型、学生构建型、国内外旅行宣教团以及网络哲玛提，它们由跨越时空的灵性纽带所联结，是伊斯兰的乌玛（umma）精神将其进行文化整合。马强指出哲玛提这一流动的精神社区是都市穆斯林在传统穆斯林社区解构之后现代化社区建构的产物。除了广州这一商业大都市之外，马强（2010）还研究了来自不同民族和世界各地的穆斯林在全球最大的小商品市场——义乌形成的新兴城市穆斯林居住社区。他描述了在移民和商业背景下穆斯林群体的宗教传承和生活方式，指出伊斯兰教随着穆斯林的流动已经移入了义乌社会的各个角落，宗教的文化适应与城市社区的发展密不可分。

基于亚伯拉罕宗教的独一神信仰与其神圣文本的普适性原则，高度制度化的基督教与伊斯兰教自身都具有极强的空间流动性与适应性。在当代宗教发展的制度压力下，佛道教的组织行为也在经历现代化和制度化变革，甚至出现组织上类似基督新教模式的趋向。高虹（2010，2014）运用参与式观察和半结构式访谈展现了上海的新兴"老板"阶层佛教徒在社会公共领域的信仰实践及信仰共同体的建构。在"人间佛教"的理念影响下，这些拥有经济、文化与社会资本的居士们通过参与公益事业、设立私募基金以及将佛教理念融汇到企业经营管理中来实现自身的修行弘法。这种以企业为"道场"的老板佛教徒与"以道治厂"的老板基督徒形成有趣对比。同样聚焦于都市居士团体，卢云峰与和园（2014）利用北京和昆明两市的田野调查资料，观察到两地佛教的实践形态和传教特点都产生了适应都市特点的变化。在传统聚会模式的基础上，在居士家中或办公写字楼中进行的学佛小组开始出现，在佛教信徒中形成了更为频繁密切的互助互动机制。相应地，佛教团体也通过各种现代通信工具更为积极地向外传教。以上这些都市佛教居士信徒组织的涌现与沿海商业经济发达地区由"老板基督徒"构成的基督教平信徒结构及团契组织相呼应（曹南来，2013）。在民间宗教领域，闽南沿海的民营企业家大规模进入民间宫庙管理层后，使得当地民间信仰也出现了去除迷信色彩的理性化发展趋势，这尤其体现在社会公益参与和对外文化交流方面（范正义，2016）。

受过正一派道教传度的人类学者杨德睿对上海的道教进行了长达数年的田野调查研究，对市场化和现代化的社会大背景下道教宫观经济的转型（2009）和道士培训教育模式（2010）这两个议题进行了考察。通过对上百名年轻道士的调查，以道士在道宫经济模式转型过程中的认知、学习、尝试为视角，杨德睿仔细描述了当代道宫经济转型的过程，即从一开始由国家扶持的国营供销社式的道观经济模式，逐步向政府官员、散居道士、香头等经济模式学习借鉴，将宫观经济放置在当地社会中进行整合，以促进宫观与地方社会共存共荣，形成了一种具有自身特色的综合经济模式。杨德睿还依据实地调研材料、访谈记录、传记搜集和文献记载，对当代中国道士教育模式进行研究。值得一提的是，杨自身的道士背景使他能获得珍贵的道教圈内部资料。他详细介绍分析了以"戒律威仪"为关键教程的出家道士宫观教育系统，和以"科仪技艺"为评价标准的家族火居道士教育系统，并指出这两种教育传统的知识论都以自己而非外在世界为最重要的知识，截然不同于以研读书本或文本为中心的当代道学院教育模式，因此出现了老道长与新一代道士之间的代沟。以文本为典范的知识生产也是道教界主动寻求塑造一种现代的主体性，为的是合理化自身的身份认同，是整个社会文化环境变化的结果，而非国家干预的后果。

五　总结与讨论

宗教民族志虽源于民族学与人类学的宗教研究，但现已成为跨学科的中国宗教实证研究的重要组成部分。依上文可见，已有一批人文背景的学者开始走出单纯的文本研究，进入田野现场进行实际考察。这种重视个案研究的民族志研究方法，为中国当代宗教研究添加了鲜活的气息。以上对中国宗教民族志的梳理，不是全面列举。按照少数民族地区、乡村社会和都市社会的宗教发生场域进行的地域空间的划分整理，也非绝对的区隔，它们之间亦有所重叠。但整体上是一种因应社会结构性变迁形成的研究上的递进关系。经由文献梳理，可以总结出中国学界宗教民族志研究的发展现状和时代性特点，也可对此研究方法今后发展的可能性和方向有所思考。

现存中国宗教民族志成果的研究对象既包括民间信仰，也包括制度性宗教，涵盖我国"佛教、道教、伊斯兰教、天主教、基督教"五大宗教，展现出了国内学者对中国宗教多样性和复杂性的把握。然而在这些成果中，对佛道教的研究相对较少，而对民间宗教和民俗文化、基督教和天主教有着明显的偏重。出现这样的现象，也许是由于基督教等外来宗教与中国传统文化相比有着明显的异质性，其不断转型调适以实现中国化和本土化甚至民间信仰化的过程较为引人注目（范正义，2015）。反观佛道教长期隐而不张的宗教性格与日常生活存在张力，使其难以形成田野研究的社会场域，难以为作为宗教"局外人"的学者提供研究融入（ethnographic access）的机会。但在学者们的研究中我们发现，在新的时代背景下，当代佛道教开始以积极主动的姿态参与到社会转型和经济文化互动中，这是未来宗教民族志研究可深挖之领域。①

　　得益于民族志研究方法的特点，学者可以突破堂会的框架，深入信众的日常生活，研究"生活中的宗教"（lived religion）。少数中国学者据此展开研究实践，从婚丧嫁娶等生活微观层面着手，将宗教信仰者的宗教实践放置在日常生活的框架中进行考察，见微知著，丰富了宗教研究的内容。为了研究日常生活中的宗教，客观上往往需要研究者在田野进行长时间的参与观察，这就对研究者提出了更高的要求。然而受制于多方面的因素，从研究成果看，学者们的研究以短时间的田野调查居多，只有少数学者进行了较长时间（如连续时长超过 12 个月）的田野调查，使得现有大多数成果还是局限于在会众（congregation）的传统研究框架中研究宗教场所和组织、聚会和仪式，这也就限制了宗教民族志研究适用的广度。

　　在个案研究方法论的指引下，学者们在实地调查中收获了大量鲜活灵动的一手经验资料，为深入理解地方文化、构建地方性知识和秩序并进行一般性理论提炼做出了坚实的基础性铺垫。解释人类学家格尔茨认为民族志所呈现的个案是为了总结"地方性知识"或"在地知识"（local knowl-edge），从而挖掘其背后蕴含的丰富的、深层的内涵。② 从大量的田野资料和叙述中，必须看到中国学者对地方性知识建构的尝试和努力。他们开始摆脱将研究对象客体化的传统，注重被研究对象的主体性，通过细节描述，他们不约而同地将宗教发展视为一个包含能动性的变迁过程，特别体现在他们对基督教、天主教的中国化及其与民间信仰互动的研究中，也体现在他们对都市背景下宗教变迁与整合调适的研究中。然而我们也可以看到，学者们对于地方性建构的尝试，描述多于分析，在积累堆砌经验知识的同时，对材料的挖掘分析不够深入，流于对宗教现象和资料的一般描述而缺乏理论的指导和构建，这与个案研究希冀达到的理论深度有所差距。事实上，田野中研究者的性别、年龄、民族、宗教等身份认同都可能影响民族志知识的生产过程，如何超越研究者个体化的经验知识获得普遍性的理论价值，是不容忽视的挑战。

---

① 美国宗教人类学者费乐祖（Gareth Fisher）对北京广济寺的研究是当代中国佛教民族志研究的一个典范。见 Gareth Fisher（2014）。

② 参见王铭铭（2008）有关格尔茨人类学观以及特殊主义田野与普遍主义理论解释之间的关系的评论。

综观现有研究成果，大多围绕一个主题，结合当地实际做出单一的描述和分析。还少有学者就同一主题进行多维度比较研究，这难免落入各说各话的境地，难以产生能在国际学术界进行学术对话的作品。在这方面，由中美欧学者共同参与的合作研究项目"江南地区的宗教复兴与公共生活"是少有的在特定区域内对不同地点的宗教民族志个案进行横向比较与整合的尝试（魏乐博、范丽珠，2015）。其中考察的内容广泛涉及民间宗教、佛教、道教、伊斯兰教与基督教的案例。值得注意的是，定位于地方研究并不等同于生产一个个彼此独立的个案，比较性视野在民族志个案研究中无疑具有积极的作用。特别对于世界性宗教来说，虽称其为世界性宗教，但并不是放之四海皆不变的客观存在，研究世界性宗教在不同社会文化场域中的具体呈现并进行比较的必要性不言而喻。鉴于比较研究的重要作用，西方学者所倡导的以多地点民族志呈现个案的方法以及对动态过程的把握有很好的借鉴性，跨地域甚至跨宗教的比较研究也是拓宽研究视野的一种方法，这都可以为今后中国宗教民族志研究方式提供借鉴和参考。

强调目光向下、由内向外看世界的宗教民族志研究，着眼于在地宗教，又不局限于在地宗教，是联结传统与现代、乡村与城市、地方与全球，以及日常与神圣的桥梁。无论是在现代性影响下的少数民族和乡村地区，还是社会转型中的城市和乡村，学者都可以把宗教研究作为一种视角、一个切入点，放置在社会变迁的大结构中考察。在城市化、现代化、全球化共同影响下的当代社会，宗教研究必须以更宽广的视野与时代相结合。

宗教民族志对宗教内部多样性的尊重，对变迁的理解与认可，对精英领袖与普通平信徒之间边界的弱化处理，都有助于动摇我们所熟知并假设存在的静态固化的世界宗教（world religions）的框架体系。在全球化时代宗教个人主义兴起的框架下，宗教意义的多元与个体选择性与日俱增，个体越发脱离宗教制度与组织性的权威控制，强调信仰自决和非正式宗教性表达（unofficial religiosity）（Spickard et al.，2002）。在不那么强调"神学正确"的场合或空间（如新兴宗教或日常宗教），宗教民族志将尤其有用武之地。

如果说西方宗教民族志研究的去殖民化、去西方中心化是学界自身反思的产物，那么中国正在形成中的宗教民族志研究团队则要面对国家主导的本土化与世俗化议程。① 随着"宗教中国化"成为自 2015 年中央统战工作会议与 2016 年全国宗教工作会议以来在宗教工作领域的核心政策与重要国家话语体系，如何发掘和增强"中国特色"已经成为政策圈、宗教学术圈与宗教界三方共同合力追求的目标。政、教、学三方在这一互动过程中往往出现"你中有我，我中有你"的边界模糊化的合作趋势。这一时期的中国宗教学被期待在政策指导下发挥积极引导宗教与社会主义社会相适应的宗教工作功能，这是单纯阐释神哲学文本难以胜任的，而接地气的宗教民族志研究顺应这一时代要求探索国家的宏观话语范畴是如何形塑宗教信徒主体及其实践的微观过程。民族志的宗教研究对日常性、实践性与主体性与生俱来的敏感度使其较其他宗教研究方法或传统更能准确忠实地反映当下这一剧烈变动的大时代中的宗教场景。

不论是建设有中国特色的宗教社会科学还是构建宗教社会科学的中国话语体系，关键在于从中国现实出发，以本土概念、范畴和表述为基础，以域外研究为参照与平等对话的对象，宗教民族志研究以其对身临其境的主位体认与掌握第一手材料的强调和对微观社会处境中宗教实践、意义与情感的重视，有助于全面确立和认清中国宗教的主体性问题，通过比较分析来吸收和借鉴世界上其他国家的前沿成果与理论，进一步加强中国特色的宗教学研究在国际上的话语地位，做出中国对整个国际学术界的贡献。

总而言之，宗教民族志不仅仅是一个宗教研究方法论层面上的创新，而且具有重要的学科建设意义。如果说英语学术世界出版的中国宗教实证研究是以西方精英（往往是具有基督教背景的白人男性）为假想的读者群体的，那么中国学界如何在一个多民族、多宗教并具有深厚国家传统的社会中建立一个以本土研究对象为中心（informant-centered）的宗教研究传统将还有很长一段路要走。毫无疑问的是，宗教民族志的兴起将可以为中国宗教社会科学的转型及提升其在新时期的学科地位带来一个新的契机。

宗教社会科学近些年在国内逐渐成为显学，这与大量相关西方理论与

---

① 这一国家世俗化进程更为强调宗教的现实功用及其对政治稳定的贡献，而非意识形态上的俗世主义（secularism）。有关当前中国大陆政治宗教构造的分析与讨论，参见 Ji (2015)。

方法的引入不无关系，但学界还鲜有对国内相关研究的系统梳理。虽然近十年涌现出越来越多的可称之为宗教民族志的个案研究，但这一领域在国内宗教研究中仍然处于边缘。本文聚焦于这一民族志取向，不是否定或排除宗教研究的其他路径（如宗教哲学、历史、经济、政治、心理学等），更无意说明这是唯一的或必然的研究走向。宗教学与其他人文社会科学领域一样，只有时常保持多元的路径、开放的视角和创新交叉的思维，这个学科才有更好的未来。正是看似琐碎、平凡但富有意义的田野工作帮助界定了到底何为"宗教民族志"并持续展现着它的价值。

参考文献

艾菊红：《身份的政治学——西双版纳傣族基督徒的身份研究》，《世界宗教研究》2014 年第 5 期。

曹南来：《中国宗教实践中的主体性与地方性》，《北京大学学报》2010 年第 6 期。

曹南来：《建设中国的耶路撒冷：基督教与城市现代性变迁》，香港大学出版社，2013。

曹南来：《旅法华人移民基督教：叠合网络与社群委身》，《社会学研究》2016 年第 3 期。

曹南来、林黎君：《经济全球化背景下的华人移民基督教：欧洲的案例》，《世界宗教研究》2016 年第 4 期。

曹荣：《灵验与认同——对京西桑村天主教群体的考察》，《民俗研究》2012 年第 5 期。

陈晓毅：《中国式宗教生态——青岩宗教多样性个案研究》，社会科学文献出版社，2008。

段琦：《宗教生态失衡与中国基督教的发展》，李华伟编《三十年来中国基督教现状研究论著选》，社会科学文献出版社，2016。

范丽珠、欧大年：《中国北方农村社会的民间信仰》，上海人民出版社，2013。

范正义：《众神喧哗中的十字架基督教与福建民间信仰共处关系研究》，社科文献出版社，2015。

范正义：《企业家与民间信仰的"标准化"——以闽南地区为例》，《世界宗教研究》2016 年第 5 期。

高丙中：《一座博物馆—庙宇建筑的民族志——论成为政治艺术的双名制》，《社会学研究》2006 年第 1 期。

　　高虹：《佛教信仰在当代社会的实践方式》，上海大学博士论文，2010。

　　高虹：《当代上海"老板佛教徒"的公益慈善实践与公民意识的建构》，《世界宗教文化》2014 年第 1 期。

　　高志英、李晓强：《从巫师传承机制看傈僳族文化的地域差异性——基于对泸水与腾冲傈僳族上刀山下火海巫师的调查》，《西南边疆民族研究》2012 年第 1 期。

　　高志英、杨飞雄：《互动、共享与变迁——傈僳族上刀山下火海仪式变迁研究》，《西南民族大学学报（人文社会科学版）》2013 年第 2 期。

　　高志英、沙丽娜：《宗教诉求与跨境流动——以中缅边境地区信仰基督教跨境民族为个案》，《世界宗教研究》2014 年第 6 期。

　　和少英、吴兴帜：《天主教与滇南苗族传统文化习俗的嬗变》，《民族研究》2010年第 2 期。

　　黄剑波：《乡村社区的信仰、政治与生活》，香港中文大学宗教与中国社会研究中心，2012。

　　黄剑波：《都市里的乡村教会》，香港道风书社，2012。

　　黄剑波、刘琪：《私人生活，公共空间与信仰实践——以云南福贡基督教会为中心的考察》，《开放时代》2009 年第 2 期。

　　金泽：《宗教人类学学说史纲要》，中国社会科学出版社，2010。

　　金泽、陈进国主编《宗教人类学》，民族出版社，2009。

　　李华伟：《乡村基督徒与儒家伦理——豫西李村教会个案研究》，社会科学文献出版社，2013。

　　李向平：《信仰但不认同：当代中国信仰的社会学诠释》，社会科学文献出版社，2010。

　　梁家麟：《改革开放以来的中国农村教会》，建道神学院，1999。

　　梁永佳：《中国农村宗教复兴与"宗教"的中国命运》，《社会》2015 年第 1 期。

　　梁振华、齐顾波：《疾病的宗教性建构：理解农民因病信教的行为和动机——以一个河南乡村基督教会为例》，《中国农业大学学报（社会科学版）》2015 年第 4 期。

　　刘芳：《人类学、社会学视野下的姻亲纽带、通婚网络与宗教信仰——以冀中地区的天主教群体为例》，《广西民族研究》2015 年第 2 期。

　　卢成仁：《"道中生活"：怒江傈僳人的日常生活与信仰研究》，人民出版社，2014。

　　卢云峰、和园：《善巧方便：当代佛教团体在中国城市的发展》，《学海》2014 第 2 期。

　　吕云芳：《荷兰"华二代"佛教徒的叠合身份认同研究》，《华侨华人历史研究》2017 年第 2 期。

马强：《流动的精神社区》，中国社会科学出版社，2006。

马强：《乡村混合门宦宗教社区中的寺坊结构及变迁——关于宁夏黑虎沟村的宗教民族志研究》，《北方民族大学学报（哲学社会科学版）》2010 年第 3 期。

马强：《市场，移民与宗教的根植：义乌市伊斯兰教民族志研究》，《回族研究》2010 年第 3 期。

马强、杨桂萍：《宗教社区的联合与分离——宁夏韦州哈乙寺组织的民族志研究》，《世界宗教研究》2010 年第 1 期。

王建新：《宗教民族志的视野、理论范式和方法——现代人类学研究诠释》，《广西民族大学学报（哲学社会科学版）》2007 年第 2 期。

王建新：《论宗教民族志的本土经验》，《北方民族大学学报（哲学社会科学版）》2015 年第 2 期。

王建新：《民族宗教学视域中的宗教民族志研究》，《西北师大学报（社会科学版）》2017 年第 1 期。

王铭铭：《社区的历程：溪村汉人家族的个案研究》，天津人民出版社，1996。

王铭铭：《从"当地知识"到"世界思想"》，《西北民族研究》2008 年第 4 期。

王首燕：《世俗苦恼与精神困境：农村基督教传播的社会基础——以 F 村女教徒为例》，《广西师范大学学报（哲学社会科学版）》2015 年第 3 期。

王莹：《基督教本土化与地方传统文化——对豫北地区乡村基督教的实证调查》，《宗教学研究》2011 年第 1 期。

魏乐博、范丽珠主编《江南地区的宗教与公共生活》，上海人民出版社，2015。

吴飞：《麦芒上的圣言：一个乡村天主教群体中的信仰与生活》，香港道风书社，2001。

杨德睿：《当代道教宫观经济的转型》，《中国农业大学学报（社会科学版）》2009 年第 1 期。

杨德睿：《当代中国道士培训教程的特征与意义》，《中国农业大学学报（社会科学版）》2010 年第 1 期。

袁浩：《当代中国城市化进程中的民工教会——以北京市橄榄山教会为例》，《国学与西学国际学刊》2015 年第 9 期。

岳永逸：《行好：乡土的逻辑与庙会》，浙江大学出版社，2014。

Fisher，Gareth

2014. *From Comrades to Bodhisattvas：Moral Dimensions of Lay Buddhists Practice in Contemporary China*，Hong Kong University Press.

Ganiel，Gladys and Claire Mitchell

2006. "Turning the Categories Inside-Out：Complex Identifications and Multiple Interactions in Religious Ethnography"，*Sociology of Religion*，Vol. 67，No. 1（Spring），pp. 3 – 21.

Ji, Zhe

2015. "Secularization without Secularism: The Political-Religious Configuration of Post-1989 China", *Atheist Secularism and Its Discontents: A Comparative Study of Religion and Communism in Eurasia.* T. Ngo, Quijada, J., eds., Palgrave Macmillan, pp. 92 – 111.

Spickard, James, Shawn Landres, and Meredith McGuire

2002. *Personal Knowledge and Beyond: Reshaping the Ethnography of Religion*, New York University Press.

再议"功能替代"*

——政府治理基督教的策略分析

韩　恒**

摘要：本文分析政府管制基督教的策略——多层次功能替代，围绕基督教发挥的功能能否替代、为何从功能上替代基督教、功能替代的理论基础以及功能替代的实际效果进行了分析。本文指出，多层次功能替代的管理策略存在替代失灵现象，面对替代失灵的基督教组织，政府实施了控制策略和利用策略，即最大限度发挥基督教的积极作用、最大限度抑制基督教的消极作用。

关键词：功能替代　基督教　宗教治理

在以前的研究中，笔者曾借助于默顿的功能分析范式，从公共管理的角度分析了政府对基督教的管制策略，提出了多层次功能替代的概念，即面对基督教的快速发展、未登记教会的存在以及邪教的蔓延，政府通过非宗教的方式满足民众需求，从功能上替代宗教组织的发展；在宗教市场内部，通过传统宗教信仰满足民众的需求，从功能上替代外来宗教；在基督教内部，通过保护合法宗教组织的发展，从功能上替代未登记宗教组织（韩恒，2015：265）。

本文是多层次功能替代策略的进一步分析，文章尝试对以下问题进行回答：基督教发挥了哪些功能？能否被替代？政府替代基督教的动力机制

---

* 本文是国家社科基金项目"农村基督教治理策略研究"（项目编号：17BSH008）、国家社科基金重大项目"统一战线视角下农村基督教治理问题研究"（项目编号：20ZDA026）的阶段性成果。

* 韩恒，博士，郑州大学政治与公共管理学院教授，郑州大学社会调查与数据分析中心主任。

是什么？多层次功能替代有没有理论根据？替代的实际效果如何？是否存在替代失灵？替代失灵的背景下政府如何管制？

一　功能替代与教会功能

功能替代的核心是通过非宗教的方式满足信徒需求，进而替代教会的功能。教会发挥了哪些功能？基督教的功能能否替代？在研究农村基督徒的皈信机制时，笔者发现，第一代基督徒加入基督教并不是基于教义的内在信仰，而是源于各种各样的世俗性需求（韩恒，2016）。比如，信徒信教往往是为了治病、为了缓和家庭矛盾、为了赚钱、为了摆脱困境、为了生孩子，等等。如果没有这些世俗性需求，第一代基督徒不会加入基督教。第一代基督徒在加入基督教之前，对教义并不了解，不可能是因为教义信仰而皈信基督教。换言之，对于信徒而言，最初接触基督教时，不是基督教的教义吸进了信徒，而是信徒"认为"加入基督教能够解决他们面临的实际问题、满足他们的现实需求。因此，对于信徒而言，加入基督教是满足需求的一种机制。

需求并不一定导致皈信，需求也不一定必然通过加入基督教获得满足。在加入基督教之前，第一代基督徒一般尝试通过其他方式（非基督教的方式）满足需求，如果这些需求能够通过其他方式获得满足，他们不会选择加入基督教。加入基督教往往是其他需求满足机制失效的结果，是需求得不到满足情况下的"无奈选择"。调查中一些因病信教的基督徒常常谈到，在他们加入基督教之前，有的多次到医院看病医治、有的多次去烧香拜佛，但都没有把病看好，没有办法才去信仰基督教。在这一意义上，皈信基督教是满足需求的一种"替代性"方案。

当然，加入基督教并不一定满足信徒的需求，如果信徒的需求得不到满足，信徒有可能退出教会，放弃信仰。也有一部分信徒，尽管最初入教时的需求没有得到满足，却仍然留在教会。这其中，教会作为一种社会组织发挥的功能，是吸引信徒继续留在教会的核心因素。基督教既是一个有神论的信仰体系，也是一个信徒构成的社会组织。作为一个社会组织，基督教发挥着组织层面的很多社会功能，比如满足人与人之间交往、归属需求，提供信徒之间的互帮互助等。在一些重要的宗教节日，基督教还举办晚会，开展各种娱乐活动，满足信徒的精神文化需求（韩恒，2016）。

每个人都有交往归属的需求，举行活动就意味着信徒之间的交流与交往，交往多了就成了熟人、成了朋友、成了彼此相识的"弟兄姊妹"。在教堂聚会的参与观察中，我们经常发现，很多信徒的文化程度较低，识字不多，看不懂圣经，听不明白传道人所讲的"神的话语"，对单纯的讲道不感兴趣。但是在活动的间隙或聚会的前后，信徒常常三五成群的聊天交流，戏说嬉笑，拉拉家常，说说媳长婆短。信徒参加教会举行的活动，不仅能够学习圣经，而且还可以与人聊天，可以结交朋友，可以向人诉说内心的烦恼，可以寻求信徒的帮助。尽管这些信徒间的交流与信仰并不直接相关，但却满足了信徒之间交往、归属等社会需求。特别是在当前农村基层社区缺乏社会组织、社会建设比较薄弱的背景下，基督教开展的活动，满足了信徒大量的社会需求，发挥着重要的社会功能。正是由于教会作为社会组织发挥的交往、归属、关爱等功能，信徒才会继续留在教会、归属教会。

马斯洛的需求层次理论表明，人的需求是分层次的（马斯洛，2007）。大致说来，信徒个体非宗教的世俗性需求大致可以归为三类：物质层面的需求、社会层面的需求和精神层面的需求。对应于信徒的三种需求，基督教会发挥的功能也主要体现在三个层面：物质层面，宗教组织发挥的功能主要表现为减轻身体上的疾病与痛苦（因病信教）、信徒之间的物质帮扶与救助等；社会层面，作为一种社会组织的宗教发挥着满足信徒间交流交往、提供心理归属和认同等方面的功能；精神层面，作为一种信仰体系（价值解释体系）的宗教发挥着提供人生意义、解释不可预测事件等方面的信仰与解释功能。

对于信徒的非宗教需求，基督教能够满足，其他的社会组织也能满足，加入基督教仅仅是满足信徒需求的机制之一。在皈信过程中，如果信徒的世俗性需求能够通过其他方式获得满足，则信徒加入基督教的可能性将会大大降低。如果社会中有更多的社会组织也能发挥交流交往、归属认同的功能，如果通过这些组织也能获得相互关爱、互帮互助，则信徒归属教会的可能性也会大大降低。因此，基督教发挥的部分功能在一定程度上可以被替代。

二 功能替代的动力机制

功能替代是对政府管制行为的客观分析，为了理解功能替代，还需要分析政府功能替代的内在逻辑，即对政府管制行为的动力机制进行分析。

尽管宪法规定，"中华人民共和国公民有宗教信仰自由"，"任何国家机关、社会团体和个人不得强制公民信仰宗教或者不信仰宗教，不得歧视信仰宗教的公民和不信仰宗教的公民"，"国家保护正常的宗教活动"（《宪法》36条）。但客观来讲，基督教与政府之间存在着一定的潜在张力，功能替代的管制策略，与政府和基督教之间的潜在张力密切相关。

政府与基督教之间的潜在张力主要表现在两个方面。一方面，基督教是有神论的信仰体系，有神论的信仰体系与无神论的意识形态，在价值观念上存在着一定的潜在冲突。另一方面，基督教是基于特定信仰的"非政府"组织，参与人数多、凝聚力强、认同度高、开展活动频繁。作为一种"非政府"组织的宗教，与一党执政之间也存在一定的潜在张力，因为组织是一种重要资源，是集体行动最主要的载体。"理性的"政府会采取措施预防和避免民间组织的"潜在挑战"，政府实施的多层次功能替代即源于政府与基督教之间的潜在张力。

尽管基督教组织满足了信徒的很多需求，但"理性"的政府必定通过"潜在挑战能力"较小的组织或方式满足民众需求，进而从功能上替代潜在挑战能力较大的基督教，此乃多层次功能替代的核心要义。对于无神论的政府而言，所有的宗教都与政府的意识形态之间存在一定的潜在张力。为了避免和预防宗教组织的"潜在挑战"，政府治理宗教的首要选择是通过非宗教的方式满足民众需求，进而从功能上抑制、替代宗教组织的发展。比如通过现代的社会保障体系应对民众物质生活匮乏的风险，通过发展医疗卫生事业减轻民众身体疾病的痛苦，通过培育各种民间兴趣组织满足民众交流交往、归属、认同的需求，通过复兴儒家文化提供民众安身立命的基础，等等。

当然，并不是民众的所有需求都可以通过非宗教方式获得满足，信徒的需求中可能存在一定的宗教需求。正如宗教市场论所强调的，宗教需求不仅存在，而且长期来讲是稳定的（斯达克、芬克，2004：237－242）。这种特定的宗教需求难以通过非宗教的方式获得满足，必然要通过宗教的方式来满足。对于民众的宗教需求，政府事实上鼓励传统宗教信仰的发展，满足民众的信仰需求，进而从功能上替代外来宗教信仰。与基督教相比，传统宗教信仰已经本土化，且具有弱组织化的特征，与政府之间的潜在张力较小，对政府的潜在挑战也较小。与多神信仰相比，基督教的一神信仰更倾向于团体信仰格局（李向平、李峰，2015）。因此与中国传统信仰相比，基督教的组织性更强，与政府之间的潜在张力更大。理性的政府理应鼓励"潜在挑战"较小的宗教组织，进而从功能上替代"潜在挑战"较大的宗教组织，近年来传统信仰的复兴以及政府对传统信仰的支持，已经证实了这一点。

多层次功能替代的目的是为了预防基督教的潜在挑战、坚持党的领导。十八届四中全会强调，"党的领导是中国特色社会主义最本质的特征"。2016年全国宗教工作会也指出，"处理我国宗教关系，必须牢牢把握坚持党的领导、巩固党的执政地位、强化党的执政基础这个根本"。当然，功能替代不是政府的强制行为，而是"温柔替代"，是通过政府主导的"供给侧改革"引导"宗教市场"或"宗教生态"，使之朝有利于政府的方向发展。

三 功能替代的理论基础

默顿的功能分析范式为功能替代提供了坚实的理论基础。在批判传统功能主义的基础上，默顿提出了自己的功能分析范式。功能分析范式有以下几个核心概念：正功能和负功能、潜功能和显功能、功能作用对象、功能替代物。

默顿指出，考察某一"事项"的功能，应区分功能分析的"作用对象"，作用对象不同，这一"事项"的功能也不相同。正如默顿所言，进行功能分析时"必须考虑到特定事项对于个人、对于亚群体、对于更为广泛的社会结构和文化的不同后果、功能和负功能"（默顿，2006：121）。也就是说，某一事项对于某个群体可能具有积极功能，但对于另外的群体则可能具有负功能。"功能分析理论必须明确一定社会功能依托的社会单位，并且我们必须承认文化事项具有多重后果，有些是正功能的，有些也许是负功能的"（默顿，2006：129-130）。默顿还指出，进行功能分析时不仅要分析这一"事项"的"显功能"，而且还要分析其"潜功能"，尤其要注重分析某一事项"潜在的负功能"。在功能分析范式中，默顿提出了功能替代的概念，即同样的功能可以由不同的事项来实现，某一事项发挥的功能可以被替代，"我们必须提出功能分析的一个主要公理：正如同样的事项具有多种功能，同样的功能可由不同的事项以各种方式来实现"

（默顿，2006：126）。

信徒的个体皈信研究表明，对于信徒个体，基督教发挥着重要的功能，既能满足信徒个体的宗教需求，也能满足信徒非宗教的世俗性需求。默顿的功能替代理论表明，基督教发挥的功能，其他的宗教组织或者非宗教的社会组织也能提供。

事实上，宗教学研究中的宗教市场论和宗教生态论也暗示着宗教之间是可以相互替代的。宗教市场论主要来源于美国学术界，核心是借用经济学的概念分析宗教现象，认为人们选择或改变自己的宗教信仰是"理性行为"，"把宗教理解为理性的、相当明了情况的行为者选择'消费'宗教'商品'，就像他们消费世俗商品时权衡代价和利益一样"（斯达克、芬克，2004：53）。根据宗教市场论，宗教组织是"供应商"，信徒是"消费者"，宗教组织提供的是精神产品，满足信徒的宗教信仰需求。信徒可以根据自己的需求偏好，理性选择不同的供应商（宗教组织）。

与主张放松宗教管制的宗教市场论相反，宗教生态论主要来源于本土宗教学界，核心主张是采取宗教干预政策，维护宗教之间的"生态均衡"。所谓"宗教生态"是指社会中各种宗教的存在状况，它与自然界的生态有类似之处。在正常情况下，各类宗教形态彼此间应该是互相制约而达到一个平衡状态，即各类宗教各得其所，都有它们的市场，满足不同人群的需要。但如果人为地不适当干预，就会破坏它们的平衡，造成有些宗教发展极其迅速，有些则凋零了。改革开放后基督教的快速发展就是中国宗教生态失衡的结果（段琦，2010）。宗教生态论暗含的政策主张是：维持宗教生态平衡需要遏制基督教的快速发展，遏制基督教的快速发展需要扶植中国传统宗教，扶植中国传统宗教需要强化宗教管制政策，改变现有的宗教政策，建立新的文化战略（高师宁，2012）。

尽管宗教市场论和宗教生态论在宗教管制的对策建议上相互对立，但二者内在的分析逻辑实质上是一样的，即都是建立在宗教功能论的基础之上。两个"对立"理论的共同启示是：宗教组织具有满足民众需求的重要功能，宗教组织发挥的功能可以相互替代。只不过宗教市场论主张，宗教组织之间应自由竞争、优胜劣汰，自发地实现相互的功能替代；而宗教生态论主张，政府应通过政策干预，鼓励传统宗教信仰的发展，满足民众的信仰需求，从功能上抑制外来信仰的发展，维护宗教之间的均衡。

四　替代失灵下的管制策略

多层次功能替代仅仅是政府管制基督教的"供给侧改革",从功能上替代基督教也仅仅是理性政府的"主观愿望"。然而客观的现实是,基督教不仅没有被替代,而且还获得了快速的发展;不仅未登记教会普遍存在,而且邪教还时有发生。也即是说,政府的基督教管理策略存在着"替代失灵"现象。

为什么存在替代失灵现象?从管制方来看,功能替代假定政府是一个"理性的"整体,但事实上,政府是由不同的层级和不同的部门组成,不同的管制部门以及政府部门的不同层级存在不同的部门利益,管制行为不可能完全整体划一。从基督教本身来看,教会组织是一个功能复合体,是建立在"爱心"之上的信仰群体,不仅能够满足信徒个体物质层面的需求,还能满足信徒之间交往归属的社会需求。同时,基督教作为一种解释体系,还能满足信徒精神文化需求和信仰需求。作为多功能集于一体的基督教,与其他社会组织相比,在满足信徒需求方面具有一定的优势,很难被完全替代。从信徒个体来看,人的信仰需求是有偏好的,有的信徒偏偏喜欢基督教的上帝,而不喜欢其他的神灵,特别是对于那些第二代基督徒而言,他们在基督教的家庭环境中长大,在选择自己的信仰时,会自然而然地选择基督教。因此,尽管政府从供给侧的角度实施功能替代的管制策略,基督教也不可能被完全替代。

基督教作为规模最大的民间组织,康晓光等提出的政府管理民间组织的策略,同样适于分析政府对基督教的管理,即政府对替代失灵下的教会组织也采取了限制策略和利用策略。事实上,2016年召开的国家宗教工作会议也明确提出政府管理宗教组织的双重策略,即宗教管理的"两个最大限度",即"深刻理解我国宗教的社会作用,最大限度发挥宗教的积极作用,最大限度抑制宗教的消极作用"。

在限制方面,政府管理宗教组织的目的是预防和避免宗教组织对政府的潜在挑战,即最大限度抑制宗教的消极作用。具体来说,政府采取了分类控制的策略限制预防基督教的潜在挑战,所谓分类控制就是对不同类型的组织采取不同的控制方式(康晓光、韩恒,2005)。在基督教中,既有正式登记的"三自"教会,也有未登记的教会;在未登记的教会中,既有温和的教会组织，也有极端的宗教异端，甚至还有公开挑战社会的邪教组织。不同的组织对于政府的挑战（或潜在挑战）能力不同，理性的政府会根据不同组织的挑战能力（或潜在挑战能力），采取不同的控制策略。中央提出的处理宗教问题的基本原则，即"保护合法、制止非法、遏制极端、抵御渗透、打击犯罪"，就是分类控制的一个具体体现。其实，分类控制的核心也是功能替代，即政府通过可控的"三自"教会满足信徒的信仰需求，进而从功能上替代未登记教会。

利用策略是为了发挥基督教提供公共服务的积极功能。早在 2012 年，中央六部委就发布了《关于鼓励和规范宗教界从事公益慈善活动的意见》，"意见"指出，"积极支持和鼓励宗教界从事公益慈善活动并依法予以规范和管理，引导宗教界公益慈善活动健康有序开展，充分发挥宗教界人士和信教群众在促进经济发展、社会和谐和文化繁荣中的积极作用"。2014 年，国务院出台的《关于促进慈善事业健康发展的指导意见》，首次把宗教慈善写入其中，明确提出"鼓励有条件的宗教团体和宗教活动场所依法依规开展各类慈善活动"。2016 年的全国宗教工作会议也提出，要用社会主义核心价值观来引领和教育宗教界人士和信教群众，弘扬中华民族优良传统，用团结进步、和平宽容等观念引导广大信教群众，支持各宗教在保持基本信仰、核心教义、礼仪制度的同时，深入挖掘教义教规中有利于社会和谐、时代进步、健康文明的内容，对教规教义做出符合当代中国发展进步要求、符合中华优秀传统文化的阐释。这些都是"最大限度发挥宗教的积极作用"的具体体现。

五　功能替代背景下的教会参与

改革开放以来我国的基督教获得了快速发展，信徒数量显著增加，教会组织遍布城乡，已经成为参与人数多、凝聚力强、认同度高的社会组织。尽管基督教发展很快，但有学者认为，当下中国人的宗教信仰呈现出一种"私人化的信仰方式"，即体现为私人化的神人关系，"为追求一己之福而倾向于神秘主义私人补偿的现实主义功利信仰方式"，"是一种更为私人化、情感化、更民间化、同时也具有神秘主义特征的信仰方式"。私人信仰的形成，与 20 世纪 80 年代个人主体性确立与自我发现相互配合，具有人心解放、激活精神文化的重要作用，拆解了中国人长期以来的"一元、单极、带有整体主义特征的信仰结构","开启了一个近似于个体主义的新时代"（李向平，2016）。

虽然与改革前相比，私人信仰的形成具有重要的进步意义，但基督教信仰的私人化也有很大的局限性，信仰的私人化在一定程度上削弱了基督教的公共参与，"信仰及其宗教信仰方式的私人化，导致社会公共关怀、乃至宗教在公共论坛的削弱、甚至消失，从而导致一种'裸露的公共空间'，使社会建设常常落空"（李向平，2016）。信仰的私人化"或许会导致信仰本身所包含的公共性丧失，而信仰之公共性所赖以依托的社群或共同体缺失，会使一个社会信仰的公共性始终无法建构，导致一个社会公共信仰的缺失"。"宗教群体的社会组织形式或者社团形式的宗教组织……能够将'私人事务'整合成为社会公共事务"（李向平，2014）。

在功能替代的管制策略下，私人化的宗教信仰如何经由教会组织参与公共生活？基督教中国化的背景下教会组织如何参与公共事务？

简而言之，社会组织的公共参与可以从两个维度理解，一是公共管理的维度，二是政治社会学的维度。前者关注社会组织如何提供公共服务，后者关心社会组织如何参与公共领域。在公共管理的视角下，社会组织提供公共服务、满足社会需求的功能受到重视。尽管这些组织也具有非官方的民间身份，但这些社会组织与政府之间的关系并不是对抗与制约关系，而是合作伙伴。宗教作为非营利组织的重要类型，也是提供公共服务、满足社会需求的重要主体。与公共管理的视角不同，政治社会学的视角更加关注社会组织在政治参与、政治发展中的重要功能。在这种视角下，社会组织是政治参与的重要力量，在推动政治发展、公共政策制定中发挥重要的作用。

结合社会组织公共参与的两个维度，笔者认为，在基督教中国化的大背景下，基督教的公共参与更多地体现在提供公共服务方面。当前，我国社会呈现出社会转型加速，社会矛盾凸显，社会问题增多，社会需求多元的现象。面对社会转型期的新问题、新现象，公共管理改革的趋势是积极引导社会组织参与社会治理。在这种背景下，基督教积极参与公共服务，满足社会需求，化解社会矛盾，创新社会治理，不仅得到政府主管部门的鼓励，而且有利于基督教融入中国社会，进而得到社会的认可，利于自身的健康发展。

从长远来看，基于基督教信仰的教会组织也是参与公共领域、推动政治发展的潜在力量。但在当下"去政治化"的大背景下，教会组织的政治参与不合时宜。在一定意义上，公共领域的变革属于"公共物品"，推动公共领域的变革属于奥尔森意义上的"集体行动"，而参与集体行动都是有成本的，教会为了公共物品而参与集体行为，并不是经济学意义上的理性行为。即使有公共领域的政治参与，教会争取的也应该是免于外部干预的"消极自由"，而不是参与公共事务的"积极自由"。在基督教中国化的背景下，教会组织积极的政治参与，不仅难以取得预期的效果，而且还会导致种种不便，阻碍教会的正常发展。

参考文献

段琦：《宗教生态失衡对基督教发展的影响——以江西余干县的宗教调查为例》，2010 年 1 月 19 日《中国民族报》。

韩恒：《多层次功能替代：政府治理基督教的策略分析》，金泽、李华伟主编《宗教社会学》（第三辑），社会科学文献出版社，2015。

韩恒：《入教、归属与认同——农村第一代基督徒的皈信过程》（未刊稿），2016。

康晓光、韩恒：《分类控制：当前中国大陆国家与社会关系研究》，《社会学研究》2005 年第 6 期。

李向平：《私人信仰方式与基督教的社会关怀》，《福建论坛》（人文社会科学版）2014 年第 12 期。

李向平：《"私人范畴"与"社会产物"——宗教信仰方式与宗教治理法治化问题》，《中国政法大学学报》2016 年第 6 期。

李向平、李峰：《"神人关系"及其信仰方式的构成——基于"长三角"地区的数据分析》，《社会学研究》2015 年第 2 期。

〔美〕马斯洛：《动机与人格》，许金声等译，中国人民大学出版社，2007。

〔美〕罗伯特·K. 默顿：《社会理论和社会结构》，唐少杰等译，译林出版社，2006。

〔美〕斯达克、芬克：《信仰的法则——解释宗教之人的方面》，杨凤岗译，中国人民大学出版社，2004。

高师宁：《从"宗教生态失衡"论看中国社会对基督教的认识》，普世社会科学研究网，http://www.pacilution.com/ShowArticle.asp? ArticleID = 3905，2012 年。

书评与综述

现实关怀与理论探索并重的宗教社会学研究

——2017 年宗教社会学学科综述与反思[*]

李华伟[**]

一 现实关怀：跨学科的多元研究

1. 宗教与国家安全、宗教风险研究

宗教与国际安全这一新研究领域的开拓，主要由复旦大学徐以骅教授及其团队完成。徐以骅教授等完成的《宗教与中国国家安全研究》（徐以骅等，2016）一书，是这一领域的典范之作。在该书中，徐以骅教授从宗教安全理论与政策、宗教安全现状与趋势、宗教安全与中国对外战略三个方面探讨了宗教与中国国家安全问题，在此基础上，徐以骅提出了"信仰中国""地缘宗教""公共外交"的概念和策略，以对应于中国国家安全的隐性防线、中国对外安全战略、中国宗教走出去的新方式。该书从互联网宗教、宗教反恐、宗教非政府组织、国家宗教传教运动、宗教与两岸关系等方面分析，提出了对策和建议，是对于国内宗教与国家安全关系现状和趋势研究的佳作。该书一改国内往常过于强调宗教对国家安全的负面影响的论调，强调指出，"关注宗教在中国对外关系和国家安全领域内的正能量，实现宗教与我国国家安全的'优态互动'"是宗教与中国国家安全研究的目标。

在宗教与国家安全方面，还有两本专著问世。刘骞的《后冷战时代的

　＊　本文为中国社会科学院"世界宗教热点及宗教舆情研究"项目成果。
＊＊　李华伟，中国社会科学院世界宗教研究所副研究员。

宗教文明与国家安全》一书，试图从国际政治的视野出发，将宗教界定为"一种观念形态"，构建了观念与国家安全的两种理论分析模式——理性主义和建构主义，并分别以妈祖信仰、政教关系、"东突"伊斯兰主义、宗教与中美关系四个案例为例，分析了传统宗教文化、意识形态、宗教性安全威胁、宗教问题安全化对中国国家安全的影响（刘骞，2017）。该书对作为观念的宗教与国家安全之间关联的研究，颇具创新性，然而，正如徐以骅在序中指出的那样，该书对宗教的界定很难得到宗教学界的认可（徐以骅，2017：3 - 4）。此外，该书在内容上也有拓展的余地，如对跨境民族宗教与国家安全的研究在本书中就付之阙如。秦倩的《宗教非政府组织在中国：实践与法律》（秦倩，2017）一书，选取南京爱德基金会、台湾佛光山文教基金会、中国基督教两会社会服务部等几个代表性的宗教非政府组织，分析了宗教非政府组织的成立、实践活动所涉及的法律和政策问题，尤其是宗教非政府组织的法律地位问题。该书专门探讨了境外宗教非政府组织在中国的分布、活动情况及其影响，并比较研究了欧洲和美国对宗教非政府组织的法律规定。该书对宗教非政府组织与国家安全方面的研究，具有前瞻性和现实意义。

关于宗教风险的研究，显示出学界对宗教现实问题的理论兴趣和现实关怀。郑筱筠研究员及其课题组在这方面已经发布了不少成果，如《"一带一路"倡议与宗教风险研究——基于可能性和必要性视角》（郑筱筠，2016）从理论高度对"一带一路"倡议实施中的宗教风险问题进行了讨论，王皓月分析了"一带一路"沿线国家宗教风险的基本类型（王皓月，2017），刘义则研究了土耳其的宗教风险（刘义，2017）。

2. 迈入公共空间的中国五大宗教与儒教

中国五大宗教日益走出私人化的境况，不断迈入公共空间，成为民众关注和热议的热门话题。对五大宗教现状的年度研究佳作，当属每年按期出版的《中国宗教报告》。从2017年出版的《中国宗教报告》对各大宗教的描述和研究中，我们可以归纳出五大宗教日益迈入公共空间的趋势。佛教报告以佛教重大事件和网络宗教舆情为关注点，道教报告以道教医学及养生的社会传播、资源开发为关注点，伊斯兰教报告以流动穆斯林为关注重点，基督教报告以基督教中国化和中部某省大学生基督教信仰状况为重点，天主教报告以教会建设和社会关怀为关注重点（邱永辉，2017）。五大宗教报告不约而同地凸显了宗教的社会性，即宗教与社会大众之间的社会关联，这说明五大宗教日益走入公共空间，与信徒和非信徒的生活发生着各种各样的关联。

五大宗教之外的儒教也日益涉入公共空间，且社会影响越来越大。儒家网评选了2016年儒家十大热点，其中学界热点有：大陆儒学研究界主动认同"大陆新儒家"，批评"大陆新儒教"；"回到康有为"重思近现代中国立国之道；学界倡议儒学成为一级学科以及学界联名呼吁保护乡村传统丧葬礼俗等。而社会热点则有：关于少儿读经的第二次大讨论，河北省人大代表联名建议恢复县级以上"文庙"建制等（任重，2017：376）。如果我们稍稍往前追溯，那么2015年儒家热点中，儒家与女性关系大讨论、同性婚姻合法化、反思新文化运动、复旦学生"驱逐刘清平教授"以及由李明辉批评所引发的关于"大陆新儒家"的讨论等，均显示儒学、儒教不仅成为学界讨论的话题，也成为公共舆论关注和讨论的热点。关于少儿读经、儒家与女性、同性婚姻问题等的讨论均发生在大众传媒和新媒体上，参与者远远超出了儒学界，说明这些事件已成为大众讨论的热点和焦点，儒家/儒教日益参与到公共议题之中，并在公共空间发出自己的声音。

3. 宗教与极端主义、恐怖活动研究

随着"伊斯兰国"的崛起，对宗教极端主义、宗教与恐怖活动关系的研究，在西方世界多了起来。2017年，有两部著作被翻译过来，即《黑旗：ISIS的崛起》和《慕尼黑的清真寺》。《黑旗：ISIS的崛起》是第100届普利策奖"非虚构类"获奖作品，该书对美国在伊拉克战争政策中的失误和"伊斯兰国"的崛起做了深入的分析，揭露了宗教类极端主义组织的发展过程，分析了恐怖组织对世界格局的影响，指出"伊斯兰国"自己播下了自我毁灭的种子（沃里克，2017）。与上一本书一样，《慕尼黑的清真寺》也是普利策奖得主的作品。《慕尼黑的清真寺》一书认为，"伊斯兰激进主义""是一种高度政治化的暴力的思想体系，为恐怖主义提供了温床"。该书指出，"伊斯兰激进主义"的历史较为久远，始于冷战之初德国和美国对慕尼黑清真寺的争夺，这种行为"给西方带来了一种致命的意识形态"。根据作者的研究，在西方社会发生的恐怖活动之根源，可追溯到冷战之初欧美对慕尼黑清真寺领导权的争夺（约翰逊，2017）。

与前两部注重叙事的作品不同，金泽研究员从理论的高度，分析了宗教类极端主义产生的原因，并指出不能将极端思想与极端行动等同起来，应将宗教思想上的极端主义与政治行动中的恐怖主义区分开来。他指出：

"宗教冲突也不是仅仅出自宗教自身的原因。一方面：宗教类极端主义确实与特定宗教或教派有所关联，但我们必须清醒地认识到，宗教类极端主义是社会历史的产物，不是某个宗教（特别是那些成为历史传统和文化传统的宗教）的固有属性。同时我们也要面对现实，因为宗教类极端主义虽属于某个宗教或某个教派的内部事务，但是在全球化的今天，它对国际关系的影响极大。另一方面：并非所有的极端主义都是宗教的，也不是所有的极端思想（无论政治的还是宗教的）都付诸行动。那些采取行动的极端者经常使人们联想到'恐怖分子'，但宗教思想上的极端主义与政治行动中的恐怖主义有关联但不能等同"（金泽，2017）。

金泽研究员分析了宗教类极端主义与恐怖主义之间的复杂关系，指出提高机体免疫力、在自身内部减弱极端思想的影响力才是应对宗教类极端主义的有效措施。他指出："宗教类极端主义与恐怖主义虽然只是部分的关联，但宗教极端主义有可能导致政治行动上的恐怖主义这种关联本身以及这种关联搅动国际政治的能量，已使它们成为影响国际政治格局及其互动模式的重要维度之一。世界各大宗教传统均有数以亿计的信徒，各教之内持极端主义思想（以及进而实施恐怖主义暴行）的都是极少数。一方面，很多有识之士断然否认宗教与恐怖主义有任何关联，声称恐怖分子根本就不是本宗教的信徒；但是另一方面，某些恐怖分子确是先接受宗教极端主义思想再走上恐怖主义道路，并继续打着宗教的旗号为其张目。采取不承认的策略并不能斩断宗教极端主义与某些恐怖行动或某些恐怖分子的关联。重要的是存有极端主义思潮的宗教群体（无论是基督教的还是伊斯兰教的，或是佛教的）如何自己提高机体免疫力在自身内部减弱极端思想的影响力，靠外力治疗效果相当有限。马丁·路德的宗教改革带来基督教的新纪元，但这种自我更新的动力和主角乃是来自于内部"（金泽，2017）。

进一步地，金泽研究员分析了宗教类极端主义在宗教思潮光谱中的位置。他指出，"在世界各大宗教中，'沉默的大多数'位于中间地带，宗教类极端主义只是思想流派之谱系的一极，与之形成鲜明对照的则是强调开放宽容，推动对话理解"。然而，现有的仅限于宗教领袖之间的宗教对话模式是远远不够的，"更需要的是在不同国家或地区（尤其是在多族群多宗教共存的国度）内部通过对话缓解分歧、增进理解，形成有效的化解矛盾的社会机制"（金泽，2017）。

二 理论探索与经验研究

1. 宗教与政治

针对宗教与政治间互动日益复杂多样的世界情势，金泽研究员发表《论宗教与政治》一文，意在推动宗教学理论研究的问题意识更加深入。该文认为，宗教与政治都不是孤立的现象或事项，而是处于持续的互动关系中，宗教与政治的互动是复杂的和多层面的，在宗教与政治的复杂关联中，个人、宗教团体和政府，处于三个不同的层面并由此形成不同的关系组合。三种因素间的互动至少会有 16 种关系组合。作者指出，宗教与政治的互动是在不同场域和层面上发生和延续的，其中政教关系可作为考察宗教与政治关系的重要内容。从理论上来说，政教关系与互动的模式是有限的，但在实践中要更为复杂和灵活多样。作者认为，"宗教斗争的政治化，是个非常复杂的历史现象，不能一概而论。有时是这种模式起主导作用，有时是那种模式起主导作用，有时是几种模式同时起作用。但从根本看，是社会政治的变动引导着宗教本身的选择"。针对政教分离，作者指出，"政教分离涉及的只是宗教团体与政府的关系，而宗教与政治的互动却多种多样，因此，强调政教分离并不一定能够剥离宗教与政治的关系，宗教也不可能断绝对政治的表态"（金泽，2017）。

对宗教与政治关系在某个国度实际情况的具体研究，则非董江阳研究员的《迁就与限制：美国政教关系研究》一书莫属。该书以近 60 万字的篇幅，依据美国法院的判例，系统研究了美国事涉政教关系的"宗教条款"在宪法层面的含义及其在司法中的实际应用。无论在一些概念的翻译和理解方面（如对美国宪法修正案"宗教条款"及两个子条款的翻译、理解），还是在宗教判例的运用、分析方面，该书都具有开创意义，该书还提出了"政教关系的美国模式"，并分析了其历史探索、司法实践、理智反思。无论在宗教学界，还是在法律学界，《迁就与限制》一书都被视作典范之作。

2. 全球现代性与宗教、灵性和世俗：比较宗教学的视野与探索

查尔斯·泰勒关于西方世界（或北大西洋世界）如何实现世俗化的巨著《世俗时代》（泰勒，2016）出版。该书的出版必将对我们深刻理解长达一个世纪左右的世俗化争论产生积极而深入的影响。《世俗时代》一书，

探索了在过去的五个世纪左右的时间内，宗教在西方社会中的地位究竟发生了何种深刻变化，如何从一个信仰的时代变成世俗的时代，这些变化对现代人和现代社会而言意味着什么。该书得到了宗教社会学家大卫·马丁、贝拉极高的评价，也得到伦理学家麦金泰尔极高的赞誉。

杜赞奇出版了《全球现代性的危机——亚洲传统和可持续的未来》一书，基于全球视野，反思了起源于欧洲教派社群的以民族国家为中心的现代性。书中，亚洲的宗教传统被置于政治文化、道德实践、民族国家建设及话语建构之中来讨论。该书对源自宗教改革的民族国家模式提出了批评，提醒人们注意亚洲传统的存在及其合理性和当下意义，该书在"复线历史"的概念之上发展出了"流转历史"（Circulatory history）的概念模式和解释框架。

从理论层面上，郭宏珍分析了宗教社会学家史蒂夫·布鲁斯的世俗化理论范式。作者认为，在跨文化比较的视野中，布鲁斯集中于宗教意识形态与组织机构的变迁，分析了世俗化的过程及影响，探讨了多元主义对世俗化的影响，并通过对宗教市场论和理性选择理论的批判，重申了世俗化理论范式的有效性和解释力（郭宏珍，2017）。

关于伊斯兰教与现代性的关系问题这一热门话题，也有新的著作问世。《伊斯兰新兴宗教运动——全球赛莱菲耶》一书（梅杰，2015），针对赛莱菲耶在全球部分地区的出现及发展，致力于探讨赛莱菲耶的核心思想，赛莱菲耶吸引力为何如此之大，赛莱菲耶与政治及暴力之间的关系等问题（梅杰，2015：1）。该书分析了赛莱菲耶的三种发展趋向，即非政治的赛莱菲耶、政治的赛莱菲耶以及吉哈德—赛莱菲耶，阐明了三者之间的张力，同时，该书分析了赛莱菲耶的弱点，即易引发分化和教派纷争（梅杰，2015：中译本序言）。范若兰的《伊斯兰女性主义研究》一文，分析了现代性境遇中，伊斯兰女性主义兴起的背景、代表性主张、争议和意义。该文指出伊斯兰女性主义对于妇女在伊斯兰框架下提高妇女权利、回击西方对伊斯兰教的偏见具有重要意义（范若兰，2016）。土耳其曾被视为伊斯兰教政教分离和世俗化的典范，因此，2016 年在土耳其发生的"未遂的军事政变"及土耳其总统埃尔多安随后的举措，使土耳其的走向成为大众关注的热点话题。在《土耳其的政治危机：政治伊斯兰与民粹主义》一文中，刘义指出，"土耳其政治结构的一个基本问题是伊斯兰教与世俗主义之间的矛盾，这也被认为是土耳其前几次军事政变的根本原因"（刘义，2016：113)，从土耳其"未遂的军事政变"中可以看出政治伊斯兰的内部分裂和矛盾，而威权统治和民粹主义的政治文化传统也使得政治对抗的空间极度萎缩（刘义，2016)。穆斯林移民在美国的经验也成为学界考察的对象，正如《美国化 VS 伊斯兰化：对美国伊斯兰学校的观察》一文所做的那样。基于对美国伊斯兰学校的观察、访谈和分析，《美国化 VS 伊斯兰化：对美国伊斯兰学校的观察》一文发现，作为两种价值错位的宗教和价值体系，以基督教新教为代表的美国价值（强调个体权利）和伊斯兰教（强调集体价值）之间的张力颇大，要融合相对不易，然而，美国穆斯林主张伊斯兰价值观"不仅与美国的主流价值观毫无矛盾之处，而且优于美国的主流价值观，并试图以此为基础，塑造穆斯林裔美国人的认同感"（李睿骞，2016：104)。作者发现，美国的全日制伊斯兰学校代表着并再生产着"伊斯兰主义的美国版本"——"通过伊斯兰化实现美国化"，而美国化和伊斯兰化之间的矛盾和张力及美国化穆斯林的困难都可以从"伊斯兰主义的美国版本"中找到根源（李睿骞，2016：106－111)。

此外，《西方原教旨主义话语的兴起及其本质》一文，旨在阐释伊斯兰复兴是如何被现代主流话语所利用的。该文从现代性视角分析宗教激进主义话语，期望为伊斯兰主义者重新审视其面向欧洲受众的理论框架、制定使伊斯兰教免遭利用的策略提供有益启示。该文同时关注主流话语（即现代性话语）与其对立面（即宗教激进主义和后现代话语）之间的对抗关系，揭示出真正的变化实际上是话语层面的变化，主流话语和原教旨主义话语内部的变化只起到完善话语本身的作用（阿卜杜·瓦哈卜·苏里，2017)。

通过对墨西哥天主教的研究，张青仁发现，天主教在墨西哥社会的变迁显示其与现代性的自反性关系，墨西哥天主教与现代性的自反性关系呈现了宗教与现代性之间多元关系的可能（张青仁，2017)。

3. 西方理论与中国回应

针对中国学界习用功能主义范式来研究宗教而未考虑这一范式对中国宗教研究带来的不良影响，李向平撰写了《中国宗教社会学研究的功能主义偏向》一文进行分析、批判。李向平回顾了社会学预设的功能概念以及涂尔干、帕森斯、默顿在宗教社会学研究中的贡献，分析了功能主义的宗教社会学的理论特征，落脚于对采取功能主义思路的杨庆堃所提出的"制度宗教"与"扩散宗教"这一概念的反思。李向平反思了杨庆堃的局限，他指出："他（杨庆堃）提出的扩散宗教这一概念却局限于帕森斯的功能主义概念体系，无法进一步由此深入讨论中国宗教为何呈现'扩散'的根源，同时又提出一个'制度宗教'的概念……遮蔽了扩散宗教本该具有的解释功能。"在李向平看来，中国学界对"扩散宗教"这一概念的推崇，带来了更为严重的后果——"把扩散宗教这一概念给予功能化了"（李向平，2016：147）。

李峰的专著《个体、组织与社会结构：宗教社会学视野中的探索》一书之第一部分五篇文章，分别从宗教与现代性、组织视角、宗教与社会结构、神人关系等方面，基于中国宗教现实对西方理论进行了回应。其中《关系主义下的整合：神人关系与信仰体验模式的建构》一文，试图超越中国信仰与西方宗教、"扩散宗教"与"制度宗教"等二元范畴之间的对立，"从神人关系及其信仰模式建构的角度，而非预设之宗教结构的角度，在兼顾中国人信仰特殊性的基础上，搭建起一种便于中西宗教社会学对话的共有之平台"（李峰，2017：77）。

李晓璇和黄峥峥的论文《理解宗教市场论局限的三个方向》，从宗教市场论的理论假设、方法论和历史性来思考宗教市场论的局限，该文理论功底扎实、思路清晰，是反思宗教市场论理论本身和其在中国语境中使用情况的佳作（李晓璇、黄峥峥，2017）。刘芳《中国宗教中的"多元张力"》一文聚焦于宗教市场论中的"张力"概念，通过对河北中部天主教会的田野研究，对宗教市场论范式中的"张力"展开了反思。刘芳发现，"张力"并非如宗教市场论所设定的那样处于由低到高的连续统中，而是多元的，与宗教关联甚少的人际张力和社区张力，反而对教会的发展有着重要作用（刘芳，2016）。彭睿《现代经济学在宗教社会学中应用之刍议》一文认为，现有的宗教社会学方法对宗教的内生性解释不够充分，因此，作者尝试从博弈论角度提出五种社会合作类型组成的社会合作体系，并从交易费用理论视角出发考察了个体理性和集体理性的均衡标准及如何达成均衡的问题。将经济学引介、运用到宗教社会学当中去，彭睿进行了有益的探索，并指出在中国大众宗教研究中运用这一理论方法的前景："不但可以推进宗教内生化研究，即详细观察个体理性和集体理性的均衡以及实现均衡的过程，以及宗教（神祇）自身演化和路径依赖，而且可以展开宗教多样性、宗教之间竞争与交流，以及宗教之间达成均衡的研究"（彭睿，

2016：311）。

4. "救劫"与"朝山"：民间信仰与民间宗教研究的关键词

陈进国的《救劫：当代济度宗教的田野研究》一书是关于民间制度性宗教研究的年度佳作。该书以及基于该书材料形成的系列文章使用了"济度宗教""宗教内卷化""（宗教）去过密化""存身过化"等概念并做出了论证和分析（陈进国，2016a，2016b，2017）。该书所提出的"济度宗教"概念意在为民间宗教（民间制度性宗教）正名，并论证他们也是宗教"家族"的一员，理应拥有"宗教"的身份并享受"宗教"应有的待遇，以解决民间宗教（即陈进国所使用的"济度宗教"）生存和发展的合法性危机。"宗教内卷化"和"（宗教）去过密化"概念的使用和阐发（陈进国，2016b，2017）则具有学术创新性。陈进国分析了宗教内卷化（过密化）的困境所在，并分析了各大济度宗教"内卷化"的程度以及走出"内卷化（过密化）"的尝试，阐释了宗教传播和发展的限度，具有重要的理论创新性，是可以为学界借鉴、运用的概念工具和理论框架。

岳永逸也于 2017 年推出了"庙会研究三部曲"的最后一部著作《朝山》。在妙峰山、苍岩山庙会考察的基础上，岳永逸聚焦于作为神山、圣地的庙会，尝试打破西方"朝圣"的概念范式，提出了一系列创见。该书认为，圣山庙会成为一个以狭义的圣山及其主祀神明为核心的庙会集合体或庙会丛，而圣山的景区化、景区的圣山化、红色圣地的传统化、传统信仰的红色化与现代化等当下的庙会景观样态，"使朝山更加充分地体现了庙会的聚与散的多重混融的让渡关系"。通过《朝山》一书，岳永逸也希望乡土宗教的合法性不再成为问题，"以行好、灵验为内驱力的聚散两依依的朝山、庙会及其存身的大小庙宇"，能够成为一种"能激发并凝聚民族心性的精神性存在"（岳永逸，2017：310）。

李华伟针对妙峰山——近 20 年来华北民间信仰研究理论竞技场——的研究史进行了回顾。李华伟归纳了妙峰山研究理论范式的变迁：在理论框架和方法论上，妙峰山研究经历了从国家与社会的理论框架到关注民间信仰组织的变化，实现了从集体叙事到个体叙事的研究范式变迁，呈现了从山上到山下、从集中于神圣时空到关注日常生活时空的视角转换，这就是"朝向日常生活的妙峰山研究"（李华伟，2017）。

5. 宗教与民族、认同

在《单一身份和叠合身份：对民族与宗教认同的一个经济学分析》一文中，张志鹏、和萍采取经济学的视角分析了民族地区人们对民族身份和宗教身份的认同状况及其影响因素。该文指出，个体的认同通常分布在从单一身份认同到叠合身份认同的连续谱的某一点，不同身份认同状态决定着人们的行为选择，并有着重大的社会后果，而群体的压力以及民族政策、宗教政策通常会影响人们的认同。通过评估中国当前的民族政策和宗教政策对认同的影响，作者指出，当前的政策的一些内容不利于叠合身份认同的形成，有必要进行调整和改革。

范丽珠和陈纳从宗教社会学角度分析了文明冲突论。着眼于全球性的人口迁移和身份认同，范丽珠和陈纳研究发现，由于不同移民群体对自身文化传统的坚守，文化熔炉受到多元主义文化的冲击，美国社会出现了认同危机，同时，美国基督教内部也形成了区隔（范丽珠、陈纳，2017）。在思考梳理相关理论的同时，范丽珠还基于对国外关于宗教与移民理论的思考，讨论了宗教与中国城市移民研究的问题。

此外，《宗教社会学》（第四辑）设置了宗教与认同专题，由韩恒、胡安宁、蒋雨樨的三篇文章组成，分别探讨了基督教传道人对儒家文化的认同、台湾社会的宗教信仰与两岸关系问题、边界对于宗教认同的意义问题，丰富了宗教与认同关系的研究。

6. 定量研究

与往常一样，由于受制于包括数据库较少等在内的各种因素，关于宗教问题的定量研究成果相对较少。基于 CGSS 数据，李峰对宗教信仰和生育意愿的关系进行了探讨（李峰，2017）；韩彦超则探讨了不同宗教与一般信任之间的不同关系，区分出了作用机制（韩彦超，2017）。基于长三角宗教信仰调查数据的分析，黄海波分析了宗教与信任的关系，并以数据为依托讨论了基督教中国化的相关问题。胡安宁从中位数的视角分析了宗教多元化与宗教参与的关系，他发现从中位数而非平均数的视角研究，会得出新的发现：宗教多样化会对宗教的影响力产生负面的影响，也即宗教多元削弱了宗教的影响力。该文对宗教多元化和宗教参与关系的讨论，以美国的宗教数据为例，有力地挑战了宗教市场论坚持的宗教多元促进宗教市场竞争力的命题，支持了世俗化理论对这一问题的基本理论预设和主张（Hu Anning，2017）。

三 学科建设

1. 宗教社会学专业委员会的成立

2017 年 1 月份，中国社会学会宗教社会学专业委员会成立大会在华东师范大学闵行校区举行。大会宣布了会长、副会长及秘书长、副秘书长、常务理事名单，确立了中国社会学会宗教社会学专业委员会的架构。这标志着宗教社会学界的制度化程度进一步提高。

2. 三大宗教社会学论坛

作为宗教社会学领域内制度性的学科会议，宗教社会学三大论坛分别召开，起到了凝聚学科力量、夯实学科基础的作用。在 2017 年 7 月 15 - 16 日的中国社会学会年会上，由宗教社会学专业委员会主办的中国社会宗教信仰变迁论坛在上海大学宝山校区进行了为期三个半天的讨论，论坛围绕"信仰方式""民间信仰与佛教""信仰实践""量化研究""理论探索"等主题进行讨论。2017 年 7 月 15 - 16 日，由中国人民大学主办的第 14 届宗教社会科学年会"当代宗教的特质与全球影响"在北京举行，年会由以下专题组成：彼得·贝格尔的思想与影响、宗教与政治哲学、中国基督教研究、宗教慈善研究、台湾宗教与海外华人宗教、中国政教关系研究、宗教理论及其应用、变迁中的美国宗教、宗教社会学的翻译与研究、少数民族宗教、全球宗教研究、中国基督教发展报告、宗教与乡村社会、边疆宗教研究、中国宗教社会学的未来。本次年会邀请了马克·查韦斯（Mark Chaves）做主题演讲，分享了他关于美国宗教变迁的研究心得。年会的第一场，采取高师宁、魏德东、李华伟三人对谈贝格尔理论的形式，纪念宗教社会学家彼得·贝格尔。高师宁回顾了翻译《神圣的帷幕》的历程及与贝格尔交往的点滴记忆，论述了贝格尔思想对中国学界的影响，魏德东则以《宗教社会学：彼得·贝格尔读本》为例谈及贝格尔理论对宗教社会学的启发意义，李华伟围绕如何准确理解贝格尔的世俗化理论和去世俗化理论进行了分享。此外，贝格尔关于自己社会学历程的专著被列入高师宁、黄剑波主编的"宗教社会学丛书"由中国社会科学出版社出版。① 年会中，宗教社会学的翻译与研究、中国宗教社会学的未来这两场讨论了学科建设

---

① 〔美〕彼得·伯格：《碰巧成为社会学家的冒险之旅：如何生动地诠释世界》，张亚伦译，中国社会科学出版社，2017。

问题，对塑造宗教社会学的学科发展前景颇具重要意义。

由中国社会科学院世界宗教研究所、中国宗教学会、中国社会学会宗教社会学专业委员会、复旦大学社会发展研究中心联合举办的第五届宗教社会学论坛——"宗教与社会结构"于 2017 年 9 月 15～17 日在北京举行。本届论坛的主题是"宗教与社会结构"。与会专家学者指出，将宗教放回到社会之中进行研究，是马克思主义的立场和方法论要求。大家讨论指出，对宗教与社会结构的研究是宗教社会学的重要课题，也是中国特色社会主义宗教理论的重要组成部分。大家聚集在一起讨论"宗教与社会结构"，推进了对相关问题的探索，为宗教社会学的学科建设和学科发展做出了应有的贡献。

参考文献

〔美〕彼得·伯格：《碰巧成为社会学家的冒险之旅：如何生动地诠释世界》，张亚伦译，中国社会科学出版社，2017。

〔荷〕范笔德：《亚洲的精神性：印度与中国的灵性和世俗》，金泽译，社会科学文献出版社，2016。

陈进国：《存神过化与修行动力学——以近现代济度宗教团体为例》，《世界宗教研究》2016 年第 6 期（2016a）。

陈进国：《宗教内卷化与去过密化——以济度宗教为例》，《湖北民族学院学报》2016 年第 6 期（2016b）。

陈进国：《救劫：当代济度宗教的田野研究》，社会科学文献出版社，2007。

董江阳：《迁就与限制——美国政教关系研究》，生活·读书·新知三联书店，2017。

〔美〕杜赞奇：《全球现代性的危机——亚洲传统和可持续的未来》，黄彦杰译，商务印书馆，2017。

范丽珠：《宗教与中国城市移民研究的理论思考》，金泽、李华伟主编《宗教社会学》（第四辑），社会科学文献出版社，2016。

范丽珠、陈纳：《全球性的人口迁移与身份认同：从宗教社会学角度看文明冲突论》，《世界宗教文化》2017 年第 3 期。

范若兰：《伊斯兰女性主义研究》，金泽、李华伟主编《宗教社会学》（第四辑），社会科学文献出版社，2016。

郭宏珍：《现代性与多元化：史蒂夫·布鲁斯世俗化范式简析》，《世界宗教文化》

2017 年第 4 期。

韩彦超：《策略信任视角下的宗教与一般信任：基于 2012 中国综合社会调查的实证研究》，《世界宗教文化》2017 年第 4 期。

黄海波：《信任视域下的宗教：兼论基督教中国化——基于长三角宗教信仰调查数据的分析》，《世界宗教研究》2017 年第 3 期。

金泽：《论宗教与政治》，《宗教学研究》2017 年第 3 期。

李峰：《个体、组织与社会结构：宗教社会学视野中的探索》，上海人民出版社，2017。

李峰：《宗教信仰影响生育意愿吗？基于 CGSS 2010 年数据的分析》，《世界宗教研究》2017 年第 3 期。

李华伟：《朝向日常生活的妙峰山研究：二十年来妙峰山庙会研究的回顾与反思》，《民间文化论坛》2017 年第 6 期。

李睿骞：《美国化 VS 伊斯兰化：对美国伊斯兰学校的观察》，《文化纵横》2016 年第 12 期。

李向平：《中国宗教社会学研究的功能主义偏向》，金泽、李华伟主编《宗教社会学》第 4 辑，社会科学文献出版社，2016。

李晓璇、黄峥峥：《理解宗教市场论局限的三个方向》，《当代宗教的特质与全球影响——第 14 届中国宗教社会科学年会论文集（2017）》，中国人民大学，2017。

刘芳：《中国宗教中的"多元张力"——以冀中林村天主教会为个案》，金泽、李华伟主编《宗教社会学》第 4 辑，社会科学文献出版社，2016。

刘骞：《后冷战时代的宗教文明与国家安全》，中国社会科学出版社，2017。

刘义：《"一带一路"背景下土耳其的宗教风险研究》，《世界宗教文化》2017 年第 4 期。

刘义：《土耳其的政治危机：政治伊斯兰与民粹主义》，《文化纵横》2016 年第 12 期。

〔荷〕罗伊·梅杰主编《伊斯兰新兴宗教运动——全球赛莱菲耶》，杨桂萍等译，民族出版社，2015。

彭睿：《现代经济学在宗教社会学中应用之刍议》，金泽、李华伟主编《宗教社会学》第 4 辑，社会科学文献出版社，2016。

秦倩：《宗教非政府组织在中国：实践与法律》，上海人民出版社，2017。

邱永辉主编《中国宗教报告（2016）》，社会科学文献出版社，2017。

任重主编《中国儒学年度热点（2016）》，福建教育出版社，2017。

〔加〕查尔斯·泰勒：《世俗时代》，张容南、盛韵、刘擎等译，上海三联书店，2016。

〔巴基斯坦〕阿卜杜·瓦哈卜·苏里：《西方原教旨主义话语的兴起及其本质》，

图书在版编目（CIP）数据

宗教社会学. 第六辑 / 金泽, 李华伟主编. -- 北京：

社会科学文献出版社，2020.8

ISBN 978 - 7 - 5201 - 6320 - 0

Ⅰ.①宗…　Ⅱ.①金…②李…　Ⅲ.①宗教社会学 -

文集　Ⅳ.①B920 - 53

中国版本图书馆 CIP 数据核字（2020）第 030269 号

宗教社会学（第六辑）

主　编／金　泽　李华伟

出 版 人／谢寿光

组稿编辑／宋月华

责任编辑／孙美子

出　　版／社会科学文献出版社·人文分社（010）59367215
地址：北京市北三环中路甲 29 号院华龙大厦　邮编：100029
网址：www.ssap.com.cn

发　　行／市场营销中心（010）59367081　59367083

印　　装／三河市龙林印务有限公司

规　　格／开 本：787mm × 1092mm　1/16
印 张：22.25　字 数：370 千字

版　　次／2020 年 8 月第 1 版　2020 年 8 月第 1 次印刷

书　　号／ISBN 978 - 7 - 5201 - 6320 - 0

定　　价／148.00 元